Émile Durkheim

De la division du travail social

"文化:中国与世界"编委会
(1986)

主 编
甘 阳

副主编
苏国勋 刘小枫

编 委

于 晓	王庆节	王 炜	王 焱	方 鸣
刘 东	孙依依	纪 宏	杜小真	李银河
何光沪	余 量	陈平原	陈 来	陈维纲
陈嘉映	林 岗	周国平	赵一凡	赵越胜
钱理群	徐友渔	郭宏安	黄子平	曹天予
	阎步克	梁治平		

丁 耘	先 刚	李 猛	吴 飞	吴增定
赵晓力	唐文明	渠敬东	韩 潮	舒 炜

(按姓氏笔画排序)

现代西方学术文库

社会分工论

〔法〕埃米尔·涂尔干 著

渠敬东 译

生活·讀書·新知 三联书店

Simplified Chinese Copyright © 2024 by SDX Joint Publishing Company.
All Rights Reserved.

本作品简体中文版权由生活・读书・新知三联书店所有。
未经许可，不得翻印。

图书在版编目（CIP）数据

社会分工论 /（法）埃米尔·涂尔干著；渠敬东译. —北京：生活·读书·新知三联书店，2024.8
（现代西方学术文库）
ISBN 978-7-108-07796-7

Ⅰ.①社⋯ Ⅱ.①埃⋯ ②渠⋯ Ⅲ.①社会分工 – 研究 Ⅳ.① F014.2

中国国家版本馆 CIP 数据核字 (2024) 第 053401 号

原著为公有版权。此版本依据 Emile Durkheim: *De la Division du Travail Social* (Paris: Alcan, 1902 第二版) 译出；参照 Emile Durkheim: *The Division of Labour in Society* (Trans. W.D.Halls, London: Palgrave Macmillan, 1984) 译出。

责任编辑	张　婧　杨　乐
装帧设计	薛　宇
责任校对	陈　明
责任印制	卢　岳
出版发行	生活・讀書・新知 三联书店
	（北京市东城区美术馆东街 22 号 100010）
网　址	www.sdxjpc.com
经　销	新华书店
印　刷	河北鹏润印刷有限公司
版　次	2017 年 1 月北京第 1 版
	2024 年 8 月北京第 2 版
	2024 年 8 月北京第 1 次印刷
开　本	880 毫米 × 1230 毫米　1/32　印张 14
字　数	337 千字
印　数	0,001 – 6,000 册
定　价	79.00 元

（印装查询：01064002715；邮购查询：01084010542）

现代西方学术文库

总　序

　　近代中国人之移译西学典籍，如果自1862年京师同文馆设立算起，已逾一百二十余年。其间规模较大者，解放前有商务印书馆、国立编译馆及中华教育文化基金会等的工作，解放后则先有50年代中拟定的编译出版世界名著十二年规划，至"文革"后而有商务印书馆的"汉译世界学术名著丛书"。所有这些，对于造就中国的现代学术人才、促进中国学术文化及至中国社会历史的进步，都起了难以估量的作用。

　　"文化：中国与世界系列丛书"编委会在生活·读书·新知三联书店的支持下，创办"现代西方学术文库"，意在继承前人的工作，扩大文化的积累，使我国学术译著更具规模、更见系统。文库所选，以今已公认的现代名著及影响较广的当世重要著作为主，旨在拓展中国学术思想的资源。

　　梁启超曾言："今日之中国欲自强，第一策，当以译书为第一事。"此语今日或仍未过时。但我们深信，随着中国学人对世界学术文化进展的了解日益深入，当代中国学术文化的创造性大发展当不会为期太远了。是所望焉。谨序。

"文化：中国与世界"编委会
1986年6月于北京

"现代西方学术文库"自1987年出版第一部译著《悲剧的诞生》,迄今已近40年。这套译丛启迪了几代国人对学术的追求和对精神的探索,已经成为当代中国思想和文化发展的一个路标。其后,三联书店在这套文库编选思路的基础上陆续推出了"学术前沿""法兰西思想文化""社会与思想""西学源流"等西学译丛,为中国全面探究西方思想的时代前沿和历史源流提供了一大批极具影响力的作品。

在新世纪走向纵深、世界图景纷纭繁杂、中西思想交流日渐深化的此刻,我们重整和拓展"现代西方学术文库",梳理自19世纪中叶以降,为应对现代世界的诸多问题,西方知识界持续做出的思想反省和理论推进,以供当代中国所需。我们将整合三联书店的西学译丛,修订或重译已有译本,并继续遴选优质作品,进一步丰富和扩充译丛书目。

感谢"文化:中国与世界"编委会和丛书主编甘阳在历史时刻做出的杰出工作,感谢译者们的辛勤付出!三联书店将一如既往,与学界同仁一起,继续为中国的学术思想发展贡献自己的绵薄之力。

生活·读书·新知三联书店
2024年6月

目 录

译者前言·i
第一版序言·vii
第二版序言·xv

导 言······1

第一卷 劳动分工的功能······11
第一章 确定功能的方法······13
第二章 机械团结，或相似性所致的团结······34
第三章 分工形成的团结，或有机团结······74
第四章 上述理论的另一证据······95
第五章 有机团结的递增优势及其结果······110
第六章 有机团结的递增优势及其结果（续）······136
第七章 有机团结和契约团结······161

第二卷 原因和条件······191
第一章 分工的进步与幸福的进步······193
第二章 原 因······217

第三章　次要因素——集体意识逐渐形成的非确定性
　　　　　及其原因‥‥‥245
第四章　次要因素（续）——遗传性‥‥‥267
第五章　上文的结论‥‥‥294

第三卷　反常形式‥‥‥317
第一章　失范的分工‥‥‥319
第二章　强制的分工‥‥‥340
第三章　另一种反常形式‥‥‥354

结　论‥‥‥361

附录一：参考文献·375
附录二：人名对照表·381
附录三：涂尔干基本著作·386
附录四：涂尔干生平著作年表·393

译者前言

作为与卡尔·马克思和马克斯·韦伯的齐头比肩者,埃米尔·涂尔干[1]同样被誉为社会学的三大奠基人之一,其特殊的理论地位和思想影响是不言而喻和不容置疑的。《社会分工论》发表于1893年,它不仅仅是一篇涂尔干为通过博士论文答辩而提交的论文,更是他最初确立其思想理路的开山之作,其重要性是毋需赘述的。在这部著作中,涂尔干既提出了"社会团结""集体意识""功能""社会容量""道德密度"以及"社会分化与社会整合"这些后来一直为社会学界所沿用、修正和争论的概念,也通过对"机械团结"与"有机团结"、"环节社会"与"分化社会"以及"压制性制裁"与"恢复性制裁"的纵向二元划分,探讨了历史演进的基本规律。概言之,涂尔干的社会学主义之基本立场在本书已初现端倪:一切存在与现象的根源,皆为"社会"。

本篇前言无意于对涂尔干生平简介、基本思想及其发展脉络进

---

[1] 对Durkheim的译法多有不同,有人译成迪尔凯姆,有人译成杜尔克姆,本书仍沿用解放前老一辈社会学家(如孙本文、王了一和许德珩等)的通译,即涂尔干。

行重新追查和梳理[2]，有关于此，读者可以通过各种中译本[3]、英译本，甚至法文原本[4]以及大量有关涂尔干思想的理论研究著作进行深入了解。这里，我只想对与本书相关的几个问题加以澄清，以供商榷。

1.尽管《社会分工论》是涂尔干社会学思想的奠基性作品，但它不能代表其基本思想的全貌。我们可以看到，在这部著作中，涂尔干是从法的角度来具体阐释集体意识的社会作用的，社会结构还仍然充满了浓重的斯宾塞色彩和强制性意涵。但是，涂尔干1900年以后发表的《图腾崇拜论》《分类的某些原始形式》以及《宗教生活的基本形式》却标志着其思想重心的重要转向：涂尔干越来越突出强调宗教在社会构成和运作过程中的作用，并特别阐明了分类图式和象征仪式与"集体表现"之间的紧密关联。因此，我们在对涂尔干社会思想的把握中，不仅要看到其以《社会分工论》《社会学方法的准则》以及《自杀论》中所贯彻的基本原则，还要看到其后期思想的发展对早期思想的不断调整、深化和修正过程。

2.既然社会分工是本书探讨的核心问题，我们就不能不对如何在社会学意义上来研究分工现象的问题作一简要说明。事实上，涂尔干的研究视角与某些经济学家的着眼点是不同的，当然对于古典经济学而言，这种差别并不是绝对的，我们可以在《国富论》与《道德情操论》的相互联系中看到亚当·斯密与涂尔干之间的许多契合之处。社会学研究并不单单以利益（不管是个人利益还是集体

---

[2] 可参见书后附录四：涂尔干生平著作年表。
[3] 现有的中译本有：《自杀论》，冯韵文译，北京：商务印书馆，1996；《社会学方法的准则》，狄玉明译，北京：商务印书馆，1995；《宗教生活的基本形式》，渠东、汲喆译，上海：上海人民出版社，1999；等。
[4] 可参见书后附录三：涂尔干基本著作。这篇附录是按照年代顺序和法英对照的方法编写而成的。

利益）出发，它所关注的是能够将个体维系起来的社会纽带，即涂尔干所说的具有道德特性的集体意识或共同意识。也正是在这个意义上，涂尔干批判了古典经济学和古典法学把分工研究完全建立在"私利"与"公益"，或者是"私法"与"公法"基础上的研究取向，并反其道而行之，深刻揭示了分工形成的社会根源以及分工特有的社会功能。诚然，社会学这种与众不同的取向，既是其长期无法获得合法地位的缘由，也是其谋致独立地位的根据所在。

3. 就像马克思的《〈政治经济学批判〉序言》一样，涂尔干为本书撰写的《第二版序言》也堪称是一篇非常重要的文献。这篇序言不仅像所有再版序言那样具有特殊的后置效果，而且对诸多与社会现实密切相关的问题进行了澄清。首先，是对社会急剧变迁所导致的欲望膨胀、行为偏差和社会混乱的失范问题的讨论；其次，是对如何消除社会病态，恢复正常秩序的整合问题的探索。在文中，涂尔干亦像在《自杀论》结尾那样，为摆脱社会危机开出了一个救世良方，即通过职业群体（或法人团体）的组织方式彻底拯救日益败落的伦理道德，并以此搭建起一个功能和谐与完备的新型社会。因此，我们在这篇文献中可以清晰地看到，一个社会学家由衷而发的社会关怀及其与思想倾向之间的微妙关系。

4. 倘若我们借助这篇序言作为牵引，便会很容易发现失范现象或反常现象似乎是涂尔干社会思想中的一道难解的谜题。实际上，这也是涂尔干社会思想始终面临的困境。我们在本书三卷的结构安排中可以看到，第三卷所讨论的分工形式迥然不同于前两卷，很显然，所谓失范的、强制的或反常的分工形式并没有划归分工研究的中心议题，相反，它们常常被当成存之无用、弃之可惜的"鸡肋"，被排斥在边缘角落。对涂尔干来说，这种做法并非出于偶然。《社会学方法的准则》明确指出，各种特殊的、反常的和病态的现象不能算作社会学研究的对象，它们在对社会事实的考察中并不具有合法地位。因此，基于这种方法论原则，涂尔干断然拒绝将各种反常现象看作是社会分工自然造成的结果，同时也剥夺了研究反常现象之社会根源的权利。由此可以看出，涂尔干以社会本质主义为基础构建的理论大厦，不可避免地需要以纯粹的社会整合作用作为支架。然而，一旦它遇到社会变迁及其连带的"反常"现象的强烈挑战，便不能不面临大厦将倾的危险。

5. 一种思想之所以会有生命力，并不是因为它可以通盘解决各种问题，而是因为它为后人铺陈了各种活生生的问题。就此而言，涂尔干社会思想对今天的意义，不仅仅表现为他所确定的各种概念、假设和命题，更重要的是，它始终蕴涵着"必要的张力"，为人们思考他所切身感悟的各种问题提出了各种可能的途径。在这个意义上，涂尔干的社会思想并不像平常人想象的那样，是一个自圆其说的整体，恰恰相反，它总是包含着各种矛盾和罅隙。在这部著作中，我们所能体会到的不是行云流水似的思想脉络，而是涂尔干始终在物质论与观念论、经验论与决定论、实证主义与唯理主义以及个体主义与本质主义之间的徘徊和犹疑，以及搅扰其中的阵阵苦痛。这是我们在走进其思想世界的过程中不能不注意到的问题。

在中国，涂尔干的社会思想可谓命运多舛。解放前，涂尔干学说曾经一度占据着主流地位，他的某些主要著作甚至在二三十年代就已经介绍过来，如许德珩译《社会学方法论》（商务印书馆，1929年）和王了一译《社会分工论》（商务印书馆，1935年）；涂尔干的名字在社会学及其他社会科学的讲堂上也是无人不知、无人不晓。然而在50年代，由于社会学以莫须有的罪名被取消，涂尔干及其思想也渐渐杳无踪迹了。即便是在80年代社会学被"平反昭雪"以后，许多学者也往往把目光移向别处，或者转向新的思想潮流，对涂尔干的冷落亦无多少改观。然而，随着社会生活的迅速变化和社会科学研究的不断深入，越来越多的学者开始把目光投向过去，密切关注基础问题及其贯穿的内在线索，涂尔干又再次走上前台了。

尽管王力先生在1935年就已经译出《社会分工论》，但在今天看来，这个译本在概念推敲、行文和理解等方面都还有许多纰缪和疏漏之处，已经很难适应学术研究的要求了。因此，再译此书就显得很有必要。尽管如此，我们仍向社会学前辈们深表谢意，感谢他们为学术建设和思想培育等方面所做的孜孜努力。

另需说明的是，涂尔干在全书各处注释中称引本书的地方，我们都依中译本版式做了核对，并将其页码直接改作中译本的页码，此点尚请读者留意；书中出现的人名、地名以及民族名称全部用英文标出，以便读者查找；"附录三：涂尔干基本著作"亦为读者深入了解和研究涂尔干思想提供了可靠渠道。

在翻译此书的过程中，译者得到了诸多人士的帮助，在此表示感谢；尤其感谢中国社会科学院社会学所苏国勋先生、李汉林先生、霍桂桓先生，文学所曹卫东先生，外国文学所刘晖女士，世界历史所王明毅先生，语言学所李智强先生，北京大学社会学系李猛先生、李康先生，华夏出版社褚朔维先生，中国人民大学李秋零先生以及远在巴黎的汲喆先生。同时，也要感谢三联书店在编辑出版方面所做的努力。

译者　渠敬东
1998年2月于北京

第一版序言

这本书是根据实证科学方法来考察道德生活事实的一个尝试。然而，人们以往在使用"方法"一词时，已经歪曲了它的本义，这决不是我们所认定的方法。有些道德家并没有依据先验原则，而是依据从生物学、心理学和社会学等实证科学中借用的某些前提来推演自己的学说，并把他们所谓的道德说成是"科学的"。这决不是我们想要遵循的方法。我们不想从科学中推导出道德来，而是想建立一种道德科学，这两者有着天壤之别。同其他事物一样，道德事实也是一种现象。这些现象构成了的各种行动规则，并可以通过某些明显的特征而得到认识。这样，我们就能够观察它们，描述它们，区分它们，同时也能够找到解释它们的规律。这就是我考察某些道德事实的方法。有人会借助自由存在的事实来反驳我，但是，倘若这种事实否定了所有定律，那么它就会成为心理科学和社会科学，甚至所有科学不可逾越的障碍。由于人类行为总是与某些外在力量发生联系，这就会导致一种决定论倾向，就像那些内在于我们和外在于我们的事物一样，是不可知的。然而，这并不能否定物理科学和生物科学的可能性。同样，我们也拥有确立我们自己的科学的权利。[1]

---

[1] 有人曾经责备我把自由问题放在了"无足轻重"的地位，参看伯当（Beudant）：《个人权利与国家》，第244页。其实我并没有轻视这个问题。我之所以把这个问题先置于一边，只是因为无论怎样去解决它，都不会妨碍我们的研究。

按照上述理解，这种科学并不与任何哲学相对立，因为它有着自身完全不同的基础。也许道德具有经验所无法达到的某种超验的终极性特征，这是形而上学家必须解决的问题。但是，毋庸置疑，道德是在历史过程中发展并受到历史动因的制约的，它切时地在我们的生活里发挥了充分作用。如果说道德在特定时期里具有着特定形式，那是因为我们在特定时期里的生存条件不允许另外一种道德存在。只有条件改变了，道德才能随之改变，并且只能在特定的可能范围内改变，这是确切无疑的。今天，我们已经不再相信所谓原始人混沌不清的自我等同观念的发展，而相信伴随着启蒙运动而逐渐产生的道德进化论，它是由更清晰、更精确的观念构成的。古罗马人性概念的涵义之所以不像今天这么广博，并不是因为他们有限的智识所带来的缺憾，而是因为人性观念与当时的罗马国家不相契合。就像植株不能在不足以滋养它的土壤中生根发芽一样，世界大同的观念也不会在那个时代里形成。甚至说，这种原则一经产生，就是对罗马帝国的致命打击。相反，这种原则即使从那时起就已经产生了，它既不是哲学发现所带来的结果，也不是由于我们的内心接受了不为他们所知的真理。这是因为，社会结构的变迁必然会导致道德的变化。道德的形成、转化和维持都应该归于人类经验之源，因此，道德科学的目的就是要确定上述这些原因。

尽管我们首先要研究所有现实，但这不等于说我们放弃了改良的观念。如果我们的兴趣只停留在思辨层次上，那么这种研究就会不值一文。我们之所以要小心谨慎地把各种理论问题和实践问题划分开来，并不是因为我们忽略了实践问题。恰恰相反，我们的目的就在于更好地解决实践问题。然而，那些脚踏实地地从事道德科学研究，而无力去勾画理想的人却往往受到谴责。有人说，这些人只尊重事实，却无法超越事实，他们只会观察现实的状况，而无法为我们提供一种未来的行动准则。我相信,这本书至少可以祛除这种成见,因为我将会阐明科学是如何帮助我们找到我们应该具有的行为方式,如何帮助我们确定我们模糊感受到的理想的。但是,我们只能在观察了现实之后,才能提出这种理想,因为理想是从现实之中提炼出来的。除此之外,还会有其他什么办法吗?即使是那些口若悬河的理想主义者们,也不会有什么其他的办法,因为理想如若不深深地扎根于现实的话,就不过是一纸空文。理想主义者只是用一种好奇心来打量现实,这就是我与他们的根本区别。他们常常满足于自己某种感觉的冲动,某种由衷而发的极端强烈的欲望——**这绝对不是事实**——接下来,它就会变成一种能让理性俯首帖耳的命令,并且责令我们也要照此行事。

有人还责备我说,我在运用观察法收集事实的过程中,缺少评判这些事实的准则。但是,准则是从事实本身而来的,我届时会说明这个问题。首先,只有科学才能完整地阐明道德健全状态,既然这种状态并没有得到全面实现,它就是我们不懈追求的理想。再者,社会的演进也会使其达到健全状态的条件发生改变。我们需要迫切解决的实践问题恰恰是,把这种不断翻新的状态看成是受环境影响的各种变化作用。科学通过提供给我们这种状态曾经历过的变化规律,让我们预测到它的发展过程,以及各种事物所需要的新秩序。如果我们了解到,随着社会规模不断扩大,所有权也在发生变化并呈现出一种集中化趋势,如果社会容量和密度不断增加使我们有必要进一步改进它,我们就能够预先估计到它的变化,并借此预先作出准备。最后,通过对规范类型的内在比较(即一种严格的科学考察),我们将会发现后者并不与自身完全一致,它包含着矛盾,即不完善性,当然,我们必须竭力祛除和矫正这些纰漏之处。这就是科学为意志提出的新目标。但是,有人也会指出,科学可以有先见之明，却不可以发号施令。这当然是毋庸置疑的问题：科学只能告诉我们生活究竟需要些什么。**假如人类希望生命得以延续**，我们怎能不发现：通过一种极其简单的操作，我们就可以立刻把科学所确立的规律转变成衡量行为的准则呢？这样，科学必定会变成一门艺术。科学和艺术总是连续不断地互相转换。然而，还有一个问题需要解决，那就是我们是否应该去维持我们的生存。即使对于这个终极问题来说，我想科学也并没有保持缄默。[2]

道德科学没有使我们对现实问题漠不关心和麻木不仁，它使我们学会了怎样小心谨慎地处理现实问题，使我们的内心时刻保持沉稳持重。有人责备说，某些自称为科学的理论是颠覆性的和革命性的，其实这些理论也只不过徒有科学的虚名而已。实际上，他们虽然建构了框架，却从来不去观察，它们所谓的道德并不是一系列必须得到研究的事实，而只是一种思想家们可以任意调换的、老调重弹的法规。人们正在实践的道德被单纯看作是习惯和成见的集合，它只有符合某种先入为主的学说，才被看作是有价值的。然而，这种学说并不是在观察道德事实的过程中推导出来的原则，而只是从外在于它的科学里挪用来的原则，所以，相比于遵循现存道德秩序的学说而言，它不可避免地会与这些道德秩序发生强烈的冲突。相反，我们是不会涉足这些危险的，对我们来说，道德是与整个世界体系密切相关的实在化的事实体系。一个事实不能同时发生两次，即使在它最需要变化的时候。不仅如此，它与其他事实之间也存在着固有联系，它一旦发生变化，其他事实也会受到相应的影响，我们很难预测这一系列反应的最终结果。所以，每当想到诸如此类的种种险情，即使那些胆大的人也得细心从事。总之，最重要的是，

---

[2] 我稍后将论及此问题，参见本书第二卷，第一章，第206页。

倘若所有生活事实,即道德事实不服务于某种目的及其相应的需要的话,它便无法存在下去。所以,只要它没有被否证,它就有权利受到我们的尊重。同样,如果它变得面目全非,我们就应该进行干涉,使它成为我们已经证明的样子。但是,这种干涉是有限制的,我们的目的不在于在当前通行的道德之上或一旁构建一种迥然不同的道德,而是要尽可能地矫正它,或部分地改良它。

有人总想在科学和道德之间设置一条鸿沟,这是一种哗众取宠的做法,它企图凭借每个时代的神秘主义来削弱人类理性力量,当然,在我们的上述论证面前,这种说法很快就会魂飞魄散的。我们要想确定我们与他人的关系,无需采用其他方法,我们只要对我们与物之间的关系作出确定就足够了;方法上的反思,对这两种情况都是适用的。能够把科学和道德调和起来的唯有道德科学,因为道德科学在教会我们去尊重道德实在的同时,也提供给了我们改良道德的方法。

因此,我们相信,本书的研究既没有丧失自信,也没有满怀疑虑,相反,本书的读者会遇到许多与现行观念针锋相对的前提假设。由于我们感觉到和认识到需要去理解我们的行为理由,那么我们就会在道德作为科学研究对象之前,把对道德的反思看成是理所当然的。这样,在再现和解释主要的道德生活事实的过程中,我们所采用的特定模式也就变成了习惯,而无所谓什么科学方法了。这是因为,这种模式没有经过系统建构就偶然地形成了,它只是简简单单、马马虎虎的研究结论,也就是说,它随随便便就产生了出来。倘若我们不能跳出既定的判断,显然就无法找到我们所依据的观点。无论何处,科学都需要彻底的精神自由。我们必须杜绝那些埋藏在我们积习之中的感觉和判断方式,我们必须严格地遵循方法论上的怀疑原则。而且,这种怀疑并不会遇到危险,因为我们所怀疑的并不是道德实在（它是没有问题的），而是乏力和病态的思考所带来的解释。

我们有责任把解释建立在真凭实据的基础上。我们在这里使用各种方法，是想尽可能地使我们的论证更加精确。要想使事实秩序成为一种审慎的科学，光靠缜密的观察、描述和分类是不够的。用笛卡尔的话说，更加困难的是找到它们如何变成科学的角度：在事实中找到某些能够带来精确性的客观要素，可能的话，还要找到测量这些事实的方法。我们正在努力满足所有科学应该具备的条件。人们尤其可以看到，我是怎样通过司法规范体系来考察社会团结的，我是怎样在探讨它的形成原因时，抛开个人判断和主观评价而直接穿透社会结构的某些事实的，它们隐藏至深，足以成为知性的对象和科学的对象。与此同时，我决定采用为我所用的规则，而放弃社会学家们经常采用的方法，他们为了证明自己的理论，乐于随心所欲、杂乱无章地援引对它有利的事实，而根本不考虑那些完全与之相反的事实。我所关注的是建立一套真正的实验，即在方法上进行比较。然而，从根本上说，尽管我采用了各种预防措施，这些尝试还是很不完善的。但无论它有什么样的缺点，我们都觉得有尝试的必要。事实上，这是创造科学的唯一途径：既要大胆尝试，又要求助方法。当然，假如我们缺乏原始数据的话，要想完成这项任务也是不大可能的。但假如我们认为耐心地收集所有数据是创立新科学的主要手段的话，那么我们也只能沉湎于幻想之中。因为只有在我们对科学及其要求已经形成了某种看法，并了解到它是否存在的情况下，我们才能知道我们科学究竟需要些什么。

我们研究的起点，就是要考察个人人格与社会团结的关系问题。为什么个人越变得自主，他就会越来越依赖社会？为什么在个人不断膨胀的同时，他与社会的联系却越加紧密？尽管这两者看似矛盾，但它们亦步亦趋的活动却是不容反驳的事实。这就是我们为自己所设的问题。我似乎觉得，要解决这种非常明显的矛盾现象，就要从社会团结的转型过程着眼，而后者正是伴随着劳动分工的迅速发展而产生的。因此，这就是我们今天研究的主题。[3]

---

[3] 毋庸赘言，马里恩（Marion）在《道德团结》第二部分中对社会团结问题做了考察。但是，他在论证过程中却采用了一种不同的视角。他最关心的问题就是，要确立一种有关团结现象的实在。

第二版序言

对职业群体的几点评论

在本书的再版过程中,我并没有对原书的结构进行修订。每本书都应该保持它自己的个性,所以我们最好把它面世时的样子原封不动地展现在大家面前。[1]

然而,在本书的第一版里隐含着一个想法,现在我觉得有必要把它说得更加清楚明确些,这有助于我阐明此书的某些部分以及我在以前发表过的著作中的某些思想。[2]这种想法与职业群体在今天人们的社会组织中所扮演的角色有关。如果说,我开始就已经潜在地触及到了这个问题,[3]那也是因为我总想着把它重新拾起来,并准备为此专门写一篇文章。然而由于诸事缠身,我只能将这一计划暂放一边,真不知道什么时候能够兑现,这回我愿意趁着再版的机会,来阐明一下这个问题与本书其他部分的主题之间的关系,说明一下其中所提到的术语,特别是要粉碎那些企图不让人们去了解这个问题的紧迫性和重要性的理由。这就是本篇序言的目的所在。

---

[1] 我在原序里大概删去了三十几页,因为我觉得这几页在今天已经没有什么价值可言了。在下文删改之处,我将会予以说明。
[2] 参见《自杀论》的结论。
[3] 参见本书第143—154,178页。

一

在本书里，我再三强调了现代经济生活存在着的法律和道德的失范（anomie）状态。[4] 实际上，在各种特定的行为领域里，职业伦理还只是处于初级形成阶段，律师和官员、军人和教授、医生和神父都有了自己的职业伦理。但是，如果我们想用更精确的词汇来说明我们目前对雇主与白领工人、工厂工人与工厂老板、相互竞争的企业主、企业主与普通大众之间的关系的看法，那么最后得到的一定是个笼统的回答！总之，普遍的看法总是很含糊的，譬如有人说，每个雇佣工人都应该忠于和信奉雇主，或者每个雇主都不应该擅用自己的经济特权，有人公开谴责那些明目张胆和没有公正的经济竞争，以及对消费者们肆无忌惮的巧取豪夺：所有的职业伦理意识大概也就存在于这几个方面。而且，这些感受大部分都是不带法律性质的。它们的基础是公众意见，而不是法律——众所周知，公众意见对各种含糊其辞的义务总是充满了宽容。那些最该受到谴责的行为也往往因为成功而得到迁就，允许和禁止、公正和不公之间已经不再有任何界限，个人几乎以一种武断的形式把这些界限挪来挪去。道德也是那样的含混不清，反复无常，根本形成不了任何纪律。因此，集体生活的整个领域绝大部分都超出了任何规范的调节作用之外。

这就是我们所要揭示的失范状态，它造成了经济世界中极端悲惨的景象，各种各样的冲突和混乱频繁产生出来。既然我们无法约束当前彼此争斗的各种势力，无法提供能够使人们俯首帖耳的限制，它们就会突破所有界限，继而相互对抗，相互防范，相互削

---

[4] 参见本书第177—178页和第320—321页。

弱。当然，那些最强的势力就会在与弱者的对抗中独占上风，使后者屈尊于它的意志。但是，这些被征服者虽然暂时屈从了强力统治，却没有认同这种统治，因此，这种状态肯定不会带来安宁祥和的气氛。[5]由暴力达成的休战协议总归是临时性的，它不能安抚任何一方。人们的欲望只能靠他们所尊从的道德来遏止。如果所有权威都丧失殆尽，那么剩下的只会是强者统治的法律，而战争，不管它是潜在的还是突显的，都将是人类永远无法避免的病症。

这种无政府状态明显是一种病态现象，因为它是与社会的整个目标反向而行的，社会之所以存在，就是要消除，至少是削弱人们之间的相互争斗，把强力法则归属于更高的法则。有人极力鼓吹这种规范失散状态的正当性，认为它促进了个人自由的发展，然而这是徒劳的。人们也常常愿意在规范权威与个人自由之间设定一条鸿沟，这简直荒谬至极！恰恰相反，自由（我指的是一种合理的自由，是社会应该得到尊重的自由）是一系列规范的产物。我若想要得到自由，首先就要杜绝其他人在肉体、经济以及其他领域内所享有的利益和特权，防止他限制我的自由。只有社会规范才能限制他们滥用这些权力。我们现在已经很清楚了，如果我们要保证个人的经济独立地位，一系列繁琐复杂的规范总归是必需的，否则，自由也只不过是一种虚名。

然而迄今为止，这种混乱状况从来没有达到这么严重的程度，这主要是近二百年来经济功能不断发展的结果。尽管在以前经济只居于次要的地位，而今天它已经站在最醒目的位置上了。很早以前，人们还轻蔑地把经济功能划归在下等阶层的范围里，但现在我们却看到军事、宗教和管理等领域的功能已经越来越屈从于经济

---

[5] 参见本书第三卷，第一章，第三节。

基础。只有科学还在与经济孤身奋战。即便是这样，科学除了应用于某些实际事务以外，在今天已经不再享有任何特权，在大多数情况下，它都在为与经济相关的职业效力。所以有人断言，我们的社会在本质上已经在向工业社会发展，这不是没有道理的。既然一种行为模式在整个社会生活里占据了如此重要的地位，如果这个社会没有经历过深刻的动荡，也就不会存在混乱失序的状态。特别值得注意的是，这正是道德沦丧的根源。正因为经济事务主宰了大多数公民的生活，成千上万的人把整个精力投入在了工业领域和商业领域。这样一来，一旦这种环境的道德色彩不浓，许多人就会越出一切道德范围之外。如果要让责任观念深入人心，我们就必须得具有持续维持这种观念的生活条件。就人类本性而言，我们是不想压抑和限制我们自身的。但假使没有道德不断限制我们自身的行为，我们怎么就养成了习惯了呢？假使我们整天忙来忙去，除了考虑自己的利益之外没有其他规范可循，我们怎么会体会到利他主义、无私忘我以及自我牺牲的美德呢？经济原则的匮乏，不能不影响到经济领域之外的各个领域，同样，公民道德也随之世风日下了。

虽然我们已经说明了病状，然而它的病根又是什么呢？我们又该怎样救治它呢？

在本书的主要部分里，我特别要说明劳动分工并不对这种事态负有任何责任，有的人对分工微词颇多，这是不公平的。分工绝对不会造成社会的支解和崩溃，它的各个部分的功能都彼此充分地联系在一起，倾向于形成一种平衡，形成一种自我调节机制。然而，这种解释也是很不充分的。这是因为，尽管各种社会功能总想共同求得相互间的适应，达成彼此固定的关系，但就另一方面而言，这种适应模式要想成为一种行为规范，就必须要靠某个群体的权威来维持。事实上，所谓规范不仅仅是一种习惯上的行为模式，而是一

种义务上的行为模式,也就是说,它在某种程度上不允许个人任意行事。只有建构完整的社会才能拥有道德和物质的最高地位,它不可避免地要为个人立法,同样,也只有集体构成的道德实体才能凌驾于私人之上。而且,除了人们日复一日形成的短期关系以外,唯有上述那种连续性,即不断延续的特性才能维持规范的存在。再进一步说,集体的角色不仅仅在于在人们相互契约的普遍性中确立一种绝对命令,还在于它主动积极地涉入了每一规范的形成过程。首先,它是被指定的仲裁人,负责解决人们的利益纠纷,划定人们应该各自遵守的界限。其次,它最重要的职责就是要维护秩序与和平。如果说失范是一种罪恶的话,那是因为它使社会遭尽了磨难,社会没有凝聚力和调节力,就无法存在下去。因此,道德规范和法律制度在本质上表达了自我同一性的要求。社会置身于舆论的氛围里,而所有舆论又都是一种集体形式,都是集体产生的结果。要想治愈失范状态,就必须首先建立一个群体,然后建立一套我们现在所匮乏的规范体系。

无论是整个政治社会还是国家,显然都担负不起这一重任。这是因为,经济生活不仅是非常独特的,而且每时每日都在朝着这个方向发展,远远超出了上述权威的作用范围。[6] 只有在与职业活动关系紧密的群体对其作出有效规定的情况下,职业活动才会认识到自己的功能,了解到自己所具有的需要和每一次的变化状况。满足这些条件的独立群体是由那些从事同一种工业生产,单独聚集和组织起来的人所构成的,这就是我们所说的法人团体(corporation),即职业群体。

但是,在经济领域中,不仅不存在这样的职业群体,也不存在

---

[6] 稍后我将会谈到这个问题。参见本书第324—325页。

职业伦理。自上个世纪起，古老的法人团体就解散了，**这并不是没有道理的**，人们试图在不同的基础上重建这种组合，但得到的却是些支离破碎的东西。毫无疑问，从事同一种事务的人们是以同样的活动方式相互交往的，甚至彼此的竞争也衍发了相互关系。但是，这种关系是没有规定的；它只不过是一种偶然的相遇，完全依赖个人的本性。单个企业家的相互联系，并不是在专门领域内的企业家群体所达成的一致行动。我们偶尔也会发现，同种职业的所有成员相聚在一起解决公共利益的问题。但是，这种相聚往往是短暂的：一旦有了特殊情况，它就维持不下去了。因此，倘若它给集体生活提供了某些机会，集体生活也会连同这些机会一起消失殆尽。

倒是有些群体具有某种持久性，即今天我们所说的雇主联合会和工人联合会。这无疑代表着法人团体形成的起点，尽管它还只是一种不太成熟、不太固定的形式。首先，联合会只是一种私人组织，缺少法律权威以及任何管理权力，许多联合会虽然在理论上不受限制，但还局限于工业这个专门领域内。它们是彼此分立的，如果它们还不能够相互联合，相互统一起来，就不会表现出职业整体的同一性。最后，把雇主联合会和工人联合会区别开来的做法是**合法的和必需的**，但双方之间却没有建立固定的联系。双方缺少一种既不丢掉各自的特性，又能将彼此连在一起的普通组织，在这个组织里，他们完全可以共同服从一般规范系列的规定，确立彼此稳定的关系，顺从同等权威的控制。然而，常常出现的却是强者发号施令的法律，战争的狂潮也一直一浪高过一浪。除了普通道德规定了他们的某些行为以外，雇主和工人的关系就像两个自治国家的关系一样，在实力上是不平等的。他们双方可以签订协约，就像两国人民借以政府的名义来缔结协约一样。然而，这些协约只是双方现有经济实力的体现，如同两个敌对国家所缔结的和约只不过是双方军事实力的体现。他们只确证了一个事实，而没有确证一种法律。

如果我们想在各种各样的经济职业中确立一种职业道德和法律准则，来代替支离破碎、混乱一团的法人团体的话，就得建立一种更加完善的组织群体，简言之，就是建立公共制度。任何此类计划都是与某些固有的偏见相抵触的，我们必须在根本上预防和杜绝这些偏见。

首先，从历史的角度出发，法人团体具有自身的缺陷。有人认为它与政治上的古代制度是密切相关的，而现在这些制度已经彻底灭绝了。因此，要想重新鼓吹一种工业和商业的合作组织，就是一种逆历史潮流而动的表现。人们认为，这种倒退在实际上既是不可能的，也是很反常的。

这种论断真是掷地有声，如果有人真的觉得只通过人为手段就能把古老的中世纪同业行会重新恢复起来的话。但是，问题还不单单如此。这不是中世纪制度是否适合我们今天生活的方方面面的问题，当时得到了满足的需求并不是指所有时代的需求，虽然随着制度的变迁，这些需求也在发生变化，并以此来适应新的环境。

这些法人团体并没有让我们把它单纯看作是某一个时代或某一种文明的暂时的组织形式，正因为它的历史太悠久了，它看上去似乎是遍及整个历史的模式。假如我们回到中世纪，也许会真的相信这些，正因为它是随着政治体系的产生而产生的，它也必然会随着政治体系的消亡而消亡。不啻如此，这一组织的来源更为久远。一般而言，自从有了贸易以来，就有了这种组织，换句话说，自工业使纯粹农业寿终正寝之日起，它就形成了。如果它在希腊时期还不为人知的话，那么至少在罗马征服时期就已经出现了，因为当时贸易还在遭人耻笑，还只是外族人所从事的事务，它是被排除在城邦法律组织之外的。[7]在罗马,法人团体至少可以追溯到共和国早期,据说这还是国王努马(Numa)[8]创立的传统。[9]当然,在相当长的时期内,它总是默默无音,所以历史学家和古代碑文也很少论及它,几乎很难了解到它是这样组织起来的。但是,到了西塞罗时代,这种组织在数量上已经形成了一定的规模,在社会中也开始占有了一席之地。正如瓦尔沁(Walzing)所说,当时,"所有劳动阶层都似乎在强烈要求极大程度地增加职业集团的数目"。这种上升运动不断发展,一直到帝国时期,"达到了今天都难以超过的程度,如果我们考虑到了经济分化之状况的话"。[10]当时,不计其数的劳动阶层,最终都组成了社团,那些以商业谋生的人也是如此。与此同时,这些团体的性质也在发生改变,成为管理机构的一个部分。它们发挥着行政职能,每个法人团体都被看作是一种公共服务机构,它也相应地对国家负有责任和义务。[11]

这就是行业制度破产的原因。由于它过于依赖国家,很快就陷入了日趋没落和百遭践踏的状态,皇帝们除了强制手段外没有任何办法使其勉强存在下去。他们采用种种手段阻止劳动者逃离职业

---

[7] 参见赫尔曼(Hermann):《希腊文物手册》(第3版)第4卷,第398页。有时候,由于职业的缘故,工匠竟然被剥夺掉了公民权(同上书,第392页)。尽管那时候不存在什么法律和行政组织,但是不是存在一种私下的组织形式,我还没有弄清楚。但我可以肯定的是,当时确实存在着由商人组成的法人团体。参见弗兰科特(Francotte):《古希腊的手工业》第2卷,第204—205页。

[8] 努马·庞皮利乌斯(Numa Pompilius):约公元前700年前后,传说是古代罗马七王相继执政的王政时代的第二代国王(公元前715—前613),曾创立了宗教历法,制定了各种宗教制度。——译注

[9] 参见普卢塔克(Plutarch):《努马》第17卷;普林尼(Pliny):《自然史》第34卷。这无疑是一个传说,但它证实了古罗马已经把这种法人团体当成他们最古老的一个制度。

[10] 瓦尔沁:《罗马职业组织历史研究》第1卷,第56—57页。

[11] 某些历史学家认为,法人团体形成伊始就与国家发生着关系。无论如何,这一点是确证无疑的,它们在帝国体制下扮演了不同的行政角色。

所规定的繁重责任，甚至有时国家竟然使用了强迫招募和雇佣的方法。很显然，这样的制度必须在足够强大的政治权力之下才能得到维持。因而，帝国崩溃以后，它们也就不复存在了。不仅如此，内乱和外扰同样破坏了商业和工业，工匠们趁机逃离了城镇，散落在穷乡僻壤。这就是在公元后的几个世纪里我们所能看见的景象，它也在19世纪末期原封不动地重演着：法人团体的生活已经完全消逝了。在原来属于高卢和德意志地区的罗马城镇里，也很少有机会见到这种生活的遗迹。假如有一天某个理论家发现了这个地方，他也会像后来的经济学家一样，断定法人团体并没有存在的理由，或者说至少有曾经存在过、现在却找不到的一些理由，他会毫不迟疑地认为，那些重建法人团体的尝试简直是一种倒退和痴梦。但是，不久以后，我们就会看到这种预言的荒谬所在了。

事实上，这些法人团体在隐匿了一段时间以后，又在所有的欧洲社会里获得了新生。在11和12世纪左右，它们就开始复活了。拉瓦瑟尔（Levasseur）说道：从那时起，"工匠们就感到有必要组织和建立最初的联合体了"。[12] 总之，到了13世纪，这些组织又重新开始繁荣起来，它们不断发展，直至又一轮的衰落时期。因此，这样一种具有持续性的制度是不能依靠特殊的机遇和偶然的环境发展起来的，我们更不能说它是某种集体畸变的产物。从城邦的发端到帝国的兴盛，从基督教社会的黎明到当今时代，如果说法人团体是必不可少的话，那是因为它切合了我们深层和持久的需要。一言以蔽之，它们尽管曾经消失过，但它们完全可以用一种不同的形式重构自身，因此，我们有理由推翻下列所有论断：法人团体之所以在上个世纪末突然消失掉，是因为它已经无法与今天的集体生活取

---

[12] 拉瓦瑟尔：《大革命前的法国工人阶级》第1卷，第194页。

得一致。不仅如此，既然今天所有文明社会都感到了振兴法人团体的必要，那么这就是一个前兆，从根本上将它取缔并不会解决问题，杜尔哥（Turgot）[13]的改革方案也需要换一种形式，我们绝不能再无限地拖延下去了。

二

既然法人团体自古以来并不必然是一种不合时宜的事物，那么我们是否可以相信，在当代社会里它能够完全胜任我们赋予它的使命呢？我们之所以认为它是必不可少的，并不在于它促进了经济的发展，而在于它对道德所产生的切实影响。在职业群体里，我们尤其能够看到一种道德力量，它遏止了个人利己主义的膨胀，培植了劳动者对团结互助的极大热情，防止了工业和商业关系中强权法则的肆意横行。但是，有人认为法人团体不适合扮演这个角色。因为它是从暂时的利益中产生的，它所能达到的似乎只是赢利的目的，倘若大家回想一下古代制度中的法人团体，这个印象就会更加强烈。人们当然会想到，将来的组织形式总归会步入它的以前形式的后尘，从而进一步维护和扩充它们自身的特权和垄断权。所以我们很难会看到，这种狭隘的职业目的会给法人团体及其成员带来什么好的影响。

然而，我们绝对不能把法人团体短期发展的事实扩展到整个法人团体体系中去。我们暂时撇开体系不谈，只看看法人团体在其大部分历史里尽管对道德产生了很大作用，但它的形成也自然受到了

---

[13] 杜尔哥：1727—1781，法国经济学家、重农学派主要代表之一，曾任法王路易十六的财政大臣（1774—1776），主要著作有《关于财富形成和分配的考察》等。——译注

道德弊端的影响。这种情形在罗马的法人团体中表现得最为明显。瓦尔沁先生指出:"由罗马工匠组成的法人团体远不如中世纪法人团体那样具有职业色彩。那时并没有什么方法上的规定,没有强迫学徒的事情发生,也没有行业的垄断现象,而且它们的目的也不在于积累资本去创办一家工业企业。"[14] 当然,一旦需求产生出来,他们的联合就会使他们更有力地去保护共同利益。但这只是得益于制度一种好处,它既不是这种组织存在的理由,也不是它所能发挥的最重要作用。首先,法人团体是一种宗教社团,每个组织都有各自特有的神灵,而且有可能的话,它们还会被供奉在专门的寺庙中。就像每家都有一个家神(lar familiaris),每个城市都有一个公神(genius publicus)一样,每个社团也都有自己的保护神,即社神(genius collegii)。当然,有了这种职业的崇拜形式,就少不了大家聚集一堂、共同欢庆的节日、祭祀和宴饮等仪式。每一种仪式都为人们节日欢聚提供了机会,分发的食物和金钱都一律由自治团体支付。既然如此,人们就会提出一个问题:法人团体是不是有自己的互助基金,在它的成员需要帮助的时候,它是不是能够为其提供定期的帮助。但对于这个问题,大家的意见还是有分歧的。[15] 但有些事情可以减弱上述讨论的兴奋点和参考价值,不定期的公共宴饮仪式以及与之相应的分发仪式,已经代替了平常的互助,这些互助只能发挥间接的作用。总之,那些贫苦人已经开始依赖这种无形的津贴了。正因为这种组织具有宗教性质,所以工匠的社团同时也必然是一种葬礼。所有组织成员都希望像基督教教徒那样,既为了同样的信仰团结在一起,也为了同样的信仰长眠在一起。所有比较富裕

---

[14] 瓦尔沁:《罗马职业组织历史研究》第1卷,第194页。
[15] 大多数历史学家认为这些社团至少是一种互助团体。

的法人团体都有一个集体**坟墓**（columbarium），如果社团买不到安葬地，它至少也要保证为它的成员提供一个比较体面的安葬仪式，而费用则从公共基金中支出。

共同的宴饮仪式，共同的节日仪式，还有共同的墓地——所有这一切综合起来，难道还构成不了罗马家族组织的明显特征吗？所以，有人说罗马法人团体是个"大家族"。瓦尔沁指出："没有哪个词能够更好地描述这种由手足亲情连接在一起的关系，有许多特征可以证明，在他们中间确实存在着一种深厚的兄弟情谊。"[16]共同的利益代替了血缘的纽带。"因此，各个成员都亲如兄弟，有时候竟然以兄弟相称。"他们之间最平常的称呼就是**弟兄**（sodales），这个词本身就表明了兄弟在精神上极为亲密的亲属关系。社团里的男主人和女主人都被称作父母。"有一个证据可以证明各个成员对社团的忠诚，这就是，他们把自己所有的遗产和礼物都捐赠给了社团，此外还有另外一个证据：他们的墓碑上写着'**敬社**（pius in collegio）'，也就是说，**敬家**（pius in suos）。"[17]这种家族生活方式如此发达，以至于博西埃（Boissier）把它说成是所有罗马法人团体的主要目的。他写道："甚至那些加入法人团体的雇工们，主要为的是集体生活的乐趣，他们想在家族之外找些消遣来摆脱烦恼和忧愁，找个不像家族限制得那么死，又不像城市那么分散的亲密生活，从而使自己的生活变得更轻松，更自在些。"[18]

基督教社会所属的社会形态与城邦社会不同，中世纪的法人团体与罗马时期的法人团体也很不一样。当然，他们也为其成员创造了一个道德环境。拉瓦瑟尔说道："法人团体用牢固的纽带把做

---

〔16〕 瓦尔沁：《罗马职业组织历史研究》第1卷，第330页。
〔17〕 瓦尔沁：《罗马职业组织历史研究》第1卷，第331页。
〔18〕 博西埃：《罗马的宗教》第2卷，第287—288页。

同一种生意的人们结合起来,它们通常是在一个教堂或一个专门的小教堂里成立的,并在一片祈祷声中邀请一位圣徒来做整个公社的主人……他们就在这里集合起来,做完规模盛大、庄严堂皇的弥撒后,跑到太阳底下去开一个欢快活泼的宴会。只有在这个方面,中世纪和罗马时期的法人团体才有一些相似之处。"[19]此外,法人团体还常常预算出一部分资金用于慈善事业。

不仅如此,法人团体还为每一种职业制定了明确的规范,规定了雇主和雇工,以及雇主之间的各项责任。[20]当然,当时有好些行规与我们今天的观念是相抵触的。但我们应该依照那时的道德标准去评判它们,因为这正是它们所表现出来的东西。只有一点是不容置疑的,即所有规范并不以某些人的利益为前提,而是以整个法人团体的利益为前提,至于对后者的理解是否正确,我们暂且不要去管它。凡是在私人利益归属于公共利益的时候,道德的性质就会突显出来,因为它必然会表现出某种牺牲和克制的精神。再者,许多规章也都是从我们所共同具有的道德情感中产生的。即使劳动者受到了主人的监护,主人也不能随意地辞退他,义务总归是相互的。但这种相互性并非本身就是公正的,只有工人享有足够的特殊权利,它才能在更大程度上得到证明。因此,雇主不允许以求助于邻人和妻子的名义,剥夺工人的**工作权利**。简言之,拉瓦瑟尔指出:"这些对学徒和雇工的规定并没有遭到历史学家和经济学家们的鄙视,这并不是野蛮时代的产物。这些规定还带有一种逻辑和常识意

---

[19] 拉瓦瑟尔:《大革命前的法国工人阶级》第1卷,第217—218页。
[20] 拉瓦瑟尔:《大革命前的法国工人阶级》第1卷,第221页。德国的法人团体也具有同样的道德特点,参见吉尔克(Gierke):《德国的合作制》第1卷,第384页;英国也同样如此,参见阿斯莱(Ashley):《经济学说史》第2卷,第101页。

义上的痕迹，毫无疑问，这是值得我们重视的。"[21]一系列的规范最终都是为职业团体的整合而设置的，所有防范措施都是为了防止商人和工匠欺骗顾客，让他们"更好地、更公平地去工作"。[22]当然，当商业主特别重视维护自己的特权，而不再顾及职业本身的名誉及其成员的忠诚的时候，这些规范也就没有什么存在的价值了，而且还会给人们带来诸多的麻烦。任何一种制度在实施了一段时期以后，没有不退化变质的，这不仅因为它没有在适当的时候发生改变，从而使自己变得顽固不化，而且也因为它只是朝着单一的方向发展，从而使自己变得面目全非。这样一来，它已经再也没有能力胜任自己的职责了，因此，我们应该试图在根本上改造它，而不是在整个历史中去否认它，破坏它。

不管有什么样的说法，我们所援引的各种事实已经足以证明，职业团体并不是不能产生道德影响的。在罗马时期和中世纪时期里，宗教在人们生活中起着极其重要的作用，它所发挥的功能也十分真实明显，那时候，每个宗教公社都构成了一种道德环境，就像每一项道德律令也都会带来一种宗教形式一样。进一步说，法人团体的性质是由在不同环境中都能发挥作用的一般根据决定的。在政治社会里，一部分人一旦发现他们具备了其他人所不具备的共同的观念、利益、情感和职业，那么在这种相似性的影响下，他们不可避免地会相互吸引，相互寻觅，相互交往，相互结合。这样，一个特定的群体就在整个社会中慢慢地形成了，并且具有了与众不同的特征。一旦这种群体得以形成，道德生活就会卷入其中，它自然而然地会戴上特殊发展条件的标记。如果人们在相互结合组建群体的

---

[21] 拉瓦瑟尔:《大革命前的法国工人阶级》第1卷，第238页。
[22] 拉瓦瑟尔:《大革命前的法国工人阶级》第1卷，第240—261页。

过程中没有产生一定的感情，如果人们不关心这种感情，不顾及自身的利益，不考虑自己的行为的话，那么他们彼此的共同生活、彼此固定的交往关系就不可能形成。因此，这种关注已经超出了个人的范围，已经把特殊利益归属于普遍利益，这正是所有道德作用的源泉。如果这种情感在诉诸更普遍的生活境遇的过程中，变得更加明朗，更加确定，那么我们便会逐渐看到一个道德规范总体的出现。

　　上述这些情况并不仅仅是自然而然地产生的，本质而言它也是很有用处的，而且大家觉得它的用处越大，它的力量也就越大。假如社会对这些具有自身行为规律的特殊群体置若罔闻，那么社会本身就会陷入一种混乱不堪的状态。因此就个人来说，他找到了个人满足的源泉，因为混乱状态总是对人们有害的。如果个人之间的相互关系不受某种限制的话，那么人们每时每刻都会发生混乱和冲突。但是，如果冲突发生在面对面的同伴关系中，谁都不会认为这是什么好事情。然而，普遍的敌意和相互的猜忌必然引起的紧张关系流传得越广，它给人们带来的痛苦就越深。我们喜欢战争，但我们却也热爱和平，因此，人们的社会化水平越高，换句话说，人们的文明化程度越深（两者是同义的），和平对人类的价值就越大。共同生活尽管带有强制的性质，但还是吸引人的。诚然，社会需要一种限制作用来迫使人们超越自身，在其物质本性之上又加上了一种其他的本性，但是，人们一旦尝到了新生活的甜头，便开始越发地需要这种生活了；人们迫不及待地寻觅着每一个生活领域。这就是为什么人们一旦发现共同利益并联合起来的时候，他们不仅维护着自身利益，而且还互助合作，共同避开来犯之敌，为的是进一步享受彼此交往的乐趣，与其他人共同感受生活，归根结底就是一种共同的道德生活。

家庭道德不外乎也是这样形成的。也许在我们的眼里满是家庭的幻象，家庭对我们来说不仅曾经是而且现在还是学习自我牺牲和自我克制精神的课堂，是至高无上的道德圣地，这是因为家庭所独具的特色在其他地方是找不到的。我们当然愿意相信，血缘亲属关系在与他人的道德认同方面是一个极为重要的因素。但我们以往也有机会证明，[23]血缘亲属关系并没有人们经常认为的那样特别有效。有证据表明，绝大多数社会关系并不像许多家庭那样，是以血缘为纽带的。这种所谓的模拟亲属关系很快地进入社会，并发挥了自然亲属关系所能发挥的所有作用。反而，许多十分亲密的血缘纽带在道德和法律的意义上却往往变得相互陌生起来。譬如，罗马家族中所谓的血族（cognates）就是如此。所以，家庭并不是完全由整个世系传递下来的，它只不过是在政治社会中人们相互吸引的群体，其中，群体成员在观念、感情和利益上都是特别一致的。血缘关系很容易把个人集中起来，它可以自然而然地把彼此不同的意识调和起来。此外，还有许多因素也能做到这些，比如说体质的相似、利益的团结、共同对付来犯之敌的需要或仅仅是为联合而联合，都可以使人们相互结合成为不同的形式。

这些因素不只是家庭所特有的，在以不同形式出现的法人团体里，我们也可以找到这些因素。如果说前者在人类道德生活史中扮演了十分重要的角色，难道后者就没有能力做到这些吗？毫无疑问，两者之间总归存在着这样的差别：家庭成员所分享的是共同生活，而法人团体成员所分享的只是职业生活。家庭作为一个完整的团体，其影响可以直接伸展到经济、宗教、政治和科学等各个领域。我们所做的一切事情，包括家庭以外的事情，都在家庭内部产

---

[23] 特别参照《社会学年鉴》第1卷，第313—314页。

生了回响，并引起了相应的反应。因此在这个意义上说，法人团体的影响范围就显得十分有限了。然而，我们绝不能忽视，随着各项工作不断分化，职业在我们生活中的地位也显得越来越重要。由于每个人都只限于起一种专门的作用，所以他的活动也相应地被限制在一个特殊领域内。而且，虽然说家庭的影响遍及所有事务，但那只是些平平常常的事情，其中并没有什么很细致的作用。尤其在家庭失去了它以前的统一的和不可分的性质以后，同时也失去了自己绝大部分的效力。今天，每隔一代，家庭就分散了许多，以至于个人生活的很大一部分都是在家庭作用范围之外度过的。[24] 法人团体却没有经历过这种时断时续的发展过程：它总是一以贯之地发展下去。即使它与家庭相比较有一些不太如意的地方，但就这一点而言，它对自身做了些弥补。

我们觉得有必要继续按照这种方式对家庭和法人团体做一番比较，这不仅因为要在两者之间确立一种平行的知识，而且因为这两种制度在整体上是有联系的。罗马时期的法人团体最能说明这一点。我们确实看到法人团体最先是按照家族模式塑造出来的，它只不过是家族模式一种新的、扩大了的形式而已。除非在职业群体和家族群体之间没有近似之处，否则人们是不会把两者相提并论的。事实上，在这个意义上，法人团体正是家族的承继者。但在经济还处于单纯农业阶段的时候，它在家族和乡村（其实乡村也只是个大家族）还只需要一个直接的生产组织，还谈不上什么其他组织。当交换在根本上，或者说还不太发达的时候，农民的生活还跳不出家族的圈子。既然经济作用在家族以外还没产生什么影响，单靠家族来支配经济就足够了，这样家族本身也就扮演了一个职业群体的角

---

[24] 关于这一点，我在《自杀论》第433页中有一些比较详细的论证。

色。但自从贸易发展起来，情况就不同了，人们要以贸易为生，就得走出家族之外去寻找买主。但一旦他走出家门，他就会与他的同行发生联系，跟他们竞争，认识了解他们。而且，贸易还与城镇直接或间接地发生着关系，城镇主要是由大量的移民建造起来的，也就是说，总归有一部分人要背井离乡。这样，一种新的行为方式就确立起来了，人们超出了家族组织原来的范围。如果没有组织，新的行为方式就不可能存在下去，因此就要创造一种新的结构，以适应这种行为，换句话说，就是要建立一种新的次级群体。这样，法人团体就应运而生了。法人团体最先是以家族形式来承担这一功能的，但一旦这种形式不再行之有效，它就替代了家族。它的这些来源不允许我们随随便便地把它说成是没有道德的。既然在家族环境里，家族的道德和法规是行之有效的，那么在法人团体的先天环境里，职业道德和法规也同样是有效的。

三

然而，为了排除所有成见，为了确切说明法人团体体系不只是一种过去的制度，我们必须说明这些制度应该或怎样变化才能最终适应现代社会，很明显，它在今天已经不再具有中世纪的那种特征了。

如果要在方法上研究这一问题，我们必须首先说明法人团体体系是怎样进化而来的，它所主要经历的变化原因又是什么。然后，我们才可以在某种程度上断定，在目前欧洲社会普遍存在的条件下，这种体系会朝哪个方向发展。如果想做到这些，就不能不进行某些比较研究，但光靠我们自己还做不到这些。但是，如果我们想要管窥它发展过程中的几个主要特征，这并不是不可能的。

从上文中我们可以看出，罗马时期出现的法人团体在后来的基督教社会里已经面目全非了。两者的不同不仅在于罗马法人团体的宗教性多些，职业性少些，而且也在于它们在社会中所具有的不同地位。事实上，在法人团体开始形成的时候，制度是外在于社会的。有一位历史学家曾经将罗马政治组织分解成各个组成元素加以分析，但他最后没有发现一个事实能够证明法人团体的存在。尽管这些组织已经得到了确定和承认，但并没有被纳入罗马法中。当时，工匠们没有以社团的名义来召集选举大会和军事大会，职业群体也从不介入公共生活，不管是以整体的名义，还是以正式代表的名义。至多有三到四个社团是个例外，因为我确信我可以证明它们是由塞维·图里乌（Servius Tullius）[25]组建起来的百人团（centuries），即tignarii, aerarii, libicines, cornicines[26]，然而这个事实也是不太确切的。[27]对于其他法人团体而言，它们一定存在于罗马公民的行政组织之外。[28]

我们恐怕只能在这些组织得以形成的特殊条件里，对其外在于社会的地位进行解释，而且它的产生是与贸易的发展分不开的。然而，贸易在很长时间里都只是罗马时期社会活动中附属和次要的事

---

[25] 塞维·图里乌（Servius Tullius）：罗马传说中"王政时代"的第六个国王，曾在公元前六世纪进行改革。——译注
[26] tignarii, aerarii, libicines, cornicines，即分别由木匠、铜匠、祭司（掌管祭祀活动，即libo的人）和号手组建起来的社团。——译注
[27] 百人团这个说法看上去并不包括所有的木匠和铜匠，而只是那些制造和修理武器与战车的木匠和铜匠而已。哈卡马修斯的丹尼斯（Denis）明确告诉我们，以这种方式集合起来而形成的工匠群体完全是为军事目的服务的（ειδ τòυ πo λεμòυ）。因此他们在军队中并不是真正的社团，而是某个部门。
[28] 所有我们对法人团体之地位的说法，都完全会带来认识上的两难问题：在最初的时候，国家是否干预了法人团体的形成。即使法人团体一开始是仰仗国家的（这一点似乎也是靠不住的），法人团体的影响也不会波及政治结构。这对我们来说是非常重要的。

情。本质而言，罗马还是一个农业和尚武的社会。罗马的农业社会被划分为氏族（gentes）和库里亚（curiae），而百人团几乎就是一种军事组织。当时，工业还只处于萌芽时期，尚无法对城邦的政治结构产生多少影响。[29] 甚至在罗马历史最为兴盛的时期，贸易还算是一种被道德排斥在外的腐化现象，还不被允许在国家中占有一席之地。当然，历史发展到了一定时期，它们的社会地位也得到了改善。这种地位的转变是很有意义的。为了使自己的利益赢得尊重，为了在公共生活中发挥一定作用，工匠们开始使用一些超出法律规定以外的非常规手段。社会谴责他们，然而他们却用策划阴谋和秘密煽动等活动来对抗社会。[30] 这也就是罗马社会不向他们敞开大门的最好证据。即使后来国家接纳了他们，他们成为了管理机构的组成部分，但这也不是斗争的胜利，而是痛苦的依附。虽然他们走进了国家领域之内，但他们为的并不是获得服务社会所应得的地位，而是想得到政府权力机关的细致照料。拉瓦瑟尔说道："法人团体变成了犯人的枷锁，君主把它扣得越紧，他们工作起来就越卖力，国家也就越发需要他们。"[31]

然而，法人团体在中世纪所占有的地位却截然相反。它们形成伊始，就成了由一部分人口组成的常规组织，并在国家中扮演了极为重要的角色，即资产阶级，或第三等级。事实上，经历了相当长的一段时期以后，资产阶级和商人形成了一个独立的群体。拉瓦瑟尔认为，"在19世纪，资产阶级完全是由商人组成的。那时，官员和律师阶层还没有出现；学者还仍旧属于教士之列；食利者的数目

---

[29] 如果我们追溯一下更早的工业发展阶段，它远远还不能算是行政组织。在雅典，工业不仅是存在于社会之外的，而且还存在于法律之外。
[30] 瓦尔沁：《罗马职业组织历史研究》第1卷，第85—86页。
[31] 拉瓦瑟尔：《大革命前的法国工人阶级》第1卷，第31页。

还比较少，这主要是因为当时几乎所有的地产都掌握在贵族手里，而普通人则必须在工厂或账房里工作，他们只能通过工业或商业在国家中占有一席之地"。[32] 德国的情况也是这样，资产阶级和城市居民是同义的。除此而外，我们还了解到，德国的城镇是在固定市场的周围发展起来的，是贵族自己开辟出来的一块领地。[33] 人口逐渐聚居在了市场周围，同时也逐渐变成了城镇居民，变成了纯粹的工匠和商人。因此，居民（forenses）或商人（mercatores）这两种说法并没有什么差别，都指的是城镇定居者，公民法（jus civile）或城市法都经常被称作居民法（jus fori）或市场法。这样，商业贸易组织可以被看作是早期的欧洲资产阶级组织。

由此，当城镇脱离了贵族的监护，公社（commune）形成以后，那些为上述发展充当开路先锋的手工业行会，变成了公社组织的基础。事实上，"在几乎所有的公社里面，政治制度与官员选举都是以手工业者这一市民阶层为基础的"。[34] 人们往往单从行业的角度进行选举，而法人团体和公社组织的首领常常是同时产生的：

> 例如，在亚眠（Amiens），工匠们每年召集一次来选举各个法人团体或"巫师团"的"首领"。中选的"市长"则委任十二位长老，而后者还要再委任十二位长老，长老团轮流向各个"巫师团"的"首领"推举三人，从中选举公社首领……在其他一些城市里选举程序还要复杂些，但不管怎样，它们的政

---

[32] 拉瓦瑟尔：《大革命前的法国工人阶级》第1卷，第191页。
[33] 参见雷切尔（Rietschel）《法律关系中的市场与城市》（莱比锡1897年版）一书的各个细节，以及佐姆（Sohm）讨论到这一问题的所有著作。
[34] 雷切尔：《法律关系中的市场与城市》第1卷，第193页。

治组织和地方组织,都与劳动组织有着密切的联系。[35]

反过来说,既然公社是由所有手工业行会构成的,那么手工业行会也就是缩微形式。确切地说,它就是公社形成、扩充和发展的一个模型。

我们已经了解到了公社在我们的社会历史里究竟是个什么样子,了解到了随着时间的流逝它们是怎样变成社会基础的。既然它就是法人团体的联合体,是以法人团体的模型塑造出来的,那么它就是我们分析整个政治体系的最终基础,因为政治体系正是由自治运动中发展而来的。因此,我们随着法人团体的发展,可以看到它的地位已经开始显得越来越重要。在罗马时期,它还几乎被排除在通常的社会框架之外,而在今天的社会里,它已经完全变成了社会的基本框架。这也是我们驳斥认为法人团体只是一种已经归于历史陈迹的古老制度这样一种观点的另一个理由。法人团体在过去扮演的角色已经发生改变,它的地位随着商业和工业的发展已经变得日益重要起来。因此,认为经济的发展断除了法人团体存在之理由的观点,实在是大谬至极的。与此相反的假设倒是越加得到了证实。[36]

但是,在以上所概述的情形外,历史还给我们留下了其他的教训。

---

[35] 雷切尔:《法律关系中的市场与城市》第1卷,第183页。
[36] 确切无疑的是,当人们按照种姓制度的方式来构成职业的时候,就已经确定了这种职业在社会构成过程中占有的重要地位,印度社会即是如此。本质而言,这只不过是一种家庭和宗教群体,而不是职业群体。每个种姓都有自己宗教体验的特殊等级,社会只是按照宗教,即宗教信仰的方式构成的。宗教信仰的产生有很多原因,在整个社会体系中,每个种姓都有其固定的位置。但是,他们的经济地位却不对这种行政地位产生任何影响。参见布格勒:《论种姓制度》,载《社会学年鉴》第4卷。

首先，我们可以考察两个世纪以来法人团体是怎样失去信誉的，由此我们也可以考察它在公共社会重新攫取地位的过程中究竟会变成什么样子。事实上，我们已经看到这一组织在中世纪是如何与公社发生紧密的联系的。只要贸易本身还是公社的特质，那么它所带来的团结就会畅通无阻。原则上，只要工匠和商人或多或少地接受了城镇居民和邻城居民独特的风俗习惯，换句话说，只要市场本身还具有地方性的色彩，法人团体和地方组织联合起来就足可以应付社会的一切需要。但是，一旦大工业迅猛发展起来，这种情况就显得不合时宜了。因为它在任何情况下都不具有城市性，都不适应于并非为它专门设立的制度。首先，大工业的发展并不仅仅限于城镇，它甚至可以建立在远离人烟的地区，不管城市还是乡村。哪个地方供应最充足，哪个地方最有可能拓展业务，它就会选择哪里。其次，它的活动区域并不限于一个特定的地区，它的主顾也可以来自四面八方。这样一种制度是与公社完全没有关系的，因而，当年的法人团体也已经无法适用和调整这种与自治生活毫不相干的集体行为方式。

事实上，大工业一经产生，它就会自然而然地游离于法人团体体系之外。这就是手工业行会不择手段地阻止大工业发展的原因。但是，大工业却在极力摆脱各种形式的束缚；起初，国家提供给它的角色，就像法人团体提供给小型商业和市镇贸易的角色一样。怪不得皇权既允许工厂享有某些特权，但同时又反过来控制这些特权，以至于这些工厂只能冠以"皇家工厂"的名号。我们已经了解到，由于皇权与这一职能是很不相称的，所以对这种特权的直接保护不可避免地会变成一种压制力量，一旦大工业发展和分化到了一定程度，皇权也就会显得无能为力了。这就是古典经济学家要求驱除这种控制的原因所在。然而，即使法人团体自身没有适应这种工业发展的新形式,即使国家已经替代了早期法人团体的行规,我们也不能得出所有行规都已没有用武之地的结论。问题在于,古老的法人团体如果仍旧在新的经济生活条件中发挥一定作用的话,那么它应该改变一下存在方式。可惜的是,它本身缺少足够的灵活性,它还未来得及改头换面,就被扼杀掉了。法人团体没有认同正在出现的新生活,所以生活也就抛弃了它,它俨然变成了大革命前夜的行尸走肉,变成了苟且偷生的陌路人,难怪它最终被社会无情地弃之门外。然而,光是靠砸烂它,也还是满足不了它尚未得到满足的需要。所以,我们还是面临着这个问题,而且在我们长达一个世纪的摸索,所有试验都徒劳无功的时候,这个问题显得更加尖锐了。

  社会学家的职责并不是政治家的职责,因为我们没有必要去制定改革的具体措施,我们只要依据事实说明它得以实施的总体原则就够了。

  首先,过去的经验告诉我们,职业群体的组织结构经常与经济生活发生关系。法人团体体系的消失,就是由于缺少了这个条件。因此,从前以自治形式出现的市场,已经越来越成为国家的和国际的,法人团体同样也该如此。它不能只囿于城镇的工匠阶层,而应拓展到整个国家所有职业的范围,[37] 无论法人团体属于哪个地区,是城镇还是乡村,它们彼此总是相互联系的,它们总要共同承担生活。从某种意义上讲,既然这种共同生活是超出所有地区界限的,那么我们就应该创立一套相应的机制来展示生活,规定生活。由于这种机制已经设定了自己的发展向度,所以它必须直接和紧密地与集体生活的中心机制产生联系。这个情况非常重要,它关系到整个

---

[37] 我们没有必要去讨论国际组织,因为市场要想具有国际性,就必须首先达到国家组织的水平。而在今天,后者还只是法律意义上的。依照欧洲现有的法律状况,国际组织还只是国家法人团体之间达成的一种自由协定。

国家工业企业的发展问题，它一定会产生普遍的反响，所有这些国家不能不感受到和干预它。因此，大工业一经出现，就被皇室自然地揽在自己的权力之下，这也难怪，一旦一种活动形式在本质上影响到了整个社会，皇室是绝对不会袖手旁观的。虽然这种管理行为是必需的，但它绝对不能沦落为17、18世纪那种彻头彻尾的附属形式。这两种机制尽管彼此关联，但还是相互独立、相互有别的；它们应该各尽其责。如果政治集团不能为工业立法机关制定出普遍原则的话，它也无力按照不同的工业种类去相应地制定不同的法律，而后一种工作只是法人团体的应尽职责。[38]这种全国的统一组织并没有阻碍次级组织的形成，后者包括同一地区或同一地方的同种职业工人。这些工人根据各个地区或各个地方的需要，对职业提出了特殊的规范。这样一来，经济活动得到了规定，同时又没有失掉它的多样性。

在过去，人们往往责备法人团体体系生性迟钝，这是有道理的，但如果按照上述说法，法人团体体系却有可能随机应变起来。以往的法人团体确实带有很狭隘的自治性质。它只要是局限在城镇范围里，就不可避免地会像城镇本身一样成为传统的奴隶。在这样一种束手束脚的群体里，生活条件几乎是一成不变的，习惯成了凌驾于人类和事物之上的主宰力量，然而，它已经毫无反抗能力，对

---

[38] 这种专门工作必须由选举出来的议会代表法人团体来承担。在现代工业状况下，这些议会同执行行业规定的委员会一样，必须明确包括雇主代表和雇工代表，工业仲裁委员会也是如此。劳资双方的代表比例要由公共意见根据双方在同一行业所分别占据的重要地位进行裁决。但是，劳资双方在法人团体行政会议中达成双边协议的同时，还必须按照法人团体的最低水平分别组成相互分离而又相互独立的群体，这是因为，劳资双方在利益方面往往是相互对立的。如果它们要想感受到各自自由的存在状况，就必须首先了解彼此的差别。因此，应该首先成立两个群体，然后才能各自指定代表参加公共议会。

任何变革都缩手缩脚。法人团体的保守性在一个侧面反映了自治地区的保守性，两者有着同样的存在理由。这种保守性一旦扎根在了习惯之中，就会一成不变地存在下去，不管它得以产生的原因是否存在，不管它最初为自己辩解的理由是否存在。因此，当一个国家的物质和道德聚集在一起，大工业同时也应运而生的时候，人们便开始躁动起来，都希望去满足新的渴求，激发出新的需要，创造出人们闻所未闻的各种各样的趣味和时尚。这就是法人团体死守着它的习惯，而对人们的全新要求无动于衷的根源所在。至于国家范围的法人团体，则由于规模较大，结构复杂，还没有暴露出这样的危险。既然人们的心理欲求五花八门，他们的活动也就不会有固定的一致性。一个群体的内在因素越是纷繁复杂，这个群体就会不断进行自我重组，而这正是其自我更新的源泉。[39] 因此，这种组织也不会固守一种平衡，它必须自然而然地与各种需要和观念的平衡相互协调。

此外，我们也切不可相信，法人团体的唯一作用就是制定和实施规范。诚然，在任何群体形成之处，都会形成一种道德原则。但是，集体行为的方式有很多种，而这种原则所构成的制度只不过是其中的一种而已。群体不只是规定其成员生活的一种道德权威，它更是生活本身的源泉。任何集体都散发着温暖，它催动着每一个人，为每一个人提供了生机勃勃的生活，它使每一个人充满同情，使每个人的私心杂念渐渐化解。所以在过去，家庭负有着制定道德和法律准则的责任，这些准则非常严格，有时严格得近乎残酷。然而，也正是在这样的环境里，人们第一次尝到了流露感情的滋味。我们已经讨论过，在罗马和中世纪时期，法人团体是怎样产生相同

---

[39] 参见本书第二卷，第三章和第四章。

的需要，同时又是怎样满足这些需要的。而未来的法人团体则要发挥更强大、更复杂的作用，因为它的范围扩大了。它在自身所具有的纯粹的职业功能之外，还要具有目前公社和私人团体所具有的功能。要想完全实现这些职能之间的互助，我们必须确认互助双方之间的团结感，确认精神和道德之间的同质性，这正是职业相同的人们最容易做到的。许多教育事业（如技术教育和成人教育）似乎也应该找到它们与法人团体所共有的特征，有些审美活动也同样如此。这是因为，消遣和娱乐的崇高形式是应该与严肃的生活态度并行发展的，它们所起的正是调剂生活和弥补生活的作用。事实上，我们已经看到，工会在其组建的过程中既是一种充满友情的社团，同时也是一种公共的活动中心，其中可以上演各种音乐会和各种剧目。就此说来，法人团体的活动真可以采用多种多样的形式了。

我们甚至可以合理地假定，法人团体将来会变成一种基础，一种政治组织的本质基础。我们已经看到，尽管法人团体最早是存在于社会体系之外的，但后来随着经济生活的不断发展，它与经济生活的联系也越来越密切。我们也完全有理由期待，如果法人团体依此途径发展下去，它将来注定要在社会中占据更中心、更显著的位置。从前，它曾经是公社的基本划分形式，而在今天，当年作为独立单位的公社终于回到了国家的怀抱，地方市场也被纳入到了国家市场之中，难道我们真的不能合理地预想到，法人团体在未来也会相应地发生变化，成为国家的基本划分形式，成为基本的政治单位吗？社会也将不会是今天这个样子，即由大片土地合并而成的聚居地，它将成为一种由国家法人团体所构成的庞大体系。目前，社会各个方面都强烈要求，选举团不能按照地方区域划分，而必须按照职业划分，也就是说，政治议会必须恰当地反映多样化的社会利益及其相互关系。只有这样，它才能成为社会生活更完整、更准确的缩影。然而，如果证实了国家为了认清自身，需要由各种职业组合而成这个问题的话，它同时难道不也承认了职业组织和法人团体将会变成公共生活的主要机构这个事实吗？

循此途径，我在下文将着重说明欧洲社会结构，特别是法国社会结构中所固有的严重缺陷。[40] 我们将会看到，随着历史的不断伸展，那些建立在地方集团（村庄、城镇、行政区和行政省）基础上的组织，是怎样一步步地走向穷途末路的。毋庸置疑，尽管我们每个人都归属于某个公社或省份，但连结我们的纽带却一天天地变得脆弱松弛了。这种地理上的划分纯粹是人为的，根本无法唤起我们内心中的深厚感情，那种所谓的地方精神也已经烟消云散，无影无踪。那种充满"地方观念"的爱国精神也开始显得不合时宜，它们在我们内心里已经一去不复返了。我们已经不再关心和纠缠于本地和本省的事情，除非这些事情与我们的职业有关。我们的行动已经远远超出了群体范围，我们对群体范围内所发生的事情也反应冷淡，一切都因为群体的范围太狭窄了。这就是人们所描述的古老社会结构分崩离析的景象。但是，如果没有一种替代物，这种固有的组织也不会即刻消逝。一群乌合之众竟然组成了一个社会，一个杂乱无章的国家竟然要去寻求界限和限制，这在社会学家看来简直是一种骇人听闻的事情。集体行为总是如此复杂，以至于一个单独的国家机关对其无从表达。更有甚者，国家与个人的距离也变得越来越远，两者之间的关系也越来越流于表面，越来越时断时续，国家已经无法切入个人的意识深处，无法把他们结合在一起。因此，国家在造就了适合于人们共同生活的唯一环境的同时，人们却不可避免地要"脱离"这个环境，甚至人们之间也会相互脱离，社会也相

---

[40] 参见本书第179页。

应地解体了。如果在政府与个人之间没有一系列次级群体的存在，那么国家也就不可能存在下去。如果这些次级群体与个人的联系非常紧密，那么它们就会强劲地把个人吸收进群体活动里，并以此把个人纳入社会生活的主流之中。我们刚才已经证明，职业群体是适合扮演这个角色的，而且所有一切都在促使它去完成这一角色。因此，最重要的是，职业群体特别要在经济领域中摆脱一个世纪以来它所具有的不定和无序的状态，因为在今天，这种职业完全可以吸收进绝大部分的社会动力。[41]

这里，我也许应该适时地阐释一下我在《自杀论》的结尾所得出的结论。[42]我曾经指出，自杀现象的迅猛增加以及连带的许多其他病症，说明当前社会存在着一种混乱状态，而一种有力的法人团体正是治愈这种疾病的手段。有些批评家认为我开出的药方还抵不上邪恶蔓延的势头，这是因为他们误解了法人团体的真实本性，误解了法人团体在我们整个的集体生活中所占的地位，他们没有看到目前异常严峻的反常现象之所以产生，正是因为这种组织被废除的缘故。他们把法人团体看作是功利主义的群体，认为它的全部作用在于更好地调整我们的经济利益，而事实上，法人团体却是构成我们社会结构的基本要素。在我们这个时代的群众组织里，如果不存

---

[41] 还有，我的意思不是说地方选区应该统统消灭，而是说它们应该退到后台去。在某种意义上讲，新制度产生的时候，旧制度不会完全丧失，不会不留下一点儿痕迹。旧制度的存在不只为了苟延残喘，而是为了适应某些新的需要。物质相似性总会构成人们之间的联系，因此，以地方为基础的政治组织和社会组织还会存在下去。不过在将来，这些组织的地位不会显得像现在这样重要了，这主要因为这种联系已经丧失了原来的力量。正如我在上文所说的那样，在法人团体的基础里，我们甚至还可以找到地理分区的意义。此外，在同一地方或地区的各种法人团体之间，将来必然还会存在一种特殊的团结关系，它时刻需要建立一种与之相互适应的组织。

[42]《自杀论》，第434—435页。

在任何一种行业制度，那么剩下的便只能是一个真空，这是任何语言都无法形容的。我们目前所缺少的，正是正常的社会生活功能所必需的整个社会机构体系。这种结构弊端的产生显然不是某个地区的苦难，不只限于社会的某一局部：它是一种可以影响到整个社会机体的普遍（totius substantiae）病症。所以如果我们只想"头痛医头，脚痛医脚"，那么我们肯定在最大范围内收不到任何疗效。整体社会的健康已经成为了迫在眉睫的问题。

然而，我并不是说法人团体是一副可以治愈一切的灵丹妙药。我们所遭受到的危机决不仅仅只有一个原因。要想社会疾病得到彻底痊愈，单靠确立一种适用于所有地区的规范体系是不够的，即便这种体系是公正的和合适的。正如我下文所说，"只要贫富仍是与生俱来的，那么就不会有公平的契约"，也不会有社会地位的公平分配。[43]但是，如果说法人团体的改革离不开其他方面的改革的话，那么它就是其他改革的必要条件。我们完全可以假定，到那时，在我们理想中压倒一切的公平观念，人们在经济上生而平等的愿望，即财富完全不再受遗产支配的愿望将最终得到实现。然而，这不等于说目前困扰我们的难题都得到了解决。实际上，经济机制总是在不断运作，各种人员也会通过相互协作来促进这种运作。因此，他们的权利和义务在每一种工业类型中都应该得到规定。对每一种职业来说，都要制定一系列规范，来确定所需要的工作量，对各种人员所付的适当报酬，他们对共同体应负的责任，以及彼此应负的责任等等。这样，我们现在就会走上平坦之途。当前，正因为财富并没有按照上述原则来继承，所以混乱无序的状态尚未得到消除。这种情况的产生不仅在于财物在各地或各人手中的相互转让，而且在

---

[43] 参见本书第三卷第二章。

于它的行为方式是偶然的,它所使用的手段是不受约束的。企图依靠从前的巫术手段来进行规定是行不通的,除非在此之前将建造规范体系的力量调动和组织起来。

这里我还必须补充一点:如果新的法人团体还没有形成的话,那么我们无法解决的新的困难就会产生。到目前为止,家庭还仍然通过普遍的财产制度和遗产制度维持着我们的经济生活。在原始共产主义的家庭形式被推翻以后,家庭不仅以不分彼此的形式占有和经营财富,而且也继承了先人遗留下来的财富——主人去世后,由与主人关系最密切的亲属代表家庭接受遗产。[44] 在第一种情况下,主人去世后决不允许出现任何接替,人与物的关系必须原封不动,所有制不能因为世代更替而有所修正。在第二种情况下,所谓接替也只是机械的接替,财产在任何时刻都不是闲置的,都是有人利用的。然而,如果家庭社会不再起到这个作用,那么就会有一种其他的社会机构来替代它,行使这个必须行使的功能。只有一个办法能够使财产作用不致中断,它就是群体。群体可以像家庭一样维持统一性,把财产管理和经营起来,或者在每个人死后把财产接收下来,再传递给某个人,让这个人继续经营财产以图发展。在这里,我要重申的是,国家已经不能够再承担经济事务了,因为经济本身对它来说太专业了。只有职业群体才能胜任这项任务,当然它必须满足两个必要条件:它与经济生活的关系如此密切,以至于它不能不感受到经济的各种需要,与此同时,它至少要具有像家庭那样的持久性。但是,要想完成这项任务,它首先必须要存在下去,而且

---

[44] 确实,在实施遗嘱制度的地方,主人还可以自己决定谁将继承他的遗产。但遗嘱表明的是主人对继承法则的豁免权。也就是说,正是这种法则规定了遗产传授的方式。此外,主人的豁免权往往是有限制的,但这通常是一种例外的情况。

它必须在获得了足够的持续性和成熟性之后，才能承担这一崭新而又复杂的角色。

由此看来，虽说法人团体并不是公众关注的唯一问题，但再也没有比此更重要的问题了，因为对其他问题的讨论都依赖于对这个问题的解决。如果我们不去创建一种新型法制所必需的团体，就无法进行一场声势浩大的法制变革运动。因此，要是我们现在就想制定出详细的法律，那确实是徒劳无功的事情。在现有的科学知识水平下，如果我们率先去制定法律，那么得到的肯定是一些粗略模糊的东西。目前最最重要的是，即刻着手去创建一种道德力量，并以此来为法律提供实质和形式！

导 言

问题之所在

尽管劳动分工并不是晚近的事实,但直到上个世纪末社会才开始认识到它的规律,在此之前,它几乎还只是默默无闻地存在着。不可否认,自古以来就有一些思想家看到了分工的重要性。[1]亚当·斯密就是分工理论最早的阐发者。不仅如此,分工这个术语也是由亚当·斯密最先创立的,后来的社会科学则把它借用到了生物学中去。

今天,分工现象已经家喻户晓、备受瞩目,我们再也不能对它在现代工业中的发展趋势闭目塞听。现代工业拥有日益强劲的动力机械、大规模的能源和资本集团,以及随之而来的最大限度的劳动分工。在工厂里,不仅每个工种界限分明,专业性强,而且每件产品本身也都使其他产品的存在成为必需的特殊产品。亚当·斯密和约翰·穆勒都还希望农业至少还是个例外,以为农业可以成为小型产业的最后避难所。尽管我们不该把这个问题过分地普遍化,但是我们已经难以否认,农业生产的绝大部分都已日益卷入到了这个大

---

[1] 亚里士多德:《尼各马科伦理学》,E.1133a,16。(译文参见苗力田主编《亚里士多德全集》,北京:中国人民大学出版社1992年版,第8卷,第104页。——译注)

趋势中。[2]最后，就连商业也紧随其后，它多姿多彩的风貌反映了变幻无穷的工业成就。面对这种自发而又突然的进化过程，许多经济学家考察了它的起因，评价了它的后果，他们非但没有责备和攻击这种多元化现象，反而宣称这是一种必然趋势。他们甚至从中发现了人类社会的高级规律以及人类进步的必要条件。

然而分工并不是经济生活所特有的情况，我们看到它在大多数的社会领域里都产生了广泛影响。政治、行政和司法领域的职能越来越呈现出专业化的趋势，对科学和艺术来说也是如此。我们的时代，早已不再是以哲学为唯一科学的时代了，它已经分解成了许许多多的专业学科，每个学科都有自己的目的、方法以至精神气质。"每隔半个世纪，科学英才都要变得更加专业化。"[3]

康多尔（Candolle）[4]考察了两个世纪以来那些成就卓著的科学家的治学特征，在谈到莱布尼茨和牛顿的时代时，他写道：

> 那时在每个科学家的头上差不多总是挂着两个或三个头衔，例如天文学家兼物理学家，数学家、天文学家兼物理学家，或者按照平常的说法笼统地称作是哲学家，或自然科学家。然而，连如此称呼都不足以应付了。数学家和自然科学家有时竟然是学者和诗人。甚至到了18世纪末，沃尔夫

---

〔2〕 《经济学报》1884年11月号，第211页。
〔3〕 康多尔：《学者和学术史》第2版，第263页。
〔4〕 康多尔：1778—1841，瑞士植物学家，建立植物分类体系，主张把植物解剖学作为分类的唯一基础，主要著作有《植物学初级理论》《植物界自然分类》等。——译注

（Christian von Wolff）[5]、哈勒（Albrecht von Haller）[6]或查尔斯·波涅（Charles Bonnet）[7]等人在科学和文学的几个不同领域都卓有建树，我们还需要用许多头衔来恰当地称呼他们，以便指出他们的过人之处。但到了19世纪，这种称谓上的困难就已不复存在了，至少可以说很少遇见了。[8]

科学家非但不能兼容不同领域的科学，而且也无法占据某一科学的全部领域。他的研究领域只限于固定的某一问题域，甚至单独的一个问题。如此相反，以前的科学家总是在其职业范围以外，做一些赚钱的营生来自养自足，比如医生、神父、官员或军人等行当。康多尔甚至预计到，尽管在今天科学家和教师这两种职业的联系还很紧密，但总有一天它们会永远分开的。

最近在生物学领域内的许多哲学思考最终使我们发现，劳动分工对经济学家来说已经成为一个普遍事实，经济学家首先谈到了它，却没有能力向它提出质疑。事实上，通过沃尔夫、冯·贝尔（von Baer）[9]和麦恩-爱德华（Milne-Edwards）的工作，我们了解到劳动分工的规律不但适用于社会，而且还适用于有机体。甚至可以说，如果一个有机体所在的动物等级越高，其机能分化也就越细。

---

[5] 沃尔夫：1679—1754，德国哲学家、数学家，继承了莱布尼茨的哲学并将其系统化，强调理性思想和数学方法，著有《全部数学科学的基础》《关于人类理智能力的理性思想》等。——译注
[6] 哈勒：1708—1777，瑞士生理学家、生物学家，对生理学、解剖学、植物学、胚胎学及科学文献编目等均有贡献，创立实验生理学，并为现代神经病学奠定了基础。——译注
[7] 查尔斯·波涅：1720—1793，瑞士博物学家、哲学家。——译注
[8] 康多尔：《学者和学术史》第2版，第263页。
[9] 冯·贝尔：1792—1876，爱沙尼亚动物学家，胚胎学奠基人，地理学和人种学的先驱，1834年起在俄国研究地理学，发现河岸冲刷规律，又称贝尔定律。——译注

这一发现不仅扩大了劳动分工的影响范围，而且把分工的起源推进到了无限远古的时代，因为自从地球有了生命，分工就几乎同时出现。分工已经不再仅仅是植根于人类理智和意志的社会制度，而是生物学意义上的普遍现象，是我们在有机体本质要素中必须有所把握的条件。因此，所谓社会劳动分工只不过是普遍发展的一种特殊形式。社会要符合这一规律，就必须顺应分工的趋势，这种趋势远在社会出现以前就已长久存在，并且遍及整个生命世界。

这样一个事实显然不能不深刻地影响到我们的道德建设，因为人类的进化总有两条截然相反的道路：要么顺应这个潮流，要么背离这个潮流。这就提出了一个紧迫的问题：面对这两条道路，我们究竟应该怎样选择？我们应该成为至善至美和自给自足的生命体呢，还是相反，成为整体的一个部分，或有机体的一个器官？总之，劳动分工既然作为一种自然规律，那么它还是不是一种人类行为的道德规范呢？如果是，它从何产生，又有怎样的限度呢？我们没有必要重申这个现实问题的严肃性了：无论对劳动分工持有何种态度，我们任何人都已感觉到，它已经渐渐地成为了社会秩序最重要的基础。

那些关心国家道德意识的人常常谈起这个问题，但他们的想法太含混了，根本无助于解决这个问题。两种截然相反的道路明摆着，谁也无法占得绝对优势。

也许不用多问，人们已经形成了一种根深蒂固的观念：劳动分工将会成为一种绝对的行为规范，同时还会被当作是一种责任。任何人凡是违反这种规范，虽说不受法律的明确惩治，但必然要受到公众舆论的谴责。一切都已经成为过去，从前我们认为一个完美的人有能力去关心一切，尝试一切，玩味一切，理解一切，能够将所有最优秀的文明聚敛和体现在自己的身上。这种曾经备受推崇的普遍文化,今天对于我们来说只是一种宽松的指导形式而非强制形式。[10]为了与自然抗争,我们必须拥有更为扎实的才干,更为有效的力量。我们希望我们的力量能够聚集起来,而不像以前那样各自为战,我们的目的就是要把以往在广度上所失去的强度重新找回。我们要提防那些聪明敏捷的天才,他们会让自己擅长于各种职业,而不肯选择一种专门职业从一而终。我觉得我们应该对这类能人冷淡一些,他们只有一个念头,就是要游刃有余地利用自己的所有天资,而不肯把它牺牲在某个专业方面,这就像他们每个人只想着自得其乐,只想建造自己的世外桃源一样。对我们来说,这种与世隔绝、飘忽不定的状态多少有些反社会的性质。这些多面手在我们看来只不过是些半吊子行家,他们是不能提供什么道德价值的。相反,我们却欣赏那些称职的人,他们所追求的不是十全十美而是有所造就,他们把全部精力都投入到了界限明确的工作中去,他们各安其业,辛勤耕耘着自己的一份园地。瑟克雷当(Secrétant)曾经说过:"要想完善自己,就得了解自己所扮演的角色,让自己完全适合自己的职业……我们要完善自我,决不在于自得其满,决不在于去赢得听众的掌声和一知半解者的赞许,而在于我们各尽其责,在于我们再接再厉地继续我们的工作的能力。"[11]这样,曾经作为简单而非个性的唯一的道德理念,变得越来越多样化了。我们以为,一个人的绝对责任不在于把普通人的所有特质都集中在自己身上,而在于把这些特质用于他的职业。教育不断专业化的事实就反映了这种观念。我们越来越相信,不要把所有孩子都限死在统一的文化

---

[10] 有人有时候从这段话里推断出我对任何形式的普遍文化都根深蒂固地持有一种鄙视态度。其实从上下文可以看出,我这里所说的普遍文化只是指古典时期的文化,它确实是一种普遍文化,但却不是唯一一种。
[11] 瑟克雷当:《道德原理》,第189页。

中，好像他们将来注定要过同一种生活似的，而要因材施教，让他们充分发挥自己的能力。总之，就某一方面看来，道德意识的强制性在今天应该采取这样一种形式，即**各为其用，各尽所能**。

然而，我们针对这些事实，我们还可以援引一些与之相反的事实。即使社会舆论承认了劳动分工的规则，它还是有一分焦虑和踌躇。社会一方面愿意驱使人们不断专业化，另一方面又总是担心他们过于专业化。目前同时存在着两种很有影响的说法，一种极力称赞分工加强了劳动密度，另一种则告诫我们分工所潜藏着的危险。萨伊（Jean-Baptiste Say）指出："我们不得不沮丧地承认，一个人只能永远承担一枚顶针的第十八道工序；我们真难以想象一个人一辈子只拿着一把铁锉和一把铁锤，究竟是谁用此方式损害了人的天性。一个人在其现有的处境里，应该把他最聪颖的天资发挥出来的。"[12] 本世纪初，勒蒙泰（Lemontey）也对现代工人的生存状态与野蛮人轻松自在的生活方式进行了比较，发现后者的生活更令人满意些。[13] 托克维尔（Tocqueville）对此批评更加严厉："分工的原则越是得到实行，技艺越是进步，工匠们就越退步。"[14] 一般说来，一种真理命令我们向专业化的方向发展，它往往受到另一种真理的驳斥，然而两者又好像殊途同归，让我们去实现同一个目标，而它们自身的权威却毫毛无损。本质而言，这种观念上的冲突是不足为怪的。道德生活就像是人们的肉体精神一样，总是要适应相互矛盾的需要，因此，它自然是由各种矛盾的部分组成的，它们相互进行限定，相互寻求平衡。但是，这种显而易见的矛盾已经足够撼动我们的国家道德意识了。而目前我们所需要的正是如何解释这一矛盾产

---

[12] 萨伊：《政治经济学论文集》第1卷，第8章。
[13] 勒蒙泰《疯狂与理性》论述劳动分工影响的一章。
[14] 参见托克维尔：《论美国的民主》。

生的根源。

为了终止这一不确定的状态,我们无须诉诸道德家们通常使用的方法:为了断定某种认识的道德价值,他们总是首先为道德设置一套普遍的程式,然后再去忖度与之相悖的箴言。今天我们终于可以知道,这种总结性概括是多么没有价值了。[15] 这些方法在进行研究之前,在考察事实之初,并不想去理解事实本身,而只是为了一种理想的无根无据的法律准则去阐述一种抽象的原理。这些概括根本总结不出真正表现在一个特定社会或既定社会形态中的道德规范的本质特征。它们只能说明道德家自己是怎样感受道德的。就这一点来说,它们并不是没有教育意义,它们起码可以告诉我们在特定时代道德发展的方向。然而,这些概括只有针对个别事实的兴趣,而没有科学的见解。在思想家个人所能感受到的种种渴求中,不管这种渴求是何等真挚,我们也无法看到道德现实的真相以及贴切恰当的解释。他们的解释就是以偏概全,他们只是根据自己特殊的、特定的心愿,凭借痴迷幻想就把某种意识提升成为一种单一的、绝对的目的。我们常常看到,他们的各种渴求有多么地不正常!我们实在没法把这些论调当作一种客观标准,来指导我们去评判实践道德的价值。

我们应该把诸如此类的推理弃置一边,这些推理通常只能向我们提供虚假的论据,以及带有预先情绪和个人印象的事后判断。公正客观地评价劳动分工的唯一办法,首先就是用完整思辨的形式研究分工本身,考察它的作用和根源——简言之,就是要尽可能地形成一种确切的观点。只有做到这些,我们才能把它与其他道德现象

---

[15] 在本书第一版中,我曾经阐述了很多理由。在我看来,我已经证明了这些方法的无效性。这里,我想长话短说,因为有些论证是无法无限扩展下去的。

进行比较，考察它们的相互关系。如果我们发现它的作用与其他一些实践（其道德属性和正常属性是没有问题的）具有相似性，如果它由于发生了反常的偏差而不能发挥这些作用，如果它得以形成的基础还决定了其他的道德规范，那么我们就可以得出它与其他规范自成一类的结论。这样一来，我们就不必去谋求把我们自己当作社会道德意识的替代品，也不必声称以社会道德意识的名义立法了，我们将能对这种意识有所启迪，减少它的茫然困惑。

我们的研究将主要分为三个部分。

首先，我们要考察劳动分工的功能，即与之相应的社会需要。

其次，我们要确定分工得以产生的原因和条件。

最后，假如分工在现实中不经常脱离开正常状态，人们也不会把这么大的罪过强加在它的身上。因此，我们就要把它主要的反常形式划分开来，避免与正常形式相互混淆。这项研究是很有意思的，就像在生物学中一样，病理学可以使我们更好地理解生理学。

再者说，人们针对劳动分工的道德价值的争论之所以很多，主要不是因为人们对道德的一般程式还没有形成一致意见，而是因为人们在很大程度上忽略了我们提出的事实问题。这是因为，这些问题似乎常常显得不言自明，似乎只要把我们所有人的概念分析一遍，就足以分析劳动分工的性质、作用与根源了。这种方法绝对不会得出任何科学的结论。自亚当·斯密以来，劳动分工理论丝毫没有进展。施穆勒（Schmoller）指出："亚当·斯密的后继者很少有精辟的见解，他们只会一味地观察，一味地寻找例证，直到社会主义者开始拓展了他们的眼界，把今天工厂里的劳动分工与18世纪手工作坊里的劳动分工加以比较研究。即使是这样，这种理论也没有具备一种系统的、深刻的形式。其间，曾经有一些经济学家对此进行了技术上的考虑，进行了真正但很粗略的观察，然而，这对分工思想的发展还是于事无补。"[16]要想客观地理解劳动分工,只靠阐述一下我们所知的概念是不够的。我们应当把它当作一种客观事实来加以研究比较。我们终将会看到,通过观察得到的结果往往是与熟知的观念大不相同的。[17]

---

[16] 施穆勒:《从历史的角度考察劳动分工》,载《政治经济学评论》(1889年版),第567页。
[17] 1893年后出版了两部著作,据说,是与我这本书里的问题有关的。第一部是齐美尔的《社会分化》(莱比锡版,序言第7页—正文147页)。这本书并没有专门讨论劳动分工问题,而是在总体上概括了个人特殊化的过程。第二部是布彻尔的《国民经济溯源》,最近被译成了法文,书名叫作《政治经济学研究史》(巴黎1901年版),其中部分章节是研究经济领域的劳动分工的。

第一卷

劳动分工的功能

第一章

确定功能的方法

　　功能（function）一词有两种不同的用法。有时它指的是一种生命运动系统，而不是运动本身的后果。有时它指的是这些运动与有机体的某种需要之间相应的关系。我们所说的消化和呼吸等功能即是如此。我们常说，消化作用能够有效地控制有机体吸收流体物质和固体物质，以补充失去的养分，呼吸作用则把维持生命所必需的氧气输送给动物组织。这就是这个术语的第二种内涵。因此，谁要想了解劳动分工的功能，就必须去考察与其相应的需要。一旦解决了这个问题，我们就可以看到这种需要与那些具有道德属性的行为规范所对应的需要是否相同。

　　我之所以选用这一术语，是因为其他术语都显得不太准确，模棱两可。我们不能使用"目的"和"意图"，或者说劳动分工的目标，因为这就假设了劳动分工是为了我们所指定的**某个结果**而存在的。"结果"和"效果"也不大令我们满意，它们没有相关这层意思。相反，"作用"和"功能"则包含了这层意思，但它们对这种相关如何产生的问题却无法预先做出判断：它究竟是事先预料和准备好了的适应性呢，还是事后才能获得的适应性？但对我们来说，重要的是这种相关性是否存在，由什么构成的问题，而不是它究竟事先就能被人们模模糊糊地觉察到，还是事后才能被人们意识到的问题。

一

　　起初，人们觉得确定劳动分工的作用乃是最简单不过的事情了。它的成就能有谁不知道呢？正因为它增加了生产的能力和工人的技艺，所以它成了社会精神和物质发展的必要条件，成了文明的源泉。而且，既然人们轻而易举地确定了文明的绝对价值，我们也再没有必要去寻求分工其他不同的作用了。

　　我们并不想去反驳分工给现实带来的这种结果。倘若它真的没有产生什么别的结果，没有别的什么意图，我们也就没有理由把某种道德属性加在它身上。

　　事实上，分工以这种方式产生的作用是与道德生活毫不相关的，至多可以说有一点间接和疏远的关系。今天，尽管有人习惯于用另一种形式的颂歌来回应卢梭的檄文，它也不足以证明文明就是一种道德形式。要想解决这个问题，我们就不能依赖观念上的分析，因为这些观念必然是主观的。相反，我们应该选取能够测量道德平均水平的事实，并把它作为文明进程的变量来考察。不幸的是，我们所缺少的是这种测量单位，尽管我们有着集体不道德的事实。各种自杀和犯罪的平均数就可以作为测量既定社会不道德水平的指标。现在，如果我们开始实行这一操作，那么它决不会扩大文明的声誉，因为社会林林总总的病态现象似乎是随着艺术、科学和工业的进步而不断增长的。[1] 毫无疑问，如果我们仅凭这件事实就得出文明本身就是不道德的结论，也未免草率了些，但至少我们可以确信，即使文明对道德生活产生了积极有益的影响，但这种影响

----
[1] 参见亚历山大·冯·于廷根:《道德统计学》(爱尔兰根1882年版)，第37—38页；塔尔德:《比较犯罪学》(巴黎阿尔康版)第2章；关于自杀问题，见本书第二卷，第一、二章。

也是比较微弱的。

即使我们所分析的是一种冠之以"文明"的模糊不明的大杂烩，那么它的组成因素也同样缺少道德属性。

这种情况特别适合于常常伴随着文明进程的经济活动。它们非但不能促进道德的进步，而且在大工业的中心地带，犯罪和自杀现象总是最频繁地发生。在任何情况下，文明都无法找到能够认识道德事实的外在指标。在这个时代，我们用铁路替代了公共马车，用海轮替代了帆船，用工厂替代了小作坊，所有这些与日俱增的活力被人们普遍认为是有用的，然而，它没有一点道德强制性。工匠和小业主仍旧抵制着这种普遍趋势，死守着他自己的那份小产业，与此同时，大资本家们却经营着遍及全国的工厂和流水线，控制着整个劳动大军，但事实上，两者付出的责任是一样的。民族的道德意识并没有被背叛：它喜欢小小的一点儿公正，甚于喜欢世界范围的工业发展。诚然，工业活动拥有自身存在的理由，它们可以适应许多需要，但这些需要却不是道德上的需要。

艺术更是如此，它彻彻底底地杜绝了与义务相关的所有事物，使自己变成了一个自由的国度。然而，这毕竟是一种奢侈和装饰，拥有它当然是件好事，但我们没有必要去拼了命地追求它：既然是一种奢望，人们就可以无求。与此相反，道德却是一种必不可少的最低限度，它一定是人们所必需的，就像是一块面包，每天少了它，社会也会活不下去的。与艺术相应的需要就是我们漫无目的、只图享乐地扩大活动范围的需要，道德却迫使我们沿着一条道路走下去，最终达到一个确定的目的。所以，一说到义务，也就说到了限制。因此，尽管艺术可以受到道德观念的感染，或者融入到纯粹的道德现象的变化之中，但它不是道德本身。甚至有些观察可以证明，不管对于社会还是对于个人，审美力的过度发展在道德看来却是一种严重的病兆。

在文明的所有要素中，只有科学在某种条件下才能具有一种道德属性。实际上，社会正在逐渐把科学看作是个人用既有的科学真理来启发心智的一种责任。到目前为止，我们已经提到了应该通盘掌握的几个知识领域。我们没有必要非得把自己投入到喧嚣吵闹的工业中去，我们不用必须成为一个艺术家，但我们所有人都不愿意让自己变得愚昧。大家都由衷地感到这是一种义务，在特定的社会里，它不仅受到了舆论支持，也得到了法律规定。不仅如此，事实上我们还可以去寻找科学的这种特殊性质的来由：科学只不过是一种最为明确的意识而已。社会要在现有的生存条件下继续生活，就必须使个人或社会的意识领域不断得到拓展和澄清。实际上，随着社会的生活环境越来越纷繁复杂，继而变得越来越起伏不定，社会要想持续生存下来，就必须经常发生变化。再者，意识越显得暧昧，就越不善于变化，因为它很难及时地感受到变化的需要和变化的方向。相反，明晰的意识则在事前就准备好了适应变化的方法。这就是由科学引导的智慧能够在集体生活过程中发挥更大作用的原因所在。

不过，这种鼓励所有人都占有科学的方法大体上是不能算作科学的。它不是科学，最多只能算作是科学的常识部分和普通部分。实际上，这些部分仅限于几个必不可少的知识要素之内，人们之所以想得到它，是因为这是他们力所能及的。真正的科学当然超出了这个低级水平。它不仅包括了那些"不知为耻"的部分，也包括那些"可以为知"的部分。它有赖于那些不仅具备人所共有的普通能力，而且还具备某些特殊天资的人。因此，既然只有精英才可以从事科学事业，科学本身也就不是义务了。尽管科学是美好而又实用的，但它却没有重要到令社会趋之若鹜的地步。有了它当然是件好事情，但没有它也不见得就是不道德的。这个活动领域可以对每个初出茅庐的人开放，但它决不强迫每个人。一个人没有必要非得做一名科学家，也不一定要做艺术家。这样，科学就像艺术和工业一样，被排除在伦理领域之外了。[2]

如果这些争论集中在了关于文明的道德属性这一问题上，这是因为那些道德家们往往没有一种客观标准去区分道德事实和非道德事实。人们习惯于把所有高贵的和有价值的事物，所有不靠鄙俗欲念所贪求的对象都说成是道德，因为他们夸大了道德的意义范围，把文明也纳入了道德领域。但是，伦理领域并不是如此不确定的。它包括了所有的行为规范，强制性地规定了行为以及相应的处罚，但也仅限于此。所以，文明并没有包括道德标准，它在道德上完全是中立的。如果劳动分工的作用只限于创造文明，那么它也只具有同样的道德中立性。

一般来说，人们没有注意到分工所具有的其他作用，因而这方面的理论就显得很不完善。实际上，即使道德领域内存在着一个中立区，劳动分工也必定会置身其外。[3] 如果劳动分工不是好的，那么它就必然是坏的；如果它不是道德的，它也必然会表现出道德堕落的趋势。因此，如果分工没有其他什么目的，我们要权衡它所带来的经济进步与道德退化，就会陷入一个无法解决的矛盾之中。既然我们无法削减两者的异质性和不可比性，我们就不能评价孰优孰劣，继而我们也无法作出定论。人们尽可以通过贬低劳动分工来保住道德的首要地位，可是不仅两者的基本比例（ultima ratio）常常会发生科学的逆转，而且专业化的需要也会使这种地位无法长期保

---

[2] "比之于真，善的本质属性乃是义务。真本身并不具备这一属性。"见雅内（Janet）：《道德论》，第139页。
[3] 因为它是不符合道德规范的。参见本书导言。

持下去。

　　这里，我还必须补充一点：如果分工没有发挥其他的作用，那么它不仅不具有道德属性，而且也不具备自身存在的理由。事实上，我们应该看到文明并没有什么内在的和绝对的价值。如果它有价值，那就是满足了特定的需要。我在下文[4]将会阐明这些需要正是劳动分工所带来的结果。因为分工的发展是伴随着人们的劳苦一并而来的，人们的劳苦越重，就越需要一种抵偿，需要文明带来的好处，否则文明又何益于人呢？因此，如果劳动分工除了适应这些需要之外不再适应别的什么需要，那么它的作用就仅限于减轻它所产生的影响，弥合它自己所造成的伤口。在这种情况下，它也许是不得已而为之，但我们也不再有渴求它的理由，因为它所做的一切无外乎是在减少和补救它所造成的危害。

　　这一切告诉我们，我们必须去寻找分工的其他作用，我们只需考察几个简单的事实，就可以找到解决问题的途径。

二

　　谁都知道，人们喜欢在思想和感受上与自己相类似的人，然而相反的情形也并不少见。人们常常倾向于那些与自己不相似的人，也许正是因为不相似，所以才喜欢他们。这些事实在道德家们看来，总是有些蹊跷，他们常常怀疑友爱的真实性，并且一会儿把它说成是这样，一会儿又是那样。希腊人早就提到过这个问题，亚里士多德就曾说过："关于友爱，意见多有分歧。有些人认为友爱是相同性，朋友总是相同的，他们说'同类相聚'，'意气相投'，以

----

[4] 参见本书第二卷，第一章和第五章。

及诸如此类的谚语。反过来,有人则说,人之不同各如其面,对于这些,有人想得更高一等,更深一层。欧里庇得斯说:'干涸的大地渴望甘霖,充满雨水的天空渴望大地。'赫拉克利特说:对立之物总相一致,最美的和谐来自于对立,万物由斗争而生成,等等。"[5]

能够证明这两种对立学说的乃是这样一个事实:两种形式的友爱本质上都是存在的。不同性和相似性都是产生相互吸引的原因。但是,并不是所有的不同都能产生这种效果,我们有时接触某些与我们不同的人的时候,就曾有过尴尬的感受。浪荡子并不找吝啬鬼当伙伴,正直坦率的人也不会与虚伪狡诈的人同伍,温文尔雅的风度丝毫不会吸引那些粗鄙邪恶的人。由此看来,大概只有一种特定的不同才能产生相互吸引的倾向。两者非但不相互敌视,相互排斥,反倒能够相互完善。拜恩(Bain)[6]说过:"只有一类相异性是相互排斥的,一类是相互吸引的;一类能使两者相互仇视,一类能使两者相互友爱。一方所有为另一方所无,进而产生了相互的渴望,这就是积极吸引的基础。"[7]

因此,思维缜密的理论家总是对那些心直口快的实践家怀着一种特有的同情心,果敢刚毅的人对战战兢兢的人,强者对弱者也往往如此。我们即使很有天赋,也不免有所缺陷,就连我们当中最杰出的人也能意识到自己的不足。因此,我们常常在朋友身上寻找自己所缺乏的品质,在团结中分享他们的秉性,从而感受到自己

---

[5] 亚里士多德:《尼各马科伦理学》第8卷,第1节,1155a,32。中译文引自苗力田主编《亚里士多德全集》第8卷(北京:中国人民大学出版社1992年版),第166页。
[6] 拜恩:1818—1903,苏格兰哲学家、教育家。——译注
[7] 拜恩:《情感与意志》(伦敦1889年版)。

日臻完善。这样，朋友们便形成了小群体，在其中每个人通过保持自己的个性来发挥作用，并使真诚的帮助得以产生。一个人负责保卫工作，一个人负责安抚工作，一个人负责献计献策，一个人负责具体实施，这就是人们常说的功能分配，即决定着友谊关系的劳动分工。

这样，我们就可以用一种全新的眼光来看待劳动分工了。事实上，分工所产生的道德影响，要比它的经济作用显得更重要些；在两人或多人之间建立一种团结感，才是它真正的功能。无论如何，它总归在朋友之间确立了一种联合，并把自己的特性注入其中。

夫妻关系史就能为这种现象提供一个更鲜明的例证。

毫无疑问，只有在同类个体之间才会产生两性的吸引，而且爱情往往在思想和感情达成某种默契之后才会产生出来。然而，这种倾向的特殊性征以及它所产生的特殊力量并非来自于相似性，而是不同性质相互联系的结果。正由于男女有别，才能够相互倾慕。在上述情况下，也并不是因为有了简单而又纯粹的矛盾性，就会产生一种互补的情感：只有那些相需相成的相异性才会有这种效力。事实上，男人和女人只是作为同一整体的两个部分而分离开来的，他们的结合只能算作这个整体的重新组成。换句话说，性别分工是产生婚姻团结的根源，因此心理学家说得很对：在感情的进化过程中，两性分工是一个最为重要的事件，它使人类最无私的倾向成为可能。

除此之外，两性分工的范围也可大可小。它可以仅限于性器官，也可以扩展为第二性征，或者相反，对整个有机体和社会产生影响。我们可以看到，这一历史的发展与婚姻团结的发展贯穿着同样的线索。

我们对历史的追溯越远，就越会发现两性分工的范围越小。远古时代的妇女并没有随着道德的发展而成为弱女子。史前时期的骨骼证明,男女在骨骼硬度上的差别比今天小得多。[8] 即使在现代,从婴儿期到成年期,两性的骨架也差别不大:它主要具有女性的特征。如果我们相信个体的发展是种族发展的缩影,那么我们可以合理地猜测在人类进化初期是能够发现这种同质性的,也可以看出女性的形体是与人类原初共有的单一模型相近似的,而男性的形体则是后来逐渐从中产生出来的。还有几位旅行家报告说,在南美洲的某些部落里,男女的一般结构和外形都比其他地区更相像。[9] 最后,勒邦博士干脆用严格的数学方法确立了两性肉体和精神生活中的主要器官,即大脑的原始相似性。他从各种不同的种族和社会选取了大量的颅骨,并进行了比较,最后得出了以下结论:

> (即使在年龄、身高和体重相等的情况下,)男女颅骨的容积也有一定程度的差别,其中男性的容积比较大一些,这种差别是随着文明的演进而增长的。因此,就大脑,即智力而言,女性渐渐与男性产生了不同。例如,今天巴黎男女平均脑容量的差别要比古代埃及男女脑容量的差别差不多大了一倍。[10]

德国人类学家毕肖夫(Bischoff)也得出了同样的结论。[11]

这种解剖相似性是与功能相似性相一致的。事实上,在这些

---

[8]　托潘纳:《人类学》,第146页。
[9]　斯宾塞:《斯宾塞论文集:科学、政治与沉思》(伦敦1858年版),载瓦茨:《原始民族的人类学》第1卷,第76页。此书报道了许多类似的事实。
[10]　勒邦:《人与社会》第2卷,第154页。
[11]　毕肖夫:《人的大脑:一项研究》(波恩1880年版)。

相同的社会里，女性的功能并不是与男性的功能截然分开的，两性差不多过着同样的生活。甚至在今天许多野蛮民族里，女人也参与着政治生活。这种情况在美洲的印第安部落中尤其明显，如易洛魁部落（Iroquois）和纳齐兹部落（Natchez）。[12]夏威夷（Hawaii）妇女在各个方面都可以享有男人的生活，[13]新西兰和萨摩亚（Samoa）的妇女也是如此。同样，我们也常常会看到，女人和男人共同走向战场，给男人们鼓劲，甚至非常勇猛地加入战斗。在古巴和达荷美（Dahomey）[14]，女人也全副武装，肩并肩地与男人共同战斗。[15]今天，现代妇女的一个明显特征就是温柔，这可不是她原来就有的特点。在某些动物种群当中，我们会看到许多雌性动物的特征恰好相反。

在这些民族里，婚姻还只是个雏形。我们虽然不能说得很精确，但至少在大体上可以证明：在家庭的历史中，有一段时期是不存在婚姻的。性关系来去自由，双方都不受法律的约束。总之，我们听说过一种与我们很相近的家庭形式，[16]婚姻还处于萌芽状态，这就是母系家庭。其中，母亲和孩子的关系界定得非常清楚，而夫妻双方的关系却很松散，当事人想要脱离这种关系，就可以立即终止婚姻，婚姻实际上只是一段有限的时期。[17]夫妻彼此的忠贞是无关紧要的。婚姻（我们姑且就这么称呼它）只是极为有限的范围里

---

〔12〕 瓦茨：《原始民族的人类学》第3卷，第101—102页。
〔13〕 瓦茨：《原始民族的人类学》第6卷，第121页。
〔14〕 达荷美（Dahomey）：西非国家贝宁（Benin）的旧称。——译注
〔15〕 斯宾塞：《社会学原理》（伦敦1876年版）第1卷，第753—754页。
〔16〕 母系家庭一定在日耳曼部落中存在过。参见达尔古恩：《日耳曼法律中的母权和母婚》（布雷斯劳1883年版）。
〔17〕 罗布森·史密斯：《早期阿拉伯的婚姻和亲属关系》（剑桥1885年版），第67页。

的义务，它只能在短时期里结成丈夫和妻子的关系，所以婚姻实在算不了什么事情。在任何既定的社会里，确立婚姻的法律准则不过是一种夫妻结合的象征而已。如果双方的结合力很强，那么夫妻的纽带就是多样和复杂的，婚姻法则也会很发达，并对这种关系多有限制。但反过来说，如果婚姻缺少了凝聚力，如果男女关系是不确定的或时断时续的，那么它就形成不了牢固的形式。因此，婚姻就成了少量的、不严格和不确切的规范。我们由此可以证明，在两性区别不太大的社会里，夫妻结合的纽带也是极其脆弱的。

反过来说，在我们跨入现代历史时期的同时，我们发现婚姻也在发展之中。婚姻所产生的关系网络在不断扩大，它所指定的义务也在逐渐增多。这样，结婚和离婚的各种条件就渐渐得到了明确界定，忠贞的责任也具有了组织形式；起初它还只限于妻子一方，后来就变成夫妻双方的了。到了婚嫁制度问世的时代，产生了许多规定夫妻双方个人财产权利的复杂规范。我们只要看一看我们的法律条款，就知道婚姻占据了多么重要的地位。配偶双方的结合已经不再是暂时的了，这也不是表面的、短暂的和部分的契约，而是亲密的、长久的，甚至是两个人全部生活不可分割的一部分了。

除此以外，这个时代两性在劳动方面也渐渐分离开来。以前它还只限于性的功能，后来便逐渐扩展成为其他的功能。妇女早已被抛弃在战争和公共事务之外，她们的生活完全集中在了家庭内部，她们的作用也变得越来越专门化。今天，在许多开化的民族里，妇女的生活已经完全与男人不同了。可以说，男女双方在精神生活方面形成了截然不同的两种功能，一方具有的是感情功能，另一方具有的是智力功能。当然，在某些特定的社会阶层里，我们也会看到，女人像男人一样从事着文学和艺术，因而有人就觉得两性的活动又重新倾向于同质化了。但是，即使是在同样的活动领域里，妇女带来的只是她的天性,而她的角色仍旧是很特殊的,是与男人截然不同的。甚至说,如果妇女真的开始从事文学艺术事业,男人也会丢了它们而更专注于科学事业。因此,社会看上去回到了原始同质性的状态,但实际上这是新的差别的开端。这种功能差别所带来的形态差别,使功能差别本身具有了更加充分的可感知性。男女之间不但在身高、体重和基本外形方面差异显著,而且正如勒邦在上文所指出的那样,随着文明的进步,两性的大脑也越来越有所不同。根据他的观察,导致这种差别逐渐加大的原因不仅在于男人的颅骨越来越发达,而且也在于女人的颅骨没有发生什么变化,甚至有些退化。他认为:"巴黎男性颅骨的平均尺寸已经与我们已知的最大颅骨大小相当,而巴黎女性颅骨的平均尺寸则与我们所考察过的最小颅骨相似,它不仅比不过中国妇女,甚至比新喀里多尼亚(New Caledonia)妇女的颅骨大不了多少。"[18]

从上述例子中可以看出,劳动分工的最大作用,并不在于功能以这种分化方式提高了生产率,而在于这些功能彼此紧密的结合。在上述所有情况中,分工的作用不仅限于改变和完善现有的社会,而是使社会成为可能,也就是说,没有这些功能,社会就不可能存在。假如性别分工低于一定程度,那么婚姻生活就会消失,只剩下非常短暂的性关系。假如两性在根本上没有相互分离开来,那么社会生活的形式就完全不会产生。如果说分工带来了经济收益,这当然是很可能的。但是,在任何情况下,它都超出了纯粹经济利益的范围,构成了社会和道德秩序本身。有了分工,个人才会摆脱孤立的状态,而形成相互间的联系;有了分工,人们才会同舟共济,而不一意孤行。总之,只有分工才能使人们牢固地结合起来形成一种

---

[18] 勒邦:《人与社会》第2卷,第154页。

联系，这种功能不止是在暂时的互让互助中发挥作用，它的影响范围是很广的。譬如，在今天最开化的民族里，生活每时每刻的每个细节不都体现出了一种婚姻团结吗？劳动分工所创造的社会是不会没有风格的标志。这种社会既然有其特殊的来源，它就不会与那些由相似性决定的社会相类似。二者的构成方式不同，基础不同，所诉诸的感情更是不同。

　　有人把由分工建构起来的社会关系仅仅归于交换领域，这说明他并没有认清交换的特定内涵及其结果。交换之所以产生，其原因在于两个不完整的人所形成的相互依赖关系。因此，交换就是对这种依赖关系的外在阐释，对其内在和深层状态的外在表现。正因为这种状态是持续的，所以它形成了一套完整的意象系统，其主要的功能就是连续性，这正是交换所缺少的属性。我自己的意象与另一个使我完善的人的意象是不可分离的，这不只是因为他的意象不断与我的意象相互融合，更是因为这种意象就是对我的意象自然而然的完成。这样，它就成了我们意识连续的、恒定的组成部分，我们再也缺少不了它，甚至千方百计地强化它。因此，我们很喜欢那些由这种意象表现出来的同伴，因为他们的在场将意象转化为此时此地的感觉状态，并使意象展现得更加真切。反之，如果意象的恢复受阻，或者强度减弱（例如在离别和离世的情景中），人们就会遭受痛苦。

　　这段分析虽然很简洁，但已经足以证明这种机制与以（由相似性产生的）同情心为基础的机制有所不同。只有我的意象和他人的意象相互切合，我们两人之间才会形成一种团结。如果这种切合来源于两个意象的相似性，就称作粘合（agglutination）。这只是因为两个意象在整体或部分上相互类似，能够紧密地连结在一起，完全融为了一体。总之，它们也只有通过这种融合形式才能相互结合。

不过，在劳动分工的条件下，情况却恰好相反，它们之所以能够结合在一起，是因为它们相互独立，相互有别。它们的感受是不同的，因而来源于这种感受的社会关系也不尽相同。

既然如此，我们就会扪心自问：在范围比较大的群体里，劳动分工是否扮演了相同的角色？在它得以发展的当代社会里，是不是像我们所了解的那样，分工具有着整合社会机体，维护社会统一的功能？我们完全有理由假定我们刚刚考察过的事实正在以更大的规模重新出现；大规模的政治社会是不能依靠专业化工作来维持平衡的，劳动分工即使不是社会团结的唯一根源，也至少是主要根源。孔德就持有这样的观点。在我们知道的所有社会学家中，孔德第一次提出了劳动分工并不是纯粹经济现象的命题。孔德从分工中看到了"社会生活最本质的条件"，认为分工涵盖了"理性的所有范围，换言之，为我们提供了各种活动的全部领域，而不是被普遍限定在单纯的物质利用的范围里"。孔德论述道：

> 人们马上就可以看到，非但每个人，每个阶级，而且从多种角度来说，各个民族都同时加入到了分工行列中，每个人都以自己的方式，以特殊而又确定的程度，加入到雄心勃勃的公共事业中。它注定要逐渐地发展起来，以至于把今天的合作者与过去的先行者，以及未来各种各样的后继者结合在一起。这样，人类的不同工作就会不断得到分配，它构成了社会团结的主要因素，构成了社会有机体一天比一天扩大，一天比一天复杂的首要原因。[19]

---

[19] 孔德：《实证哲学教程》第4卷，第425页。类似的观点见沙夫勒：《社会机体的构造与生活》第2卷，散见各处；克雷芒：《社会科学》第1卷，第235—236页。

如果这个假设可以得到证明，那么劳动分工所扮演的角色就比我们平常想象的还要重要。它不只是给社会带来了奢华，奢华虽然令人艳羡，但却不是必不可少的，它更是社会存在的一个条件。社会的凝聚性是完全依靠，或至少主要依靠劳动分工来维持的，社会构成的本质特性也是由分工决定的。尽管我们还没有确切地解决这个问题，但我们已经了解了它的大概情况，如果分工的功能确是如此的话，它就必然具有一种道德属性。一般而言，正因为分工需要一种秩序、和谐以及社会团结，所以它是道德的。

然而，在尚未检验这种假设是否成立之前，我们必须证实我们有关分工作用的假设。还是让我们看一看，在今天我们生活的社会里，社会团结在本质上是不是劳动分工带来的结果。

三

但是我们如何来证实它呢？

我们的目的，决不仅仅在于考察这些社会中是否存在劳动分工带来的社会团结。这是很显然的事实，因为劳动分工在社会中是很发达的，它产生了团结。最重要的是，我们必须要确定它所产生的团结在何种程度上带来了社会整合。只有这样，我们才会了解它究竟重要到什么程度，它是不是社会凝聚的主要因素，或者相反，它只是一种次要条件或附属条件。要回答这个问题，我们就必须对这种社会纽带与其他纽带进行一番比较，然后衡量它在整个社会影响中所占的比重。为此，我们首先必须对不同种类的社会团结进行分类。

然而，社会团结本身是一种整体上的道德现象，我们很难对它进行精确的观察，更不用说测量了。要想真正做到分类和对比，我们就应该撇开那些观察所不及的内在事实，由于内在事实是以外在事实为标志的，所以我们只能借助后者来研究前者。

这种看得见的符号就是法律。事实上，尽管社会团结是非物质性的，但它也并非只具有一种纯粹的潜在状态，而是通过一种可感的形式表现出来。社会团结一旦得到加强，它就会使人们之间的吸引力增强，使人们接触的频率增加，使适合于人们结成相互关系的方式和机会增多。准确地说，就我们目前的研究水平而言，我们很难说明，究竟是社会团结产生了这些现象呢，还是这些现象产生了社会团结，我们也不敢确定，究竟是社会团结具有促使人们相互亲近的力量呢，还是人们**已经**形成的相互亲近产生了社会团结的力量。但是，我们此刻并没有说明这个问题的必要。我们只要说清楚两个事实序列是如何发生关联，是如何同步和直接发生变化的就足够了。社会成员联系得越紧密，就越能维持彼此之间以及群体内部各种不同的关系。因为如果他们很少见面，就不会形成一种相互依赖的关系，或者说这种关系很短暂，很微弱。另外，这些关系的数量是与规定它们的法律规范的数量成正比的。事实上，任何持续存在的社会生活都不可避免地会形成一种限制形式和组织形式。法律就是这些组织中最稳固、最明确的形式。[20] 普通社会生活的不断扩大，必然同时伴随着法律活动相应地增加。因此，我们肯定会发现所有社会团结反映在法律中的主要变化了。

当然有人可以反驳我说，社会关系不必通过一种法律形式就可以塑造出来。确实，有好些社会关系在规定尚未达到固定水平和精确水平的时候就已经存在了。但这并不意味着它们就是不确定的，规定它们的并不是法律，而只是习俗。法律只反映了生活的一

---

[20] 参见本书第三卷第一章。

部分，它只向我们陆续提供了一些不完整的材料，并不足以用来解决问题。况且在许多情况下，习俗是存在于法律之外的。人们总是说，习俗可以缓和法律的严酷，可以矫正法律固守程式所带来的过分之处，有时候甚至会激发出一种完全不同的气质。难道习俗就不可以表现出实在法所表现不出的社会团结吗？

　　但是这种反对意见恐怕只能适合于特殊情况。在这种情况下，法律不再与社会的现状相吻合，不再有自身存在的理由，而只是通过一种习惯力量才得以维持。这时，新的社会关系即使没有组织形式也会建立，因为这些关系不设法巩固自己就无法存在下去。不过，既然它们仍与旧的法律形式不相一致，不能进入到与其相应的法律领域中去，它们就无法超越习俗的范围。上文所说的反对意见就源出于此。但这种现象只是在很罕见的病态里才会出现，它一旦延续下去，就会变得岌岌可危。一般来说，习俗是不与法律矛盾的；相反，它正是法律存在的基础。当然，有些时候在这一基础之上并没有什么法律存在，有些社会关系也只能根据某些来源于习俗的分散形式得到规定。但这只是因为这种关系是不重要和不长久的，否则就是刚才所说的反常状态。因此，如果某种社会团结单纯是由习俗表现出来的，那么它肯定只是一种次级秩序。反过来说，法律表现出来的社会团结是本质的，这才是我们必须去了解的问题。

　　进一步说，我们真的可以认定社会团结完全是由它的外在表征构成的吗？是否可以说它只是社会团结部分的，而非完整的表现呢？除了法律和习俗，是否还存在某种导致社会团结的内在状态？我们是否可以不通过其他中介，就能了解社会团结的本质特性？然而从科学的角度出发，我们只能借助它所产生的结果来考察它的起因。要想更准确地确定这些起因的本来面目，我们只能挑拣一些最客观、最容易定性的结果进行考察。科学只能通过体温变化的幅度来研究热，通过物理和化学效应来研究电，通过运动来研究力。那么，社会团结怎么会有所例外呢？

再者，假如人们剥离了社会团结的社会形式，它还会剩下些什么呢？社会团结的特殊性只能来自于群体的同一性，因而它也只能根据不同的社会类型产生变化。家庭内部的团结与政治社会内部的团结是不同的，在形式上，我们对本民族的归属与罗马人对城邦、日耳曼人对部落的归属也是不同的。但既然这些差别有其自己的社会原因，我们就应该通过考察社会团结的不同作用来把握这些原因。因此，如果我们忽略了这些差别，一切变化就都成了不可分辨的了，我们只能感受到一切变化中的共同因素，换句话说，就是社会能动性的一般倾向。这种倾向无论何时何地都是雷同的，都与一种特定的社会类型毫不相关。除此之外，剩下的只是抽象，因为社会能动性本身并不存在。真正活生生地存在着的只是一种特殊的团结形式，如过去曾经存在过或现在正在存在着的家庭、职业和民族团结等等，并且各自都有自己的特殊性质。因此，任何普遍性都只是一种敷衍了事，都是对现象的不完善的解释，它们逃避了各种具体而又鲜活的事物。

所以说，社会团结属于社会学研究的领域。我们只有通过考察它的社会作用，才能全面彻底地了解社会事实。许多道德家和心理学家如果不采用这个方法，而采取避重就轻的态度，那么他们将永远无法解决这个问题。他们避开了所有特别带有社会意味的事物，只保留了事物得以生长的心理内核。诚然，团结首先是一种社会事实，但它是建立在我们单个有机体的基础上的。它要想具备一种生存能力，就必须适应自己的生理和心理机制。虽然我们的研究在最低限度上要贯穿着这种观点，但这样一来，我们所能看到的也只剩下一些最不明确、最不特殊的事物。严格说来，它并不是团结本身，它只是团结的可能性而已。

因此，诸如此类的抽象研究并不能带来丰硕的成果。只要我们还固守着心理本性这个孤零零的前提，团结本身就会由于过于模糊而不易理解，不可捉摸而难于观察。要想使团结具有一种可以把握的形式，社会的后果就应该为其提供一种外在的解释。不仅如此，即使在模糊不定的情况下，我们也决不能撇开社会条件，而应借助这些条件对它进行解释。这就是社会学视角绝对不能与纯粹的心理学分析相互混杂的原因所在。譬如，有人提到**聚生状态**对社会情感的形成会普遍产生影响，[21] 有人也匆匆地提到了社会能动性明显依赖的主要社会关系。[22] 毫无疑问，这些附加的说明只是些胡乱加进来的例子和随随便便的想法而已，根本不足以解释团结的社会属性。这至少可以证明，心理学家必须要采用社会学家的观点。

由此，我们的方法就已经清楚地勾画出来了。正因为法律表现了社会团结的主要形式，所以我们只要把不同的法律类型区分开来，就能够找到与之相应的社会团结类型。同样，我们可以确定，法律完全可以对劳动分工所导致的特殊团结作出表征。一旦我们完成了这项任务，如果再要去判别分工所起的作用，只需把那些表现这类团结的部分法律与整个法律体系做一比较就行了。

在这项研究里，我们不能采用法学家们惯用的区分方法。这些方法只是一种想象中的法律实践，它虽然很方便，但科学对这种经验划分和粗略估算的方法并不满意。最普遍的划分就是把法律分成公法和私法。公法规定了国家和个人的关系，私法规定了个人之

---

[21] 参见拜恩：《情感与意志》。
[22] 斯宾塞：《心理学原理》（伦敦1881年版）第1卷，第558—577页。

间的关系。然而，如果我们细致地考察这两个术语，就会发现，起初还显得异常分明的界限渐渐消失了。在某种意义上，所有法律都变成了私人的，也就是说，每时每刻的行动者都是个体；在另一种意义上，所有法律又都变成了公共的，所有人都承担了社会功能的不同方面。婚姻和家长的功能在理解和组织上都与大臣和法官的功能没有什么不同，罗马法把保护权说成是公共义务（munus publicum），并不是没有道理的。再者，国家究竟又是什么呢？它究竟生于何方，归于何方？众所周知，这个问题本身就是矛盾的。如果在这种不清楚和不确切的分析观念的基础上去建立一种基本区别，当然是不科学的。

要想坚持运用这种方法，我们就必须发现法律现象中的本质特征，必须随着现象的变化而变化。这里，任何一种法律戒规都可以定义为能够进行制裁的行为规范。而且，制裁明显是根据戒规的轻重程度、它在公众心理中所占的地位以及在社会中所起的作用的变化而变化的。因此，我们就应该按照系属于不同法律的制裁来划分法规。

制裁一共分为两类。一类是建立在痛苦之上的，或至少要给犯人带来一定的损失。它的目的就是要损害犯人的财产、名誉、生命和自由，或者剥夺犯人所享用的某些事物，这种制裁称为压制性制裁，刑法即是一例。那些相应于纯粹道德规范的制裁具有同样的性质。这种制裁是通过一种分散的形式来实行的，它并不对每个人区别对待，但它是有组织的，因为刑法只通过一种确定的中介机关才能得到执行。第二种制裁并不一定会给犯人带来痛苦，它的目的只在于**拨乱反正**，即把已经变得混乱不堪的关系重新恢复到正常状态。它借助强力挽回罪行，或者将它斩草除根，即剥夺这种行为的一切社会价值。因此，我们应该把法规主要分成两类：一类是有组织的压制性制裁，另一类是纯粹的恢复性制裁。第一类包括刑法，第二类包括民法、商业法、诉讼法、行政法和宪法等，任何刑法都不应该划入这种类型中来。

现在，我们就可以考察这两类制裁究竟与哪一种社会团结相适应了。

第二章

机械团结，或相似性所致的团结

一

与压制法相应的是一种"关系一断即为犯罪"的社会团结关系。我们在这里所说的"犯罪"是指，在任何程度上对罪犯发起针对性反击的任何举措，这就是人们常说的惩罚。我们要想找到上述关系的特性，就必须去考察这种惩罚的起因，进言之，就是犯罪的本质构成。

当然，犯罪也有不同的种类，但所有这些犯罪类型也并非没有共同之处。社会对罪犯发起的反击就可以证明：不论程度大小，惩罚总是随处可见的。结果的一致性反映出了起因的一致性。单个社会法制所认定的犯罪在本质上总归有相似之处的，同样，不同社会形式所认定和惩戒的所有犯罪也都是有相似之处的。不管我们划定的犯罪行为乍眼看来有什么样的差别，它们最终不能不有一个共同的基础。这些行为总是以同样的方式普遍破坏了国家道德意识，普遍产生了同样的恶果。所有这种行为都是罪恶，都是应该受到明文指定的惩罚的压制。事物的本质特性，只能在这个事物的所属区域里观察得到，而且必须专门属于这个事物。如果我们需要了解犯罪的内在组成，就应该从不同社会形态的各种犯罪现象中抽取出共同的特征，任何一种社会类型都不应该被忽略掉。低级社会的法律概念与高级社会的法律概念是同样值得我们重视的,事实证明它们是具有启发价值的。假如对此不屑一顾,就会有在根本不存在犯罪根源的地方去寻找犯罪的危险。这就像一位生物学家如果不屑于去观察单细胞生物,就无法确切地定义生命现象一样。如果他只想单独去观察生命机体,特别是高等的生命机体,他就会错误地得出结论:生命根本是由细胞组织形成的。

找寻这种固定要素和普遍要素的途径显然不在于一一查看那些随时随地都被当作是犯罪的行为,以求找到这些行为表现出来的特征。不管怎样说,即使这些行为被普遍看作是一种犯罪,它们充其量也只是少数。因此,这个方法只能使我们对现象产生误解,它只适用于一些例外的情况。[1]压制法的种种变化同时可以证明,在被刑法明令禁止的行为的固有属性里,是找不到一成不变的特征的,因为这些行为太复杂了,它们只能存在于其自身以外某种条件下的关系之中。

有人认为,这种关系存在于犯罪行为和社会主要利益的相互

---

[1] 这是加洛法罗所采用的方法。当然,在他承认把普遍受到惩罚的行为列成一表的做法是不太可能和不合实际的时候,他放弃了这种方法(见《犯罪学》,第5页)。但后来,他又重新使用了这种方法。他认为,自然犯罪从根本上损害了以刑法为基础的感情,换句话说,就是道德感唯一的固有因素。但如果说某种犯罪损害了某种感情,为什么这类损害在特定的社会形态里程度较深,而在其他的社会形态里程度较浅呢? 这样,加洛法罗就否认了在某几种社会里所公认的犯罪行为的实质了,其结果就是对犯罪进行人为地限定。因此,这种犯罪的观念就可能是不周全的,同时又是摇摆不定的,因为作者并没有对所有的社会形态进行比较,而且把很大一部分犯罪排除在外,把它们说成是反常的。我们可以说一种社会事实对于在一种社会类型而言是反常的,而不能说类型本身是反常的,这两个词在说法上是矛盾的。不管加洛法罗确立一种科学的犯罪观念的尝试多么有味道,但他所采用的方法却是不确切和不适当的。他使用的"自然犯罪"一词就足以说明这一点。有非自然的犯罪吗? 这里,我们不妨追溯一下斯宾塞的学说,斯宾塞认为,只有在工业社会里,社会生活才真正是自然的。不幸的是,再没有比这更荒谬的学说了。

冲突中，因此每个社会的刑法都为集体生活提供了基本条件，权威就是从上述必然性中衍发出来的。而且，如果这些需要随着社会的变化而变化的话，我们就可以依此对压制法的变化作出解释。我们上文已经讨论过了这个观点。事实上，这类理论过分夸大了算计和反思在引导社会进化过程中所占的地位，而且，曾经被认作，现在还仍然被认作是犯罪的大量行为实际上对社会并没有产生危害。假如有人触犯了禁忌，触犯了某种不洁的或神圣的动物或人，弄灭了圣火，吃了某种肉，没有向祖坟杀牲献祭，没有字正腔圆地诵读祭文，没有庆祝某类节日，诸如此类的行为真的对社会构成了危害吗？据我所知，对仪式、礼仪、庆典以及宗教活动的有关规定，在大多数民族的压制法中占有显著的地位。我们只需翻开《摩西五经》(*Pentateuch*)〔2〕，就可以证实这种说法。而且在特定的社会类型里，我们可以发现这些事实是常态的，不是反常的和病态的，我们没有权利去忽略它们。

即使犯罪行为真的对社会产生了危害，它所带来的破坏程度与它所受到的压制强度也是不成比例的。在最开化的民族那里，刑法普遍认为谋杀是严重的罪行。但是就扰乱社会来说，经济危机时期的股市暴跌和公司倒闭，要比单独的一件命案来势凶猛得多。固然，杀人总是一种罪恶，但我们无法证明它就是最大的罪恶。对整个社会来说，一个人又算得了什么呢？对整个机体来说，一个细胞又算得了什么呢？有人说，如果上述行为不能受到惩处，未来的公共安全就会遭到威胁。但不管这种危险是否真正存在，如果我们把危险程度和惩罚程度相互比较一下，就会发现它们太不相称了。然

---

〔2〕《摩西五经》：又译《梅瑟五书》，犹太教和基督教指《圣经》的前五卷。——译注

而，我们从刚才的例子里可以看到，足以给社会带来灾难的行为却受不到一丁点儿的惩罚。不管从哪一个方面来说，对犯罪的定义都是不恰当的。

我们是否可以修改一下这个定义，把犯罪说成是**似乎**能够对社会产生危害，同时又受到社会压制的行为？我们是否可以说，刑法不是社会生活的根本条件，它**好像**是一种群体所奉行的规范？这种解释实际上什么也没有解释：它并没有让我们懂得，为什么在许多情况下社会竟然使用了那些毫无用处的手段。因此，所谓的对问题的解决最终变成了一种老生常谈。社会之所以强迫人们去遵守规范，显然是因为这种严格而又一贯的遵从无论正确与否都是必不可少的，是需要不断强化的。但我们的这种解答岂不像是在说：社会认为规范是必要的，因此它认为规范是必要的！我们应该说明的是社会为什么判定规范是必要的。假如我们认为，社会是建立在特定惩罚的客观必然性之上的，或至少说是有效性之上的，那么这就是一种解释。然而，这种解释是不符合事实的，整个问题还仍旧悬而未决。

但是，后面一种理论并不是完全没有根据的。它的正确之处在于从个体的特定状态来寻找构成犯罪的条件。事实上，所有犯罪的唯一共性就在于：除了下文将要考察的几种明显的例外情况以外，犯罪乃是每个社会成员共同谴责的行为。在今天，人们提出了这样一个问题：这种谴责究竟是不是合理的？把犯罪只当成一种疾病或过失的做法究竟是不是更明智些？我们不想加入这场辩论，因为我们只想知道现在和过去是什么样子，而不是应该是什么样子。我们上文所述的事实本质是不容辩驳的，也就是说，在任何一种社会形态里，我们在任何一种健康意识里都可以找到犯罪损害情感的事实。

我们不能用别的办法来确定情感的本性，我们也不能通过它们特有的意图来定义感情，因为这些意图曾经总是在无休止地变化，而且目前还在变化。[3] 在今天，利他主义的情感最充分地表现出了这种特性。而在不远的过去，宗教情感和家庭情感，以及其他许许多多的传统情感，都曾经产生过同样的效果。到目前为止，不管加洛法罗（Garofalo）有什么样的说法，对他人的消极同情决不是产生这种效果的唯一条件。即便是在和平年代里，我们对出卖国家的人的憎恨，难道真能比得上对强盗和骗子的憎恨吗？在那些对君主制度仍旧怀有感情的国家里，欺君之罪（lèse-majesté）[4] 难道不会引起人们的一致唾骂吗？在民主国家里，对同胞的侮辱难道不会引起人们同样的愤慨吗？我们无法一一列举，所谓犯罪行为正是对这些感情的侵害。这些感情与其他感情之间只有一个差别：它们属于同一社会里最最普通的人。这样，刑法通过制裁来禁止犯罪行为的规范就可以归纳为一句法律箴言："假定任何人都不是法盲。"这决不是危言耸听。既然各种规范都统统刻在了人们的意识里，因此所有人都会懂得它们并觉得它们是合情合理的。就一般情况而言，这至少是符合事实的。如果一个成人对这些基本的规范一无所知，并且拒绝承认它的权威，那么这种无知和不从就会被人们毫不犹豫地说成是一种病态的征兆。如果某种刑法尽管普遍遭到了拒认但还能幸运地存活下去，这只是因为与此同时还存在着某些例外情况，这当然是反常的——它不可能长久地存在下去。

---

[3] 我并没有看到加洛法罗究竟有什么科学根据来说明，开化民族目前所具有的道德情感构成了一种"既不会丧失，也不会进一步得到成长和发育"的道德（见《犯罪学》，第9页）。如果变化的方向都还没有确定，他凭什么去为这种变化划定界限？

[4] lèse-majesté，特别是指冒犯君主或大逆不道的罪行。——译注

这同时也说明了编纂刑法的特殊方法。所有成文法都服务于双重目的：规定某种义务，确定与之相应的制裁。在民法中，或者一般来说在所有包括恢复性制裁的法律中，立法者都要相互区别地研究和解决这两个问题。首先，它们要尽可能准确地确定义务的性质，然后决定实行制裁的方式。例如，在法国民法法规关于夫妻双方责任的一章里，双方的权利和责任都有正面的规定，但假如其中一方没有履行这种责任的话，法律就未置可否了。有关制裁的条款只能在法规中的其他地方寻找，有时候某些制裁竟然完全只是人们想当然的事情。民法法规的第214款规定了妻子必须与丈夫同居，人们就此推论道，丈夫可以强迫妻子同房，然而这种制裁在任何一个地方都没有明文规定。刑法却恰恰相反，它只规定了制裁，而对与之相应的义务只字不提。它并不规定必须去尊重别人的生命，但规定了对杀人凶手必须处以极刑。它并不像民法那样开门见山地提出这是责任；相反，它总是急不可耐地提出这是惩罚。毫无疑问，如果某种行为受到了惩罚，那是因为它违背了某种强制性规范，然而，这种规范并没有得到确切的说明。之所以发生这种情况，唯独有一种原因：人们已经普遍理解和接受了规范本身。每当一种习惯法获得了成文法的地位并编纂进了法典，就说明某类诉讼难题需要更为细致的解决。如果习俗仍旧可以继续实施下去，而没有挑起任何争执和诘难，那么它就没有理由产生这种变化。编纂刑法的唯一目的就是要确立一种量刑幅度，因为习俗本身已经越来越受到人们的怀疑了。反过来说，如果那些违反了就该遭到惩罚的规范不需要某种法律解释，那是因为规范本身已经不再是被争论的对象，人们已经处处感觉得到它的权威了。[5]

---

[5] 宾丁：《规范及违规》（莱比锡1872年版）第1卷，第6—7页。

确实，尽管我们看到《摩西五经》包含了不少刑法法规，但有时它并没有制定制裁措施。《出埃及记》第二十章和《申命记》第五章所规定的"十诫"就是如此。但是，虽然《摩西五经》起到了法规的作用，却不是纯粹的法规。它的目的不在于把犹太人所尊从的刑法法规汇编成一个单独的体系，以便人们具体加以实施。它甚至并没有成为一部法典，因为它所包含的各个部分看上去并非形成于同一时代。总的来说，它只是各种传统的集成，犹太人借此以自己的方式解释自己，解释世界的起源、社会的起源以及自身社会实践的起源。因此，如果说《摩西五经》阐释了一些针对某种惩罚的责任，这不是因为这些责任没有得到犹太人的理解和认同，也不是因为它必须向犹太人展示这些责任。恰恰相反，既然《摩西五经》只是一部各种民间传说的汇编，我们就可以断定，它所记载的内容是深深印在每个人的意识里的。本质而言，这部书是对一系列普遍信仰模式的摹写，即对这些训诫本原的信仰、对训诫得以传播的历史环境的信仰、对训诫权威的起源的信仰等等。就此来看，对惩罚的确定是有几分偶然的。[6]

出于同样原因，压制性法律的运作始终显得有些分散。在一些极端不同的社会形态中，它并不是通过专职行政官来施行的，而是或多或少地靠整个社会来承担的。正如我们将要看到的那样，在原始社会里，法在性质上完全是一种刑法，它是靠群众大会来实行判决的，古代日耳曼人即是如此。[7] 在罗马，民事事务是执政官的事情，而刑事事务则由民众来裁决，首先是由"库里亚大会"

---

[6] 这种刑法法规的性质确实有一些例外情况，特别是在官方权力行为塑造罪行的时候。在这种情况下，责任被普遍看作是独立于制裁之外的。稍后，我将会解释产生这种例外情况的原因。

[7] 塔西佗：《日耳曼记》第12章。

（comices curiates）裁决，然后自《十二铜表法》起，由"百人团大会"（comices centuriates）裁决。直到共和时代末期，虽然民众把裁判权委托给了常备委员会，然而这一类的最高裁判权还是属于民众的。[8]在雅典，在梭伦法中，刑事判决有一部分是按照"大众"（λίαια）的意思来办的，这个所谓的大众，其实在名义上是一个包括三十岁以上所有公民的大型社团。[9]最后，在日耳曼-罗马（Germano-Roman）民族中，社会借助陪审团来干预这类功能的实施。如果风俗所奉行的规范以及规范所反映的情感没有固着在每个人的意识之中的话，那么司法权力领域里的分散状态就是难于解释的。当然，在某些其他的情况下，这种权力是由特权阶级和专职行政官把持着的。但这个事实是不足以减弱我们上述事实的论证价值的。即使集体感情不再需要通过特定的中介表现出来，也并不能说明这些感情因为只限于少数人的意识范围内，就已经不再具有集体性质了。代表制的产生可能有两个原因：一是由于案件的不断增多，必然要求委任很多的专职官员；二是由于某些铁腕人物或阶级在社会里占有最重要的地位，他们被特许为集体感情的解释者。

如果我们说犯罪是对集体感情所构成的危害，但这还不能算作是犯罪的定义，因为许多集体感情虽然被触犯了，但并没有被确定为犯罪。譬如，乱伦可以说是受到人们普遍厌恶的，但它纯粹是一种非道德行为。同样，女人由于婚外性关系而损害了自己的名誉，完全出卖自己的自由或者完全放弃了个人的自由等等，也都是一种非道德行为。由此看来，与犯罪相应的集体感情同其他一些集体感情的区别就很明显了，它必须达到一种固定的平均强度。它不

---

[8] 参见瓦尔特：《罗马刑法的文明进程史》（法译本）第829节；莱恩：《罗马的刑法》，第63页。
[9] 参见吉尔伯特：《希腊国家文物手册》（莱比锡1881年版）第1卷，第138页。

仅要铭刻在每个人的意识里,而且要刻得更深。它绝对不是一种游移不定的、浮于表面的和变化多端的意志,而是深植在人们内心里的感情和倾向。刑法的进化速度之慢就足以说明这个问题。它不仅比习俗更难改变,而且它在实在法中也是最不易发生改变的部分。比如,我们只要看一看自本世纪以来立法者在各个法律领域里所取得的成就,就可以知道刑法的革新究竟有多么地罕见和有限。相反,在诸如民法、商业法、行政法和宪法等其他领域里,新法规层出不穷地涌现了出来。如果拿《十二铜表法》所规定的罗马刑法与古典时期的情况比较一下,我们就会发现,它的变化与同期的民法相比是微乎其微的。梅茵茨(Mainz)认为,自《十二铜表法》产生以来,主要的犯罪和违法是这样被增加和修订的:"历十代之久,公共犯罪的审案日程仅增加了几款,如侵吞公款、结党营私,或许还有拐带人口(plagium)。"〔10〕对于私人罪行来说,只增加了两个新的内容:抢夺或劫掠(actio bonorum vi raptorum)和恶意伤害(damnum injuria datum)。这种情况是随处可见的。我们可以看到,在低等社会形态里,所有法律几乎都是一种刑法,并且总是固定不变。一般而言,宗教法规也是压制性的,而且就它本身来说是保守的。刑法的固着性正说明了与之相应的集体感情具有一种抗拒力。相反,纯粹意义上的道德法则越具有可塑性,相对而言它进化的速度越快一些,它的感情基础就会变得越来越薄弱。这些法则要么是新近产生的,还根本来不及深入个人意识之中,要么是正在丧失掉自己的根基,只能浮于表面。

我们最好附带再说几句,把问题说得更明确些。如果感情普遍

---

〔10〕《古代罗马刑法史略》,载《法兰西及其他民族法律史评论》(1882年版),第24、27页。

是靠纯粹而又分散的道德制裁来维护的话，那么它肯定要比适当的惩罚手段更微弱，更不具有组织性，而且仍然会产生一些例外的情况。因此，我们没有理由认为平平常常的孝心以及为悲惨境遇而生的恻隐之心比从尊重财富和公共权威而来的感情更加肤浅。然而，那些刚愎自用的幼稚和彻头彻尾的自私并没有被当作是犯罪。由此看来，仅仅靠强烈的感情是不够的，它还必须再明确些。事实上，每一种感情都是与某种能够得到具体界定的实践有联系的，这种实践可以是简单的，也可以是复杂的，可以是积极的，也可以是消极的，但它终究是由可以接受或可以避免的行为组成的，同时也必须是被确定了的。全部问题在于，要规定可以做和不可以做的事情，譬如说，不杀人、不伤人、颂祭文、司仪礼等等。反过来说，忠孝之爱和仁慈之爱只是一种模糊的心愿，它只倾向于一些极为平常的事物。这样，刑法就显得非常干脆、非常明确，而纯粹的道德规范在本质上则普遍显得有些浮泛。正因为这些标准模糊不清，所以我们很难去明文规定它。我们可以泛泛而谈人们应该怎样工作，怎样富有同情心，但我们无法明确规定这些行为的方式和程度，因而它们就有了意义形式的变化余地。反过来说，如果刑法所依托的感情是确定的，那么它们就会有更大程度的一致性。既然它们不能被分门别类地加以解释，就得保持同一张面孔。

现在，我们可以下定论了。

社会成员平均具有的信仰和感情的总和，构成了他们自身明确的生活体系，我们可以称之为集体意识或共同意识。毫无疑问，这种意识的基础并没有构成一个单独的机制。严格地说，它是作为一个整体散布在整个社会范围内的，但这不妨碍它具有自身的特质，也不妨碍它形成一种界限分明的实在。实际上，它与个人所处的特殊状况是不发生关系的，所以其人已去，其实焉在。它在南方和北方、都市和小镇都是一样的,在不同的职业中也都是一样的。它并不会随着世代的更替而更替,而是代代相继,代代相传。它完全不同于个人意识,尽管它是通过个人来实现的。它是一种社会心理形式,既有自己的特性,又有自己的生存条件和发展模式,就像个人一样,只不过是方式不同罢了。就这一点来说,我们有必要给它冠以专有名称。然而,我们上文所使用的说法却有些模棱两可,因为"集体"和"社会"这两种说法在人们看来是同义的,人们往往以为集体意识就是整体上的社会意识,也就是说,集体意识是与社会精神生活相等同的,然而,尤其在高等社会里,它却是社会精神生活很小的一部分。法制、政府、科学和工业等职能——简言之,所有的专门职能——都属于精神范围,因为它构成了一个行为和表现的体系。不过,这些职能都明显不属于共同意识的范围。要想避免得出这种含混结论,[11] 我们最好发明一个技术性的表达方式,特指由社会相似性构成的总体。然而,如果不是在绝对必要的时候,我们使用这个新术语,就有可能产生一些不便之处,所以我们应该采用一种比较通行的说法,即"集体(共同)意识",但我们在使用它的时候,最好经常留意一下它已经被限定了的内涵。

这样,我们在总结上述分析的同时,也会得出以下结论:如果一种行为触犯了强烈而又明确的集体意识,那么这种行为就是犯

---

[11] 这种结论并不是不含危险的。有人偶尔会问道:个人意识是否会随着集体意识的变化而变化。这一切都要看我们所使用的术语究竟含有什么意思,如果它表现的是一种社会相似性,那么我们所看到的变化就是一种反向的关系;如果它指的是社会整个的精神生活,那么这种关系就是直接的。因此,我们对这个问题要区别对待。

罪。[12]

　　这个前提就字面而言，是不大容易被人否认的，尽管我们赋予它的意义与其以往具有的意义迥然相异。它所表述的似乎不是犯罪的本质特征，而是对犯罪的反应。众所周知，犯罪触犯了人们强烈而又普遍的感情，但人们也相信，他们的共性和力量是由行为的罪恶性引发的，因此，这种行为还需人们彻底地加以规定。不可否认的是，所有犯罪行为都遭到了人们的普遍唾弃，但所有这一切都来自于罪恶性的说法也是确切无疑的。难道它真的存在于一种特别严格的不道德形式之中吗？我承认这一点，然而这只是在用一种问题回答另一种问题，用一个字眼代替另一个字眼。因为我们想要了解的正是什么是非道德性的问题，特别是那些受到有组织的社会惩罚体系压制的，构成罪恶的特定的非道德形式。非道德性显然是从各式各样的犯罪行为的一种或几种共性中来的。然而，能够满足上述条件的唯有一种性质：所有形式的犯罪与特定集体感情之间的对抗。这种对抗绝非来自犯罪，相反它构成了犯罪。换句话说，我们不该说一种行为因为是犯罪的才会触犯集体意识，而应该说正因为它触犯了集体意识才是犯罪的。我们不能因为它是犯罪的就去谴责它，而是因为我们谴责了它，它才是犯罪的。至于说到这些情感的内在属性，我们是没有办法确定的。它的对象很分散，我们没法用单一的模式来套用它。我们也不能说，它一定会与必不可少的社会利益以及最低限度的社会公正发生联系。所有这些定义都是不充分的。但至少有一个事实是存在的：不管有什么样的起因和意图，我们在任何意识里都会发现某种感情，当这种感情强烈和精确到了一

---

[12] 我们完全可以不去理会个人意识是否类似于集体意识的问题。对我们来说，这个术语指的只是社会相似性所构成的总体，它并没有断言现象系统究竟应该被划归到哪一类范畴。

定的程度，触犯它的所有行为都应被算作是犯罪。现代心理学又重新回到了斯宾诺莎那里，斯宾诺莎认为，任何事物都因我们喜爱而变得美好，而不是因为美好我们才去喜爱。倾心和意向乃是根源，快乐和痛苦只是枝蔓，社会生活也同样如此。社会中罪恶之所以为罪恶，是因为它遭到了社会的排斥。然而，人们会提出这样的问题：所谓集体感情的起源，难道不是在社会与其各种对象的接触过程中所感受到的快乐和痛苦吗？不错，是这样的，但所有集体感情并不都是通过这种渠道产生的。如果不是大多数感情，至少也有许多感情完全有其他的起因。凡是迫使我们的活动采取一种确定形式的都会产生一种习惯，继而由此产生了一种必须得到满足的意向，唯有这种意向才是最基本的。其他的意向只是这种基本意向的一种特殊形式，只是显得更精确些罢了。因此，如果想要在特定的对象中找到某种乐趣，那么集体感受力就必须建成一种能够感受这种乐趣的途径。如果与之相应的感情被废弃了的话，那么能够给社会产生最大危害的行为不仅会得到人们的容忍，而且还会得到嘉奖并被树为榜样。快乐并不能无缘无故地产生一种意向，它只能与那些已经有了某种特殊意向的目的发生关系，而且这种目的是与其本来的性质相一致的。

但有些情况是上述解释涵盖不了的。某些行为所受到的压制要比舆论的谴责严酷得多。官员之间的串通、司法对行政权力的侵犯、宗教对世俗领域的侵占等等，都成了压制的对象，这种压制与从个人意识中产生的愤恨是不相称的。挪用公共财物的行为尽管与我们没有太大的关系，但对它的惩罚却是相当严厉的。甚至于有些受到惩罚的行为并没有直接触犯集体感情，比如说，在禁猎季节进行渔猎，在公路上行驶超载车辆等行为，并不与我们的感情相抵触。然而，我们也没有什么理由去把这些罪行与其他罪行完全分开。任何全面彻底的区分[13]都是武断的,因为所有犯罪虽然表现出来的程度并不相同,但它们具有同样的外在标准。当然,我们所列举的这些惩罚看上去都不是不公正的。虽然舆论并不反对这种惩罚,但如果让舆论自己作出裁决,它就很有可能放弃惩罚,或者不至于这样苛刻。由此看来,在这种情况下,罪恶性本身并不取决于,或者至少不完全取决于受到触犯的集体感情的敏感程度,我们或许应该寻找另外一种原因。

众所周知,一旦某个政府权威得到确立,它就会自身享有足够的权力,把刑法制裁很自然地系属于特定的行为规范之上。它凭借自己的力量就可以确定某种罪行,或者加大某些其他罪行特征的严重性。所以,我刚刚提到的那些行为都有一种共性:它们与社会生活里的这种或那种统治机关是水火不容的。我们是不是应该假定,两类不同的犯罪产生于两种不同的原因呢?我们还没法一下子说清楚这个问题。不管犯罪如何变化多端,它无论何时何地都会具有同样的性质,都会产生同样的结果,这就是惩罚。尽管犯罪也有着不同的严重性,但它的本性却是不变的。一种事实绝对不会有两种起因,除非这种双重性只是徒有虚名,它的根源最终还是一个。所以,国家所特有的抗拒力与那些遍布于整个社会的抗拒力是同出一辙的。

现实中,这种抗拒力又是从何而来的呢?国家真的需要用一种特殊方式来保护自己的根本利益吗?但是我们知道,如果某种行为仅仅对这些利益产生了损害,甚至是严重的损害,都不足以决定惩罚的抗拒力,这种损害必须在某种程度上被人感觉到了才行。再

---

[13] 我们可以看看加洛法罗是怎样把他所谓的真正犯罪与其他犯罪区分开来的(见《犯罪学》,第45页)。这只是他自己的估计,而没有任何客观性基础。

者，为什么有些行为即使对政府机关产生了最轻微的损害，也要受到惩罚，相反，对于其他社会机关的损害即使再严重得多，也会得到民法的补救呢？有的人略微违反了公路和水路有关规定，就要处以罚金，而有的人屡次破坏契约，或在经济上屡屡出错，却只需要赔偿损失就行了。尽管政府机构在社会生活中起着举足轻重的作用，但其他社会机关的利益也同样是必不可少的，后者并没有得到同样形式的保障。大脑固然是重要的，但肠胃也不见得就不是一种重要的器官，后者的病变同前者一样也会危及人的生命。有人有时候把政府说成是社会的"大脑"，但为什么大脑就应该享有特别的优待呢？

这个问题是很容易解决的，我们只要注意到，凡是在统治权力树立起权威的地方，它的首要职能就是为信仰、传统和集体行为赢得尊重，换句话说，就是为了保护共同意识去防范任何内部的或外来的敌人。因此，它成了集体意识的象征，在每个人的眼里，它都是集体意识活生生的表现。就像观念的亲和性与它的语词表达一脉相承一样，意识的内在动力与这种权威也是息息相通的。这就是权威本身能够使自己所向披靡的缘故。它是否具有重要或次要的社会功能已经没有意义了，它已经成为集体的化身。集体把权威施加在了每个人的意识里，并从中获得了力量。不过，在这种力量出现之后，即使它没有脱离自己的根基并仍旧在这根基里滋生发育，它也变成了社会生活的自成因素，并自发地产生了自己的行为。正因为统治权需要这种力量，所以上述行为必须完全独立于任何外在的冲动。另一方面，这种力量只能产生于共同意识所固有的权力，当然它也具有同样的性质和同样的反抗方式，即便在共同意识还无法协调一致地诉诸反抗的时候。它可以像分散的社会意识那样去防范任何一种敌对势力，即使社会意识还感受不到这些势力的危险和力量；也就是说，统治权将那些能够对自己产生危害的行为定义为犯罪，不管集体感情在同种程度上是否也意识到了危害。统治权在集体感情那里获得了一切权力，并用来罗织各种犯罪和违法的罪名。当然，权力本身不再会有其他的基础，但也不能没有基础，以下事实（我将在本卷的所有内容里详加阐明）完全可以说明这种解释是正确的。政府权威所确立的所有犯罪行为以及它所指定的犯罪内涵，都依赖着它所掌握的权力。至于这种权力，可以依次参照政府用以控制公民权限的大小，或危害政权罪严重程度的高低来度量。我们可以看到，低等社会中的权限是最大的，犯罪是最严重的，不仅如此，这种自我同一社会中的集体意识也是最有威力的。[14]

因此，我们应该时常回到集体意识中来，一切犯罪都是直接或间接地从集体意识出发的。犯罪不仅是对重要利益的损害，而且也是对最高权威的侵犯。从经验角度出发，除了集体以外，不存在任何一种凌驾于个人之上的道德力量。

不仅如此，我们还掌握了检验我们刚刚得出的结论的方法。犯罪的特征乃在于它所确定的惩罚，如果我们对犯罪的定义是确切的，那么它就可以把所有惩罚的特征展示出来。我们就要证明这一点。

首先，我们应该确立这些特征究竟是什么。

二

起先，惩罚会形成一种感情上的对抗作用，社会越不开化，这

---

[14] 再者，在我们完全采用罚金形式来进行惩罚时，罚金只是一种赔偿，而且数额固定，这说明犯罪行为本身处在了刑法和恢复法的交界线上。

一特征就表现得越明显。事实上,原始人总是为了惩罚而惩罚,为了使罪人受苦而使罪人受苦,而且在他们给别人强加痛苦的时候,自己并没有指望获得任何利益。这样说,是因为他们不求罚得公平,罚得有效,只要是惩罚就足够了。所以他们也惩罚那些犯忌的动物,[15]甚至是那些被用作犯罪工具的无机物。[16]即使惩罚只针对于人,它也往往超出罪犯本人之外而殃及无辜,如他的妻儿和邻人等。[17]这是因为,惩罚内心中的燥热情感如不完全发泄出来是不会平息的。即使已经惩戒了那些直接肇事的主犯,这情感还会存留着余力,还会不知不觉地延及其他人身上。甚至在这种力量不太强,只能对付罪犯的时候,它也会通过不断加大它所反击的犯罪行为的严重性来显示自己的存在。那些挖空心思创造出来的附加在极刑之上的酷刑,也都莫不如此。在罗马,窃贼不但要把窃取的财物物归原主,还要追缴相当于这些财物两倍或四倍的钱财。[18]难道这种穷追猛打的惩罚不正是对复仇欲望的一种满足吗?

但是人们可以说,今天的惩罚在性质上已经发生了改变。社会不再为了报复,而是为了自卫而实施惩罚。它所施行的苦刑也只是保护自己的一种系统工具。它实施惩罚,并不是因为它要借此获得满足,而是通过人们对惩罚的恐惧来祛除罪恶之源。压制作用也不再建立在愤怒之上,而是建立在人们深思熟虑的先见之上。所以上述某些说法恐怕并不是普遍适用的:它大概只能算作是惩罚的原始形式,而不能扩展到现代形式上来。

---

[15] 参见《出埃及记》第21章,第28节;《利未记》第20章,第16节。
[16] 例如,杀人犯使用过的刀。参见普斯特:《普适法学的基础》第1卷,第230—231页。
[17] 《出埃及记》第20章,第4节;《申命记》第12章,第12—18节;滕尼森:《刑法史研究》第1卷,第70,178—179页。
[18] 参见瓦尔特:《罗马刑法的文明进程史》,第793节。

然而，如果我们仅仅证明了这两种惩罚的目标是不同的，我们还不能合理地解释这两种方式在本质上的区别。一种实践的性质并不因为实践者的意识发生改变而改变。事实上，它可能在过去也曾经发挥过与现在同样的作用，只是人们没有认识到而已。但是，为什么仅仅当人们更加充分地意识到它所产生的影响的时候，它非得换个模样呢？它总归是要适应新的生存条件的，尽管它无须在根本上发生变化。对惩罚来说，正是这个道理。

事实上，如果我们认为复仇只是一种肆无忌惮的残忍行为，那就大错特错了。如果说它是一种自发的、无目的的反击，一种强烈而又无知的冲动，一种缺乏理智的破坏欲，倒是有可能的。然而，破坏倾向本身就是对我们的威胁，所以它实际上已经构成了一种真正的自卫行为，尽管它是本能的和未经考虑过的。我们只对危害我们的事物施以报复，而危害我们的事物也总是充满危险。从根本上说，报复的本能只是自我持存在面对危险的时候被激怒了的本能。所以，如果有人认为报复在历史中只起到了负面和消极的作用，那么这种观点是很不正确的。报复是一种自卫的武器，自然也有自己的价值——它只不过是一种很粗糙却很便捷的武器罢了。它既然认识不到自己自发产生的作用，当然也就很难规定自己。因此，报复也是很随意的，它只凭着盲目的本能驱使，它的愤怒无法受到限制。今天，既然我们已经更清楚地认识到它要达到的目的，我们就能更好地运用达到我们目的的手段，我们可以更系统、更有效地保护我们自己。然而，人类从一开始就是可以实现这个目的的，只不过不那么完满罢了。因此，在现在和过去的惩罚之间并不存在一条很深的鸿沟，今天的惩罚如若要适应它在这个文明社会里的角色，也无须脱胎换骨。所有的差别在于它能够更加了解自己的影响。个人意识和社会意识虽然还在对它所展现的现实产生着影响，但却没有能力去改变现实的本质。不管是有意识地还是无意识地,这种现象的内在结构始终没有改变,我们也可以料定惩罚的根本因素也同样没有改变。

但实际上,惩罚也依旧是,至少部分是一种报复行为。有人说,我们使罪人受罪并非是为了使罪人受罪,但不可否认的是,我们觉得他遭受痛苦是完全应该的。也许我们错了,但问题并不在于此。目前,我们想按照依其所是或曾经所是的方式来定义惩罚,而不是考虑它应该如何。当然,在法庭上常常使用的"公开辩护"一词,也并不是没有意义的。如果我们假定惩罚真的能为我们的未来提供一种保障,我们就会觉得它应该成为对过去的**抵偿**。有一个事实可以对此提供证明:我们总是小心谨慎地尽可能使犯罪的严重性和惩罚的严重性相互一致。假如我们认为罪人作恶就应该受罪,或受同样的罪,那么上面那种谨慎就不会让人匪夷所思了。实际上,如果惩罚只是一种自卫的方法,就没有必要给它划定级别。当然,如果对重罪的惩罚采取与轻罪相同的方式,那么这对社会来说是很危险的。但如果把轻罪当作重罪来惩罚,在大多数情况里都是对社会有益的。人们很难用太多的防备手段来对付敌人。难道我们可以说犯有最轻罪行的人并不太坏,要想制止他的不良本性,只需要用一些轻微的惩罚吗?但是,尽管他们的取向沾染的恶习不多,但他们的强度却一点也不少。窃贼的偷盗欲望绝对不少于凶手的杀人欲望,他的反抗力也绝对不少于后者。所以我们要战胜他们,就必须诉诸同样的手段。即使真像有人所说的那样,我们只需用一种反向的力量来对抗破坏力,那么这种力量在强度上也必须与破坏力相当,至于破坏力有何性质则无须考虑。这样,惩罚范围内就不会有太多的级别,惩罚的轻重也要或多或少地从是否有助于犯罪出发,而不需要根据犯罪的性质来定。因此,一个屡禁不止的窃贼和一个屡禁不止的凶手都要受到同样的惩处。但在事实上，即使我们认定一个罪犯是不可救药的，我们也会觉得不该把一种过分的惩罚加在他身上。这说明，我们确实还在固守着原来的量刑标准，只不过我们目前是在更高的层次上理解它罢了。我们对罪行轻重以及惩罚轻重的衡量，已经不再采取以前那种世故而又粗俗的标准了，但我们仍旧认为两者之间是存在一种等价关系的，不管我们在这种平衡中是否能够得到某些好处。因此，我们心目中的惩罚仍旧是祖先留给我们的惩罚。既然它还是一种抵偿，它也仍旧是一种报复。我们所要报复的和罪犯所要抵偿的，都不过是对道德的冒犯。

有一种惩罚最能明显地表现出暴烈的性情，即用羞辱来加重惩罚，并随着惩罚一起增加。这种羞辱常常是没有特定目的的。一个人如果不能再在同伴中间生活下去了，而且他的行为已经足以证明再大的威胁也吓不倒他了，那么羞辱对他还会起多大作用呢？如果我们现手没有其他惩罚可以利用，如果肉体上的惩罚相对来说还比较轻微，那么羞辱的方式还是可以让人理解的。如果惩罚能够加倍地发挥作用，那么羞辱也就不必存在了。我们甚至可以说，如果我们找不到其他惩罚形式而只能诉诸法律形式，那么其他惩罚形式还有存在的必要吗？这些形式只不过是一些辅助的，没有确切目的的惩罚形式，它们存在的唯一理由就是"以牙还牙"。这实在是一种本能的、不可抗拒的情感的产物，它时常祸及无辜者。有时候，就连犯罪的现场、工具以及罪犯的亲属都要牵涉进来，成为我们侮辱的对象。产生这种扩大化压制的根源也就是与之相应的组织化压制的根源。而且，我们只要看看惩罚在法庭里的运行机制，就可以知道它的整个动力都来源于某种情绪。不管是诉讼人还是辩护律师，都依照当时的情绪来行事。辩护律师总是力图唤起对罪犯的同情，而诉讼人则千方百计地煽动起犯罪行为所触犯的社会感情，也就是说,法官总是要在这两种情绪的对峙中作出判决。

因此,惩罚的性质在根本上始终没有发生改变。我们只能说:今天对报复要求的处理要比过去更妥当一些。自从人们有了先见之明以后,那些强烈的情绪所导致的盲目行为就有所收敛了;它被限定在一定范围内,决不可以发生荒唐的、张狂的暴力行为和破坏行为。自从人们得到开导以后,这种情绪就已经不再那么显得任意恣肆了。我们看到,它在尽可能地获得满足的同时,已经不再乱伤无辜了。所以说,惩罚是由一种具有等级差别的反抗情绪构成的。[19]

然而,这种反抗又是从哪儿来的呢?究竟是从个人那里来的,还是从社会那里来的?

众所周知,惩罚是由社会来施行的,但社会也许并不能完全代表自身。我们毫不怀疑,一旦惩罚被宣布具有社会属性,除了冠以社会名义的政府之外,是没有人可以否定它的。如果它能够使个人获得满足,那么个人就始终有权力决定是否接受惩罚。如果某种权力是被强加的,而且是当权者所不能拒绝接受的,那么这还能叫作特权吗?压制作用是单独由社会来施行的,因为当个人受到损害的时候,社会也就会受到损害;而惩罚和压制的正是损害社会的行为。

当然,我们也可以举出好些例子来说明,有些惩罚是靠个人的意愿来施行的。在罗马时期,某些罪行是以罚金的形式受到惩罚的,而且这笔罚款应该交付给当事人,而当事人也可以放弃这笔罚款或借此讲和,诸如小偷小摸、掠夺、诽谤和恶意伤害等罪行,都

---

[19] 而且,即便是那些认为抵偿观念不可理解的人,也承认这一点。他们的结论是:为了迎合自己的学说,应该把惩罚的传统概念进行一次脱胎换骨的改造。这是因为惩罚的概念总是以他们所反对的原则为基础。参见傅立叶:《社会科学》,第307—308页。

可以这样处置。[20] 这些罪行被称为私罪（delicta privata），是与纯粹的犯罪相对而言的，后者往往以城邦的名义受到压制。在希腊人和犹太人那里，也都有同样的区分。[21] 对于原始人来说，惩罚有时候好像完全是一种私人的东西，譬如血仇（vendetta）就证明了这种情况。这些社会都是由一些基本群体组成的，几乎都带有家族的色彩，为了方便起见，我们称之为**氏族**。如果某个氏族的一个或几个成员受到了另一个氏族的攻击，那么被攻击的氏族就会相应地惩罚对方。[22] 从学理角度上讲，这些事实至少在表面上是重要的：血仇往往被看作是惩罚唯一的原初形式。因此，惩罚最先是由私人的报复行为构成的。即使在今天，社会把持着惩罚的权利，但我们似乎只能说它是代表个人来施行这些惩罚的，社会只是他们的代理人。它替代他们来照看他们的利益，也许让社会来管理倒更妥当些，但他们终究不是社会自己的利益。起初，个人只是自己为自己报仇，而今天是社会为他们报仇。但既然刑法并不因为这种简单的转换而使自己的性质发生改变，那么它也无须非得是社会的。即使社会仍旧扮演着重要的角色，它也只能是个人的替代者。

虽然上述理论很是盛行，但它与更确切的事实是相悖的。我们不能援引某个单独社会，就认为血仇是惩罚的原始形式。恰恰相反，我们可以断定，原始的刑法在本源上是宗教的。在印度人和犹太人（Judaea）那里，这都是显而易见的事实，他们所奉行的法律

---

[20] 莱恩：《罗马的刑法》，第111页。
[21] 在犹太人那里，偷盗、侵吞托管财物、敲诈都被算作是私罪。
[22] 参见摩尔根：《古代社会》（伦敦1870年版），第76页。

曾经被看作是一种神示。[23]在埃及的《赫耳墨斯十书》里，犯罪法同与政权有关的所有法律，都被称作为司铎。埃里昂（Elien）认为，古代埃及的牧师都掌握着司法权。[24]古代日耳曼也是这种情况。[25]在希腊，正义被认作是源自宙斯的，而狂烈的感情则被看作是神的复仇。[26]在罗马，刑法的宗教起源明显是由古老传统[27]、一直存在着的古代诉讼程序，以及法律术语本身[28]构成的。然而，宗教在本质上是社会的，它非但不追求个人的目的，反而每时每刻都对个人作出限制。它强迫人们去遵守那些令人厌烦的规定，去做浪费钱财的大大小小的牺牲。人们必须拿出自己的一部分财产来供奉神灵，必须从工作和余暇中抽出一部分时间来履行祭礼，也必须忍受上帝所指示的各种痛苦，甚至在神谕面前舍弃自己的性命。宗教完全是由克制和无私组成的。因此，如果犯罪法真的原本就是宗教法的话，那么它所维护的利益当然就是社会性的。诸神是因为自己，而不是别人受到了触犯，来通过惩罚实施报复的，但对诸神的触犯也就是对社会的触犯。

因此，在低级社会里，大多数的罪行都是对公共利益的损害，即对宗教、习俗和权威的损害。我们只需看一看《圣经》和《摩奴

---

[23] 尽管犹太法官不是牧师，但他们都是上帝的代表，是上帝的人。参见《申命记》第1章，第17节；《出埃及记》第22章，28节。在印度，是由国王来施行仲裁的，而这一职务在本质上被看成是宗教的。参见《摩奴法典》第8章，第5节，第303—311页。
[24] 滕尼森：《刑法史研究》第1卷，第107页。
[25] 屈尔普夫：《德国法制史》，第909页。
[26] 赫西奥德说过："萨杜恩（Saturn）之子赐给人类以正义。"参见《工作与时日》（迪多编）第5部分，第279—280行。"一旦人类胆敢为非作歹，英明的宙斯就会立即施以惩罚。"同上，第226行；参见《伊利亚特》第16卷，第384—385页。
[27] 参见瓦尔特：《罗马刑法的文明进程史》，第788节。
[28] 莱恩：《罗马的刑法》，第27—36页。

法典》残存下来的古埃及法典，就会发现保护个人的法律的地位是很低的。相反，那些有关亵渎各种神圣，违反各种宗教法规和仪式规定等行为的压制法却非常发达。[29]同时，对这些行为的惩罚是非常严酷的。在犹太民族那里，最被人切齿痛恨的就是对宗教的反叛。[30]而对于古代日耳曼民族来说，塔西佗认为只有两种犯罪必须处以死刑：一是背叛宗教，二是脱离宗教。[31]孔子和孟子也说，不敬之罪重于杀身之罪。[32]在埃及，情节最轻的渎神罪也要被判处死刑。[33]在罗马，犯罪的最高级别就是背叛宗教罪（crimen perduellionis）。[34]

但是，依照我们上文的例证，这些私刑究竟是什么呢？它们的性质极其复杂，甚至把压制性制裁和恢复性制裁两个方面都包括进去了。所以在罗马法中，私罪是界于纯粹的刑事犯罪和纯粹的民事损害这两者之间的，它包含了两种形式，并横跨在两个领域之间。它确实是一种罪行，因为它所受到的法律制裁的目的不仅仅终于恢复事物的原来状态；罪犯不仅要赔偿相应的损失，而且还要受到其他处罚，这就是抵偿行为。然而，这还不能完全算是犯罪，虽然社会进行了宣判，却还没有权利实施。这个权利应该是由社会授予被害人的，即让他自己任意地处置。[35]同样，**血仇**也显然被社会认定是一种合法的惩罚，但它却是通过个人来实施的。因此，这些事实

---

[29] 参见滕尼森《刑法史研究》一书各处。
[30] 穆克：《巴勒斯坦》，第216页。
[31] 塔西佗：《日耳曼记》第12章。
[32] 普拉斯：《古代中国的法规与法律》（1865年版），第69—71页。
[33] 滕尼森：《刑法史研究》第1卷，第145页。
[34] 参见瓦尔特：《罗马刑法的文明进程史》，第803节。
[35] 然而，最能够表现出针对私罪的刑罚特征的，便是剥夺他的公权，即一种真正的公共惩罚。参见莱恩：《罗马的刑法》，第916页，以及布维（Bouvy）：《罗马法中的剥夺》（巴黎1884年版），第35页。

只能进一步证明我们所判定的刑法体系性质。既然这种调和的制裁还带有部分私人性质，那么相应来说它就不能算是惩罚。惩罚的社会性质越不明显，它的刑法性质也就会相应地少些，反过来也是如此。因此，私人报复远不是惩罚的原初形式，相反，它只是一种尚不完备的惩罚。个人谋害罪也不是最先被压制的罪行，起初它还只是刚刚跨进了刑法的大门。只有在社会相应地、更加完善地确立了控制机制以后，它才可以被纳入衡量犯罪的等级之中。我们无须详述这种发展过程，但它绝对不是一种简单的转变。相反，刑法制度的历史恰恰是永不停歇的社会侵占个人的历史，或者准确地说是社会侵占它所包含的原始群体的历史。这种侵占的后果，就是逐渐用社会的法律把个人的法律代替掉。〔36〕

然而，上述各种特征不仅属于那些分散在各种非道德行为的压制手段，也属于那些以法律为基础的压制手段。我说过，两者的区别就在于后者是有组织的。但这种组织又是怎样形成的呢？

每当我们注意到当代社会所施行的刑法的时候，我们就会想到法规不仅对犯罪作出了明确的规定，而且对与之相应的惩罚也作出了明确的规定。当然，法官在用一般规定来审理每一起特殊案件的时候，是享有一定的自由度的，但在根本上，每一类罪行都已经被规定了相应的惩罚。不过，这种煞费苦心的组织也不是惩罚的基本要素，因为在很多社会里，惩罚不是被预先规定好的。《圣经》中的许多禁律就是命令式的，它并没有明文规定，什么样的惩罚应该采用什么样的制裁。但是，这种刑罚性质却是不容置疑的，因为即使经文闭口不提惩罚，但它却对被禁止的行为表现出一种深恶痛绝

---

〔36〕 无论如何，我们都应该注意到，血仇明显具有一种集体属性。施以报复的并不是个人，而是氏族；后来，也是由氏族或家族出面来进行赔偿的。

的态度，以至于人们即刻就能感觉到，这些行为是不能不受到惩罚的。[37]种种原因表明，这种缄默只是因为对犯罪实施制裁的法律还没有得到确定。事实上，《摩西五经》记载的好些故事都告诉我们，许多罪行无疑都包含着某种罪恶性，但何时何地施以惩罚只能靠法官来判定。社会分明知道，许多犯罪行为就摆在它的眼前，但对它的刑事制裁却是不确定的。[38]不仅如此，甚至连那些立法者所指定的惩罚，也有好些是不确定的。所以我们发现，许多不同种类的死刑是站不住脚的。在大多数情况下，经文只是笼统地说到了死刑，但却没有告诉我们应该怎样去实施它。根据萨姆纳·梅因（Sumner Maine）的说法，罗马早期的情形就是这样的；假如罪犯（crimina）被告到公民大会，公民大会如果认为这一指控是属实的，就会依照法律来规定惩罚，这就是它的最高职责。[39]直到16世纪，刑法体系的一般原则"还全都由裁判官来决定，即裁判官的专断（arbitrio et officio judicis）……但它不允许裁判官在习惯法之外再另行实施其他的惩罚"。[40]这种裁判权所产生的另一个后果就是，裁判官甚至可以对犯罪行为的性质作出评定，当然，犯罪的性质也就不会是确定的了。[41]

因此，这类明确的压制组织既不是建立在惩罚规定之上的，也不是建立在有关诉讼程序的制度之上的。我们上面那提到的诸多事

---

［37］《申命记》第6章，第25节。
［38］ 有人发现某个人在安息日拾柴，"就把他带到了摩西（Moses）和亚伦（Aaron），以及共同体那里，他们把他关进了牢狱，因为他们还不知道应该怎样处置他"。（《民数记》第15章，第32—34节）有一次，某个人对上帝之名很是不敬，在场的人把他逮住了，但不知道该怎样处置他。摩西自己也不知道，就求教上帝去了（《利未记》第24章，第12—16节）。
［39］ 萨姆纳·梅因：《古代法》（伦敦1861年版），第372—373页。
［40］ 布瓦兹：《现代民族刑法史》第6卷，第11页。
［41］ 布瓦兹：《现代民族刑法史》第6卷，第14页。

实足以说明，长时间以来这些规定和制度都是很匮乏的。在任何地方，凡是能够惩罚相适应的组织就只剩下法庭了。不管法庭是如何建立起来的，不管它所包含的是全体人民还是部分精英，不管它在审理案件和实施惩罚的时候是否遵照一定的程序，由于它仅以犯罪事实为根据，用一个严格建构的团体的审慎考虑代替了个人判断，使社会反抗以确定的机关为中介表现出来，所以我们就可以判定它是有组织的。也许这个组织在将来会变得更完善些，但现在它已经存在了。

因此，惩罚在根本上构成了一种带有强烈感情的反抗，并且在强度上也是有级别的，与此同时，社会也通过某个组织的中介作用，来对那些违反行为规范的成员实施惩罚。

我们对犯罪的上述定义已经可以相当容易地把所有犯罪特征展现出来了。

三

每一种强烈的意识都是生活的源泉，都是我们整个生命活力的基本要素。因此，凡是削弱这种活力的因素都在贬低和抑制着我们自身，也会给我们带来不安和沮丧，就像生命的重要机能停滞和延缓下来所带给我们的感觉一样。所以当我们面临着削弱我们意识的危险的时候，我们势必要坚决地予以还击，把它彻底地清除掉，从而保证我们意识的完整。

在所有能够产生这种强烈效果的事物中，首先应属我们的反向状态所造成的表现。实际上，这种表现并不只是一种简单的现实图像，也不是事物映射给我们的死气沉沉的幻影。相反，它是搅起机体和生理现象之波澜的力量。它非但是能够产生观念的一种神经流，从大脑皮质的原发点中流出，从一个神经丛流向另一个神经丛，而且在运动中枢里不断产生振动来确定我们的运动，或者在感觉中枢里不断产生振动来唤起我们的意象。有时候它竟能激发出我们的幻象，甚至影响到我们的生长机能。[42] 这种振动越强，意象就会显得越浓重，感情因素就越发达。因此，感觉的意象与我们自身的行动是矛盾的，但是这些意象在方向和方式上都与感觉非常相像，甚至代替了感觉，以至于它们看上去像是已经进入到了我们的意识中。事实上，尽管它没有那么强烈，但它具有某些同样的亲和性，因而能够唤起同样的观念、同样的冲动，以及同样的感情。所以，它总是在反抗我们个人感觉的自由发挥，从而削弱感觉，同时把我们的全部力量引到相反的方向去。它好像是一种能够穿透我们的外在力量，搅乱了我们的精神生活。因此，一旦某种与我们截然相反的信念在我们面前展现出来，就会使我们心烦意乱。同时，一旦它闯入了我们的内心之中，就会与它所遭遇到的一切水火不容，真正使我们陷入混乱失序的状态。毫无疑问，如果两种抽象的观念发生冲突，并不会产生痛苦，因为根本不存在什么玄之又玄的东西。这些观念的地位越是被无限地提升起来，就越会漂浮在意识之上。即使它自身发生了变化，也不会引起多大的反响，也不会对我们产生多大的影响。但如果它使我们的忠诚信仰出现了危机，我们就不会允许而且不能允许对我们信念的侵犯不受惩罚。一切对我们的攻击在感情上都会或多或少地引起我们强烈的反抗和反击。我们的愤怒，我们的怨恨，我们的抗议，所有这类感情不能不使我们付诸行动。要么我们就逃避它，远离它，把它抛弃在我们的社会之外。

---

[42] 莫斯黎（H.Maudsley）：《精神生理学》（伦敦1876年版），第271页。

当然，我不是说所有炽热的信念都一定是不宽容的，很一般的观察就足以说明这一点。这是因为，某种外在因素使我们刚才分析的结果中性化了。比如说，两个仇人之间也可能会存在某种一般意义上的同情，从而可以使两个人相安无事，怒气消散。但是与对抗性相比，这种同情心在力度上总归要强一些，否则它就不会存在下去了。要不然，就是对抗双方都很清楚，这样对立下去肯定是不会有什么结果的，所以还是放弃争斗的好，每个人都各守本分算了。既然他们不能相互消灭，那么就应该相互容忍，许多宗教战争的结果，有时候就是以相互容忍收场的。在任何情况下，如果情感的冲突没有产生它的自然结果，那么这不是因为它们不包含这种结果，而是因为它们力图避免产生这种结果。

因此，这些结果既是有益的，又是必要的。它们不仅必然是从它得以产生的根源中引发出来的，而且它们一直留有这些根源。实际上，所有暴烈的感情都会构成一种额外的力量，这些力量反而可以把那些被消耗过的力量还给已经经受到打击的情感。人们有时候会说，愤怒是毫无用处的，因为它只不过是一种破坏情绪，但这样看问题的确有失片面。实际上，它的作用在于激发那些潜在和有效的力量，并通过加强这些力量来帮助个人感情去应对危险。如果我们在和平状态下也以此方式来展现我们的感情，就无法应之裕如地对付战争了。而如果这些情绪储备不能在紧急时期迅速整装起来投入战斗，那就会遭受失败的厄运。愤怒就是这种储备的动员。事实证明，如果召集到的后援力量超出了所需的范围，它不但不会动摇我们的信念，反而会使我们的信念更加坚定。

我们都晓得，如果人们相互结成一个共同体，并在其中感受到了某种信念或感情，那么这种信念和感情会给我们带来多么大的力量啊！今天，这一现象的根源终于尽人皆知了。[43]相反的意识总是相互消解，而相同的意识则总是相互融通，相互壮大；相反的意识总是相互减损，相同的意识总是相互加强。如果有人表述的观念与我们的观念正好相同，那么它带给我们的意象就会化入我们的观念；同时，这些意象也会层层堆积起来，融汇起来，转化成为自身的活力。经过了这次融合，一种全新的观念就形成了，它吸收了以前的观念，变得比以前彼此分离的观念更富有活力了。因此，在那些大型集会中，特别容易产生这种狂热的情绪，因为单个人的意识已经与所有人的意识共通在一起了。要想获得这种强烈的情感，我们已经不必通过自己的个性来体会集体感情了，因为我们所添加的感情实在是微乎其微的。只要对作用在自己身上的集体感情不是无动于衷的，那么源发于此的力量就会穿透我们的内心。在一个社会里，既然犯罪所触犯的感情是最具有集体性的，既然这种感情表现出了特别强烈的集体意识，那么它根本不可能容忍任何对立面的存在。如果这种对立面不仅是一种纯粹理论上的，字面上的，更是行动上的，那么它就猖狂到极点，我们无法不义愤填膺地予以反击。对于这种扰乱秩序的行为，单靠恢复原状的做法是绝对不够用的，我们所需要的是一种更加暴烈的满足方式。犯罪所触犯的那种力量简直太强大了，以至于它不给自己的反击留有任何余地。实际上，如果这种力量不够强大，它就会衰落下去，我们多亏了如此强劲的反抗力量，才能将生命力恢复和维持在同一水平上。

这样一来，我们就可以解释上述反抗作用的特征了，而这种反抗常常被人们认作是非理性的。我们可以断定，在抵偿观念的背后总潜藏着满足某种权力的观念，它不管是现实的还是理想的，都始

---

[43] 参见埃斯皮纳《动物社会》（巴黎阿尔康版）一书各处。

终凌驾在我们的头上。在我们要求压制犯罪的时候,我们并不是要为自己报仇,而是要为我们隐隐约约感觉到的外在于并且凌驾于我们的神圣事物报仇。当然,随着时间地点的不同,我们感受它的方式也不一样。有时候,它只是一种简单的观念,如道德或责任等;然而,我们通常还是把它看作是一种或几种具体存在,如祖先或神灵。因此,刑法不仅在本质上是来源于宗教的,而且还经常被贴上某种宗教标签。那些受到惩罚的行为是对超自然存在的对抗,不管这种超自然存在究竟是一种实在,还是一种观念。依据同样的理由,我们也可以说明:如果单从人类的利益考虑,我们只要采用恢复性制裁就足够了,之所以我们还要求采用更高级别的制裁,是因为这些行为触犯了超自然的存在。

  这些意象当然是虚幻的。就某种意义来说,我们当然是在为自己报仇,为自己寻求满足,因为那些被触犯了的情感显然是我们自己的并且是我们独有的东西。然而,这些幻象又是必需的。既然这些感情有着集体性的根源,有着普遍性、永恒性和内在的紧张性,它们就表现出了异乎寻常的力量。它们在本质上不同于我们的其他意识,这些意识同它比起来显得非常虚弱。它们驾驭着我们,也就是说,它们似乎拥有着某些超人的性质。同时,它们又把我们同某些事物牵连起来,而这些事物却存在于我们的时间之外。它们就像是一种外在力量在我们内心里的回声,而且总显得有些盛气凌人。这样,我们就不得不把它置于我们身外,并将与其相关的事物附之于某种外在客体。今天,我们终于了解到人格的部分异化是怎样发生的了。只要压制体系还继续存在下去,这种幻景就会不可避免地以这样或那样的形式产生。否则,我们就只能靠一种普普通通的集体意识来养育我们自己,在这种情况下,惩罚也就不会存在了。这岂不是在说,等到人们幡然醒悟之后,这种错误就会自然而然地消失掉吗？尽管我们所了解的太阳是一个巨大无比的星球，但是我们所看到的太阳只是几英寸宽的圆盘。我们的理解力也许会告诉我们怎样去解释感觉，但它却无法改变这些感觉，再说错误也只是部分的错误。这些感情既然是集体的，它在我们的意识里所代表的就不是我们自己，而是社会本身。因此，我们显然是为了社会而实施报复的，而不是为了自己，社会对个人而言总是高高在上的。如此看来，我们如果把抵偿的准宗教特性说成是一种无关痛痒的、寄人篱下的东西，那就大错特错了。恰恰相反，它在惩罚过程中倒是一种整合因素。尽管它只是通过一种隐喻的方式去表现惩罚的性质，但这种隐喻并不是不真实的。

我们晓得，惩罚的反抗作用在任何情况下是不可能完全一致的，因为确定惩罚的感情也并不总是相同的。实际上，惩罚的强度是随着受到伤害的感情的强度，以及这种罪行的强度而变化的。浓重的感情总归比柔弱的感情要反应强烈一些，强度相同的感情也会由于伤害程度的不同而产生不同的反应。这些变化迟早是要发生的，而且是有用处的，重要的是，它所产生的力量大小与它所遭受的危险程度成正比。假如它太弱了，就会显得很不够用，假如它太强了，就会滥用这些力量。既然犯罪行为的轻重是随着与惩罚相同的因素而变的，那么我们到处都能看到，我们在犯罪和惩罚之间所确立的比例带有一种机械的自发性，它不需要我们费尽心思地加以计算。形成犯罪级别的原因也就是形成惩罚级别的原因；两种衡量标准也总是彼此相应，因为这不仅是必需的，同时也总是有用的。

这种反抗的社会性，也来自于受到伤害的感情的社会性。这种感情蕴涵在每个人的意识里，所以每次有人犯罪，所有耳闻目睹的人都会油然而生一种愤恨之情。所有人都受到了伤害，所有人都会挺身而出，对它迎头痛击。这种反抗行为不仅是普遍的，而且是集体的——两者并不是同一件事情。它不可能在分离开来的个人身上发生，只能在共同的和一致的群体中间发生，而且也依据每种情况的不同而不同。实际上，相反的感情总是相互排斥的，相同的感情总是相互吸引的，而且感情越强烈，这种相斥相吸的力量就越大。正因为相反的感情总会带来一种危险，使它们的关系恶化，所以这更加强了双方的吸引力。一个人身在他乡，总是希望再次遇见自己的同胞，一个信徒身受迫害，总是特别想见到他的同宗教徒。毫无疑问，我们时时刻刻都希望那些与我们想法一致、感觉一致的人作为我们的同伴。但如果我们的信仰在一次辩论中受到了沉重的打击，我们就会四处寻找伙伴，不仅怀着欣慰，更怀着热情。正是犯罪，把那些真诚的意识团结在一起，集中在一起。我们只要看看，尤其是小镇里所发生的伤风败俗的事情就足够了。人们总是停下脚步，走家串户，或者在特定的场合来津津乐道这件事情，这样，一种共同的愤恨情绪就表现出来了。在所有交织在一起的共同感受里，在所有各种不同的愤慨中，一股愤怒的情绪发泄了出来，尽管在特定情况下这种愤怒还不太确定，但它毕竟是所有人的愤怒，这就是所谓的公愤。

　　而且，它自己有自己的用处。这些感情一旦发生作用，就会把每个人所共有的全部力量释放出来：正因为这些力量无可比拟，人们的感受才如此强烈。这种感情之所以能够受到特别尊重，是因为它们普遍受到了尊重，然而如果它们真正受到了尊重，一切犯罪也就不会存在了。犯罪并不承认感情就一定具有集体性，它总是攻击作为权威之根本的一致性。因此，如果犯罪所触犯的个人意识还没有团结在一起，还没有证明他们是相互一致的，尽管这种特殊状况只是反常的，但从长远的眼光看，这种意识无法不衰落下去。它们必须要相互提供保证，继续加强彼此团结的力量，达到这个目的的唯一方法就是共同进行反抗。总之,既然是共同意识受到了伤害,就必须诉诸抵抗;因而,抵抗也必须是集体的。

现在,我想说明一下这种抵抗究竟是怎样组织起来的。

要想解释这个问题,我们就应该注意到,组织化的压制和分散的压制并不是对立的,二者的区别只在于程度的不同:前者的反抗更具有一致性。感情越是强烈,惩罚施以报复的性质越是明确,我们就会更容易地看到一种更完整的一致状态。如果被否认的感觉是脆弱的,或者说只受到了很小的伤害,那么被冒犯的意识就不大容易集中起来。但是,如果感觉受到了很大的伤害,或者这种伤害是很严重的,整个群体就会紧密团结在一起,依附在一起,共同应对这种危险。人们不再满足于一有机会就交流体会,或者方便之时就互相接近的做法,相反,彼此的相互渴望总是强有力地把相互类似的人们连接在一起,使他们同归一处。整个群体在身体方面的集中可以促使人们的心灵挨得更紧,同时也利于人们协调一致的行动。因此,存在于所有个人意识中的反抗情绪就会为一致行动提供最为有利的条件。相反,如果它们在质上和量上过于分散,那么具有部分异质性和不可通约性的要素之间就不可能产生全面的融合。但我们知道,如果那些决定反抗作用的感情是非常确定的,那么它们就会非常一致。因此,这种一致性最终使人们相互融合起来,形成了一种结合体(amalgam),变成了每个人的替身,但利用这个替身的并不是每个单独的个人,而是社会以此方式构成的群体。

有许多历史事实可以证实这种惩罚的起源。我们知道,在最早历史时期,是全民大会去行使法庭的职能的。如果仍以《摩西五经》为例,[44]我们可以发现那些事实正是我所描述的样子。如果某

---

[44] 见本书第39页所引书,注释3b。

些有关犯罪的消息迅速传出去之后,人们马上聚集了起来,尽管惩罚还没有判定,但这种反抗行为却已经具有了一致性。甚至在某些情况下,一旦宣布了判决,人们就开始以集体的方式执行这项判决。[45]如果全民大会委任一名头领,那他就会成为惩罚机关的,以及依据有机体的一般生长规律而发展起来的全部体系或部分体系。

毋庸置疑,只有集体感情的性质才能够对惩罚作出解释,进而对犯罪作出解释。我们还会再次看到,适合于政府职能的对抗权力一经产生,就会成为社会分散权力的一种流溢状态,因为它本身就是来源于这种权力的。一种权力只是另一种权力的反映;同样,一种权力的变化范围也是与另一种权力的变化范围相应的。不仅如此,权力制度本身也是为共同意识服务的,这是因为,如果代表共同意识的机构没有赢得尊重,没有获得特权,那么共同意识本身也就会不断衰弱下去。这些机构要想获得尊重,即使在集体意识并没有直接受到影响的时候,也要像打击和驱逐那些触犯集体意识的行为一样,打击和驱逐所有触犯它自己的行为。

四

这样,我们对惩罚的分析完全可以证明我们对犯罪的定义了。我们借助归纳方法,首先说明了犯罪在本质上是由对立于强烈而又明确的共同意识的行为构成的。刚才我们又看到了惩罚的一切特性都是从犯罪性质中产生的。因此,惩罚所制定的规则本身就是社会相似性最本质的表现。

---

[45] 滕尼森:《刑法史研究》第1卷,第30—31,232—233页。有时候,由证人来完成这个十分重要的行刑任务。

我们由此可以看到刑法所标志的究竟是哪一类团结了。事实上，我们已经了解到社会凝聚力之所以能够存在，是因为所有个人意识具有着某种一致性，构成了某种共同类型，这类型不是什么别的，只是一种社会心理类型。在这种条件下，所有群体成员不仅因为个人的相似而相互吸引，而且因为他们具有了集体类型的生活条件，换句话说，他们已经相互结合成了社会。同胞们不仅相慕相求，甚于外人，而且他们还非常热爱自己的祖国。他们爱国如同爱己，总希望祖国经久不衰，繁荣昌盛，如果没有了祖国，他们整个的精神生活将不再会显得平静安宁。反过来说，社会也要求它的公民们把所有最基本的相似性展现出来，因为这是他们彼此融合的一个条件。在我们的内心里存在着两种意识：一种只属于我们个人，即包含了我们每个人的个性；另一种则是全社会所共有的。[46] 前者只代表和构成了我们个人的人格，后者则代表集体类型，故而也代表社会，因为没有社会它是不可能存在的。在后者的要素决定了我们的行为的时候，我们决不能只为了自己的利益，而必须去追随集体的目标。尽管这两种意识是有区别的，但它们之间还是有着联系，因为最终它们共同构成了一种实体，它们共同具有着唯一或相同的有机基质，所以它们就能紧密地结合在一起。这样，就产生了一种固有的团结，它来源于相似性，同时又把个人与社会直接联系起来。在下一章里，我将更加明确地说明为什么我们把它称作机械团结。团结的作用不仅在于能够使普遍的、无定的个人系属于群体，它还能够使人们具体的行为相互一致。事实上，既然这种集体动机在任何一处都是相同的，那么它在任何一处所产生的结果也必

---

[46] 简言之，我们认为个人只能属于一个社会。实际上，我们可能同时置身于几个群体，因而也拥有几种集体意识；但是，这种复杂性并不能够改变我们对上述关系的判断。

然是相同的。因此,每当它产生了作用,所有人的意志就会不约而同地同归一处。

这就是压制法所表现出来的团结,至少可以说这是它的活力所在。实际上,存在着两种受到这种法律禁止和谴责的犯罪行为:在当事人与集体类型之间直接存在一种强烈的差异性,或者当事人触犯了代表共同意识的机关。这两种行为所触犯和违抗的力量是一致的。它是最根本的社会相似性的产物,它的作用就在于维护这种相似性所产生的社会凝聚力。刑法就是要保护这种力量,使它在任何情况下都不至于衰微下去。与此同时,刑法始终坚持维护所有人之间相似性的最低限度,使个人无法威胁到社会整体的安全;此外,刑法还迫使我们去尊重那些能够展现和体现这些相似性的符号,以此来保护相似性本身。

这样,我们就可以解释为什么有些行为并没有对社会构成危害,却被认定有罪并受到了惩罚。实际上,个人类型也像社会类型一样,受到了复杂因素和随机事件的制约。作为一种历史发展的产物,它身上留下了各个历史时期的各种社会情境的印记。如果任何事物都真的与社会的有效目的相吻合,那简直就是一种奇迹!然而,历史总是或多或少地掺杂着某些因素,而且它们与社会利益并没有太多的联系。在个人从先辈那里继承下来的和自己经世总结出来的种种倾向和偏好中,总有一部分是毫无用处的,或者是得不偿失的。当然,大多数倾向是没有害处的,否则,个人就不会有立锥之地了。但是,社会中还始终存在着一些毫无用处的倾向,甚至存在着一些虽然能够不断产生某些作用,但它的强度却与有用性没有任何相应关系的倾向,对此我们应该另寻原因。集体感情也存在着同样的情况。任何触犯集体感情的行为对自身来说都不是危险的,或者至少说这种危险程度大大低于人们诋毁它的程度。然而,人们对这些行为的排斥并不是没有理由的。无论这种感情源于何处，只要它们构成了集体类型的一部分，尤其是在它们已经成为集体类型的基本要素的时候，凡是对这种感情的动摇就是对社会凝聚力的动摇，就是对社会的背叛。尽管它们是毫无用处的，但它们已经存在了，尽管它们是不合理的，但它们必需存在下去。这就是为什么平常说来，我们对那些触犯我们感情的行为还是不加宽容的好。当然，从抽象的理论出发，我们绝对没有理由禁止人们吃某种肉，吃肉也犯不了什么法。但一旦对这种肉的厌恶成为共同意识不可缺少的一部分，一旦这种集体意识的纽带发生松动，社会就会解体，这是每个健全的个人意识都能隐约感觉到的。[47]

惩罚也是如此。尽管惩罚来源于一种非常机械的反抗作用，来源于在大多数情况下都不加考虑的炽热感情，但它还是在发挥着有效的作用。不过，这种作用并没有被人们普遍地意识到。刑法并不在于矫正，或偶尔矫正罪犯个人，也不在于吓跑那些模仿罪犯的人，在这两点上，它的真正效力是令人怀疑的，总而言之也是没有多大价值的。它的真正作用在于，通过维护一种充满活力的共同意识来极力维持社会的凝聚力。如果这种意识遭到了人们的彻底否定，它就必然会丧失掉自己的权力，而无法在感情上唤起共同体的反抗作用，无法弥补自己的损失，因而，社会团结的纽带松懈了。所以一旦集体意识遭遇到了反抗，就必须明确立场，挺身而出，摆

---

[47] 这并不意味着，刑法只能保持不变，因为在每个特定时期，都有与之相应的某种特定的集体感情。只有在这种感情还很生动，还很活跃的情况下，规范才有存在的理由。如果这种感情已经变得失魂落魄，即使我们偏要用人为的手段来维持它，最终还是会徒劳无功，甚至弊多利少。进一步说，即使某种法律程序以前是通行的，但现在却是不通行的，甚至成了设定新的必需的法律的绊脚石，那么我们就有必要去推翻它。至于纯属诡辩的问题，我们则无须涉及。

在它面前的唯一道路就是要在罪恶的肆虐中同仇敌忾,其行政手段就是对罪犯施加痛苦。这种痛苦尽管是招致惩罚的犯罪行为的必然产物,但它也不是无理无据的残暴手段。它是一种标志,说明集体感情仍然是完整无缺的,人们心中的共同信仰仍然是至高无上的,触犯社会的犯罪行为必须以此作为抵偿。因此,认为罪犯所遭受的痛苦应与它所犯下的罪行成正比的人们是正确的,而那些反对惩罚抵偿性的理论,在很多人的内心里,似乎有着扰乱社会秩序的嫌疑。实际上,除非我们抹除了社会共同意识的每一丝痕迹,否则这种理论是行不通的。假如我们未能采取必要的行动,那么道德意识也就不会得到保证。因此我们认为,即使我们对那些诚实的人施行了惩罚,也并不是荒谬可笑的事情。惩罚可以抚平集体感情的创伤,但它只能在这种感情还在,还充满活力的时候才能完成这项任务。毋庸置疑,只有惩罚才能阻止任何衰弱的集体心理给我们心灵带来的伤害,阻止各种各样的犯罪对我们的攻击。不过,这只是惩罚的一种行之有效的单方面效应。简言之,要想确立一种正确的惩罚观念,我们就应该把两种对立的理论调和起来:一种理论只看到了惩罚的抵偿性,另一种理论只把惩罚当作保护社会的武器。确切地说,惩罚之所以能够具有一种保护社会的功能,是因为它具有一种抵偿性。就另一方面而言,惩罚之所以具有抵偿性,并不是因为它借助了某种神秘力量或者是其他什么力量用痛苦来赎回罪过,而是因为它如果要在社会产生某种有益的影响,就必须具备这一条件。[48]

　　从这一章中我们可以看到,社会团结是存在的,因为同一社会

---

〔48〕 如果我们认为惩罚有其存在的理由,并不是说它就是完善的,就是不可更改的。恰恰相反,惩罚显然是从一些纯粹机械的原因产生出来的,对它所起的作用来说这并不是很完备的。因此,上面这种结论是比较粗略,比较匆忙的。

的所有成员共同具有某些同样的意识。压制法在本质上展现了这种团结,至少展现了这种团结最基本的要素。无论范围是大是小,它所具有的一般的社会整合功能显然是建立在包含着某种共同意识同时又受到这种共同意识规定的社会生活的基础之上的。意识越是能够使行为感受到各种不同的关系,它就越是能够把个人紧密地系属到群体中去,继而社会凝聚力也会由此产生出来,并戴上它的标记。另一方面,这些关系在数量上也是与压制性规范成正比的。一旦我们确立了代表刑法的司法机关,我们同时就可以测量这种团结的相对重要性。当然,我们在进行测量的过程中,没有必要去寻找集体意识的组成因素,因为这些要素太微弱了,或者太不确定了,人们会把它们排除在压制法的范围以外,虽然它们有助于维持社会的和谐一致。这就是那些以分散形式存在的惩罚所保护的要素。就其他法律而言,也存在着同样的情况。当然,倘若没有习俗,一切都不会存在,但如果我们没有理由证明各个领域里的法律和习俗不是相互一致的,那么我们对这个问题的忽略,就不至于损害我们的结论了。

第三章

分工形成的团结，或有机团结

一

恢复性制裁的特殊性质已经足以说明与这种法律相应的社会团结完全是另一种样子的。

区分这种制裁的标志就是它并不具有抵偿性，而只是将事物"**恢复原貌**"。违反或拒认这种法律的人将不会遭受到与其罪行相对应的痛苦；他仅仅被判处要服从法律。如果某种罪行确实已经发生，那么法官就应该将它们恢复成原来的样子。他只能宣布法律，却不能谈到惩罚。赔偿损失的处罚本身并没有刑罚的性质：它只不过是拨回时钟返回过去，尽可能地恢复常态的一种手段而已。塔尔德（Tarde）发现，在民事制裁法中，诉讼费始终是由败诉的一方担负的。[1]这确实是个事实，但这种说法仅仅具有一种比喻的价值而已。因为如果惩罚是存在的，那么在惩罚和罪过之间就会存在某种比例关系，就要严格地建立一种犯罪等级体系。但事实上，不管败诉的一方怎样清白无辜，哪怕他只是因为无知而犯了罪，他都要承担诉讼费用。因而，建立这种规则的理由似乎就是完全不同的了。既然判决不能不需要费用，那么由惹起事端的人承担这笔费用的规

---

[1] 塔尔德：《比较犯罪学》（巴黎阿尔康版），第113页。

定看来是合情合理的。而且，也正是由于人们看到了这笔费用，才不会想告谁就告谁，然而这绝对不能算作是惩罚。比如说，懒惰和疏忽通常可能会带来破产的危险，生意人对破产的恐惧可以使他奋发向上，不懈努力。但纯粹从字面上说，破产并不是对其不幸后果的刑罚制裁。

  违背上述规范的行为甚至不通过一种分散的惩罚形式来制裁。败诉的原告并没有因此而遭到羞辱，他的名誉也没有因此而遭到损害。我们甚至可以设想，这些规范采取的是不带任何反感情绪的另外一种方式。我们一想到杀人凶手被赦免就会愤愤不平，但我们却能够非常大度地容忍继承法的变更，甚至有些人觉得继承法应该完全取消掉。至少，这是我们无意讨论的问题。同样，我们也不反对地役权和使用收益权有什么变动，或者买卖双方的权利义务变成了其他的形式，或者行政职务又依照另外一种原则来分配。这些规定跟我们的情感没有什么关系，我们一般也不想知道它所依据的科学判断究竟是什么，因为这类科学其实并不存在，而且在我们大多数人的内心里也没有很深的根基。当然，这只是一些例外情况。实际上，对于某些反对道德的观念，以及通过暴力和欺骗手段而达成的契约，我们是不能容忍的。所以，一旦舆论遇到了诸如此类的情况，就不会像刚才我们所说的那样漠然置之，而是要对这种不以为然的态度实施法律制裁，而且要尽可能地重一些。这是因为，我们绝不可能把各种各样的道德生活领域明确地区分开来。相反，这些领域不仅是连在一起的，而且有许多相互毗邻的领域；在同一领域内，我们可以同时发现不同的特征。不过，上述前提对于绝大多数情况都还是适用的。这说明，与恢复性制裁相应的规范并不完全属于集体意识的范围，或者说它只处于非常微弱的状态。与此相反，压制法则是与共同意识的核心遥相呼应的。然而，纯粹的道德规范在目前已经不再是道德的核心了。恢复法的范围已经远远扩张到了集体意识之外，甚至超越了意识本身，它越是自臻完善，离集体意识的距离就越远。

它的运作方式进一步证明了它的这种特性。压制法总是倾向于在社会中保持一种涣散状态，而恢复法自身建立的机构则不断趋于专门化，如领事法庭、各种工业和行政仲裁法庭等。即使对于民法的普通机构来说，也产生一些专职官员，如法官、律师等，他们都需要经过特别的专业培训，才能胜任各自的职责。

尽管这些规范或多或少地游离于集体意识之外，但它们并不仅仅与个人发生关系。既然如此，恢复法与社会团结之间就不会产生任何一致性，这样一来，个人之间的关系也就会与社会毫不相关，就连友爱关系也成了纯粹个人的事情。然而，社会是绝对不能缺少这一法律活动的。一般而言，恢复性法律并不会通过自身以及自身的运作过程来直接进行干预：它必须等着与此相关的人有求于它。但是，既然它承纳了个人要求，就不可避免地成为整个机体的主要部件，因为只有它才能使整个机体有效运转。法律是由社会指定的代理机构来宣布的。

然而，人们始终认为，恢复性法律的这种作用并不特别具有社会性，它只不过是对私人利益的调节罢了。因此，任何人都可以实现这种职能，即便是把它交给社会来办理，也只是因为比较便当的缘故。但是，如果我们仅仅把社会当成是当事人双方的第三仲裁人，这就大错特错了。社会之所以介入这一事务，并不是为了调节个人之间的利益。它不想在敌对双方之间寻找一种最恰当的解决方式，也不想提出某种相互妥协的方案，它只想运用一般的和传统的法律规范来处理这些特殊事件。法律的首要性质就是社会性，它的目的绝对不是什么诉讼人的利益。办理离婚案件的法官并不管这次离异对夫妻双方来说究竟是利是弊,他只管他所援引的理由是否符合法律的规定。

不过,为了更加确切地说明社会作用的重要性,我们不仅要考察实施制裁的过程,或者是恢复错乱关系的过程,而且要考察这些手段得以确立的过程。

如果当事人双方达成的一致,还不足以确立或改变被其法律形式所规定的法律关系,那么社会就必然会为建立和修改这些关系提供基础,尤其在牵涉个人地位关系的时候更是如此。尽管婚姻是一种契约,但夫妻双方不能随随便便地缔结或取消这个契约。亲属关系,特别是行政法所规定的所有关系都是如此。当然,是我们完全可以根据当事人的意见,建立或取消契约义务。但是我们最好要记住,契约所具有的维系力量,倒是社会交给它的。假如社会并没有认同契约所规定的义务,那么它就会变成只具有道德权威的纯粹许诺。[2] 所以一切契约都假定,社会存在于当事人双方的背后,社会不仅时时刻刻准备着介入这一事务,而且能够为契约本身赢得尊重。因此,社会也只能把这种强制力量诉诸具有社会价值的契约,即符合法律规定的契约。我们将会看到,有时候这种社会介入力量甚至会发挥更加积极的作用。所以,在恢复法所规定的每一种关系里,甚至在那些看上去完全是私人的关系里,社会是存在的,尽管人们不觉得,但至少在通常的情况下,社会仍旧是最本质的。[3]

恢复性制裁法规既然不包含共同意识,那么它所确定的关系就不会不加区分地针对任何人。这就意味着,它是直接确立起来的,它并不是个人与社会的关系,而是某些有限的却相互发生联系的特

---

[2] 这种道德权威是来源于习俗的,进而可以说是来源于社会的。
[3] 我在这里只能做些一般的说明,也就是恢复法所有形式中最普通的东西。稍后(见第七章),我将详细阐明与劳动分工所产生的团结相应的那部分法律。

定社会要素之间的关系。另一方面，既然社会还存在着，它在某种程度上就不能不与之发生关系，也不能不感受到一些反响。继而，社会就会依据它所感受的强弱程度，或多或少、或紧或慢地通过代表它的特别中介机构介入这些事务。这种关系明显不同于压制法所规定的关系，后者是不需要中介的，它直接将个人意识维系于社会意识，将个人归属于社会。

然而，这种关系也具有两种形式：它有时是消极的，纯粹是一种回避；有时它又是积极的，能够带来一种协作。正因为有了这两类规范，才会有与两种社会团结相应的两种关系，对此我们一定要分得很清楚。

二

在这种消极关系中，我们可以建立一种能够把物与人联系在一起的关系模型。

物与人一样，既是社会的一部分，又对社会产生特殊的作用，所以它们与社会机体的关系必须得到确定。我们可以说，世界上也存在着一种物的团结，它的特性完全可以通过某些具有特殊性质的法律结果而得到外在解释。

法理学家通常把权利分为两种形式：一种称作"物权"，一种称作"人权"。所有权和抵押权属于物权，而债权则属于人权。物权的特征在于它有一定的偏好性和次序性。在这种情况下，我一旦占有了某物，就不允许其他人再来享有此物。比方说，如果一种财产先后抵押给两个债权人，那么后一种抵押绝对不能限制前一种抵押所拥有的权利。而且，如果我的债务人把已经抵押给我的某物卖给了别人，我们的抵押权也丝毫未损，第三方反倒有义务对我进行赔偿，或者交出他所占有的财物。在这种情况下，法律关系必须是直接的，不得有第三方作为中介，物与我的法律地位是有着特殊关系的。总之，这种优先地位是物与团结之间的特定关系所产生的结果。反过来说，如果我们所说的权利指的是人权，那么对我负有义务的人完全可以另立契约，给我带来合伙债权人，这些人可以享有与我相同的权利，尽管我的债务人的所有财产都是我的保证金，但如果他变卖了财产，那么合伙债权人就会根据债务人所失去的那部分财产来相应地剥夺我的保证金。因此，这些财产与我之间并不存在特殊的关系，如果说存在某种关系，那也只是它的占有者与我个人之间的关系。[4]

由此，我们就可以看到"物"的团结究竟是由什么组成的了：它把物与人直接关联起来，而不是把人与人关联起来。最极端的情形乃是：有人只相信世上只有自己一人来单独行使物权，而置他人于不顾。因此，物只能通过人作为中介将自己整合于社会，而这种整合所产生的团结则完全是消极的团结。它无法使个人的意志趋向于一个共同的目标，而只能按一定次序把物排列在个人意识周围。既然我们以这种方式限制了物权，它们就不会相互发生冲突；争执被预先避免了，但人们之间却不再会有积极的协作和**共意**（consensus）了。让我们尽可能地设想一下这种相互妥协的景象吧。如果人们真的能够相安无事，那么社会就会像一团巨大无比的星系，每颗恒星都按自己的轨道运行，从不妨碍其他恒星的运动。这种团结并没有把各种要素联合起来，形成行动一致的实体，也没有

---

[4] 人们有时认为，所谓父亲或儿子等身份都只不过是物权的对象（参见奥特兰：《制度》第1卷，第660页）。但这些身份只不过是各种权利的抽象符号，其中有些是属于物权范围的（如父亲有权处置未成年子女的财产），有些是属于人权范围的。

采取步调一致的行动，它对社会机体的统一性从未作出任何贡献。

综上所述，我们会很容易地确定出与这种团结相应的恢复法究竟是什么：它就是物权的总合。依照上述定义，所有权就是这种法律形式的最佳范例。物与人之间最完备的关系莫过于把物完全归属于人，但这种关系本身也是很复杂的，构成它的各种因素可以使它变成许多次级物权的对象，如使用收益权、地役权、使用权和居住权等。所以说，物权所包括的所有权具有许多不同的形式（如文学产权、艺术产权、工业产权、动产和不动产等）和不同的方式，就像《民法典》第二卷所规定的那样。在这一卷中，法国法律还承认了其他四种物权，但它们只是对人权适当的替代和补充，如保证权、财产收益权、优先权和抵押权（见第2071—2203条）。此外，我们最好还要加上与继承法、遗嘱法以及无遗嘱法有关的条款，因为无遗嘱死亡一旦公布出来，就会产生一种临时性继承权。实际上，继承权也是物，是一个物的系列，那些继承人和遗产继承人都拥有物权，不管它是在物主死后根据既定事实（ipso facto）继承的，还是通过法律手段继承的，间接继承人和冠以特殊名义的遗产继承人都属于此类情形。在任何情况下，法律关系都是直接得到确定的，它不是人与人之间的关系，而是人与物之间的关系。自愿赠予也属于此类情况，这只是物主在赠送财产的时候所实行的物权，或者至少是他自愿赠送的那部分财产的物权。

尽管有些人与人的关系不是"物的"，但也与我们上面提到的那些关系一样是消极的，它们所展现的团结也是一模一样的。

首先，这些关系所产生的作用是与物权相应的。实际上，在物权产生作用的时候，不可避免地会使持有物权者相互发生关系。例如，如果乙物附加在甲物之上，而且甲物物主占有主要地位，那么甲物物主就会同时变成乙物物主，"他必须把合并财产的价值偿还给原物主"（见第566条）。这项义务显然属于人权的范围。同理，如果某个物主想要加高共用围墙，那么他有义务向它的合伙占有人提供赔偿（见第658条）。冠以特殊名义的遗产继承人必须竭力成为主要的遗产继承人，从而获得留给他的那部分遗赠，尽管他在遗嘱人死后就即刻拥有了这项权利（见第1014条）。这些关系所表现出来的团结与我们刚才所说的团结并没有什么不同：实际上，确立这些关系的唯一目的就在于补偿或避免任何可能出现的损害。如果每个物权持有者都能够循规蹈矩地运用这一权利，都能够固守自己的领域，那么也就没有必要产生这种法律关系了。但事实上，这些彼此不同的权利往往相互纠缠在一起，人们在行使权利的时候，往往不得不僭越到其他权利所限定的领域。有时，尽管我掌握着某物的物权，但它本身却掌握在其他人的手里，这种情况时常在继承案件中发生。有时，如果我在享用我自己的权利的同时，不得不损害他人的权利，地役权诉讼便经常是这种情况。如果上述损害已经既成事实，就需要建立某种关系来补偿或避免类似的损害，但这种关系本身却是消极的。它不能使人们相互结合，共同协作；它也不具有协作的意向。在新近产生的各种条件里，它只能恢复和维持已经被环境扰乱了功能的消极团结。它非但不去联合民众，反而为了更有效地使由于环境力量而促成的联合分隔开来，重新确立了已经被侵犯了的界限，重新把每个人放回到他自己的范围里。它非常类似于物与人的关系，因此，《民法典》的编纂者们对它就不再进行区别对待，索性把它当成了物权。

最后，从罪行或准罪行中衍生出来的义务也具有同样的性质。[5] 事实上，它们勒令每个人去补偿他们由于过失而对他人法定

---

[5] 参见《民法典》第1382—1386条。有关收回债务的条款也可以归于此类。

利益所产生的损害。由此看来,它们虽然属于人权的范围,然而与其相应的团结却明显完全是消极的,它们存在的目的并不在于提供服务,而在于免除损害。它们对断绝关系的惩罚完全是外在的。这种关系与以前关系的唯一区别就是:第一种关系的断绝是从过失中产生的,第二种关系的断绝是从法律预先决定了的情势中产生的。但这一连串的混乱秩序始终是一样的:它并非来源于竞争,而只是来源于回避。[6]因而,这些作为"物权"的义务是从受到侵害的权利中产生的,因为既然我可以控制我的物质财产,那么我也可以以同样的名义和同样的方式来占有我的身体、我的健康、我的名誉和我的声望。

总而言之,有关物权的规范,以及通过物权形式确立的人际关系构成了一个确定的系统,这个系统不但不把社会各种不同的部分联系起来,反而将它们隔离开来,并为它们划定明确的界限。因此,这些规范根本结成不了一条积极的社会纽带。其实,我们所使用的"消极团结"的说法是不很确切的,它不是一种真正的有着自己生命和特性的团结,而代表着各种团结的消极方面。一个实体能够产生凝聚力的首要条件就是,它的各个部分绝对不能相互纷扰,相互冲突。但是,外在的和谐并不能够带来凝聚力,相反它还得依靠这些凝聚力。凡是存在消极团结的地方,都会有积极团结的存在,它既是前者的条件,又是前者的结果。

其实,所谓个人的权利,不管是针对人的还是针对物的,都是由双方的妥协和让步决定的,因为一旦有人获得了这项权利,就意味着其他人必须把它放弃。有人说,个人发展的正常水平可以通

---

[6] 不执行契约规定的当事人必须得赔偿对方的损失。但在这种情况下,对损失的赔偿实际上是一种服务于积极关系的制裁,这不是因为契约的破坏者犯下了恶行,而是因为他没有履行自己的义务。

过人格概念推演出来（如康德），或者可以通过个人有机体的观念推演出来（如斯宾塞）。这当然是可能的，虽然我对这一推论的严格性尚持有怀疑。但无论如何，我们都可以断定，道德秩序在历史事实中是不可能建立在这些抽象观念的基础之上的。实际上，如果某个人承认了其他人拥有权利，那么这一权利并不只是逻辑上的权利，它更是日常生活中的权利，他必须同意对自己作出限定。因此，这种权利上的相互限定只能在一种理解和和睦的精神中才能得到实现。我们设想一下，如果一大群人没有预先就有的能够把他们维系在一起的纽带，那么我们有什么理由让他们相互作出牺牲，让他们和平相处呢？和平本身并不像战争那样更具有吸引力，而战争也有自己的劣势和优势。不是时时刻刻还是有那么多的民族和个人在热衷于战争吗？满足战争的本能并不比满足和平的本能逊色多少。对战争的厌倦可能使敌对双方停战一时，但这种短暂的疲惫状态一旦消散，那种简单的休战状态也不会延续得更久。所有强力制胜的解决方式也莫过如此。这种解决总归是不长久、不牢固的，就像国家之间所达成的停火协议一样。除非借助一条社会的纽带团结起来，人类才会需要和平。在这种情况下，人们彼此贴近的感情会全面自然地限制自私自利的倾向。从另一个角度来说，那些包含着个人的社会如果想要继续存在下去，就必须时时刻刻当心动乱的发生，必须竭尽全力压制住个人，迫使他们彼此作出必要的妥协。当然，我们有时也会看到某些独立的社会相互达成协议，来确定各自的物权范围，即各自的地界。但是，这些极不固定的关系恰恰是一个很有说服力的证据，它可以证明仅仅依靠消极社会团结是绝对不够用的。今天，在许多开化的民族中间，这种关系似乎变得更加强有力了，如果国际法在规定欧洲各个社会的物权范围的过程中，拥有了比以前更高的权威，这说明欧洲各国比以前更缺少独立性了。

因为从某种角度来说,它们成了构成同一社会的各个部分,尽管它们之间的凝聚力仍然很弱,但它们却渐渐地认识了自己。人们所说的欧洲均势,正标志着社会组织化进程已经扬帆起航了。

人们已经习惯于把公正和博爱进行细致的划分,实际上,这样做是要把对他人权力的尊重与超越于纯粹的消极品德的所有行为区别开来。人们经常把这两种实践看作是伦理学相互独立的两个层面:公正本身是道德的基石,而博爱则是道德的冠冕。这种区分如此干脆彻底,以至于这种伦理的倡导者们认为,如果要是社会生活的功能很好地发挥出来,仅凭公正就足够了。利他主义也只不过是一种私人的品德,尽管个人对这种品德的追求是值得赞美的,但社会缺了它也并非不可。甚至有些人非常担心利他主义对公共生活的介入。从上文的论证中我们可以看出,这些观点与事实简直相距甚远!事实上,人们要想相互承认和保证对方的权利,首先就必须相亲相爱,这样他们才会有理由相互接近,成为组成单一社会的各个部分。公正充满了博爱,或者按照我们从前的表达方式来说,消极团结完全是从积极团结里产生出来的:它是来自另一源头的社会感情在物权领域里的回声。所以对公正而言,它没有任何特别之处,它是任何一种团结必然的附带产物。因而,凡是在人们共同生活的地方,都有它的存在,不管它来自于社会的劳动分工,还是来自于人们的相应相求。

三

如果我们把刚才讨论过的规范同恢复法划分开来,那么恢复法本身便还会包含一种确定的法律系统,如家庭法、契约法、商业法、诉讼法、行政法和宪法等。这些法律所规定的关系与我们前述的法律关系在性质上是完全不同的;它们表现出一种积极的作用,表现出一种基本上从劳动分工产生出来的协作。

家庭法所要解决的问题可以归纳为下列两种类型:

(1)家庭的不同功能都是由谁来担负的?谁是丈夫,谁是父亲,谁是嫡子,谁是监护人,等等?

(2)这些功能的正常类型是什么?它们又有怎样的关系?

回答第一个问题,就必须找出那些有关缔结婚姻所需要的条件和身份,有效婚姻的必要手续,判定嫡子、私生子和养子的条件,以及选择监护人的条件等规定。

另外,解决第二个问题,就要参照夫妻双方权利与责任的有关规定,如离婚、无效婚姻以及分居状况下的相互关系(包括财产分配),父权,收养的法律效力,监护人的管理权及其与被监护人的关系,家庭会议对监护人和被监护人的作用,在中止享受公民权和设立监护委员会的情况下父母的作用等。

这一部分民法的目的在于,确定家庭各种职能的分配方式及其相互关系。这就说明,以家庭劳动分工为基础的能够把家庭成员结合在一起的一种特殊团结是存在的。当然,人们还很不习惯从这样一种角度来考察家庭,大家往往认为家庭的凝聚力仅仅是建立在共同情感和共同信仰的基础之上的。实际上,正因为家庭成员存在着很多的共性,所以我们才很容易忽略每个成员所起到的特殊作用。因此,孔德认为,家庭的结合不包括"任何趋向共同目标的直接和共同的协作思想"。[7]但我在上文已经言简意赅地总结了家庭法律组织的基本特点,说明了这些职能划分的实际情况以及它的重要性所在。其实,自古以来的家庭史都只是一种永不停歇的分化运动,各

---

[7] 孔德:《实证哲学教程》第4卷,第419页。

种各样的功能最初是错综复杂、混沌不分的，后来它们逐渐分离开来，自成一体，各个成员根据不同的性别、年龄和依赖关系分散在家庭社会的各个领域，来行使自己的专门职能。[8]这种家庭内部的劳动分工，绝对不是附带的和次要的现象，相反，它决定了家庭发展的全部。

这种分工与契约法之间的关系也同样是显而易见的。

契约实际上是协作的最高法律体现。当然，人们所说的那种"慈善"契约是存在的，但它只与一方当事人发生关系。如果我无条件地把某件礼物赠送给别人，如果我自愿承担某种财产委托权或代理权，那么我的义务则是明显而且确定的。然而，契约当事人双方并不具有纯粹的协作关系，因为契约只是由一方单独承担的。不过，在这类现象中也并非完全没有协作性特征，它只不过是无偿的和单方的而已。请问，馈赠难道不是一种没有相互义务关系的交换吗？因此，这种类型的契约只不过是具有真正协作关系的契约的一个变种。

然而，它毕竟是很少见的，由法律对无偿行为加以规定，这实在是一种例外情况。其他绝大多数的契约，以及它的义务关系都是交互的，不管它是由相互义务确立的，还是由先前指定的服务关系确立的。当事人一方承担义务必须以另一方承担义务为基础，或者以另一方提供服务为基础。[9]这种互惠关系只能在存在协作的地方才能产生，依此类推，它也少不了劳动分工。实际上，协作就是分担一项共同的工作。这项工作所下分的各项工作尽管是必不可少的，但如果它们在性质上仍是相似的，那么这种协作也只能算作是

---

[8] 参见本书第七章对这一点的详细说明。
[9] 如含息贷款。

简单和初级的分工，如果它们在性质上是不同的，那么这种分工就应该算作是组合分工或专业分工。

后一种协作形式就是契约通常所表现的形式。世上只有一种契约具有不同的内涵，这就是联合体契约，也许还包括婚姻契约，因为它规定了夫妻双方所分担的家庭费用。但如果想要做到这些，联合体契约就应该将它的成员置于同一水平线上，使它们具有同样的性质和功能。然而在婚姻关系中，这种情况却无法明确地表现出来，因为夫妻双方是有劳动分工的。如果我们把这种个别类型的契约与大多数契约比较一下，就会发现后者的目的在于使各种特殊和不同的职能相互适应，譬如买方与卖方的契约、交换契约、企业主与工人的契约、雇主与雇工的契约、贷款人与借款人的契约、储主与储户的契约、店主与旅客的契约、委托人与被委托人的契约、债权人与债务人的保证人的契约，等等。一般说来，契约就是交换的象征。难怪斯宾塞把生物体各个器官从不间断的物质交换说成是生理契约。[10] 事实上，交换总是有赖于发达到一定程度的劳动分工的。尽管我们上文所说的契约还只是具有一般特性，但我们绝不能忘记，法律只能表现社会关系的一般轮廓和主要特点，它们在不同的集体生活领域里都是一致的。所以，每一类契约都包含了许多更加专门的契约，而这类契约就成了下属契约的共同标志，与此同时，这类契约也规定了行使专门功能的契约相互间的关系。因此，虽然这类契约形式看起来相对简单一些，但它已经足以说明它所体现的极端复杂的事实。

不仅如此，功能的专门化在商业法中表现得更加明显。商业法特别规定了与商业有关的各种契约，如代理人与委托人的契约、运

---

[10] 参见斯宾塞：《伦理学原理》（伦敦1893年版）。

货人与发货人的契约、汇票持有人与出票人的契约、船主与租赁人的契约、船主与船长和船员的契约、货运代理人与包租人的契约、贷款人与借款人的契约，等等；这些都是完全由法律明文规定的保证人与被保证人的关系。然而在这里，法律规则的相对普遍性与它所规定的专门职能之间的复杂关系还是有着很大的差别，习俗在商业法中所占的重要地位就足以说明这一点。

在商业法没有相应地规定契约的地方，它确定了某些必须执行的职能，如证券经纪人、交易人、船长、银行破产收管人等的职能，以确保商业体系各个部分之间的团结。

刑事诉讼法、民事诉讼法和商业诉讼法在法律体系中也扮演了同样的角色。任何法律制裁如果没有特定的辅助职能就不能得到实施，如法官、辩护律师、诉状律师、陪审员、原告和被告等。诉讼法决定了这些职能发生作用的方式以及彼此的相互关系，它说明了这些职能应该如何产生作用，在普通生活的整个法律中占有什么样的地位。

对我们来说，如果要对法律规范进行一次比较合理的分类，诉讼法似乎应该被看作是行政法的一个变种：我们并没有看到司法意义上的行政法与其他行政法之间存在什么区别。不管这样的观点是对是错，行政法都没有恰当准确地规定那些被称作行政的职能，[11]就像行政诉讼法所规定的司法职能一样。它确定了这些职能的一般形式，即各种职能的相互关系以及与其他社会分散职能的关系。我们应该撇开一部分划归于此类的法规，即使它们具有某些刑事性

---

[11] 我在这里还沿用了已经得到普遍使用的说法。其实，它本身需要一个准确的定义，但目前我们还没有能力做到这一点。我们似乎觉得，这些职能是直接受到政府权威的影响的，但这个问题还需要我们作出进一步的区分。

质。[12]最后,宪法所实行的政府职能也莫过如此。

人们也许会很奇怪,我们把行政法和政治法同人们平常所说的私法划分在了一起。但是首先,如果我们将制裁的性质作为分类的基础,就需要把两者联系起来。如果我们从科学的角度出发,就不能求助于别的方法。再者,如果我们想要把两类法律完全分开,就必须首先承认私法的存在,但我们认为,所有法律都是公共的,因为所有法律都是社会的。所有的社会职能都是社会的,如同所有有机体的机能都是有机的。经济职能也像其他职能一样,都概莫能外。从某种意义上说,就连那些最为分散的职能也不能不受到政府机构的摆布。就这一点而言,所有职能的差别也只不过是程度上的差别。

总而言之,协作性法律和恢复性制裁所规定的关系,以及它所体现的团结,都是从社会分工中产生出来的。由此我们可以概括指出,协作关系不再会实行其他形式的制裁。专职工作的特性就在于,它摆脱了集体意识的影响。这是因为,如果某件事物要想成为共同感情的对象,那么首要条件就是它必须存在于,或者体现在每个人的意识里,所有人都对它有单独的而且一致的印象。毫无疑问,如果某些职能都具有某种普遍性,那么所有人都能感觉到它们。然而,如果这些职能越来越专门化,那么能够了解所有职能的人将会越来越少,因此,它们也会越来越游离于共同意识之外,确定这些职能的法律也不再享有至高无上的权力和权威,也不再能够惩罚犯罪,要求抵偿了。实际上,与刑法法规一样,这些法律的权威也同样来自于公共舆论,但舆论如今也认为它们只能针对某个特

---

[12] 此外,行政范围以内的法人(personnes morales)所具有的物权也与此有关,因为它们所确定的关系是消极的。

定的社会领域了。

甚至说,这些规范在其发挥作用并引起人们注意的特定区域里,也带不来敏锐的感觉了,再也带不来任何一种感情了。既然在各种环境相互组合的过程中,规范只能决定各种职能共同工作的方式,与之相应的对象就不再长久地存在于人们的意识里。人们无需常常委派监护人和托管人[13],也无需去行使债权人和买方的权利,至少在特定条件下我们不必如此。然而,意识只有在这些职能长久稳定的情况下,才能保持强烈的状态。今天,违背规范的行为已经不再敏感地触及到共同的社会精神,甚至常常都触及不到特殊群体的精神。所以,违法也只能引起极其微弱的反抗情绪。我们所要求的只是所有职能通过一种常规形式共同进行工作,如果规矩被弄乱了,把它恢复过来也就可以了。当然,这并不是说劳动分工的发展在刑法中没有产生反响,我们知道,行政职能和政府职能,不仅作为共同意识的机构,也作为与之相关的所有事物的机构,存在着很多压制法所规定的关系。即使对其他情况而言,如果连结某些社会职能的团结发生了断裂,社会也会产生某些反响,并且会普遍采取一些惩罚形式以示反抗。但依据我们上述的理由,这些结果都不过是些例外的情况。

最后,法律在社会里所产生的作用同神经系统在有机体里所产生的作用是很类似的。神经系统的作用在于,调节身体的各种机能,使它们相互和谐地共同工作。这样,它就会自然而然地表现出有机体在生理分工方面所达到的集中化程度。因而我们可以根据神经系统的发育状况来测量它的集中化程度,进而确定它的生物等

---

[13] 所以规定家庭职能关系的法律已经不再具有刑法的特点,尽管这些职能是很普遍的。

级。同样，我们也可以根据带有恢复性制裁特征的协作性法律来测量社会通过劳动分工达到的集中化程度。我们预计到，这一等级标准将会给我们带来很大的方便。

四

既然消极的团结本身不会带来整合，既然它没有什么特别的东西，那么我们就只承认两种积极的团结，两者区别如下：

（1）在第一种团结里，个人不带任何中介地直接系属于社会；在第二种团结里，个人之所以依赖于社会，是因为它依赖于构成社会的各个部分。

（2）在两种情况下，我们考察社会的视角是不同的。第一种情况指的是，社会在某种程度上是由所有群体成员的共同感情和共同信仰组成的，即集体类型。第二种情况指的是，当我们与社会发生连带关系时，社会是由一些特别而又不同的职能通过相互间的确定关系结合而成的系统。当然，这两个社会实际上只是一个社会，或者说是同一实体的两个方面，但这不等于说我们不用对这两个方面进行区别。

（3）第二种区别中还会产生另外一种区别，它有助于我们概括和描述这两种团结的特征。

第一种团结的强度必须达到这种程度：所有社会成员的共同观念和共同倾向在数量和强度上都超过了成员自身的观念和倾向。社会越是能够做到这些，它自身也就会越有活力。然而，我们之所以能够有自己的人格，是因为我们每个人都有自己的特征和性格，以便能够把自我和他人区分开来。因此，这种团结的发展与人格的发展是逆向而行的。如我所说，每一种意识实际上都包含着两种意识：在第一种意识里，我们与我们的群体完全是共同的，因此我们根本没有自己，而只是社会在我们之中生存和活动；相反，第二种意识却把我们的人格和特征表现出来，使我们变成了个人。[14]当集体意识完全覆盖了我们的整个意识，并在所有方面都与我们息息相通的时候，那么从相似性产生出来的团结就发展到了它的**极致状态**，但此时此刻我们的个性却已丧失殆尽。除非共性没有完全吞没掉我们，否则个性就永远不会产生。社会中总是存在着两种力量，一种是离心力，一种是向心力，但两者从来都不是同涨同消的；同样，这两种截然相反的力量也不会在我们身上同时发展。如果我们具有一种强烈的独立思考和独立行动的倾向，那么我们就不会有另一种强烈的模仿别人思考和行动的倾向；如果我们的理想是要去建造我们个人的独特的图景，那么它就意味着我们已经不再认同其他人。确切地说，就在这种团结大显身手的时候，我们的个性就会消失得无影无踪，因为我们已经不再是我们自己，我们只是一种集体存在。

以这种方式相互凝聚的社会分子要想一致活动，就必须丧失掉自己的运动，就像无机物中的分子一样。这就是我们把这种团结称作机械团结的原因，这并不是说它是通过机械手段或人工手段生产出来的。我们之所以使用这个词，主要是想将它与粘合物质元素的凝聚作用进行类比，说明它与那种形成有机体团结的凝聚作用是相反的。最后，还有一个事实可以证明这种说法：个人维系于社会的纽带与物维系于人的纽带是完全相似的。就这一点而言，个人意识不仅完全依赖于集体类型，它的运动也完全追随于集体运动，就像

---

[14] 然而这两种意识对我们来说，并不像地理区域那样界线分明，因为我们时时刻刻都是相互渗透着的。

被占有的财物总要追随它的主人一样。我们在后面将会看到，如果这种社会团结越来越发达，那么个人也就越来越不属于自己；他简直成为了社会所支配的物。因此，在上述社会类型里，人权与物权是不加区别的。

这种情况与劳动分工所导致的团结完全相反。前一种团结是建立在个人相似性的基础上的，而后一种团结是以个人的相互差别为基础。前一种团结之所以能够存在，是因为集体人格完全吸纳了个人人格；后一种团结之所以能够存在，是因为每个人都拥有自己的行动范围，都能够自臻其境，都有自己的人格。这样，集体意识就为部分个人意识留出了地盘，使它无法规定的特殊职能得到了确立。这种自由发展的空间越广，团结所产生的凝聚力就越强。一方面，劳动越加分化，个人就越贴近社会；另一方面，个人的活动越加专门化，他就越会成为个人。但确切地说，个人的活动是受限制的，它也不全都是独创性的。即使我们在完成本职工作的时候，还是要符合法人团体共同遵循的习惯和程序。与此同时，我们以另一种方式所承受的重任已经不像承受整个社会那样沉重了，社会已经给了我们更多的自由活动的空间。由此，整体的个性与部分的个性得到了同步发展，社会能够更加有效地采取一致行动，而它的元素也可以更加特殊地进行自我运动。这种团结与我们所看到的高等动物是何等相似啊！实际上，当每个器官都获得了自己的特性和自由度的时候，有机体也会具有更大程度的一致性，同时它的各个部分的个性也会得到印证。借用这一类比，我们就把归因于劳动分工的团结称为"有机"团结。

与此同时，本章和上章也给我们提供了评价两类社会关系所产生的完全共同的结果，尽管它们各自的方式是不同的。实际上，我们借此可以了解到两种团结得以表征的外在形式，即与每一种团结相应的整体法律规范是什么。因此，如果想要了解它们在既定社会形态中各自占有的重要地位，我们只要将两种法律的权限做一下比较就足够了，因为法律经常是随着它所规定的社会关系的变化而变化的。[15]

---

[15] 为了澄清我的想法，我对本章和上章所潜含的法律规范作出了更明确的划分，如下表：
Ⅰ.带有组织性和压制性制裁的规范（具体类型见下章）
Ⅱ.带有恢复性制裁的规范，它决定了以下各种不同的关系

消极关系或回避关系 { 物与人的关系 { 各种形式的所有权（动产和不动产等）
所有权的各种程序（财产抵押权和根据收益权占有等）
 人与人的关系 { 由正常执行的物权决定
由非法侵占的物权决定

家庭职能之间的关系

积极关系或协作关系 { 分散的经济职能关系 { 一般契约关系
特殊契约关系
 行政职能关系 { 各个行政职能之间的关系
带有政府职能的行政职能关系
分散于社会的行政职能关系
 政府职能关系 { 各个政府职能之间的关系
带有行政职能的政府职能关系
带有分散的政治职能的政府职能关系

第四章

上述理论的另一证据

既然上述结论如此重要，我们最好在讨论下一个问题之前，再将此结论论证一番。这一轮重新论证将会是很有用处的，因为它为我们提供机会来确立一条定律，这条定律不仅可以证明我们的结论，还可以使下文的观点更为明晰。

如果刚才我们所区分的两类团结都各自具有我们所说的法律表征，那么，集体类型越能得到彰显，分工越是停留在低级水平，压制性法律相对于协作性法律来说就越占优势。相反，如果个人类型越能得到发展，工作越来越专门化，那么两种法律类型的比例就必然会颠倒过来。这种关系的真实状况，我们可以通过实验的方法加以揭示。

一

社会越是原始，构成它的个体之间就越具有相似性。希波克拉底（Hippocrates）在他的《血气与起居》（*De Aere et Locis*）中说道，锡西厄人（Scythians）只是一种人种类型，而非人格类型。洪堡（Humboldt）的《新西班牙人》[1]中也说过，在野蛮民族里，我们很

---

[1] 冯·洪堡：《新西班牙人》第1卷，第116页。

容易找到游牧部落所特有的一种面貌，却很难找到个人所特有的面貌，这个事实被好些观察者的说法所证实：

> 就像罗马人总觉得所有的古代日耳曼人都极其相似一样，文明的欧洲人对所谓的蛮族也有着同样的感受。说实话，许多旅行家之所以作出了这样的判断，主要是因为他们常常缺少实地考察的经验。……但是，如果文明人在自己的环境里所认定的相互差别，实际上并不比他所遭遇的原始人的差别大为显著，那么，即使他们没有什么经验，也不会得出这样的结论。乌罗亚（Ulloa）有一句话可算是人人皆知了，而且还经常得到引用：你见到了一个美洲土著，你就见到了所有的美洲土著。[2]

相反，如果没有事先的暗示，我们一眼就看得出来两个文明人的差别。

勒邦博士（Dr.Lebon）比较客观地解释说，我们越追溯到原始时代，就越会发现这种同质性的存在。他比较了不同种族和不同社会的颅骨，最终发现："如果一个种族在文明阶梯上攀得越高，那么这个种族个体之间的大脑容量的差别就越大。"他按照先后顺序把每个种族大脑容量的数据都收集好，然后对它们进行仔细比较，这些大量的数据足以把每个个案按照递进的顺序排列起来，（我发现）他写道："成年男性的最大脑容量与最小脑容量之间的差别如下——大猩猩为200立方厘米左右，下等印度人为280立方厘米，澳洲土著为310立方厘米，古代埃及人为350立方厘米，12世纪的

---

[2] 瓦茨：《原始民族的人类学》第1卷，第75—76页。

巴黎人为470立方厘米，当代巴黎人为600立方厘米，德国人为700立方厘米。"[3]甚至在某些部落里，竟然不存在这种差别。"安达曼群岛人（Andaman Islanders）和陀达斯人（Todas）的脑容量都是一样的。格陵兰岛（Greenland）的居民也几乎同样如此。布罗卡先生（M.Broca）在实验室里陈列的巴塔哥尼亚人（Patagonians）的五只头盖骨，其容量也是完全相同的。"[4]

毫无疑问，肌体的相似性与心理的相似性是相应的。瓦茨认为："土著人之所以具有这么大的生理相似性，主要因为他们极度缺乏心理个性，他们的智力和文化程度都普遍过于低下。在黑人部落里，所有个体的性情（Gemütseigenschaften）都不可避免地带有同质性。在上古埃及社会里，奴隶贩子们专门详细调查奴隶的出生地，并不过问奴隶到底会有怎样的性情，因为他们积累了长期的经验，知道同一部落个体之间的差别根本不算回事，只把不同种族的差别弄清楚就足够了。比如说，努巴人（Nubas）和加鲁人（Gallus）就有忠孝之名，而北阿比西尼亚人（Northern Abyssinians）则有负义之举，其余人可以当作很好的家奴，却很难用作役工。费尔迪人（Fertit）则显得有些粗鲁野蛮，而且总想着报仇雪恨。"[5]因此，原创性在黑人那里是很少见的，甚至可以说是无处容身。任何人都归归顺顺地接受了同样的宗教，所谓的教派和异端根本就不存在，这是他们所无法容忍的。那时候，宗教是囊括一切、波及一切的。尽管宗教还处于混沌无序的状态之中，但它除了包括与之相应的宗教信仰以外，还包括了伦理、法律、政治组织原则，甚至科学——至少可以说是科学的替代品。可以说，宗教对私人生活的细

---

[3]　勒邦：《人与社会》，第193页。
[4]　托潘纳：《人类学》，第393页。
[5]　瓦茨：《原始民族的人类学》第1卷，第77页。亦见第446页。

枝末节都作出了规定。因此,那个时期的宗教意识是同一的,而且这种同一性又是绝对的。这意味着,除了对有机体和有机体状态的各种感觉以外,每个人的意识几乎都是由同样的元素构成的。就连他们的感知印象本身,也没有多大的差别,因为个体在生理上也是很相似的。

然而,目前却广为流传着这样一种观点:文明的结果就是社会相似性的增加。塔尔德说过:"随着人类活动范围的不断扩大,观念也会明显以几何级数的形式不断普及开来。"[6] 黑尔(Hale)也指出,认为这些邻近的原始人具有同样性情的观点是极端错误的。[7] 他列举了太平洋黄种人和黑种人的生活事实,说明原始人的相互差别要比两个欧洲种族的相互差别还要大。我们试看,难道今天的法国人与英国人或德国人的差别不比以往少得多吗?在大多数欧洲国家里,法律、伦理、习俗,甚至基本的政治制度都越来越具有一致性。人们也已经注意到,同一国家昔日所遇到的磕磕碰碰的现象,今天再也见不到了。省与省之间的社会生活已经没有什么变化,或者说已经没有太大的变化;就连法国这个统一国家,每个地区的生活都是千篇一律的,对有教养的阶级来说,他们的生活更加趋向一致化了。[8]

但是,这些事实丝毫不能动摇我的前提。尽管不同的社会在不断趋于相似,但这不等于说个人也是如此。一般来说,尽管今天法国人和英国人之间的距离缩小了,但法国人本身的差别却比

---

[6] 塔尔德:《模仿的规律》,第19页。
[7] 黑尔:《美国的人种学和语言学》(宾夕法尼亚1846年版),第13页。
[8] 因此塔尔德说:"游历过许多欧洲国家的人都会看到,那些固守着旧习俗的老百姓之间的差异比较大,而上等阶级之间的差异就比较小。"参见《模仿的规律》,第59页。

以前大了许多。同理，各个省份虽然丧失了自己与众不同的面目，但这并不能否定人与人之间的差别在不断扩大的事实。诺曼底人（Norman）和加斯科尼人（Gascon）的差别已经越来越小，加斯科尼人和洛林人（Lorrainer）或普罗旺多人（Provençal）的差别也不是很大了：他们的共同点也就是全体法国人的共同点。然而就整个法国而言，人们之间的差异性也在日益增长，因为尽管以往的省份类型渐渐融合，渐渐消失了，但有无数的个人类型却在不断涌现，不断分化。与此同时，各大区域的差别也在逐渐变小，但个人的差别却在逐渐增大。反之，如果各省还都有着自己的特性，那么个人的特性就会越来越少，他们相互之间的同质性就会越来越多，因为组成他们的元素是完全相似的。政治社会也是这种情形。同理，如果生命世界里的原生生物彼此差别很大，那么我们就无法对它归类了，然而组成它们的原质却是完全一样的。[9]

这种观点混淆了个人类型和集体类型，不是把它们称作了省份，就是把它们称作了国家。如果说文明正在逐渐抹平集体类型之间的差别，这并没有什么疑问，但如果说文明对个人类型产生了同样的影响并使其不断趋于一致，那就错了。这两种类型非但没有同步产生变化，相反我们会看到，第一种类型的消失正是第二种类型出现的必要条件。[10]但是，同一社会里的集体类型在数量上总是很有限的，因为社会只包含着少量的能够产生很大差异的种族和区域。另一方面，个人的差异却是无穷无尽的，所以个人类型越发达，他们之间的差异就会变得越大。

上述理论也同样适用于职业类型。我们完全有理由认为，职业

---

[9] 皮埃尔：《转化论》，第235页。
[10] 参见本书第二卷，第二章和第三章。这两章的内容可以解释和证实本章的观点。

类型以往所有的轮廓正在消失,各种独立的职业,尤其其中某几类职业之间的鸿沟正在被填平。然而,另一个事实也是确切无疑的,那就是每个职业内部的差异增加了。每个人都有了自己的思考和行为方式,他们已经不再服从法人团体一致意见的支配了。另外,虽说职业之间的差别不再像以前那么明显,但在数量上却明显增多,因为工作在不断出现分化,职业类型的数量也在相应地增加。即使职业之间的差别变得越来越细了,但我们至少可以说它们的变化越来越频繁了。就此而言,虽然职业之间已经很少发生剧烈或明显的冲突,但它们的差异并不会因此而减少。

因此我们可以说,我们越是上溯历史,社会就会有越多的同质性。我们越是接近高等社会形态,劳动分工就越发达。现在,让我们来看一看,在不同的社会阶段里,我们所说的两种法律形式是怎样变化的。

二

我们可以断定,最低级社会中的法律完全是压制性的。卢伯克(Lubbock)〔11〕说:"野蛮人并不是自由的。在整个世界中,野蛮人的日常生活是受很复杂、很不方便的一系列习俗(像法律一样具有强制性)支配的,是受无理的禁律和特权支配的。""而且,许多严格的规范,虽然是不成文的,却支配着他们生活里的一切行为。"〔12〕

---

〔11〕 卢伯克(Lubbock):1834—1913,英国银行家、博物学家,在《史前时期》和《文明的起源与人的原始状态》两书中创造了"旧石器时代"和"新石器时代"两个术语。——译注
〔12〕 卢伯克:《文明的起源与人的原始状态》(伦敦1870年版),第302—303页。亦可参见斯宾塞:《社会学原理》(伦敦1855年版),第435页。

实际上我们已经了解到，原始人的行为方式是很容易结合传统惯例的，而且在他们看来，传统力量简直是法力无边！既然祖先的习俗受到人们如此敬重，那么违犯它的行为将不能不受到惩罚。

当然，这些看法必定是十分粗略的，因为习俗总是若隐若现而且最难把握。为使我们的论证不失条理，我们将尽可能根据成文法加以说明。

《摩西五经》的后四卷，即《出埃及记》《利未记》《民数记》和《申命记》，[13]就是对这类情况的最古老的记载。在大约4000—5000行的文字里，只有极少数的规范是可以被勉强认作非压制性的。这些规范基本分布如下：

财产法：撤消权；禧年大赦（jubilee）；利未所有权[14]（《利未记》第15章，第14—25，29—34节；第27章，第1—34节）。

家庭法：婚姻（《申命记》第21章，第11—14节；第23章，第5节；第25章，第5—10节；《利未记》第21章，第7，13，14节）；继承法（《民数记》第27章，第8—11节；第26章，第8节；《申命记》第21章，第15—17节）；当地和外来奴隶（《申命记》第15章，第12—17节；《出埃及记》第21章，第2—11节；《利未记》第19章，第20节；第25章，第39—44节；第36章，第44—54节）。

借贷与工资：（《申命记》第15章，第7—9节；第23章，第19—20节；第24章，第6，10—13节；第25章，第15节）。

准犯罪：（《出埃及记》第21章，第18—23，33—35节；第22

---

[13] 我们毋需对这些著作的真实年代多做追究——我们只知道它是与低等社会相关的就足够了——我们也不管各个部分的相关年代如何，按照我们目前研究的角度，各个部分明显都是相同的，因而我们就把它们当成了一个整体。

[14] Levites指利未人，即雅各布（Jacob）之子利未的后裔，协助管理圣所，一般指教士阶层。参见《民数记》。——译注

章，第6，10—17节）。[15]

公共职能的组织：神父的职能（《民数记》第10章）；利未的职能（《民数记》第3，4章）；长老的职能（《申命记》第21章，第19节；第22章，第15节；第25章，第7节；第21章，第1节；《利未记》第4章，第15节）；审判官的职能（《出埃及记》第18章，第25节；《申命记》第1章，第15—17节）。

在这里，恢复法，尤其是协作法的数量简直少得可怜，况且这还不是所有的。我们刚才所引的规范，有许多差不多就是刑法，我们第一眼看去就会这么认为，因为所有这些规范都具有宗教性质。它们都从神性出发，违犯了它们就等于违犯了神性，这些罪行即是原罪，是必须要赎回的。《圣经》没有明确地区分各种诫律，因为所有诫律都是圣言，谁违抗了这些圣言，谁就会遭到惩处。"你若不谨守遵行这书上所写的一切律法，你若不敬畏你主那可荣可畏的名，主就将把灾祸降在你和你的子孙身上。"（《申命记》第28章，第58—59节）如有任何不合律法之事，即使是误犯，也将依照禁律被判作是原罪，并且必须赎回。假使有些制裁所依据的规范可以直接划归到恢复法之中，但是在这种威吓之下，也不能逃脱刑法的性质。《圣经》还规定：妻子改嫁之后，如再行离婚，则不许再嫁前夫。《圣经》接着谈道："在主面前，此乃可鄙之事；主赐予你为业之地，**你万万不可施罪其上**。"（《申命记》第24章，第4节）同样，还有一行是规定工资的发放方式的："要当日付他（指雇工）工钱，不可等到日落，因为他贫困交加，才把整个心思系于这工钱上：**恐他因你而求告主，那时罪孽便在你身上了**。"（《申命记》第24章，第15节）从准犯罪中产生的补偿似乎是一种名副其实的抵偿。《利

---

[15] 这部分除了有关行政职能的部分以外，合计135行。

未记》里说道:"打死人的,必被治死。打死牲畜的,必赔送牲畜以命偿命。……以伤还伤,以眼还眼,以牙还牙。"[16] 赔偿损失俨然与以命偿命有着相同的迹象,它们都被人们当作同样的报复法来实施。

当然,在某些禁律里,制裁并没有得到特别的说明,但我们已了解到它们是具有刑法性质的。禁律中的语气就足可以证明这一点。再者,尽管法律没有正式规定特殊的惩罚方式,但传统已经告诉我们,谁触犯了否定行的诫律,谁就会遭到体罚。[17] 总而言之,从《摩西五经》来看,各个等级的希伯来律法都带有压制法的印记。这在某些地方表现得比较明显,有些地方则比较隐晦,但不管怎样,我们都能感觉到这些性质的存在。既然《摩西五经》里所有这些律法都是上帝的诫律,那么它们就会受到上帝的庇护,也就是说受到上帝的直接保护,正是因为有了这样的起源,所以它们就都具有着至高无上的威望,都具有着神圣性。因而它们一旦遭到违抗,公共意识就不仅仅要求一种简单的补偿,而是要求一种带有复仇性质的抵偿。刑法的特殊性质在于,它实施制裁所依据的法规是一种高高在上的权威,对信徒而言,既然他们从不知晓也无法想象任何权威能够比及上帝,所以法律一旦被当作是上帝本身的圣言,那它们就会不可避免地带有压制性质。我们已经说过,各种刑法都多少具有某些宗教性,因为刑法的关键在于对凌驾于个人之上的权力,即超自然权力的尊重,这些权力无论在人们的意识中具有何等

---

[16]《利未记》第24章,第17,18,20节。
[17] 参见穆克:《巴勒斯坦》,第216页。塞尔登:《文选》,第809—903页,该书依据迈蒙尼德(Maimonides,1135—1204,犹太教法学家、哲学家、科学家,著有阿拉伯语《密西拿评注》、希伯来语《犹太律法辅导》等。——译注)的理论,把所有属于这一范畴的禁律逐一列举出来。

意义，它所带来的情感都是宗教感情的基础所在。因此一般而言，低级社会中的一切法律都是由压制性支配的：宗教渗透进了所有法律活动之中，也渗透进了所有社会生活。

上述这些特性在《摩奴法典》中明确地表现出来，我们只要看看在所有国家制度里，有关刑事裁判的法律占有多么显著的位置，就会了解到这一情况。《摩奴法典》里写道："自创世之始，上帝为了协理王权，便创制了惩罚之神，以维护众生，守持公正，此乃上帝之子，神圣不容侵犯。世上的生灵，无论是行动着的，还是静止着的，都因惧怕惩罚而各守其位，各行其职。……惩罚主宰着人类，保护着人类，每当人们安然入睡，惩罚都在一旁悄然守候。圣人说，惩罚即是天理……倘若惩罚怠慢其责，所有阶层就都会堕落，所有藩篱都会被越过，整个宇宙也要混作一团。"[18]

《十二铜表法》所在的社会比希伯来民族进步了很多[19]，它比较接近我们这个时代。这是因为，罗马社会曾经经历过静止的犹太社会形态，后来超越了它，发展成为城邦社会形态。稍后，我将进一步论证这一点。[20] 还有许多事实可以证明这种社会形态与我们的社会是比较接近的。首先，在《十二铜表法》中，我们可以发现现行的主要法律因素的原始胚基。然而，就希伯来法律而言，与我们就

---

[18]《摩奴法典》第7卷，第14—24页。
[19] 如果我们说一种社会形态比另一种社会形态进步，并不是指各种不同的社会形态依据特定的历史时期呈现出一种线形的、递进的等级或阶段。相反，假如我们能够勾画出一幅完整的社会形态谱系图的话，那么它就像一棵枝叶茂密的大树，不仅有自己的主干，也有自己的分支。尽管如此，这两种形态的差别是可以测量的，因为它们还是有高低之分。如果一种社会形态曾经有过另一种社会形态的特征，后来又超越了这些特征，那么我们就可以说这种形态高于另一种形态。也就是说，这种形态属于较高的一个枝蔓。
[20] 参见本卷的第六章，第二节。

没有什么相通之处。[21]其次,《十二铜表法》完全是世俗的。即使罗马早期某些立法者,如努马·庞皮利乌斯(Numa Pompilius)[22]受到了神灵的启示,即使当时的法律和宗教紧密地混同在了一起,但自《十二铜表法》问世之日起,所有这些关系都消失了,这一法律意义上的里程碑完全是为人类建造的一座宫殿,唯有人类关系才能得其庇护。在这部法典里,我们只能找到为数不多的几项有关宗教庆典的法律条款,但它们还是以禁止奢侈法的形式被规定的。法律要素和宗教要素完全或不完全的分离,正是区分一个社会是否发达的最好标志。[23]

因此,刑法已经不再统治着整个法律领域了,刑罚所规定的法规与恢复性制裁所规定的法规也已经明确区分开来。起初,压制法还完全覆盖着恢复法,但后来,恢复法终于从压制法中挣脱出来了。从此,恢复法开始有了自己的特征、组织和个性,成为具有自己专门机关和专门程序的特殊法律领域。与此同时,协作法也出现了:我们在《十二铜表法》中可以发现家庭法和契约法这两种协作法类型。

即便刑法丧失了原有的优势地位,但它们还是占了很大的比重。在弗格特(Voigt)所考证的115种法律残件中,有66种具有恢复法特征,而其他49种则具有明显的刑法特征。[24]由此看来,刑

---

[21]《摩西五经》中没有有关契约法、遗嘱法、监护法和继承法等法律的规定。
[22] 努马·庞皮利乌斯,公元前700年前启,传说是古罗马七王执政的王政时代的第二代国王(前715—前673),曾创立宗教历法和宗教制度。——译注
[23] 参见瓦尔特:《罗马刑法的文明进程史》第1,2节;弗格特:《十二铜表法》第1卷,第43页。
[24] 其中有十种禁止奢侈法尽管没有明确提出制裁,但它们的确具有某些刑法特征。

法在我们所了解到的《十二铜表法》中,几乎占了所有法律的一半份额。但如果只凭借这些,我们还不能全面地揭示出那个时代压制法所具有的重要地位,因为与压制法有关的部分是很容易丢失的。我们能够找到的那些残件,几乎都是古典时期的法学家们存留下来的。与刑法问题相比,当时的法学家们似乎对民法问题更感兴趣。在各个历史时期,法学家们都不太热衷于争论刑法问题,因而这种漠视态度就很容易导致大量的古罗马刑法被遗忘掉。再者,即使我们确实看到了完整的《十二铜表法》原件,它也不可能一字不差地记载着当时的所有法律。例如《十二铜表法》对宗教犯罪和家庭犯罪就未置一词,这主要是因为两者均有专门法庭审理,另外,它对违犯道德罪也未曾涉及。最后,我们还必须提到一点,刑法并不是非得编入到法典里的,既然它铭刻在所有人的意识中,当然也就没有明文规定它的必要。根据上述种种理由,我们可以断定,甚至在公元4世纪的罗马,大部分法规仍旧可以体现为刑法。

如果我们不拿全部恢复法来与刑法比较,而只拿与有机团结有关的恢复法来比较,那么我们就可以断定刑法在当时占有着何等的优势地位。实际上,那时候只有家庭法在组织方面稍显进步一些,而诉讼法则还显得多少有些呆板乏味,也不太周密,契约法还只处于起步阶段。弗格特说:"古代法律只承认极少数的契约,这些契约对于犯罪所产生的大量责任而言,简直有着天壤之别。"[25]至于说到公法,它们不仅十分简单,而且大多具有刑法的色彩,因为它们还保留着许多宗教属性。

自此以后,压制法渐渐地失去了自己的相对优势。一方面,即使它在很多方面没有妥协,即使有许多原来被判定为犯罪的行为还

---

[25] 弗格特:《十二铜表法》第2卷,第448页。

在受到压制（有关宗教犯罪的案件可以提供反证），但至少可以说，压制法并没有获得明显的进步。据我所知，自从《十二铜表法》产生以后，罗马法的主要犯罪类型就被确定下来了。另一方面，契约法、诉讼法和公法也并没有原地踏步。随着时间的推移，我们发现这些包含在《十二铜表法》中的各个方面的法规逐渐发展壮大起来，到了古典时期，竟然成了洋洋大观的法律体系。家庭法本身也渐渐变得庞杂而又多样，甚至执政法也渐渐纳入到民法的基本形式中了。

基督教社会史则能够为我们提供同一现象的另一个例证。梅因曾经说过，如果把野蛮社会的法律相互比较一下，就会发现越是古老的刑法，它所占据的地位就越是重要。[26]这个命题，早就可以被这些事实证明了。

萨利法[27]所在的社会并不比四世纪罗马发达，尽管它超出了希伯来民族所固守着的社会形态，但它还没有完全脱离这种形态。我们稍后将会说明，它的这一特征是非常明显的。在萨利法里，刑法的地位是极其重要的。按照瓦茨的说法[28]，萨利法原文包括293项条款，其中只有25项（约占百分之九）是没有压制性的，即涉及到法兰克（Frankish）家族组织的。[29]至于契约，还没有脱离刑法的范围，如果有人没有在约定的期限内执行协议，就要处以罚金。萨利法只包括法兰克人的一部分刑法，它仅仅局限于可以达成和解的犯罪和违法行为。但是，有些犯罪肯定是无法通过这种方式而挽回

---

[26] 梅因:《古代法》，第347页。
[27] 萨利法（Salic law）：萨利人（公元4世纪居住在莱茵河近北海地区的一支法兰克人部族）所制定的法律。——译注
[28] 瓦茨:《萨利法兰克人的古代法律》（基尔1846年版）。
[29] 瓦茨:《萨利法兰克人的古代法律》，第XLIV, XLV, XLVI, LIX, LX, LXII条。

的。我们可以看到，萨利法中只字未提触犯国家、军纪和宗教的犯罪行为，这说明压制法在其中的地位是相当重要的。[30]

相比而言，勃艮第人（Burgundian）的法律距离现代就比较近一些，其压制法也少一些。在311项条款里，其中有98项（约占三分之一左右）没有刑法特点，家庭法不仅在数量上比较多，而且内容也比较复杂，既涉及到了物权，又涉及到了人权。至于契约法，则同萨利法差不了许多。

最后，西哥特人（Visigoths）的法律更近了一层，这支更开化的民族在同一发展方向上步子迈得更快些。虽说当时的刑法还占据着很显著的位置，但恢复法几乎也具有同样的重要性了。实际上，我们在那里已经发现了有关诉讼程序的完整法规（《法律全书》卷一和卷二），更加完备的婚姻法和家庭法（《法律全书》卷三，第一章和第六章；卷四），至于卷五，则全部都为贸易法所设，真可谓是空前的了。

由于有关法典的史料还比较缺乏，我们还很难精确地考察这种双重的历史发展进程，但我们至少可以说，历史发展的基本方向是一致的。自此以后，有关犯罪和违法的法律记录已经很完备了，反过来说，家庭法、契约法、诉讼法和公法也在不断完善。这样一来，我们在比较了这两个法律部分以后，才发现两者的差别正好反过来了。

因此，我们所证实的理论，完全可以把压制法和协作法的变化情况精确地描述出来。毫无疑问，人民有时候可以把刑法在低级社会所具有的显赫地位归于另外一种原因："最初的法律完全是因为共同体强暴的习性而使然，立法者依照野蛮生活的某些特定事件

---

[30] 参见滕尼森：《萨利法的诉讼程序》，第244页。

的发生频率,相应地制定法律。"[31]梅因先生自己也觉得这种解释并不完全,其实,这种解释不仅是不完备的,而且是漏洞百出的。首先,它把法律当作是一种人为的产物,以为设立法律的目的是要反对和抗拒公共道德。这样的理论在今天是完全站不住脚的。法律是道德的体现,纵使它想要反抗道德,它的反抗力量还是从道德之中衍生出来的。暴力行为在其司空见惯的地方,是能够得到人们谅解的。实际上,犯罪的性质与频率是呈反比关系的。在低级社会里,对人的犯罪要比文明社会显得更加普遍,所以它在刑法当中归于比较低的等级。我们完全可以说,越是比较罕见的犯罪行为,所遭受的惩罚就越重。再者,原始刑法之所以种类繁多,并不是因为今天我们的犯罪行为已经为广泛的规定所制约,而是因为许多犯罪行为是当时社会所特有的,而且,这些犯罪绝对不能根据所谓的暴力程度来解释,如违犯宗教信仰、违犯庆典仪式、违犯任何一种传统等行为。因此,压制法如此发达的真正原因在于,当时的集体意识影响面极广,影响力极大,而劳动分工还没有产生出来。

有了这些原理,结论自然也就随之而来了。

---

[31] 梅因:《古代法》,第348页。

第五章

有机团结的递增优势及其结果

实际上，我们只要留心一下我们的法律条文，就会发现压制法所占的地位要比协作法的地位低得多。当家庭法、契约法和商业法自成体系，蔚为大观的时候，压制法还算得了什么呢？刑律所支配的所有关系只能代表普通社会生活的一小部分，换言之，把我们同社会维系起来的纽带，已经不再主要依赖于共同的信仰和感情了，相反，它们越来越成了劳动分工的结果。

正如上文所说，共同意识及其所产生的团结并不能完全通过刑法表现出来，共同意识所结成的关系并不完全是通过压制力量来保护的。共同意识里许多微弱和模糊的状态，只能依靠某些对道德和舆论的感觉发生作用，这是法律制裁力所不及的，而且，正是这些状态才能使法律具有维持社会整合的效力。同样，协作法也不能把劳动分工所结成的纽带完全表现出来，它只能粗线条地展现社会生活的全景。在大多数情况下，各种相互依赖的关系只有采取各尽其用的分化形式才能结成一种功能，不成文法在数量上也肯定会超出压制法，因为它们必须依照社会功能的变化而变化。因此，它们之间的关系其实是与两种法律类型的关系相互等同的，我们完全可以撇开这层关系，它们不至于影响到我们的整个结论。

如果我们只探讨现代社会关系，只探讨我们前面讨论过的特定时代的社会关系，那么我们就应该扪心自问：这些关系是否带有时代的原因,甚至是病态的原因。刚才我们说过,某种社会形态越是接近我们的社会形态,协作法就越会占据显著地位,与此相反,如果它离我们现代的社会组织形式越远,刑法就越具有更大的优势。这种现象并非是由多少有些病态的偶然因素产生的,而是由社会结构中最具有活力的因素产生的。社会结构越显明,这种现象就越容易产生。所以,我们在上文确立的规律就显示出了事半功倍的效用,它不仅证实了我们的结论所依据的原理,而且也使这些原理获得了普遍性。

然而,仅凭这种比较,我们还不能推断出有机团结对社会具有一种凝聚作用。事实上,个人维系于群体的紧密程度,不仅在于他与社会之间的联系纽带是多是少,而且在于各种联系力量是大是小。尽管劳动分工所产生的关系可能多一些,弱一些,但反过来说,其他关系所具有的更强的力量,完全可以弥补它在数量上的劣势。但是,事实却恰恰相反。

实际上,要想测量一下两种社会纽带之间的力量对比,就应该考察这些纽带发生断裂的难易程度。力量不强的,稍稍用力就会崩断。但在低级社会里,相似性所致的团结是独一无二的,或者几乎是独一无二的,因此,这种断裂现象就会很容易、很经常地发生。斯宾塞说:

> 首先,人们必须要归属于某种群体,但这并不意味着他们必须要永远归属于同一群体。卡尔梅克人(Kalmuck)和蒙古人(Mongol)就会在首领过于专制的情况下,毅然出走,投奔另一个首领。德博里佐弗斯(Adipones Dobrizhoffers)说过:"他们不用去求得首领的许可,首领也不会迁怒于他,他带着他的家小,一起迁到他们喜欢的地方去,投奔到另一个酋长那

里。"[1]

在南部非洲，巴隆达人（Balonda）也不断地从一个地方迁移到另一个地方。麦克库罗赫（MacCulloch）注意到库基人（Kouki）也是如此。在条顿人（Teuton）那里，如果有人喜欢打仗，他可以随便选择一个能让他做士兵的首领，这乃是最平常、最合法的事情。一个人如果在会场上公然跳出来，宣称他要远征某个地方，与那里的敌人作战，那些充分相信他的人和想要瓜分赃物的人，就会极力拥戴他，跟随他。这种社会纽带显得太脆弱了，难以笼络住他们，抵挡不了漂泊和掠夺的诱惑力。[2]瓦茨也说过，在低级社会里，甚至在统治权已经得到确立的地方，任何人都享有充分的自主，在任何时候都可以离开他的首领，"如果他有足够的力量，还可以反抗首领，而且这种行为还不会被当作犯罪"。[3]甚至说，在政府的残暴专制下，任何人都常常拥有脱离家族的自由。罗马人被敌人俘虏以后，就不再隶属于城邦政权，这项法规难道不能够证明社会纽带非常容易断裂的事实吗？

一旦劳动产生分化，社会就会发生翻天覆地的变化，群体的各个部分都具有了各自的功能，相互已经难以分割。斯宾塞说道：

> 如果我们把米德尔塞克斯郡（Middlesex）与周围地区分割开来，那么在几天之内，各种社会工作就会因为供应不足而陷于瘫痪状态。如果我们割断了棉花产区与利物浦及其他港口的联系，那么这一地区的工业就会停顿下来，出现民不聊生

---

[1] 斯宾塞：《社会学原理》第2卷，第282页。
[2] 古朗治：《古代法兰西政治制度史》第一部分，第352页。
[3] 瓦茨：《原始民族的人类学》第1卷，第359—360页。

的景象。如果我们隔断了矿区与冶炼区及纺织区居民之间的联系，那么社会和个人都将衰败下去。当一个文明社会不断产生分裂的时候，它的中央控制机构也将不复存在，尽管它可以重新构筑一个中央机构，但同时它也面临着解体的危险。在机构得以有效重组之前，社会将要经历一个漫长的混乱和孱弱时期。[4]

因此，以前常常发生的巧取豪夺的事情，今天很难再发生了，也很难再成行了。这是因为，如果我们从某个国家强占了一个省份，就等于我们从一个肌体里切下了若干器官。如果能够使肌体得以成活的重要器官被分割下来，那么整个生命就会陷入极端混乱的状态。这种支离破碎和混乱不堪的状况势必会酿成长久的苦痛，这是人们挥之不去的。就独立的个体来说，尽管不同的文明在不断相互趋同，但是要想改换种族，恐怕还是不太容易的事情。[5]

同样，相反的经验也是很有说服力的。社会的团结越弱，社会的纽带越松，外在因素就越容易介入到社会之中。在低级社会里，入籍恐怕是世界上最简单不过的事情了。在北美印第安人那里，氏族的每个成员都有权采取收养的方式来接纳新的氏族成员。"战争中的俘虏，如果没有被处死，就可被收养在氏族（gens）中。被俘的妇女和儿童经常以此方式得到宽大处理。这些人不仅被赐予族权，而且被准予入籍。"[6]我们知道，在罗马早期，那些寻求庇护的

---

[4]　斯宾塞：《社会学原理》第1卷，第505—506页。
[5]　我们在第七章里会看到同样的情况：家庭把个人维系得越紧，家庭的纽带就越不容易断裂，家庭分工也就越加细致。
[6]　摩尔根：《古代社会》（伦敦1870年版），第80页。

人和被征服了的人是很容易获得公民权的。[7]再说,原始社会只能靠这种容纳机制才能扩大自身的规模。既然人们可以如此容易地渗透进去,可见他们对整个个性与社会都没有什么强烈的感情。[8]在职能逐渐产生专业化趋向的地方,倒是出现了完全相反的现象。的确,外来人可以被暂时纳入到社会之中,但他同化的过程,即入籍的过程,却是漫长而又复杂的。外来人要想入籍,则必须征得群体的认可,而且这种认可是很一本正经的,它需要某些特殊条件。[9]

人们也许会很奇怪,既然个人维系于社会的纽带很容易把个人吸纳进社会之中,但它为何会这么容易地发生断裂和消解。但是,社会关系的牢固性并非取决于一种抵抗力量。即使整体的各个部分能够共同结合在一起,采取一致行动,我们也不能由此推断出它们就是统一的,或者是败落的。事实恰恰相反,正因为他们并不是相互依赖的,他们各自有着自己完整的社会生活,所以在任何地方都能够随遇而安,脱离群体的行动才如此方便。这样的个人即使脱离了原来的群体,也仍然可以像群体那样迁徙。对社会来说,它必须要求每个成员都要作为社会分子而具有同样的信仰和行动。然而,假使社会失去了某些组成部分,它的内在功能也不至于会发生紊乱,因为那时候还没有产生劳动分工,社会还不太在意它的成员数量是否在减少。同样,在那种相似性所产生的团结之中,如果

---

[7] 哈卡马修斯的丹尼斯,第1卷,第9页。参见阿卡莱斯:《罗马法概要》第1卷,第51节。
[8] 有一个事实是与上述情况不相符的:在这些社会里,外来人始终是被驱逐的对象。只要他还是外来人,就会引起排斥的感情。我们只想说明这个问题,外来人只要入籍,就可以很容易地改换自己原来的身份。
[9] 在第七章里我们将会看到,家庭分工越不发达,外来人就越容易掺进家庭社会之中。

个人距离集体类型还不算太远，就可以很顺当地融入社会。人们没有拒绝他的理由，甚至在位置空缺的时候，倒有接纳他的必要。但是，如果社会是一个各个部分都已经彻底分化的系统，那么新的因素一旦卷入进来，就会扰乱原有的和谐状态，就会破坏原来的各种关系。因此，有机体为了维持自己原有的平衡，不得不防止各种外界因素的侵入。

二

一般来说，机械团结不仅无法像有机团结那样把人们紧密地结合起来，而且随着社会的不断进化，它自身的纽带也不断松弛下来。

事实上，由团结产生的社会关系的紧密程度主要取决于以下三个条件：

（1）共同意识与个人意识之间的关系。前者越是能够全面地涵盖后者，社会关系就越紧密。

（2）集体意识的平均强度。如果个人意识和共同意识是相互对等的，那么共同意识越有活力，它对个人的作用就越强。相反，如果共同意识软弱无力，那么它也只能软弱无力地把个人带到集体的方向上去，这样，个人就很容易另谋出路，社会团结也会松垮下来。

（3）集体意识的确定程度。实际上，信仰和行动越是界线分明，即越不会给个人留有背离这些规定的余地。它们建构了统一的模型，借此把我们的所有观念和行动都纳入其中。公意大概就是这类模型最完美的形式，即所有的意识都能相互倾动。相反，有关行动和思想的规范越是模糊空泛，个人就越会各怀心思，把这些规范用到特别的情形上去。因此，人们一旦学会了反省，思想就不能不产生分歧，思想一旦在质上和量上都随人而异，那么它所产生的一切也就都会随人而异。如果社会的离心力逐渐增强，那么社会的凝聚力和调节力也将大受影响。

换句话说，明确而又强烈的共同意识才真正是刑法的基础所在。我们发现，社会已是今非昔比了，它越是接近现代的形态，这些基础也就越加薄弱。这是因为，集体意识确定性的平均程度和强度如今已经彻底衰微了。当然，我们不能因此就断言共同意识的整个领域都在缩小，因为与刑法相应的那些部分可能会缩小，但其他部分却有可能扩大。尽管那些明确而强烈的意识减少了，但其他意识的数量却在不断增多，而且这些意识最有可能是个人意识，因为个人意识至少能够以同样的比例不断增长。社会里共同的东西越多，个人个性的东西也就会越多。我们之所以认为后者比前者增加得更快，是因为随着人们渐渐开化，他们之间的差异也越来越明显。如上所述，各种各样的特殊行为已经比共同意识更加发达，在每个人的个人意识中，个性的范围也很有可能超出共同意识的范围。在任何情况下，两者之间的关系都是如此。因此，机械团结即便没有所失，但也没有所得。就另一方面而言，如果我们证实了集体意识已经变得脆弱和模糊，我们就可以断定与之相应的团结也在逐渐衰弱，因为对它来说，在上述三个条件当中，有两个已经失之交臂了，第三个条件也还是老样子。

要想说明这个问题，只靠把不同社会类型有关压制性制裁的法规数量进行比较，是于事无补的，因为这些法规的数量并不与它所代表的感情完全符合。实际上，人们往往通过不同的方式来触犯同一种感情，因而也往往会产生不同的规范，但感情本身并不因此而发生变化。有多少获得所有权的方式，就会有多少侵占所有权的方式，但尊重他人所有权的感情却没有变化。正因为个人的人格成熟起来了，它的蕴涵丰富起来了，所以侵犯它的可能性也会逐渐增多，但这些感情始终还是不变的。因此我们绝对没有必要去计算规范的数目，而应该把它们划分成若干类型和亚类型，来看看它们所依据的是同样的感情，还是不同的感情，或者是同一感情的某些部分。这样，我们就可以建立某些犯罪类型及其基本变量，它们的数目肯定与明确而又强烈的共同意识相等。共同意识越多，犯罪的类型就越多，两者的变量就能够相互明确地做出反映。为了明显起见，我把不同社会中已经能够得到确认的各种主要类型以及与之相应的各种变量列成一个表格（见表5.1）。当然，这个分类既不算完整，也不算严格，但就我们的结论而言，它已经是比较充分准确的了。实际上，它包括了所有当代社会的犯罪类型，我们只怕遗漏了几个已经消失了的类型。但我想说的是，这些类型的数目正在减少，所以这种遗漏恰恰证明了我们的前提。

表5.1 禁止违犯集体感情的行为规范

I 服务于一般目的

宗教感情 { 积极的（规定宗教实践）
消极的[10]——关于神圣信仰
　　　　　关于崇拜
　　　　　关于崇拜机构（如教堂、神父）

民族感情 { 积极的（确定的公民义务）
消极的（叛乱、内战等）

家庭感情 { 积极的：a.父子 b.夫妻 c.一般亲戚
消极的：a.父子 b.夫妻 c.一般亲戚

---

[10] 所谓积极的感情就是能够使人们产生积极行动的感情，如宗教实践。而消极的感情则只能带来对某些行为的禁戒。当然，两者之间只存在程度的不同。但是这种差别还是很重要的，它能够表明两种感情不同的发展阶段。

两性感情 { 被禁止的结合：乱伦-鸡奸-不当婚配
　　　　　　卖淫
　　　　　　公共廉耻
　　　　　　未成年人的廉耻

有关工作的感情 { 行乞
　　　　　　　　流浪
　　　　　　　　酗酒[11]
　　　　　　　　工作中的刑罚规定

各种传统感情 { 关于：行规
　　　　　　　　　　殡葬
　　　　　　　　　　饮食
　　　　　　　　　　服饰
　　　　　　　　　　典礼
　　　　　　　　　　其他活动

有关共同意识机构的感情 {
　直接的侵害 { 叛国
　　　　　　　阴谋推翻合法政府
　　　　　　　恶毒攻击合法政府
　　　　　　　武装对抗合法政府-叛乱
　间接的侵害[12] { 个人侵吞公共职务-篡权-
　　　　　　　　　　篡改民意
　　　　　　　　　公务员营私舞弊及各种渎职行为
　　　　　　　　　各种不遵守国家法令的
　　　　　　　　　　行为（行政违法）

Ⅱ　服务于特殊目的

有关个人人格的感情 {
　杀人-伤害-自杀
　个人自由 { 肉体的
　　　　　　精神的（在实行公民权利的过程中
　　　　　　　　　　受到压制）
　名誉：侮辱、造谣、诽谤、伪证

---

[11] 我们之所以禁止酗酒，大概还有其他的目的，特别是醉酒之后有伤风化的行为举止，实在令人作呕。

[12] 间接侵害所特有的犯罪性质在于，它们来自共同意识机关，或部分共同意识机关内在固有的反动力量。其实，直接侵害与间接侵害这两种次级类型的界线是很难划定的。

有关个人财产的感情	偷盗-诈骗钱财、违约 各种欺骗
有关个人与人格及个人与财产的 关系的一般个人感情	伪造货币-倒闭 纵火 趁火打劫-劫掠 公共卫生

三

我们只要看一看这张表，就会发现有很大一部分犯罪类型已经逐渐消失了。

今天，家庭生活的规定几乎完全失去了刑法的所有痕迹，只有通奸和重婚算是例外。即使如此，通奸也几乎被排除在上述表格之外了，即使妻子被判定了罪名，丈夫还有赦免的权利。至于说到其他家庭成员的责任，也不再有压制性制裁的性质了。而在此之前的社会则绝对不是这副样子。《摩西十诫》就把孝道认作是一种社会义务，任何殴打双亲[13]、咒骂双亲[14]和违抗父权[15]的行为，都要被处以死刑。

尽管雅典城邦同罗马城邦属于同一类型，但它却表现出一种更为原始的形式，所以雅典法基本上也采取同样的方式来处理上述问题。如若有人不履行家族义务，就将受到特别指控，即全面的惩戒（γραφή παχ ώσεως）[16]："凡是有人虐待和侮辱他的父母或世系成员的父母，凡是有人不为他们提供生活必需品，凡是有人不为他们举行

---

[13]《出埃及记》第21章，第17节；《申命记》第27章，第16节。
[14]《出埃及记》第21章，第15节。
[15]《出埃及记》第21章，第18—21节。
[16] γραφή παχ ώσεως，前一词有被动接受条规的涵义，后一词有"无论从什么角度都应该有"和"无需找理由"的涵义，简译成"全面的惩戒"。——译注

符合家族身份的葬礼……都要遭到全面的惩戒。"[17] 如果某些亲属也以此方式对待年幼的孩童，不论是男孩还是女孩，都要遭到同样的指控。但是，这些行为所受的惩罚并不十分严厉，这说明，与之相应的那部分感情在雅典已经不像在犹太民族那里显得那么浓重了。[18]

然而在罗马，这种情况却有了更明显的退步。刑法所规定的家庭义务只限于贵族与具有平民身份的奴隶之间的关系。[19] 对于其他家庭过失，只是由家长按照家法施以惩罚。当然，家长总是凭借自己的威望来执行这一惩罚的，他运用权力时并不像公共行政官和执法官那样，是为了使家族成员尊重国家的普通法律，而只是以个人的身份来使用这些权力。[20] 这些法律分支已经倾向于变成纯粹的私人事务，社会对此并不是很关注。这样一来，家族感情也渐渐从共同意识的中心区域脱离出来。[21]

两性之间的感情也是以这种方式不断进化的。在《摩西五经》中，有关伤风败俗的法规占有很大的比重，当时被认定为犯罪的许多行为今天都已经是无关痛痒的了：如对未婚妻的诱奸（《申命记》第22章，第23—27节），与奴隶发生性关系（《利未记》第19章，

---

[17] 滕尼森：《雅典共和国的刑法》，第288页。
[18] 这种惩罚在当时还没有确定下来，但在降低身份的规定中已经有所体现。(参见滕尼森：《雅典共和国的刑法》，第291页。)
[19] 《十二铜表法》规定："领主如果欺骗仆从，就应受到诅咒。(Patronus, si clienti fraudem fecerit, sacer esto.)"在城邦社会早期，刑法是远离于家庭生活的。有一种君王法（lex regia），一直可以追溯到罗慕洛时代（Romulus），它诅咒了虐待父母的儿女。菲迪：《悲叹集》，第230页。
[20] 参见弗格特：《十二铜表法》第2卷，第273页。
[21] 人们也许会很奇怪：罗马是一个父权制的国家，我们怎么可以说它的家族感情产生了退化呢？我们只能以事实为根据来解释这一现象：在父权制家庭形成以后，许多要素从公共生活中游离了出来，建立了一种私人活动领域，构成了一种内在意识。这样，就产生了前所未有的社会变化。自从家庭生活摆脱了社会控制而回到家门那天起，家庭生活本身就开始形态各异了，家族感情也失去了往日的一致性和确定性。

第20—22节），失贞的妇女假冒处女结婚（《申命记》第22章，第13—21节），鸡奸（《利未记》第18章，第22节），兽奸（《出埃及记》第22章，第19节），卖淫（《利未记》第19章，第29节），尤其是牧师女儿卖淫（《利未记》第21章，第19节）和乱伦等。至于乱伦，《利未记》第17章中竟然举出了十七类情节。所有这些罪行都要受到最严厉的惩罚，其中绝大多数都处以死刑。在这个方面，雅典的法律就逊色得多，它只规定了有关谋财的男色、窥淫、与良家妇女发生婚外性关系、乱伦等的法律，虽然我们还不太清楚当时所谓乱伦行为究竟包括哪些。一般来说，雅典的惩罚比较轻一些。在罗马城市社会里，尽管这类法律的范围是比较模糊的，但它们所处的地位还是大致相同的，只不过没有原来那么显著而已。莱恩说："在城邦社会早期，尽管法律没有特别规定男色之罪，但它还是要受到群众、督察官或家长的惩罚，或者处死，或者罚金，或者毁其名誉。"[22]强奸（stuprum）以及与已婚妇女发生非法关系的行为都要受到类似的惩罚。父亲对女儿也有惩罚的权力。内政官一旦对罪犯提出同样的指控，他们就会被处以罚金或流放。[23]总而言之，对这类犯罪的处置，似乎已经具有了某些家庭和私人的性质。直到今天，这些感情除了下述两类情况外，几乎在刑法中已经得不到反映，即在公共场合对这些感情的触犯，或对不能自卫的未成年人的侵害。[24]

在"各种传统感情"一栏里，我列举的刑法范畴能够真实地把许多不同的犯罪类型表现出来，这些犯罪都各自对应不同的集

---

[22] 莱恩：《罗马的刑法》，第865页。
[23] 莱恩：《罗马的刑法》，第869页。
[24] 我们不把绑架妇女和强奸妇女划入此类，因为这些犯罪含有其他某些成分，它不是无耻，而是强暴。

体感情。随着时间的推移，这些类型完全，或至少说差不多都无影无踪了。在简单的社会里，传统总是高高在上的，任何事物也都概莫能外，所以最稚嫩的习俗也会凭借习惯的力量变成一种强制性义务。在东京（Tonkin）[25]，有许多常规是不能违犯的，而违犯者所受的惩罚有时比严重损害社会的犯罪还要严厉。[26] 在中国，如果医生不照规矩书写药方，也会受到严惩。[27]《摩西五经》也写满了类似的规矩，绝大多数的准宗教惯例显然有着历史的根源，它的所有力量也都来源于传统：饮食[28]、服饰[29]以及很大一部分经济生活的细则。[30] 从某种程度而言，希腊城邦社会也莫不如此。古朗治认为："政府事无巨细均接揽在手。罗格里斯（Rocres）的法律禁止人们饮用纯葡萄酒。各个城邦明确规定服饰不得有丝毫变化，斯巴达（Sparte）法律规定了妇女发髻的样式，而雅典法律则禁止妇女携带三件以上的装束外出旅行。罗得斯（Rhodes）法律禁止男人剃须。拜占庭（Byzantium）法律规定，若在家中藏有剃须刀，则处以罚金，斯巴达法律则恰恰相反，要求人们必须剃掉上唇的胡须。"[31] 但是，对这类罪行的规定已经日渐消亡。在罗马，就只剩下了一部分禁止妇女奢侈的法律。我想，在今天的法律里，大概再也找不出这些规定了吧。

然而，刑法的最大损失莫过于宗教犯罪的彻底消失，或几乎彻

---

[25] 东京（Tonkin）：殖民者对越南北部某一地区的旧称。——译注
[26] 普斯特：《普适法学的基础》第1卷，第226页。
[27] 普斯特：《普适法学的基础》第1卷，第226页。埃及也是如此。参见滕尼森：《刑法史研究》第1卷，第149页。
[28]《申命记》第14章，第3—4节。
[29]《申命记》第22章，第5，11，12节；第14章，第1节。
[30]《申命记》第22章，第9节和第10节写道："在葡萄园里不得栽种其他作物。""不得用一牛一驴并驾耕作。"
[31] 古朗治：《古代城邦》，第266页。

底的消失。在这里，所有感情都不再像共同意识那样强烈而又确定了。当然，如果我们把现行法律的此类规定与低级社会做一番整体比较，那么退化的状态是显而易见的，以至于我们怀疑这种退化是否是常态的，是否会这样不断持续下去。但如果我们按图索骥，追踪事实的发展脉络，就会发现排除这些法律的过程是循序渐进的。社会越是进化，这种情况就越会发生，这绝对不是一个偶然的或随机的过程。

《摩西五经》所描述和禁止的宗教犯罪实在是不胜枚举。犹太人必须尊从所有诫律，否则就要遭到灭顶之灾。"他藐视主的言语，违背主的律令，终要被剪除。"[32] 就此而言，人们不仅不可做被违禁的事情，还要做法律所规定的事情，如自己和全家行割礼，候守安息日及其他节期等。我们毋需再次说明这些规定是如何繁杂，这些惩罚是如何残酷的事实了。

在雅典，宗教犯罪所占的地位还是很显著的。当时有一种特别的指控，即全面的惩戒（γραφή παχώσεως），是用来控告触犯国教的罪犯的，其范围非常之大。"表面上，阿提卡（Attic）法律对这种被称之为无需理由的（παχώσεω）的违法罪行并没有作出明确的规定，它给法官的判决留下了很大的余地。"[33] 然而，这些雅典法律不仅不像希伯来法律那样名目繁多，而且它所规定的都是犯罪而非对行动的限定。实际上，人们主要援引的犯罪形式不外乎于此：拒绝信仰神，拒绝信仰神的存在以及它对人类事物的支配权；对节日、牺牲、竞赛、庙堂和祭台的亵渎；对救济权的侵害，对死者不尽义务，牧师对祭礼的篡改或遗漏，向俗人授以神秘教义，将神圣

---

[32]《民数记》第15章，第30节。
[33] 迈尔和勋曼：《阿提卡的历史进程》（柏林1863年第二版），第367页。

的橄榄树连根拔起,无权进入神庙的人非法闯入等。[34]因此,所谓犯罪并不在于不守信仰,而在于主动用行动和言辞来扰乱宗教。[35]最后,就连对新的神性的引介,都无需获得批准,也不会被看作是不敬上帝,尽管对此类事件的指控是很随意的,有时偶尔会胜诉。[36]再者,在智者派和苏格拉底的故乡,宗教意识总要比犹太人的神权社会宽容得多。哲学之所以能够在那里生根发芽,不正是因为传统信仰还不够强烈,还无法阻止它吗?

在罗马,这些信仰在个人意识中显得更加柔弱了些。古朗治就曾反复强调罗马社会的宗教特质,然而,他们与早期民族相比,罗马帝国的宗教情感毕竟还少了些。[37]在这里,政治职能与宗教职能早就分离开来,后者甚至是隶属于前者的。"幸运的是,罗马的政治原则占据了主导地位,而罗马宗教带上了政治色彩,因此,除非危害宗教的行为间接地危害到了国家,否则国家是不会支持宗教事务的。在罗马,外国和外国人的宗教信仰并没有受到限制,唯一的前提就是它们要谨守自己的范围,不触及国家的权限。"[38]但如果公民皈依外教,国家就不得不出面干涉。"然而,这一点与其说是法律问题,不如说是高层行政管理的问题。对上述行为的干涉,须视当时的情况而定,要么提出警告,要么明令禁止,要么处以包括死

---

[34] 引自迈尔和勋曼:《阿提卡的历史进程》,第368页。参见滕尼森:《雅典共和国的刑法》,第2章。
[35] 当然,古朗治也说过,依照波吕丢克斯(Pollux)的说法(参见第8章,第46页),庆祝节日是一种义务,但原文所说的是一种主动的亵渎,而不是消极的退出。
[36] 迈尔和勋曼:《阿提卡的历史进程》,第369页。参见《古代辞典》,词条"Asebeia"。
[37] 古朗治自己也承认雅典社会的宗教色彩更浓一些。参见《古代城邦》第18章,最后几行。
[38] 莱恩:《罗马的刑法》,第887—888页。

刑在内的惩罚。"[39] 在罗马的法庭里，宗教审判并不像在雅典那样十分重要，我们找不到与全面的惩戒（γραφή παγ ώσεως）相似的司法制度。

罗马对宗教犯罪规定不仅在内容上非常明确，而且在数量上也少了些，在级别上也降了几等。实际上，罗马人对所有的宗教犯罪并不一视同仁，而是把它们分为可以补赎的罪行（scelera expiadilia）和不可以补赎的罪行（scelera inexpiadilia）。前者只需要赎罪，只需要向众神献祭牺牲。[40] 毫无疑问，这种牺牲就是一种惩罚，国家可以强制实行，因为一旦罪犯所犯下的罪孽浸染了社会，就会存在众神迁怒于社会的危险。然而，这种惩罚在性质上完全不同于死刑、没收财产和流放。这种比较容易洗刷的罪名，在雅典法那里却被当作弥天大罪而遭到压制。例如：

（1）对一切圣地的亵渎（locus sacer）

（2）对一切宗教领地的亵渎（locus religiosus）

（3）宗教婚姻（marriage per confarreationem）后的离婚

（4）出卖宗教婚姻的子嗣

（5）在阳光下暴露尸体

（6）冒犯，甚至不经意地冒犯任何一种不可以补赎的罪行

在雅典，对庙堂的亵渎，对宗教典礼最轻微的骚扰，有时候甚至对宗教仪式无关紧要的触犯[41]，都要被判处极刑。

在罗马，故意对宗教进行严重侵犯的行为才会受到惩处，不可以补赎的罪行主要分为以下几类：

（1）公职人员不尽职责，不施占卜，不奉神圣或亵渎神圣

---

[39] 瓦尔特：《罗马刑法的文明进程史》，第804页。
[40] 马奎特：《罗马国家法》（第二版）第3卷，第185页。
[41] 参见滕尼森所提供的事实，载《雅典共和国的刑法》，第187页。

（2）法官在忌日开庭，而且明知故犯

（3）以违禁的行为对节日（feriae）进行亵渎

（4）修女的乱伦，或与修女的乱伦[42]

人们往往责怪基督教缺乏包容性，但就这一点看来，基督教比前期宗教已有了明显的进步。在基督教社会的宗教意识里，只有信仰达到了极致状态，当人们公然对抗宗教、否认宗教和攻击宗教的时候，宗教才会诉诸刑罚，以示抗拒。这一时期的宗教甚至比罗马宗教还远离于世俗生活，它已经不再拥有以前那种权威，只好独善其身，以取守势。它也不需要压制那些比较琐碎的犯罪行为，只是在人们触犯了某些主要教规的时候，才加以惩治。那时的教规并不很庞杂，因为信仰已经变得越来越精神化、普通化和抽象化，所以也显得比较简单一些。从此以后，亵渎神圣的行为（侮辱宗教只是其中之一）以及不同形式的异端邪说，便成了仅存的宗教犯罪了。[43]这样，宗教犯罪的数目不仅还在减少下去，而且判定它的强烈明确的感情也日渐式微了。事情能不如此吗？每个人都会承认，基督教是一切宗教中最为唯心的一种宗教，它不再拘泥于特定的信仰和明确的修行，而是使信仰变得更加广阔，更加普遍。因此，基督教形成伊始，就注定有了许多自由的思考，有了许多彼此不同，甚至截然对立的学派。在中世纪，基督教社会刚刚确立起来，经院

---

[42] 根据弗格特在《十二铜表法》（见第1卷，第450—455页）和马奎特在《罗马文物》（见第6卷，第248页）的说法，我省略了一两种犯罪类型，因为它们既具有世俗特性，又具有宗教特性。我在这里所指的都是直接触犯神圣事物的罪行。

[43] 布瓦兹：《现代民族法律史》第6卷，第62—63页。但我们还应该注意到，对犯罪的严厉惩罚还是后来的事情。直到公元9世纪，亵渎神圣罪还仍旧可以用三十磅银两来赎回（参见布瓦兹：《现代民族法律史》第5卷，第231页）。到了1226年，才发布了对异教处以死刑的命令。因此我们可以说，加重刑罚乃是一种在例外情况下的反常现象，绝不能代表基督教的正常发展状况。

哲学就已经纷纷问世，这是所有反思在方法上的第一次尝试，也是宗教分歧的根源所在。宗教的辩论权在原则上是被承认的，我们毋需证明，自此以后这种发展趋势一天比一天明显了。因此到了最后，宗教犯罪只好与刑法完全地，或者说几乎完全地分离开来。

四

多种多样的犯罪都已经逐渐消失了，而新的犯罪却从来没有出现并取而代之。我们禁止沿街乞讨[44]，但雅典人不也对那些游手好闲的人进行处罚了吗？在任何社会里，对民族感情和国家制度的违抗都不会得到纵容。事实上，古代的压制性制裁看来更严厉些，因此我们有理由相信与之相应的那种感情变弱了。欺君之罪在以前或许还有各种不同的样式，而今天它们大多都销声匿迹了。

但是，有时候未开化民族不承认那些针对个人人格所规定的犯罪，他们甚至还奖励某些盗窃和杀人等罪行。龙勃罗梭（Lombroso）[45]最近仍在维护这种理论。他认为："野蛮人犯罪并不是一种例外情况，而是一种普遍规律……没有人认为这些行为（如盗窃和杀人）是犯罪。"[46]为了证明这一理论，他列举了几个罕见而又矛盾的事实，并不加批判地加以解释。甚至把共产制度与跨国掠夺都看作是盗窃行为。[47]其实，即使财产未能在群体成员之间平均分配，也不意味着就承认了盗窃权，相反，只有在个人财产制度

---

[44] 滕尼森：《雅典共和国的刑法》，第363页。
[45] 龙勃罗梭（Lombroso）：1836—1909，意大利犯罪学家，精神病学家、刑事人类学派创始人，重视研究犯罪人的病理解剖。——译注。
[46] 龙勃罗梭：《犯罪的人》（法译本），第36页。
[47] 龙勃罗梭说："在开化民族那里，私人财产的确立都要经过漫长的时期。"（见《犯罪的人》，第36页。）

的条件下,盗窃才会发生。[48]同样,如果一个社会容忍了掠夺邻国的罪行,我们也不能就此判定,社会纵容每个公民在社会内部相互劫掠而不采取保护措施。我们只能认为,社会还没有确立有关制裁内部掠夺的规定,而这些规定是一定会建立的。根据狄奥多罗斯(Diodorus)和奥鲁斯·格利乌斯(Aulus Gellius)[49]的原文,我们可以相信,古代埃及对这类行为是放任自流的。但这两篇文字的有关记载与我们所了解的埃及文明却截然相反。滕尼森说得倒是很有道理:"这里的法律规定,凡是非法侵吞他人财物的人都要被处以死刑,即使度量衡发生了改变,也要砍除双手,以示惩罚。……我们难道可以说这样的国家会纵容犯罪吗?"[50]我们尽可以通过某些猜测[51]来重构事实,但是如果某些记述本来就不很准确,我们怎能以此为据呢?

龙勒罗梭所说的杀人行为实际上是针对某些特殊情形而言的。它有时是战争的拼杀,或者是宗教的牺牲,或者是野蛮君主对他的子民,专制父亲对他的子女的惩罚。我们所要证明的不在于此,而在于原则上究竟有没有禁止杀人的法律。在这些例外情形里,我们是无法作出定论的。我们绝不能只根据特定的条件就认为这种法律并不存在。同样,我们的社会就没有这种例外吗?一个将军为了挽救全

---

[48] 在判断原始人对盗窃的认识的时候,我们千万不要忘记一个事实:在原始共产主义初期,人与物之间的联系是非常脆弱的,换句话说,个人对物的权利还不如今天这样强,因此他们对这种权利的触犯也不如今天这样重。当然,这并不意味着古人对盗窃特别纵容。总之,如果不存在私人财产,也就不会有盗窃的存在。
[49] 狄奥多罗斯:第1卷,第39页;奥鲁斯·格利乌斯(Aulus Gellus):《阿提卡之夜》第6卷,第18页。
[50] 滕尼森:《刑法史研究》第1卷,第168页。
[51] 猜测总是很容易的。(参见滕尼森:《刑法史研究》;塔尔德:《犯罪学》,第40页。)

军而牺牲掉一个团的兵力,与处死一个公民以消国神之怒,不是同样的道理吗?战争哪能会没有杀戮发生呢?在某种情况下,丈夫杀死了与人通奸的妻子,即使他得不到完全赦免,不也会得到一定程度的宽恕吗?凶手和窃贼有时候是能够引起人们的怜悯的,人们尽可以钦佩这些人的勇气,但这不等于说他们在原则上是可以得到容忍的。

不仅如此,这种学说的根本观念也是自相矛盾的。它假定原始人没有任何道德可言。然而,人们一旦结成了社会,不管这个社会怎样低级,都必须要有一些规范来规定人们的关系,因而势必也会有一种道德存在,尽管这种道德与我们的社会不同。再者,如果在所有道德律令中存在一种共同的规范,那么这种规范肯定会禁止任何攻击个人的行为的,既然人们彼此相似,同生共死,那么他们肯定会对自己的同胞满怀同情,而这种同情必然要反抗任何侵害同胞的行为。[52]

然而,这些学说也有言之有理的地方。首先,保护个人的法律并不是很普遍的,有一部分人,诸如儿童和奴隶就被排除在法律保护之外。其次,我们完全有理由相信,这类保护在现代社会更行得通,因此,与之相应的集体感情实际上变得更为强烈了。但是,这两个事实也并不能推翻我们的结论。在今天,任何个人都作为社会成员而受到同样的保护,道德变得更加温和了,但这并不在于一种新的刑法已经真正出现,而在于旧的规范还在扩张。起初,法律就已禁止残害任何一个社会成员,只是把儿童和奴隶排除在外,但现在既然我们对此已经不再进行区分,所以当初不被认作是犯罪的行

---

[52] 这一前提与我们在上文经常阐发的前提并不是矛盾的。上文指出,那个时代还没有什么个人人格,也缺少心理人格,更谈不上高等的心理人格了。然而,个人总归有独特的有机生活,这足以使他们产生一种同情心,当然,个人人格越是发达,人们所具有的同情心也越会浓烈。

为也要受到惩罚了。但这仅仅是因为社会中人格的增加，而不是集体感情的增加。实际上，集体感情并没有增加，增加的只是它的对象。我们尽可以承认社会越来越尊重个人，但我们不能就此断定共同意识的中心扩大了。社会并没有增加多少新的因素，感情还依然是以前的感情，它所积聚的力量还足以保护自己不受任何形式的伤害。这里，唯一的变化就是它原来的因素变得更强了。但是，那些不计其数的惨重损失是不能依靠这种强力来补救的。

因而就整体而言，共同意识不再像以前那样强烈而又明确了，正如上文所说，集体感情之确定性的平均程度和平均强度都在不断减低，就连我们刚才所说的那种有限的加强，也只是有助于得到同样的结论。实际上，那些逐渐强化的集体意识并不针对社会事物，而针对个人，这是显而易见的事实。因此，个人人格在社会生活中必然会成为更加重要的要素。个人所获得的这种重要地位，不仅表现在个人的个别意识在绝对意义上有所增加，也表现在它比共同意识更加发达。个人意识越来越摆脱了集体意识的羁绊，而集体意识最初所具有的控制和决定行为的权力也正在消失殆尽。实际上，如果个人意识和集体意识的关系没有发生变化，如果两者在程度和活力等方面都在同步发展，那么与个人相关的那部分集体感情是不会发生变化的，是不会独自扩大的。这是因为，集体感情所依赖的完全是个人的社会价值，这种价值并不是由个人的绝对发展决定的，而是由他在总体社会现象中所占据的相对范围决定的。

五

我们还可以运用一种方法来证明这个前提，下面我简单概括一下。

在今天，我们对于什么是宗教的问题，还没有一个科学的概念。要想找到这个概念,我们就应该采用我们在研究犯罪时曾经使用过的比较方法来考察这个问题,这乃是一种前所未有的尝试。人们常说,在任何一个历史阶段里,宗教都是由一系列信仰和感情组成的,它能够把人与一种或几种超越人的存在维系起来。然而,这样的定义明显是不恰当的。实际上,有很多行为规范和思维方式都带有着宗教性质,但它们所涉及的关系却全然不同。犹太教就禁止人们吃某种肉,对人们的服饰也有特殊的规定。宗教把这些以及对人与物的性质的看法和对世界起源的看法施加于人,还往往规定了人们之间的法律关系、道德关系和经济关系。所以,宗教的活动范围完全是超出人与神的单纯关系之外的。当然,我们也承认世界上至少还存在一种无神的宗教。[53] 如果这个事实能够得到证实,那么就足以说明,我们无权把宗教说成是神的观念。即使信仰者赋予神性的特权可以被解释为一切宗教事物所具有的特殊尊严,我们也需要解释人类为什么会把这种权威给予他们的幻想所臆造出来的事物,在很多情况下,任何人,至少绝大多数人都承认宗教是幻想的产物。所有事物都不是没有来由的。神圣事物的力量必然有着自己的根源,因此,上述解释并不能使我们了解现象的本质所在。

撇开这些不提,我们会发现,一切宗教观念和感情所表现的唯一特性就在于,它是聚居在一起的所有个人所共有的,它的平均强度也是很高的。实际上,当共同体成员共同具有某种强烈信念的时候,他们就不可避免地会带有某种宗教色彩。个人意识对这种信念越加尊重,他们对宗教信仰也会越加尊重。当然,简要的说明不能作为严格的论证,但我们至少可以说与宗教相对应的就是共同意识的中心。我们确定这个领域的同时,还需要把它与刑法相应的领域

---

[53] 如佛教(参见《宗教科学百科全书》佛教一条)。

区别开来，但这两者总是完全或部分地混杂在一起的。这就是我们亟待解决的问题。然而，问题的解决与我们刚才所做的猜测还不是直接相关的。

我们必须承认，历史已经明确地向我们展示了事实真相：宗教对社会生活的影响已经越来越微弱了。起初，宗教涵盖了整个生活；任何社会事物都带着宗教色彩——宗教和社会是同义的。然而，随着政治、经济和科学等功能逐渐从宗教功能中脱离出来，自立门户，它们的世俗性质也表现得越来越明显。在以往的人际关系里，上帝还经常抛头露面，但后来，上帝就退隐避居了，它把整个世界都交还给了人，任凭他们去争执不休。我们至少可以说，即使上帝还在驾驭这个世界，也多少有些作壁上观的意味，即使上帝还在统治这个世界，也多少有点含糊其辞，正因如此，人类才获得了自由发展的空间。这样一来，个人便觉察到了自己的存在，他们不再**逆来顺受**了，而成了自觉活动的源泉。总之，宗教领域非但没有与世俗生活共同得到发展，反而每况愈下，日渐衰微了。这种退步现象并不是在某个特定的历史时期产生的，而是贯穿于整个社会进化过程的始终。因此，它是与社会发展的基本条件有关的，它可以证明那些既带有集体性又带有宗教性的强烈的集体感情和信仰逐步淡化的趋势。这意味着，共同意识本身的平均强度也逐渐弱化了。

这种论证比上述论证有一个好处：它可以证明这一退化规律既可以适用共同意识中的情绪成分，也可以适用共同意识中的表意成分。在刑法里，我们只能谈到一些情感现象，而宗教除了包括一些感情因素以外，还包括着许多观念和学说。

随着社会的不断发展，格言、谚语和警句的数目在不断减少，这进一步说明，集体表象也在变得模糊不定。

实际上，在原始社会里，这样的箴言是举不胜举的。埃利斯

(Ellis)指出:"在西部非洲,许多种族都说克瓦语,他们有很多谚语,每一种生活情境都至少能配有一句,这正是所有在文明进化方面停滞不前的种族所具有的共同特征。"[54]

许多比较先进的社会,在成立初期才会有这么丰富的谚语。后来,非但新的谚语没有产生,旧的谚语反而被遗落了,它们失去了原有的涵义,最后竟然把人们弄得匪夷所思。这充分说明,谚语只能在低级社会赢得人们的普遍喜爱,到了今天,它们也只能在下等阶级中间流传了。[55]谚语是集体观念和感情的集中表现,它们的对象常常是确定的。我们甚至可以说,这样的信仰和感情如果不结晶成为这种形式,它们就不会存在下去。每一种思想都寻求和自己最贴切的表达方式,如果这种表达获得了很多人的认同,那么就会变成他们共同拥有的语言形式。任何一种能够持续发生作用的机能,也都需要把某个器官作为自己的表现形式。有些人认为,正是因为我们具有了求实和科学的精神,谚语才会衰落下去,这种说法简直荒谬之极。在言谈之间,我们并没有只专注于缜密性而贬低意象性,相反,我们倒觉得流传很久的谚语有滋有味。再者,意象也并不一定是谚语的必要组成部分,它只是体现集体思想的一种方式,而且还不是唯一的方式。然而,这种简短的语言形式最终显得过于狭窄,已经涵盖不了个人情感的许多差异。谚语的统一性终于抵挡不过个人的分歧,除非它们获得了更普遍的意义,否则将会逐渐死去。如果人体机能不再发生作用,那么器官就将会渐渐退化;也就是说,如果集体的表象不再像以前那样明晰可辨,那么任何一种确定的形式也包含不了它。

---

[54] 埃利斯(Ellis):《奴隶海岸的克瓦语民族》(伦敦1890年版),第258页。
[55] 伯夏特(Wilhelm Borchardt):《谚语》(莱比锡1888年版)第7卷。参见维斯(Wyss):《罗马丑角的俗语》(苏黎世1889年版)。

因此，任何事实都可以证明，我们所指明的正是共同意识的发展方向。共同意识的发展已经落后于个人意识，它在整体上已经渐渐变得脆弱而又模糊。集体类型也失去了它以前的显赫地位，变得更加抽象不明。正像人们常常以为的那样，如果这种衰落状况是晚近文明的产物，是社会历史特有的事实，那么我们就应该扪心自问，它是否会长此存在下去。事实上，自古以来，这种状况就已经存在了。这正是我们想要说明的一点。个人主义和自由思想实际上也不是晚近的产物，它的起点既不是1789年，也不是宗教改革运动，既不是经院学派，也不是希腊-拉丁多神教和东方神权政治的衰落时期。这种现象是没有起点的，它的发展也不是直线的，它贯穿整个历史进程的始终。新的社会形态在替代即将灭亡的社会形态的时候，并没有马不停蹄地走上前台，这是为什么呢？儿女所延续的并不是父母的老年时期或壮年时期，而是自己的童年时期。同理，如果我们要想发现社会发展的过程，就必须考察那些前后相继的而又各自处于自身发展之相同阶段的社会形态。譬如说，我们应该把中世纪的基督教社会与罗马早期社会做一番比较，也应该把罗马早期社会与早期希腊城邦社会做一番比较。这样，我们才能了解进步或退步得以形成的整个状况，换言之，可以了解历史没有断点的持续发展过程。这种铁定的历史规律是我们无法抗拒的。

这并不是说，共同意识面临着彻底消失的危险，我们只能说共同意识的思想方式和感情方式已经变得更加普遍、更加模糊了，这无疑给个人彼此不同的发展留下了余地。共同意识唯有在一处才能显得更加稳固，即它越来越能看清个人的面目了。当其他一切信仰和行为都失去了宗教属性的时候，个人就成了宗教的唯一对象。我们对人之神圣的崇拜也越来越像其他狂热的崇拜一样，具有了迷信色彩。如果我们愿意把这种崇拜当作是共同信仰，恐怕也未尝不可。这种崇拜得以存在的前提就是其他信仰的破灭，而且它也不会产生其他信仰所产生的后果。这绝对不是一种补偿。再者说，即使这种信仰是共同的，可以被整个共同体所分享，它的对象却是个人。即使它可以使每个人的意志都趋向于同一个目标，这目标本身也不是社会的。因而，它在集体意识里只能算是一种例外情况。它的所有力量都来自于社会，但它并不把个人维系于社会，而把我们维系在自己的身上，它没有构成一条社会纽带。因此，那些常常遭人责骂的理论家们，如果真的把这种情感当作道德学说的唯一基础的话，那么肯定会有解散社会的嫌疑。我们就此可以得出结论：相似性所产生的社会纽带已经渐渐松弛下来了。

单就这一规律而言，我们足可以证明劳动分工无可伦比的作用。实际上，机械团结的日渐衰微可能会导致两种结果：要么是纯粹的社会生活大大减少了，要么是另一种团结渐渐产生了，以至于最后替代掉它。对此，我们不得不做出抉择。有人认为，集体意识和个人意识是共同生长、共同强壮起来的，这简直是信口雌黄！我们已经证明，这两者是分道扬镳的。社会的发展绝对不是一种持续的解体过程，恰恰相反，人类越是进步，社会对自身与自身的统一性就越有深切的感受。这种感受一定是另一种社会纽带造成的，它非劳动分工莫属。

我们还可以回想一下，机械团结最为强劲的反抗力是抵不上劳动分工所产生的凝聚力的，机械团结的运作范围也涵盖不了现代社会大多数的社会现象，这个明显的事实告诉我们，社会团结的唯一趋向只能是有机团结。劳动分工逐步替代了共同意识曾经扮演过的角色，高等社会的统一完全要靠分工来维持了。

显然，劳动分工的这种作用要比经济学家平常所以为的重要得多。

第六章

有机团结的递增优势及其结果（续）

一

这就是历史规律：起初机械团结还能够，或几乎能够独当一面，后来则逐渐失势了，有机团结渐渐跃升到了显著位置。既然人们相互维系的方式发生了改变，社会结构也会不可避免地随之变化。同样，当身体内各个分子之间的亲和性发生改变的时候，身体的外形也不得不随之变化。因此，如果上述论点确切无疑，那么必然会存在与两种团结相应的社会类型。

如果我们要建构一个社会的理想类型，并且设想这个社会的凝聚力完全是通过相似性而产生的话，我们就应该把它看作是由同质的大众构成的，它的各个部分之间既没有什么差别，也没有什么有意的安排。总之，这些大众是没有任何确定的形式和组织的。这真可谓是社会的原生形态，是各种社会形态得以萌生的胚胎。我建议把具有这种特征的人群称作**群居社会**。

的确，我们还没有发现在方方面面都完全可靠地符合这种描述的社会。但是，我们有权假定它的存在，假定那些最接近原始阶段的低级社会，就是这类群落重复出现的结果。我们在北美印第安人那里，几乎找到了这种社会组织的纯粹模型。每个易洛魁部落都是由若干不完整的团体组成的，最大的部落共包括八个团体。它们本身都具备我们上文所说的各种特征。其中成人无论男女都是相互平等的，每个群体都有自己的头领和酋长，部落的公共事务完全由酋长会议裁决，酋长不享有任何特殊的地位。亲属关系并没有明确的组织，我们无法用这个术语来表示分散于各个代际的一大群人。后来，有人发现这群人中间已经有了某种特定的义务关系，它们把儿童与母系亲属联系在了一起。但是，这些关系还仍然较为少见，还很难与社会其他成员的关系区分开来。原则上说，所有年龄相仿的成员都被归于同一等级的亲属关系里。[1] 在其他情况下，这种社会与群居社会更为相似：菲松（Fison）和霍维特（Howitt）认为澳洲部落也包括两种类型。[2]

有一种群居社会已经丧失了独立性，成了较大群体的一部分，我们把它称作"氏族"。另一种则是由好些氏族联合而成的，我们姑且把它称作"**以氏族为基础的环节社会**"。我们之所以把这种社会说成是环节的，是因为它是由许多相互类似的群落重复而生的，就像一条环节虫是由许多环节集成的一样。我们之所以把这种基本的群落说成是氏族，是因为它最能表现出家族和政体的混杂性。我们之所以将它说成是家族，是因为各个成员都把对方当成自己的亲属，而且实际上他们大多数都有着血缘关系。从血缘中产生的亲和力便是维系他们相互结合的主要力量。再者，我们可以把他们所维持的相互关系说成是家族关系，因为我们在其他具有家族性质的社会里也可以找到这种关系，如集体复仇、集体责任，以及个人财产产生以后的继承权。但就这个术语的本义来说，我们还不能称之为家族，因为它并不需要与其他氏族成员划清血缘关系的界线。它只

---

[1] 即卡米拉罗依（Kamilaroi）和克奈（Kurnai）。美洲印第安社会也经历过这一时期（参见摩尔根：《古代社会》）。

[2] 摩尔根：《古代社会》，第62—122页。

要求确立某种外在的标准,家族之间通常只要是同姓的就足够了。尽管这种记号被看作是同源的,但是正式身份也不能算是真凭实据,它是很容易被模仿的。因此,氏族也包含了许多外族人,它是原来意义上的家族概念所概括不了的:一个氏族往往包括成百上千个成员。不仅如此,它还是最基本的政治单位;氏族头领独自享有整个社会权威。[3]

因此,我们还可以把这种组织称作是政治-家族的。氏族不仅以血亲关系作为自己存在的基础,而且同一民族中的不同氏族也相互视为亲属。易洛魁人就根据不同的情境把对方称作兄弟或表兄弟。[4]犹太人的社会组织更具有这样的色彩,每个氏族的祖先都被看成是部落创始人的后裔,而这个创始人则被看成是本族始祖之子。然而,这种说法与上述说法相比尚有不妥之处,因为它并没有将真实的社会结构表现出来。

然而无论人们怎样称呼它,这种组织只不过是扩大了的群居社会而已,它除了具有通过相似性产生的团结以外,并无其他特征。这是因为,这个社会只是由相似的环节构成的,而且这些环节也是同质的。当然,每个氏族也都有各自的特征,能够彼此区分开来。可以说,它们之间的异质性越强,社会团结就越弱,反过来说,它们之间的异质性越弱,社会团结就越强。环节组织要想存在下去,各个环节之间不仅必须具有相似性(否则它们便无法相互结合),

---

[3] 就纯粹意义来说,我们至少可以相信,氏族是一个混沌未分的家族,而后来许多相互有别的个体家庭,倒是彻底瓦解了这种同质性的基础。但是,我们所描述的这种社会组织的基本特征并没有因此而发生改变。我们也不必为此费心劳神。氏族始终都是政治单位,其中的家族也彼此相似,相互平等,社会则仍旧由相似的、同质的环节构成。尽管在原始的环节中还常常加入新的面孔,但他们始终还是一模一样的。

[4] 摩尔根:《古代社会》,第90页。

而且还要具有差异性，否则它们就会相互混淆以至最后消失。根据不同的社会条件，这两种截然相反的要素之间的比例也不同，但无论如何，它们的社会类型总归是一样的。

说到这里，我们已经从史前时期以及对它的种种猜测中走出来了。这种社会类型不仅不是凭空捏造的，相反它却几乎普及到了所有低等社会，其数量简直难以计算。上文说过，这种类型在美洲和澳洲是很普遍的。普斯特发现，在非洲黑人那里，这种类型也是最常见的。[5] 到了最后，犹太人还保留着这种类型，卡比尔人（Kabyle）也从未超越过它。[6] 所以，瓦茨在概括这些民族结构的时候，把它们称作原始民族（Naturvölker），并做以下描述，我们从中或许可以发现这类组织的普通模式：

> 就一般规律而言，所有家族既相互依存，又各自独立，并且能够逐步发展起来，形成一个小社会（即氏族）[7]。这些小社会是没有固定组织的，除非有了内部的冲突和外来的危机，如战争，一个人或几个人才会从人群里突现出来，作为他们的头领。它们的影响力只建立在个人品质的基础上，所以不会扩大得很远，维持得很久，它们的影响范围只能局限在大家信任和忍耐的限度内。任何一个成年人面对它的头领，都完全具有自己的独立性。因而我们会看到，在缺乏任何其他内部组织的情况下，这些人只能依靠外界环境的促动以及共同生活的习惯

---

[5] 普斯特：《非洲法学》第1卷。
[6] 参见阿诺多和勒尔图纳：《卡比尔人及其风俗》第2卷；马斯奎利（Masqueray）：《阿尔及利亚定居人口的城市形成》（巴黎1886年版）第5章。
[7] 瓦茨认为氏族是来源于家族的，这绝对是一个误解，事实恰恰相反。尽管这段描述因为作者的权威地位而非常闻名，但它毕竟不是很精确。

结合在一起。[8]

氏族在社会中的分布状况是可以改变的，社会的整个形态也是可以改变的。有时候它们只是沿着一条直线简单地排列在一起的：许多北美印第安部落就是这种情况。[9]有时候它们可以表现为一种更高级的组织形式，每个氏族既包含在一个比较大的群体里（这个群体是由若干氏族联合而成的），又有自己独特的生活和名称。每个群体又可以同其他群体一样共同包含在更大的群落里，如此层层叠叠地包含在一起，构成了一个社会统一体。在卡尔比人那里，氏族就是政治单位，是以村落的形式存在的，如迪耶马（dijemmaa）或萨达特（thaddart）；几个迪耶马结成一个部落（arth'），几个部落结成一个部落联盟（that'edilt），这便是卡尔比人最高等级的政治社会形式。同样，在犹太人那里，氏族常常被人很不恰当地称作**家族**，它包含了数以千计的成员，据说都是同一个祖先的后代。[10]一定数目的家族结成了一个部落；十二个部落联合起来共同组成了整个犹太民族。

这些社会就是机械团结的肇端，它们主要的生理特征也是从这种团结中产生出来的。

我们知道，在这些社会里，宗教侵蚀了整个社会生活。这是因为，当时的社会生活主要是由几乎完全一致的信仰和行为构成的，同时这种一致性也显得特别强烈。古朗治在研究古典文献的过程

---

[8]　瓦茨：《原始民族的人类学》第1卷，第359页。
[9]　参见摩尔根：《古代社会》，第153—154页。
[10]　据《民数记》记载，流便（Reuben）部落总共包括四个家族，年过二十的成年人大约超过了43000人（参见《民数记》第3章，第15—16节；《约书亚记》第7章，第14节）。参见穆克：《巴勒斯坦》，第116，125，191页。

中,也追溯到了我们曾经谈论过的那个时期,他发现各个社会的原始组织都带有家族性质,原始家族的形成也都是以宗教为基础的。不过,他的发现的确有些本末倒置。他只是提到了宗教观念,却只字未提这些观念的起源,他认为社会安排是来源于宗教观念的。[11] 然而恰恰相反,我们只有通过社会安排才能解释宗教观念的权力和特性,因为所有群众都是由同质性要素结合而成的,也就是说,正因为当时的集体类型相当发达,个人类型还在襁褓中嗷嗷待哺,社会的整个精神生活才都不可避免地带上了一种宗教色彩。

从这种理论中,人们往往会形成一种共产主义观念。其实,共产主义也不过是把个人吞噬进群体、把部分包容进整体中的社会凝结的必然产物。归根结底,所有权也仅仅是一种观念的延伸,即人与物的关系的延伸。因此,在仅有集体人格存在的时候,所有权本身也必定是集体的所有权。只有在个人摆脱了大众,具有一种与众不同的人格的时候,只有个人既作为一个有机体,又作为一个社会生活要素的时候,所有权才会成为个人的所有权。[12]

---

[11]"我们所要说明的是一种信仰的历史。信仰一旦确立,人类社会也将随之形成。信仰一经改变,社会就将随之发生变革。"(参见《古代城邦》结尾。)

[12] 斯宾塞就曾说过,社会之进化如同宇宙之进化,它始于或缺或全的同质阶段。但他所理解的这个结论,是我们不敢苟同的。实际上,对斯宾塞来说,完全同质的社会并不是真正意义上的社会。同质性本身绝对不是固定的,而社会却始终是一个凝聚的整体。同质性的社会作用完全是次要的;尽管它可以为后来的合作关系开辟道路(参见《社会学原理》第2卷,第311—321页),但它并不是社会生活所固有的源泉。某些时候,斯宾塞似乎把我们刚刚描述过的社会看成是许多独立个体仓促的聚合(同上),看作是社会生活的零度。恰恰相反,我们所看到的社会却是一种极为紧密的集体生活,尽管它在现实中不表现为交换和契约,但它却有着许许多多的共同信仰和共同行为。我们不仅可以说,尽管这些群落具有同质性,却仍然具有凝聚性,我们更应该说,正因为这些群落有了同质性,才会具有凝聚性。我们不仅可以说,这些群落的一致性并不很弱,我们更应该说,它们正是有了这种一致性才能够存在下去。总而言之,这些社会的确定类型就是从其同质性中产生的,我们绝对不应该把它说得一无是处。

即使社会团结在性质上没有发生突变，上述类型也会渐渐地产生变化。实际上，原始社会并非都像我们所说的那样，是缺乏一个集中化的趋势的。相反，有些社会服从某种绝对权力，劳动分工也在其中有所表现。然而，那时个人与头领的关系同今天物与人的关系是完全相同的。野蛮的暴君与他的臣民之间、奴隶主与奴隶之间，以及罗马家长与其后代之间的各种关系，都无异于占有者和占有物之间的关系。与劳动分工相应的互助制度在那个时代是根本不存在的。准确地说，这些关系只不过是一种单向的关系。[13]因此，它们所表现出来的团结就必然是机械的。即使它们有所差别，也仅仅在于它们不把个人直接维系于群体，而是维系在作为群体象征的某个人身上。但整体统一体还是像以往那样排除了各个部分获得个性的任何可能。

最初的劳动分工形式尽管很重要，但还不能像人们所期望的那样产生一种灵活的社会团结，因为当时社会具有极为特殊的历史条件。事实上，任何最彰显的社会机构都具有它所代表的集体属性，这是一种普遍规律。这样，社会便具有了宗教性质，也就是说，具有了超人的性质，它们正是从我们所说的共同意识中产生出来的。与此同时，这些性质也势必会传递到支配社会的头领身上，使他觉得自己比其他人高出一等。当个人只是集体类型的附属品的时候，他们也会很自然地依附于中央权力，因为中央权力就是他们的体现。同样，共同体所行使的所有权也是不曾分化的，并且以此方式确立起来的最高人格完全享有着这种权利。由此看来，最高人格所履行的职责与它所掌握的特权相比，简直不可同日而语！在这些社会里，支配权之所以有这么大的权威，并不是因为社会迫切地需

---

[13] 参见塔尔德：《模仿的规律》，第404—412页。

要一个运筹帷幄的领袖,只是因为这种权威是集体意识的结晶,它所以能够摆布一切,完全是因为集体意识已经发展到了登峰造极的地步。即使集体意识衰弱下去了,即使它只能涵盖一小部分的社会生活,这种最高支配机构仍旧是必不可少的。不过,当它被委托给某个人的时候,人们不至于像以前那样卑躬屈膝了。因此,在劳动分工尚不发达的地方,社会团结仍旧是一种机械团结。在这种情况下,机械团结获得了**无以复加**的力量:共同意识不再呈现为一种涣散状态,它借助确定的中介机关,来施展自己的影响力。

总之,一种具有机械团结特性的社会结构是存在的,它就是由彼此相似的同质环节共同构成的一个体系。

二

然而,有机团结占主导地位的社会结构却与此完全不同。

这些社会并不是由某些同质的和相似的要素复合而成的,它们是各种不同机构组成的系统,其中,每个机构都有自己特殊的职能,而且它们本身也都是由各种不同的部分组成的。社会各个要素不仅具有不同的性质,而且也具有不同的组合方式。它们并不像环节虫那样排列成行,相互搭嵌,而是相互协调,相互隶属,共同结合成为一个机构,并与有机体其他机构相互进行制约。如果说这种机构与其他机构之间有一种依赖的关系,那么它与我们前面所说的机构就有所不同。当然,它也拥有自己专门享有的地位,或者说是特殊的地位。但是,这种地位完全是从它自身发挥的作用中产生出来的,并不是通过某些外在因素或外在强制力量产生的。因此,它们所具有的一切性质都是世俗的和人性的;它与其他机构的差别也只是程度上的。可以这样说,在动物肌体里,尽管神经系统相对于其他系统而言具有一定的优势地位,它能够主动地选择最好的养分,但它也需要其他系统的支持,就像其他系统需要它的支持一样。

这种社会类型所依据的原则显然与在此以前的社会类型完全不同,所以它非得在以前类型完全消失了以后,才能逐渐发展起来。事实上,散布在这种社会中的个人,已经不再有任何祖先传递下来的关系,而是依照他们在社会活动中的特殊性质结合成群体。它们所必需的自然环境已经不是它们问世时的那种环境了,而是一种职业环境。决定每个人地位的也不再是或真或假的血亲关系,而是他们各自具有的功能。毫无疑问,这种新型组织一旦形成,就会尽可能采用现存的形式,极力把它们同化。它的职能分配也尽量地效仿社会既存的分配方式。各个环节,至少说各组环节通过特殊的亲和作用联结在一起,构成了社会机构。因此在犹太民族里,组成利未部落的氏族自然而然地就具备了祭祀职能。一般而言,阶级和种姓并没有什么别的来源和性质:它只不过是问世当时的职业组织和问世以前的家族组织和混合物。但这种混合组织并没有持续多久,因为它一开始就要两种因素进行调和,最后双方不可避免地会产生对抗和冲突。只有最初形式的劳动分工才能应付这些与它并不匹配的僵硬而又确定的模式,并且它唯有冲破这种羁绊,才能获得自己长足的发展。一旦它超出了这个特定阶段,逐渐增多的专门职能与以前那些固定数量的环节就会发生分歧,而前者所需的新的能力也与后者由遗传决定的特性也会不相适应。[14]因此,所有社会物质都应纳入到全新的组合里,继而才能在两种截然不同的基础上构建起来。旧的结构只要存在下去,新的结构也就会反抗下去,这就是它

---

[14] 稍后我将做一解释。参见第二卷第四章。

寿终正寝的真正原因。

事实上，就这两种类型的历史来看，只有前者不断取得进步，后者才会败下阵来。

对于易洛魁人来说，以氏族为基础的社会组织才是最纯粹的。在犹太人那里，也是如此。《摩西五经》便是最好的说明，只不过与我们上文所说的特性略有偏差罢了。所以，这两个社会都不能算作有组织的社会类型，我们或许可以说，犹太社会只刚刚迈出了一步。

萨利法时期的法兰克人便有所不同：它已经摆脱了所有混合组织形式，开始具有了自身特有的属性。实际上，我们从中不仅发现了确定而又强硬的集权，而且也发现了行政职能和司法职能的完整框架。另外，虽说当时的契约法还很不发达，但它至少可以证明经济职能不仅逐渐产生了分化，而且也有了自己的组织。这样，政治－家族组织就开始摇摇欲坠了。毫无疑问，村庄作为最小的社会单位，实际上是一种变相的氏族。同一村庄的居民相互之间具有的家族关系便可以证明这一点。在确切意义上的亲属还没有被确认的情况下，同一村庄的所有成员都相互拥有继承权。[15]据《萨利法的传播》第9章记载，一旦村庄里出现了杀人凶手，邻人们就要精诚合作，维护集体团结。再者，村庄不是居民单纯的栖居地，而是一个以自己为中心，对外严密封闭的系统，它也不是单纯按地域划分的，如果全体居民没有通过赞成或默认的方式取得一致意见，任何人都不可以在此定居。[16]在这种情况下，氏族已经失去了很多主要特征：它不仅完全失去了对共同祖先的追忆，也几乎完全失去了重

---

[15] 参见格拉松：《野蛮人法律中的继承法》，第19页。古朗治否认这个事实，但格拉松却似乎显得证据确凿。

[16] 参见《萨利法典》，"移民"条。

要的政治意义。政治单位变成了百人团,恰如瓦茨所说:"尽管人们都居住在村庄里,但所有人和所有土地都由百人团来分配,百人团就是决定战争与和平等各项事务的单位,它构成了一切关系的基础。"[17]

在罗马,这种进步和退步的两种趋势是并行存在着的。罗马的氏族常常被称作gens,它实际上就是古代罗马组织的基础。但自从共和制确立以来,它几乎已经不再作为一种公共制度了。gens既不能像法兰克村庄那样是一种地域单位,又不是一种政治单位。无论在地域划分的过程中,还是在群众大会的结构里,都没有它的影子。在库里亚大会(comitia curiata)中,gens还能够起到一定的作用[18],然而后来同时却被以完全不同的形式组织起来的百人团大会(comitia centuriata)或部落大会(comitia tributa)逐渐替代掉了。由此看来,gens只不过是一种靠习惯力量维持的私人会团,如果它继续与各个方面的罗马生活毫无相通之处,当然就摆脱不了消亡的命运。但是,自《十二铜表法》产生以来,罗马的劳动分工制比以往时代都取得了长足的进步,它的组织结构也发展很快。这个时期,产生了许多重要的有关公共事务的法人团体(如元老院议员、骑士阶层和教士会社等)和同业公会[19],同时,世俗观念也开始产生了。

因此,我们上文所确立的等级,通过对这两种社会类型的比较,得到了更为科学的证明。我们之所以认为《摩西五经》时期的犹太社会在类型意义上要低于《萨利法典》时期的法兰克社会,而

---

[17] 瓦茨:《德国宪法的历史观》(第二版)第2卷,第317页。
[18] 这种大会是由库里亚选举而成的,也就是由氏族群体(gentes)选举而成的。有人甚至认为,每个库里亚也是由其内部的氏族群体选举而成的。(格利乌斯:《阿提卡之夜》第15卷,第4章,27页。)
[19] 参见马奎特:《罗马人的私生活》第2卷,第4页。

法兰克社会同时又低于《十二铜表法》时期的罗马社会，是因为就普遍规律而言，以氏族为基础的环节组织在某些民族里越是显明而有力，那么这些民族就越属于低等类型。事实上，如果它们不能超越这个初级阶段，就无法跨入到高级阶段中。同理，雅典的城邦社会与罗马的城邦社会都属于同一类型，而雅典则显得比较原始一些。这是因为，政治-家族组织在雅典消失得比较晚，甚至在雅典行将灭亡的时期里，它还一直存在着。[20]

氏族消亡以后，这种有组织的类型在远古时代是不能独立存在的。实际上，建立在氏族基础上的组织只不过是genus，即分布较广的环节组织的一种类型罢了。甚至对于某些新型社会而言，即使它们的社会生活已经得到确立，为了把自己分割成为几个相互类似以适应原来的需要，仍要通过另一种方式产生自己的影响。不过，它划分群众的原则，已经不再是或真或假的血缘关系，而只是地域，各个环节也不再是家族群落，而只是地理意义上的居住区。

而且，在对共同祖先的追忆逐渐消退以后，从一种状态到另一种状态的变化却经历了一个漫长的过程。同样，如上文所说，当从这种状态里产生的家族关系逐渐消亡以后，氏族也只能把自己看成是局限在某一区域的聚居群体了。这就是一般意义上的村庄。继而，一切跨过了氏族阶段的民族，都开始进入到了地域阶段（如公地或村社等）。就像罗马的gens从属于库里亚一样，这种群体被划归到类似的但却比较大的区域里，如百人团、克兰（Kreis）或郡，而后者又往往被划归到更大的区域里，如县、州或省，从而构成了

---

[20] 即直到克莱塞尼兹时代（Clisthenes），它还存在着。两个世纪以后，雅典失去了自己的独立地位。在克莱塞尼兹时代以后，雅典氏族，即γένος，即便失去了所有的政治色彩，但还是在一定程度上保留了组织特色。参见吉尔伯特：《希腊国家文物手册》（莱比锡1881年版）。

整个社会。[21]这种归属过程既可以是全封闭的，又可以是不封闭的。同样，维系一般区域的纽带既可以是紧密的，如现代欧洲集权国家，又可以是松散的，如纯粹的联邦国家。然而，这些结构背后的原则都始终是一样的。这就是在高等社会里机械团结依然能够存在的原因。

不过，机械团结再也没有什么优势可言了，这些环节的安排方式也不再作为单一的社会结构，甚至是最根本的社会结构。首先，地域划分总不免有些人为的因素在里面。共同生活的纽带在人们心里总归不像血缘关系那样留下深深的印记，它的反抗力也相对弱一些。一个人如果生在氏族里，他是无法改变自己的亲属关系的。但一个人如果想要换个城镇，换个省份，倒不是什么大不了的事情。毫无疑问，人口的道德分布与地理分布之间总还是有些相应之处的，例如，每个省份和每个分区都有着自己独特的道德习俗，人们的生活也是与众不同的。人们一旦接受了这些特性和精神，就会受其吸引，安土重迁，尽可能地排斥外乡。但是，在同一个国家内，这种差别既不很多，也不明显，每个环节也都是敞开的。实际上，自中世纪以后，"城镇已经得到确立，外邑的工匠就像货物一样往来自如，通行无阻"。[22]环节组织失去了它原有的面貌。

随着社会的发展，环节组织越来越走入穷途。就普遍规律而言，比较小的群落在结合成比较大的群落的同时，也会丧失掉自己

---

[21] 我并不是说，这些地域仅仅是以往的家族制度的再生，这种新的群体形式的产生至少有一部分新的根源，它也是破坏旧的群体形式的动力所在。在这里，最主要的原因就是城镇的形成，它们越来越成为人们聚居的中心地区（参见本书第二卷，第二章，第一节）。然而，不管这种安排有怎样的起源，它都是一种环节。

[22] 施穆勒：《从历史的角度考察劳动分工》，载《政治经济学评论》（1890年），第145页。

的特性。家族组织永远消失了,地方宗教也永远消失了,只有地方习俗残存了下来。各地的习俗开始渐渐融合,方言和土语也熔为一炉,最后成为单一的国语,与此同时,地方政权也丧失了自治性。所有这些都只不过是相互模仿的结果。[23] 这种融合就像同一平面的两种液体相互交融一样。实际上,各个社会生活细胞之间的屏蔽也变薄了,并且极易受到冲击,当然冲击得越久,也就越容易穿透。这样一来,它们就失掉了韧性,渐渐坍塌下来。同时,环境也在同等程度上融汇在了一起。环境的变化最终导致了地区的变化,地域划分逐渐失去了自然属性,继而也失去了原来的意义。我们或许可以说,地域色彩越加表面化,人类则越加进化。

另一方面,当环节组织日益败落的时候,职业组织开始粉墨登场了。起初,职业组织还只能局限在单个环节的范围内,没有丝毫非分之想。每个城镇,连同它的附近地区结成了一个群体,工作是分开的,但群体却是自给自足的。施穆勒说过:"城镇尽可能地成为邻近村庄的宗教中心、政治中心和军事中心。它迫切希望发展一切工业,以供乡村之需,它也极力把商业和运输都集中在自己的区域内。"[24] 与此同时在城镇内部,居民们也依照不同职业来组成群体;每个同业公会就像一个城镇一样,都有着自己独特的生活。[25] 这既是古代城邦制度后期遗留下来的产物,同时又是基督教社会产生的源泉。然而,基督教社会很早就脱离了这个阶段。自14世纪起,地区之间的分工就已经发展起来了:"在每个城镇里,棉布生意一开始就饱和了。但早在1362年以前,巴塞尔的粗布制造商就曾面临阿尔萨斯同行的竞争而宣告破产;到了1500年左右,斯特拉斯

---

[23] 参见塔尔德:《模仿的规律》各处。
[24] 施穆勒:《从历史的角度考察劳动分工》,第144页。
[25] 参见拉瓦瑟尔:《大革命前的法国工人阶级》第1卷,第195页。

堡、法兰克福和莱比锡的毛纺织业也衰败下去了……以往遍布城镇里的所有工业都不可避免地遭到了破坏。"

从此以后，这种运动开始不断扩大：

> 今天，中央政府的活动，文学和艺术，以及各种大型的信贷机构都比以前更加集中在首都，所有出口和进口都比以前更加集中在大港口，成百上千个谷物和牲畜贸易中心得到了空前的繁荣和发展。以往每个城镇都布满了城墙和城壕，而今天它们只留下了几个大型城堡以御外敌。各省的主要城市都像首都一样不断发展起来，它们在行政、制度、展览和学校等方面都呈现出集中化的趋势。某类特殊的精神疾病和生理疾病，以前只是分散在各地，如今却集中在了一个地方，如某州或某省。各种不同的城镇都发展了自己的特长，因此今天我们把它们划分为大学城、公共服务城、工业城、商业城、水利城和借贷城等等。与此同时，大工业也开始集中在某个地点或地区：如机械厂、纺纱厂、织布厂、制革厂、制铁厂和制糖厂等，所有工厂都为全国生产产品。人们在此也建立了好些专业学校，并相应地配备了很多专业工人和机械设备，同时，信贷业的组织和交通也开始适应了新的环境。[26]

当然，就某种意义来说，职业组织总是在努力适应它以前的存在形式，就像它在最初去努力适应家族组织一样。上文正好说明了这一点。而且，新制度最先是在旧制度的模式中形成的，这也是一个普遍的事实。因此，各个区域必须根据不同的特征、机构和机

---

[26] 施穆勒：《从历史的角度考察劳动分工》，第145—148页。

制进行专业培育，就像昔日的氏族一样。但是它也同氏族一样无法永远维持自己的存在方式。事实上，每个城镇都常常包括不同的机构及其不同的部分，反过来说，任何一个机构也无法全部包含在一个限定的区域内，不管这个区域有多么大的范围。但不管怎样，每个区域总是经常能够超出机构的范围。一般来说，这些机构往往具有相互接近、相互吸引的趋势，然而它们真正的接近程度并不能反映它们彼此关系的亲密程度。有的相距很远，却有着直接的依赖关系，有的相距很近，但两者的关系却是间接的和生疏的。因此，由分工产生的人们相互结合的方式，同单纯的人口分布是截然不同的。职业环境不仅与地域环境无法契合，而且与家族环境也无法契合。所以，职业环境是取代后两者的新的框架，但只有在其他环节都已绝灭的情况下，才能替代它们。

这种社会类型在任何地方都不是绝对纯粹的，同样，有机团结从来也不是独立自存的。但我们至少可以说，这种类型逐渐脱离了混沌状态，逐渐展露出自身的优势。当它的结构不断得到彰显而其他结构不断变得模糊的时候，这种优势就会迅速而完整地确立起来。氏族所形成的界线分明的环节，最终被地域替代了。在原始时代，地域至少总是粗略地或近似地与人口的实际分布或道德分布相应的，到了后来，它渐渐失去了这些性质，仅仅成为因袭下来的武断的联合。当这些壁垒逐渐坍塌以后，一种越来越发达的机构体系便遮盖在上面。因此，社会的进化仍旧是由原先的那些因素支配着——我们稍后会看到，这个假设是可信的——我们甚至可以预计到，这两种运动趋势是同步行进的，将来总归会有一天，我们的政治组织和社会组织会完全，或几乎完全建立在职业基础上。

我们在下文[27]将要证明，职业组织在今天并没有得到应有的发展；有许多反常因素还在阻碍着它，不让它达到社会所需要的发展阶段。就这一点来说，它在不远的将来注定要占据着重要地位。

三

所有生物也是循此规律而发展的。

我们知道，低等生物总是由一些相似的部分组成的，它们或是杂乱无序地堆积在一起，或是按照一条直线排列在一起。对最低等的生物来说，不仅各个组成部分是相似的，甚至它们的组合方式也是同质的。我们通常把它称作**集群**（colonies）。然而，这种说法却有些含糊，它无法说明这些联合体并不是由许多个别机体组成的。这是因为，"任何集群的各个部分，都是由连续的组织组成的，它实际上就是一个个体"。[28]任何集群的个体化特征都在于它的所有部分共同进行运作。只要集群没有产生解体，它的各个部分都必须共同汲取养料，如果整体不能采取一致行动，那么每个部分都不能有所动作。进一步说，卵是从生物体的一个环节中产生出来的，但它生出的并不是这个环节，而是它所属的整个集群；因此，"在珊瑚集群和高等动物之间并没有什么差别"。[29]如果有人想从根本上把这种集群分割开来，那将是徒劳无功的，因为任何有机体无论怎样"集中"，都得不同程度地把整个集群的结构表现出来。我们甚至在脊椎动物的骨骼结构和排泄机能里发现了这一痕迹，尤其是脊

---

[27] 参见本书第一卷，第七章，第二节；第三卷，第一章。
[28] 皮埃尔:《转化论》，第159页。
[29] 皮埃尔:《集群动物》，第778页。

椎动物的胚胎发育过程有力地证明了它就是集群的一个变种。[30]

因此,在动物世界里,有一种个性是"在机体组合之外产生出来的"。[31]它不管在结构方式上,还是在团结类型上,都与我们所说的环节社会是完全相同的。实际上,构成动物机体的所有部分都是机械地绞在一起的,所以它们才能成为一个运动着的整体,或至少能够相互融通起来。因此,机体的活力就是集体的活力。在珊瑚共同体里,所有肠胃都是彼此相通的,一个单元吃什么,其他单元就跟着吃什么。恰如皮埃尔所说,这是彻头彻尾的共产主义。[32]在整个集群漂浮不定的时候,一旦一个部分产生收缩,与之相关的部分就都会发生收缩,并一个接着一个地传递下去。[33]在某些蠕虫的身体里,每一环节也都与其他环节紧密地牵连着,尽管对一个环节而言,脱离全体后对自身并无影响。

但是,随着社会的逐步进化,环节类型也就渐渐地消亡了,同样,随着有机体向高等方向发展,集群类型也将消失殆尽。就环节动物来说,这些特征还表现得比较明显,但是对于软体动物而言,人们就几乎感觉不到了,最后到了脊椎动物,人们便只能通过科学分析来发现它们的痕迹了。代替了前一种类型的生物类型与有机社会类型极其相似,它们的结构及其团结都是源自于劳动分工,这是不言而喻的。动物身体的每个部分,一旦发育成器官,就会有它自己的活动领域,它可以自行其是,不牵扯别的器官的运作。但从另一个角度来说,它们彼此之间的关系却比集群内部的关系还要亲密,因为它们一旦被分割开来,就再也无法存活下去。总之,器官

---

[30] 皮埃尔:《集群动物》,第二卷,第5,6,7章。
[31] 皮埃尔:《集群动物》,第779页。
[32] 皮埃尔:《转化论》,第167页。
[33] 皮埃尔:《集群动物》,第771页。

的进化和社会的进化是完全一致的,起初,分工制还借用了环节组织的框架,但后来它逐渐摆脱了这种框架,逐渐发展成为一种自治形式。实际上,器官有时候也只是一种变相的环节,但这只能算是一种例外情况。[34]

总而言之,我们已经区分了两种团结类型,刚才我们又总结了与之相应的两种社会类型。就像两种团结类型是背道而驰的一样,一种社会类型不断退化,就意味着另一种社会类型不断进化,而后一种社会类型正是劳动分工的结果。这个事实不仅能够再次证明上述结论,而且也证明了劳动分工的重要性。分工不仅为社会提供了凝聚力,而且也为社会确定了结构特性。所有这一切都预示了它在未来的美好前景。

四

以上两章所揭示的规律,起码在某一点上使我们想起了斯宾塞的社会学。和斯宾塞一样,我们也认为,个人在原始社会里是不存在的,它只是随着文明的发展才逐渐产生出来。然而针对同一个事实,我们的看法却与这位英国哲学家大不相同,因此,我们的结论与他的结论之间也自然是呼应太少,矛盾太多。

首先,斯宾塞以为,群体之所以不断吸纳个人,是因为在低级社会漫长的战争状态中,必须要人为地确立一种强制性组织。要想在战争中赢得胜利,所有人就必须结成一个整体。如果人们不能采取一致行动,就难以防御或征服其他群体,因此所有个人力量必须不断集中起来,不能有丝毫松动。如若使这种集中作用持续发

---

[34] 皮埃尔:《集群动物》,第763—764页。

挥作用,唯一的办法就是建立一套强有力的中央政权,所有人都必须绝对服从。"除了执行军官的意志,士兵绝对不能具有自己的意志;有了高高在上的政府意志,任何公民意志都不能有藏身之地,不管它是私人的还是公共的。"[35]因此,以军事组织形式存在的专制主义完全可以抹平个体的存在,这就是斯宾塞考察社会的军国主义立场。

然而,我们的看法却与此相反,没有个体的社会恰恰也不存在这种集中作用,这既是同质状态的结果,也是原始社会最为明显的特征。如果说个人和群体模糊难辨,那是因为个人意识和集体意识几乎是混而不分的。斯宾塞同其他社会学家们,似乎总是喜欢用现代的观念来解释古代的事实。正因为今天每个人都充分地体会到了自己个性的存在,所以他们总觉得古代的人权受到了某些专制组织的压制。正因为今天人们如此珍重这份权利,所以他们总觉得古人也绝不甘心放弃这个权利。事实上,低级社会并没有给个人的人格留下任何余地,当然也谈不上人为地限制和压制它们,原因很简单,那时候**根本不存在**这些人格。

再者,斯宾塞自己也承认,有些社会组织在当时并没有所谓的军事性质和集权性质,所以他在把这种称作是民主社会的同时,[36]也把它看作是后来的工业社会的前奏。然而,这个看法忽略了一个事实:在这些社会里,如同在专制社会里一样,个人是没有自己的活动空间的,共产主义制度就足以证明这一点。再者,各种传统、偏见和集体习俗对个人的压抑也不见得就比专制力量轻一些。因此,除非我们篡改了民主的一般意义,否则不能把它说成是民主社

---

[35] 斯宾塞:《社会学原理》第1卷,第584页。
[36] 斯宾塞:《社会学原理》第1卷,第585—586页。

会。而且，假使这些社会真像人们所说的那样带有早熟的个人主义色彩，那么我们就会得出一个非常奇怪的结论：社会进化从一开始就有了自己最最完善的模型，因为"最初的政府权力只不过是聚集起来的群众所表现出来的共同意志"。[37] 这岂不是说，历史的运动是循环往复的吗？历史的进步也只不过是在开倒车吗？

一般而言，我们很容易理解，对个人的支配完全是集体专制所带来的结果，统治社会成员的只能是一种至高无上的权力，而唯有群体权力才拥有这一资格。任何个人，无论他有多么大的力量，都无法与整个社会相抗衡，社会是绝对不会委曲求全的。因此，所谓专制力量也不是与生俱来的，它一定是从社会组织里产生出来的。假如个人主义是先天就有的，为什么原始部落就那么容易屈服于首领的专制控制呢？他们的观念、习俗和制度都是应该与此水火不容的。反过来说，一旦所有现象都依据这些社会的性质得到了完满的解释，那么这种变化就不像它表面看起来那么深奥了。因为，个人即使不从属于群体，也会从属于代表这个群体的一个人；无限扩张的集体权力总是绝对的，而在构建集体权力的过程中所形成的头领的权力，也自然是绝对的。

我们绝对不能认为，专制权力确立的时候，就是个人开始消亡的时候，恰恰相反，它正是迈向个人主义的第一步。实际上，首领就是最先从社会大众中脱颖而出的个人人格。他们凭借唯我独尊的地位为自己绘制了与众不同的面目，继而也勾画出了自己的个性。他们既然统治着社会，也就无须在所有方面都受到社会约束。当然，他们的权力也是从群体中抽取出来的。但是，一旦这种权力被组织起来，它就越来越倾向于独立化，越来越需要个人的行动。这

---

[37] 斯宾塞：《社会学原理》第2卷，第321页。

样,个人行动的源泉就喷发出来了,这的确是前所未有的事情。从此以后,个人便跳出了集体习俗的樊笼,创造出了各种新生事物。天平终于发生了倾斜。[38]

我们之所以不厌其烦地论证这一点,是因为我们要确立两个重要的前提。

首先,在任何时候,如果我们面临一架马力强劲的政府机器,我们都不应该从统治者的特殊地位里寻找原因,而应该从他们所统治的社会性质里去寻找原因。我们必须注意到,究竟是什么样的共同信仰和共同情感把如此大的权力寄托在一个人或一个家族的身上。至于首领的超凡脱俗的特质,完全是一种次要因素。后一点只能解释集体权力为什么会揽在这个人的手里,而不揽在另一个人的手里;而权力的强度却不是单靠人格就能解释清楚的。如果社会为了不使权力分散而需要一个权力代表,那么受益者当然是那些超凡脱俗的人,如果说这些人迎合了某种潮流,但这种潮流并不是他们能够创造出来的。如果说一个罗马家族的家长享有了某种绝对权力,这不是因为只有他才最年长、最贤达和最老到,这只是因为在罗马家族特定的情况下,必须通过他来代表古老的家族共产主义制度。专制主义既不是一种病态现象,也不是一种衰萎现象,而是一种变相的共产主义。

其次,如上文所述,有人说利己主义是人性的出发点,而利他主义才是最近出现的现象,这种理论简直荒谬至极!

这种假设之所以在某些人的心目中占据着相当重要的位置,是因为它是达尔文主义合乎逻辑的结果。在物竞天择的名义下,我

---

[38] 这种说法进一步论证了上文设定的前提(参见本卷第三章,第二节),即政府权力正是对内在于集体意识的生活的一种解放。

们为原始人描绘出了一幅悲凉的图景：人们唯一的痛苦就是饥寒交迫。在那个黑暗的年代，人们唯一的念头就是相互争夺可怜的一点儿食物。为了驳斥18世纪哲学的好古迷梦，为了彻底打碎宗教教义，为了千方百计地说明我们并没有丢掉过去的乐园，以往的一切都不足以使我们追思缅怀，人们把一切都弄得黯淡无光，以抹去所有的留恋之情。这种偏见简直荒唐到了极点！如果说达尔文的假设在道德领域里还有什么可取之处的话，那只是因为它在其他科学领域需要保留和修正的地方会更多。事实上，它把道德生活的主要因素抹杀掉了，换言之，就是把社会对其成员的调和能力忽略掉了，而这种能力确实在不断调整和减弱生存斗争和生存选择所带来的野蛮影响。无论何时何地，社会中都有利他主义的存在，因为社会是团结的。

因此，自人类呱呱落地之日起，就有了利他主义，甚至是超越所有界限的利他主义。野蛮人对自己设立的所有禁律，其目的就是要服从宗教传统，甚至社会需要他作出牺牲的时候，他也会在所不惜。在印度，所有寡妇都会义不容辞地随丈夫一起共赴黄泉；在高卢（Gaul），任何人都不许活过族长；古代凯尔特人（Celts）在不能自食其力的情况下自愿了此一生——所有这些难道不都是利他主义吗？难道我们只把它当成是一种迷信吗？无论怎样，这些行为不都说明它们可以不惜一切代价吗？况且，迷信难道不也有自己的前因后果吗？在回答这些问题的时候，我想我们一定会觉得很尴尬，因为人们很难对这些事实作出一个明确的定义。我们对我们所生活过的地方，我们对我们所结识过的人不免会产生一种依恋心理，难道这就不是迷信了吗？这种吸引力难道就不是一种道德健康的表现吗？准确地说，对生活的所有感受都是由迷信造成的，它直接控制和支配着判断力，而不是依赖着这种判断力。

从科学的角度来说，一种行为如果完全是由个人的情感和意象决定的，那么它就是自私自利的。这使我们想到，在低级社会里，个人意识是完全被集体意识所覆盖的，个人意识完全不能算是自我，而只是彻头彻尾的利他主义，这也是孔狄亚克（Condillac）的结论。然而，这个结论也是矫枉过正的，因为不管集体类型发展到了什么程度，不同的个人都会拥有属于个人的精神生活领域，这也是与有机体和有机体状态有关的情感、意象和倾向所形成的范围，也是内在感觉和外在感觉同直接与此相关的活动共同组成的世界。此乃所有个性的首要基础所在，它是不可剥夺的，也不依赖任何社会条件。这并不意味着，利己主义就是利他主义的根源，否则，那纯粹是无中生有。但严格说来，在每个人的意识里，从一开始就存在两种行为动机，任何时代既存在只与个人发生关系的事物，也存在不与个人发生关系的事物，人们对这两种事物产生反应，总是理所当然的。

我们只能说，在野蛮人那里，绝大多数人都是靠极少数人来代表的，而且人类的精神生活越是不发达，这些人的数目就越少，故而他们的意志就越显重要，越有权威。另一方面，恰如埃斯皮纳所说，原始意识除了具有物质需要以外，是完全没有什么自我可言的。文明人则与此相反，利己主义在那里得到了最集中的体现：每个人都坚持自己的见解、信仰和愿望。当然，文明人也不排斥利他主义，但即使他们有了利他主义的倾向，也纯粹是由他的个性和心境使然，而自己的个性和心境正是他不愿违逆的。毫无疑问，我们绝对不能就此得出结论，认为利己主义已经占据了我们的整个生活，我们必须说明我们的意识不断扩大的事实。当然，个人主义在绝对意义上确实是发展起来了，它们确实冲破了以前对它们设定的重重限制。

但是，这种个人主义确实是历史发展的结果，它也不是斯宾塞所描述的个人主义。他的工业社会并不能代表我们所说的组织社会，他的军事社会也与我们以家族为基础的环节社会大不相同。关于这一点，我将在下一章里说明。

第七章

有机团结和契约团结

一

当然，在斯宾塞所谓的工业社会里，社会和谐也像组织社会一样是从劳动分工中产生出来的。[1]它就是每个人在对自身利益的追逐中自然而然地确立起来的协作。每个人要想履行自己的专门职能，就必然与他人发生关系。这难道不是组织社会最明显的特征吗？

尽管斯宾塞非常正确地指明了高级社会产生社会团结的主要原因，但他却误解了这种原因所带来的结果，至于这一结果的性质是什么，他当然也很难看清楚了。

实际上，在他看来，工业社会的团结无外乎有以下两个特征：

既然这种团结是自发而成的，就用不着什么强制力量来促使它的产生，维持它的生命。无须社会横加干涉，和谐就会很自然地形成。"每个人都能自食其力，自己与别人相互交换产品，为人出力并收取报酬，加入这家或那家企业，人无论贵贱，都用不着社会指手画脚。"[2]

---

[1] 斯宾塞：《社会学原理》第2卷，第245页。
[2] 斯宾塞：《社会学原理》第2卷，第697页。

因此，社会活动的范围逐渐缩小了，除了要预防人们彼此相互侵犯，相互损害以外，社会也已经不再是一种消极的规定机制了。

在这种条件下，人与人之间的关系纯粹是一种自由交换关系。"所有贸易往来……都是自由交换的结果……在个人活动突现出来的时候，这种关系自然也就会在整个社会突现出来了。"[3]

交换的普通方式乃是契约。所以在军事主义逐渐衰落，工业主义不断繁荣的时候，中央的权力范围就相应地缩小了，个人的自由活动也增加了，契约关系变成了很普通的关系。最后，在完全工业化的社会形态里，这种关系最终获得了普遍性。[4]

斯宾塞的意思并不是说，社会是建立在非正式或正式的契约基础上的。恰恰相反，社会契约的假设完全是与分工的原则不相容的。这就意味着，分工越是显得重要，我们就越应该彻底否定卢梭的前提。因为若要使这种契约成为可能，在某个特定时期内，所有个人意志都必须赞同社会组织的共同基础，继而所有个人意识也都为自己提出了一种普遍的政治问题。但是，要想做到这些，每个人就必须跳出自己的圈子，在社会中扮演同样的角色，即都以政治家和立法者的姿态出现。不妨设想一下，如果有一天社会真的按照这种方式确立了契约，如果所有人真的达成了共识，那么所有意识也就都千篇一律了。这样，社会团结的起因就与劳动分工丝毫没有联系了。

斯宾塞认为，工业社会最明显的特征就是一种自发和自觉的团结，这显然与分工更不搭界了，而在人们对社会目标有意识的追求

---

[3] 斯宾塞：《社会学原理》第2卷，第589页。
[4] 斯宾塞：《社会学原理》第2卷，第701页。

中，他竟然发现了某些军事社会的特征。[5]要想达成这样的契约，所有人都必须意识到集体生活的一般条件，然后才能有意识地作出选择。斯宾塞自己也很清楚，要想实现这个想法，就必须超越目前知识条件下的科学，继而超越人的意识。因此他深信，对这些问题的思考是枉费心机的，他甚至希望立法者也不要去考虑这个问题，更何况民意了。所以，社会生活就像普通生活一样，只能在一种直接的逼迫下，不知不觉地把自己组织起来，而不能参照人们用智识预先勾画的蓝图。因此，他并不相信，高级社会是可以依照人们正式论定的某种计划建构起来的。

　　社会契约的概念在今天已经不堪一击，因为它与事实之间毫无瓜葛。观察者从未欣逢其面。不仅不存在任何根源于契约的社会，而且在社会结构中，连契约组织的蛛丝马迹也无从谈起。它既不是某种历史固有的事实，也不是历史发展所呈现的趋势。所以，为了在这种学说中营造崭新的生活，为了给它赋予一种可信性，便只好给契约这样一个定义：当每个人步入成年阶段，他就必须加入生他养他的那个社会，只因为他还想继续在那里生活下去。如此说来，凡是没有受到强制的活动，不都可以称作契约了吗？[6]每个社会，不管是过去还是现在，竟然都成了契约社会了，因为任何社会都不可能仅仅是限制性的。有关这一点，我们在上文已经说得很多了。正因为某些人有时认为古代社会的限制比现代社会的限制要多得多，所以他们就产生一种幻觉，以为低级社会人们的有限自由完全是强制体制所带来的结果。其实，社会生活只要是正常的，它就

---

[5] 斯宾塞：《社会学原理》第2卷，第246页。亦参见斯宾塞：《人类对抗国家》（伦敦1884年版）。
[6] 傅立叶就是这样认为的，他总是把契约和压制对立起来看。参见《社会科学》，第8页。

是自发的；如果是反常的，恐怕就难以为继了。个人总是自然而然地放弃自由的，甚至在他们没有什么可以放弃的时候，我们说放弃二字也是很不妥当的。因此，倘若我们把契约概念过分扩展，那么不同的社会类型之间就会毫无区别可言。但如果我们把契约看作是一种特有所指的法律关系，那么我们可以相信，个人与社会之间的这种关系是根本不存在的。

然而，假如高级社会既不是建立在一种基本契约之上的，又不带有政治生活的普遍原则，那么按照斯宾塞的说法，这些社会就会，或将会把个人之间为数众多的特定契约体系作为自身存在的唯一基础。只有个人之间产生相互依赖的关系，个人才能依赖社会，而个人相互依赖的前提是可以自由缔结私人契约。这样，所谓社会团结就成了个人利益之间自然达成的一致关系，而契约也只是这种一致关系的自然体现。社会关系变成了游离于一切规定的经济关系，变成了当事人双方自由协定的结果。简言之，社会就是个人交换劳动产品的中介机构，没有任何社会行为去参与和规定那些交换活动。

由分工带来的统一社会真的具有这个特征吗？如果有，那么我们完全有理由怀疑它的稳定性。即使相互利益可以促使人们相互接近，但那只是瞬间的事情，它绝不可能建立一种外在的关系。在交换过程中，各种各样的代理人都是心怀鬼胎的，一旦事情了结以后，每个人又都会完全"回到原来的状态"。各种不同的意识只有表面上的接触：它们既不发生冲突，也不挨得太紧。如果我们切中肯綮地去看，就会发现在每一种利益和谐的背后，都隐藏着潜在的冲突，或者是拖延下来的冲突。在唯有利益独霸一切的时候，任何事物都无法牵制人们的私心，每个自我都觉得自己与别人处在剑拔弩张的态势中，它们所达成的所有休战协定都不会维持太久。实际上,自我利益是世界上最没有恒久性的东西,今天对我有用,我们就有可能站在同一个战壕里;明天出于同样的原因,我们便可能水火不容,这样一来,人们只能形成短暂的接触和联系。因此,我们必须要看清楚,这究竟是不是有机团结的真正性质。

斯宾塞也承认,工业社会绝非是一种纯粹的状态:它只是局部意义上的理想类型,是在进化过程中逐渐显露出来的,绝不可能得到完全实现。因此,如果我们有权把这些特征归在这种类型身上,我们就得在方法论的意义上证明,除了退化的情形不算,社会越高级,这些特征也应该越明显。

首先,社会的活动范围已经逐步缩小,而个人的活动范围在不断扩大。但要想验证这一假设,仅凭斯宾塞所列举的那些个人脱离了集体作用的几个事实是不够的。不管这些事例有多少,它们也只不过是一些幻象,没有什么证明力。因为社会行为在某一方面很有可能是收缩的,但在其他方面却有可能是扩张的,我们不能就此认为社会正在朝着消亡的方向转化。客观地论证这个前提,并不在于随便举几个例子,而在于追踪从古代到现代的所有历史,看看社会活动赖以存在的机制究竟是什么,看看它的范围随着历史的发展究竟是扩大了,还是缩小了。这种机制就是法律机制。社会强迫其成员所履行的义务,无论怎样微不足道和转瞬即逝,都会采取一种法律形式。因此,我们依据这种机制的相对范围,就可以比较精确地测定出社会活动的相对范围。

毋庸置疑,法律机制的活动范围非但没有减小,反而不断增加,不断复杂了。一种法律越是原始的,它的规模就越小;反之,一种法律越是现代的,它的规模就越大。当然,法律规模的扩大并不意味着个人活动领域的缩小。实际上,我们应该记住:在社会生活所受的规定越来越多的同时,它的范围也扩大了。这充分说明,社会纪律也没有逐渐松垮下去。当然我们也承认，在许多形式中间，有一种形式发生了退化，但与此同时，其他形式却变得更加丰富，更加复杂，并逐渐拥有了自身的地位。如果说压制法正在丧失自己的基础，那么起初不曾存在的恢复法却在逐步发展壮大。如果说社会已经不再强迫每个人去实施某种一致性的规则，但它却确定和规定了不同社会职能之间的特殊关系，那么社会的干预并不因为换了一种性质，就变成软弱无力的了。

针对这个问题，斯宾塞会回答说，他并没有认为各种控制作用在减少，减少的只是积极的控制作用。我们姑且承认这种区别。我们知道，任何控制无论是积极的还是消极的，都是社会的。最主要的问题在于，它究竟是扩大了，还是缩小了。这种控制不管是命令式的还是禁止式的，不管是**该做此事**还是**不该做此事**，只要社会干预进来，我们就不能说个人的自由足以实现所有目的。如果说决定行为的规范，不管是积极的还是消极的，都在不断增加，我们也不能断说它们完全是从个人意愿中产生出来的。

这种区别真的成立吗？斯宾塞所谓的积极控制，是指强迫人们去做某些事情；所谓消极控制，是指不许人们去做某些事情。例如，某人有一块地，我替他耕种一个部分或全部，或者我告诉他部分或全部的耕种方法，这都属于积极控制。反过来说，我在他耕种的过程中既不提供帮助，也不提供指导，只是禁止他侵占邻人的谷物，或在邻人的田地里堆砌杂物，这都属于消极控制。代替别人达到某种目的和在方法上帮助别人达到某种目的，与阻止别人达到自己选择的目的这两种举动，当然有着天壤之别。[7]如果斯宾塞指的就是这层意思，那么所谓的积极控制不还远没有消失吗？

---

〔7〕　斯宾塞语，来源不明。

然而实际上，我们却看到了恢复法正在不断发展。在大多数情况下，法律或者是指公民应该追求的目标，或者是指使公民达到自己选择的目标的干预手段。每种法律关系都要解决以下两个问题：（1）这些关系在什么样的条件下，以什么样的形式才可以算作是正常的？（2）它所产生的义务是什么？本质而言，对这类形式和条件的确定是具有积极意义的，因为它规定个人只能按照某种方式才能达到最终目标。就各种义务而言，如果它们在原则上仅仅在于禁止扰乱别人履行职责，那么斯宾塞的理论至少还是有些道理的，然而一般而言，这些义务的目的却在于让人们恪守职责，这是具有积极意义的。

还是让我们细细说来吧！

二

毋庸置疑，契约关系本来是不存在的，只有到了社会劳动开始分化的时候，它们才逐渐发展起来。但斯宾塞似乎没有看到，与此同时非契约关系也不断发展起来了。

让我们先考察一下被人们误认为是私法的一些法律。其实，这些法律还在规定着某些分散的社会职能关系，换句话说，它们还在规定着社会有机体的内在生活。

首先我们知道，家庭法起初是非常简单的，后来才逐渐变得复杂，也就是说，塑造家庭生活的各种法律关系渐渐比以前多起来了。然而就另一方面来说，由此产生的关系也明显具有了积极色彩，这就是交互存在的权利与义务。它们并不是契约性的，至少在形式上不是如此。它们所依赖的条件与我们的个人地位有关，而我们的地位却建立在我们的身世、血缘和独立意志的基础上。

婚姻和收养不仅是家庭关系的源泉，而且本身就是一种契约。然而，随着社会迈入更高的阶段，这两种法律关系也就越来越失去了契约性质。

　　非但在低级社会里，就连在罗马帝国的末期，婚姻也还完全是私人的事情。它早先是原始人之间实实在在的买卖，到了后来就成了名义上的，只要当事人双方同意，并正式宣誓，就是有效的。它不需要举行任何隆重的仪式，也不需要任何必要的官方干涉。直到基督教时代，婚姻才换了个模样。在基督教早期，就有了由牧师祝福新人的习俗。自利奥（Leo）时代[8]起，贤哲们就把这种宗教习俗转变成东方社会的法律；而特伦特公会[9]则把它转变成西方社会的法律。从此以后，婚姻就不能随意缔结了，它只能以一种公共权力机构，即教会为中介。教会不仅以公证人的身份出现，它也是法律关系的最终确定者，不再像以前那样只要双方满意就行了。再往后，具有此项职能的宗教权力机构就被公民政府替代了，同时社会的干预和结婚的必要程序也大大增加了。[10]

　　收养契约在历史上更有说服力。

　　上文已经说过，在北美印第安人的氏族里，继嗣实施起来非常容易，它的普及面也很广，甚至可以形成任何一种亲属关系。如果被收养人和收养人的年龄相仿，那么他们就相互称为兄弟姐妹，如果被收养人已为人母，她就变成了收养人的母亲了。

　　在穆罕默德时代之前的阿拉伯民族里，收养往往可以真正形成某些家族。[11]很多人经常相互收养，相互成为兄弟姐妹，他们之

---

[8]　指从公元5世纪到20世纪初的十三代罗马教皇的统治时期。——译注
[9]　特伦特公会：特指1545年教皇保罗三世在特伦特召开的大公会议。——译注
[10]　当然，离婚也是如此。
[11]　史密斯：《早期阿拉伯的婚姻与亲属》（剑桥1885年版），第135页。

间的关系也非常紧密,就像同祖同宗一般。在斯拉夫民族(Slavs)里,我们也可以发现同样的收养关系,不同家族的成员经常相互认作兄弟和姐妹,并且结成了所谓的兄弟会。这个组织完全是自由结合的,它没有固定的程序:只要彼此没有什么疑义,就可以缔约了。不过,这些义兄义弟之间赖以维系的关系甚至要比同胞兄弟的关系还要亲密。[12]

在日耳曼人那里,收养大概也是既容易、又常见的事情,非常简单的仪式就足以产生它了。[13]但在印度、希腊和罗马,已经规定了收养条件:收养人既要长到一定的年龄,收养人又不能是被收养人的生父。直到最后,这种家庭变动已经成了一种极为复杂的法律操作,必须要有官吏的干预。与此同时,享有立嗣权的人数变得更加有限,只有为父者和鳏夫才能收养,而且为父者必须在没有法定子女的情况下才能收养。

在我们的现代法律里,收养条件更是五花八门。被收养人必须是未成年的,收养人必须年过五十,并且还要把被收养人长期当作自己的子女。有了这些限制,收养现象在今天就显得很少见了。早在我们的法规还没有制定以前,收养法就几乎完全失去效用了,甚至在今天,荷兰和下加拿大(Lower Canada)[14]还根本不承认收养法。

收养法已经越来越罕见了,它的作用也所剩无几。最初,养父母关系在任何方面都是与亲生父母关系很接近的。在罗马这种相似性就很大,尽管它们并不是完全一致的。[15]到了16世纪,如果养父

---

〔12〕 克劳斯:《南斯拉夫人的风俗与习惯》,第31章。
〔13〕 维奥勒(Viollet):《法兰西法律史札记》,第402页。
〔14〕 下加拿大(Lower Canada):加拿大魁北克省南部地区的旧称。——译注
〔15〕 阿卡莱斯:《罗马法概要》第1卷,第240—241页。

没有留下遗嘱（intestat），养子就无权继承。[16]现代法律也规定了这一点，收养产生的亲属关系是不能超出收养人和被收养人的关系之外的。

这样，我们就看到了传统解释的不足之处了，他们只把古代社会的继嗣习俗看成是对祖先祭祀的延续，但在最大限度内最自由地实施这种规则的民族，如北美印第安人、阿拉伯人和斯拉夫人，都不晓得有什么祭祀仪式。相反，在罗马和雅典这些家族宗教最为盛行的地方，收养权却最先受到了控制和限制。由此看来，收养虽然能够满足祭祀祖先的需要，但并不是因此而形成的。反过来说，即使在它行将灭亡的时候，这也不是因为它已经无法延续我们的姓氏和种族了。因此，我们必须在现代社会结构，以及家庭在这一结构中所占的地位里，才能找到这种变化得以产生的根源。

还有一个事实可以证明这种说法：人们不仅不能通过私人认可加入某个家庭，他要想脱离这个家庭更是难上加难。正因为亲属关系不是从契约关系中产生出来的，所以它也不可能通过契约而断绝。在易洛魁人那里，我们有时会发现，氏族的某个部分完全可以从氏族中脱离出来，加入到邻近的氏族组织中去。[17]在斯拉夫人那里，如果某个氏族（Zadruga）成员对共同生活深感厌倦，他完全可以脱离家族，在法律上成为家族的外人，同样也可能被扫除家门。[18]在日耳曼人那里，任何一个法兰克人如果想要摆脱亲属关系所规定的义务，他只要举行一种并不太复杂的仪式就能做到这点。[19]在罗马，生子不能仅凭自己的意愿就脱离开家族，就这一点

---

［16］ 维奥勒：《法兰西法律史札记》，第406页。
［17］ 摩尔根：《古代社会》，第81页。
［18］ 克劳斯：《南斯拉夫人的风俗与习惯》，第113—114页。
［19］《萨利法典》，第60条。

来说，我们可以看出罗马属于一个比较高级的社会类型。然而，虽说生子不能断绝这种关系，但生父却可以这样做，正是这个过程最终带来了自主权利。到了今天，父子双方都改变不了家庭关系的自然状态，这种关系已经成为与生俱来的了。

总而言之，家庭义务在不断增加的同时，也慢慢具有了一种公共性质。原则上讲，这些义务的来源非但不是契约，相反，契约的作用倒是在不断缩减。换言之，社会对这些义务的干预和解除等控制手段在发生改变和不断增加，其主要原因在于，环节社会的作用在逐渐减小。事实上，家庭在很长的时期里都是社会的一个环节。家族最初是与氏族相互混同的，后来它与氏族逐渐区分开来，两者间的关系就成了部分与整体的关系。家庭是氏族的次级环节的产物，然而这些环节与形成氏族的环节却是完全相同的。在后者消亡以后，前者还会依然存在。但是，随着所有环节逐渐被社会大众吸食掉，家庭也非得换个模样不可了。它已经不再作为庞大社会里的自治社会，相反却变成了系统化的社会机构，即带有专门职能的社会机构。由此，家庭的变化对整个社会产生了广泛的影响。与此同时，社会的支配机构也开始出面干涉，对家庭发挥作用的方式产生了一种调节作用，甚至在某些情况下，这种调节带有某种积极的刺激性。[20]

我们不仅在契约关系之外感觉到了社会作用的存在，而且就这

---

[20] 例如，在监护和禁制的情况下，公共权力有时可以通过它的机构进行干涉，这种规范行为的进步，同我们上文所说的与家庭有关的集体感情的退步是不矛盾的，相反，第一种现象正是第二种现象的前提。这是因为，如果集体感情不断衰弱和退化下去，那么家庭便不再与社会相混同，它完全可以脱离共同意识的支配，建立属于自己的活动领域。必须经历这样一种变化，家庭最终才能成为一个社会机构，因为所谓机构就是整个社会中具有个性化特征的一部分。

些关系本身而言，也具有这样的社会作用。因为在契约里，并不是所有一切都是契约的。所谓契约，唯独指那些个人之间通过自由的行动意志所达成的共识。与之相反，任何义务都不是双方的共识，也不是双方的契约。凡是契约存在的地方，都必须服从一种支配力量，这种力量只属于社会，绝不属于个人：它越来越变得强大而又繁杂。

诚然，在契约双方达成一致意见以后，尽可以在某些方面不必遵守法律上的规定。但是，他们在这些方面也并不可以任意行事。譬如说，如果某个契约不能满足法律所规定的有效条件，那么即使当事人双方达成了谅解，也不能使本契约有效执行。虽然在绝大多数情况下，现代契约已经不受确定形式的限制，但我们不能忘记现代法律还仍然含有"正式契约"的规定。但一般而言，今天的法律已经不再像以前那样有很多单纯形式上的要求，它只把契约当成是另一类的义务。凡是没有立约能力的，没有立约目的的，没有合法理由的，无权买卖的人以及不能买卖的物，法律上都不承认其契约义务。在法律所规定的各种各样的契约义务中，有些不能被任何其他约定所更改。例如，卖方对于买方必须负有保证义务，以确保不能由于他（卖方）的责任而使被购买的财产被他人追回（第1628条）；不管有什么样的原因，如果财产被追回，即使买方不十分清楚他所面临的危险，卖方也都有义务偿还售款（第1629条）；此外，他还有义务把买方的义务解释清楚（第1602条）。同样，他必须在最小的范围内保证没有潜在的纰漏（第1641和1643条），尤其是在他已经知道发生了纰漏的时候。如果牵涉不动产的问题，买方不能过分压低物品的实际价格以谋取暴利等（第1674条）。再者，如果双方牵涉到了任何证据问题，如契约行为的权利性质、双方必须遵守的期限等，单靠个人之间的协商，是绝对不能解决的。

在其他情况下，社会作用的体现不仅在于拒绝承认违法缔结的契约，还在于更为积极的干预。例如，不管契约如何规定，法官都有权在特殊的情况下，允许债务人延长偿还期限（第1184，1244，1655，1900条），或者强迫借款人在原定期限之前交还所借之财，如果贷款人急需的话（第1189条）。更为明确的是，契约一旦缔结，就"不仅要履行契约中所写明的义务，还要履行所有依据衡平原则、惯例和法律所应履行的义务"（第1135条）。根据这种原则，我们在契约里应该附加"各种习惯上的条款，尽管没有明文规定"（第1160条）。

即使这些社会作用没有这样被明文规定，它们也是真实存在的。事实上，那种认为可以免除法律，契约法完全可以转变成为原来契约的替代物的看法，在绝大多数情况下只有理论上的意义而已。要想证明这一点，只要看一看它所构成的基础就足够了。

毫无疑问，人们之所以通过契约结合在一起，是因为或者简单、或者复杂的劳动分工使他们彼此之间产生了需要。假如他们想要相互和谐地进行合作，单靠彼此的关系以及对彼此依赖关系的意识是不够的，他们必须在契约的整个有效期内对合作条件作出规定。每个人的责任和义务都必须得到确定，我们不仅要考虑到缔结契约当时的现实情况，而且要估计到今后可能会产生或者发生变化的各种情况，否则在执行契约的过程中每时每刻都会产生碰撞和口角。因此，我们必须牢牢记住，劳动分工在把各种利益牢固联系起来的同时，并没有把它们相互混淆起来；在这些利益相互竞争的过程中，彼此还是有所区别的。就像每个器官在有机体内部既相互联系，又互有殊异一样，每个缔约人也同样需要与他人合作，想以最小的代价获得最大的权利，履行最少的义务。

因此，当事人必须预先确定各种权利义务，但同时又不能完全按照预定计划实施这些权利义务。只凭借事物的性质，是不能推断出双方义务所特有的限度的。任何一次决定都是相互妥协的结果，都是各种利益相互竞争和相互团结的中间过程，这也是在尝试和失败过程中不断摸索而得到的平衡状态。当然，在我们每一次建立契约关系的时候，都不能再次重复这一摸索过程，再次重新付出代价来谋求这种平衡，无论如何，我们都不能这样做。我们总归不能等到矛盾重重的时候才去解决问题，我们无法预料到履行契约的过程中究竟会出现什么样的情况，我们也不能依靠主观臆断来推测每一方将来要履行什么样的权利和义务，除非我们已经有了特定的实践经验。再者，生活的物质条件也不容许这样的事情重演。我们常常会在无意中发现，在买卖、旅行、雇佣和住宿等各种过程中我们总是面临这种情况，我们与他人之间绝大多数的关系都具有一种契约性。假如我们每一次都要经过明争暗斗和讨价还价，才能为现在和将来达成一致，并确定所有条件的话，我们岂不就变得精疲力尽、麻木不仁了吗？所以，我们如果只依靠已经确立的契约来发生关系，那么由此产生的团结只能是粗枝大叶的。

但是，有了契约法，我们尚未确定的行为也就有了法律上的结果，它表明了达到平衡状态所需的一般条件，这些条件是从平常的案例中逐渐形成的。契约法是复杂经验的结晶，它预料到了个人所无法预料到的事情，规定了个人所无法规定的事情。它并非得自于我们的双手，社会和传统才是其真正的根源，因而它总是逼迫我们就范。严格说来，契约法所强迫遵从的义务是我们不曾约定的，因为我们在缔约时并没有讨论到这些义务，甚至有时候在事前也不晓得这些义务。诚然，行为一开始总是符合契约的，但是这些行为所导致的结果，甚至是转瞬之间的结果都十分有可能超出契约之外。我们合作，是因为我们愿意合作，然而在我们心甘情愿的合作里所产生的责任，却是我们不愿承担的。

由此来看，契约法就显得面目皆非了。它不再是人们之间缔结契约的有效补充，而实际上成了契约的根本形式。它把一种传统的经验权威强加在我们身上，并以此构成了契约关系的真实基础，我们只能在某些方面侥幸地避开它。然而契约法赋予我们的权利和义务看上去就像出自于我们的意志一样。在某种特别的情况下，虽然我们可以放弃某些权利，丢下某些责任，但所有这些恰恰说明了当时环境所需要的各种权利和义务的通常类型，也就是说，如果我们要更改这些类型，非得慎重行事不可。实际上，上述情形是很少见的，原则上讲，只要规范已经得到确立，任何变更都只不过是一种例外的情形。因此对我们来说，契约法有着极其重要的强制作用，它预先确定了我们应该做和需要做的事情。只有在与此相关的当事人双方达成协议的时候，这种法律才允许有改变。但是，倘若它未经修改和更换，那么它仍然具有至高无上的威力。即使我们要行使立法职能，也只能断断续续地进行。所以，法律规定的各种契约义务与其他各种公民责任之间也只剩下了程度上的差别。

最后，在法律设立的有组织的确定的压力以外，还存在着一种产生于道德的压力。在我们缔结和履行契约的过程中，我们不能不遵守这些道德规范，尽管它们没有直接和间接地被规定，但仍旧具有强制作用。即使职业义务纯然是道德的，但它仍然是很严格的，所谓的自由职业则表现得更加明显。这些义务虽然没有像其他法律规定那样名目繁多，然而我们有理由扪心自问：它是不是社会病态所带来的结果。尽管道德所规定的义务要比法律所规定的义务分散得多，但它总还是具有一种社会作用的。再者，随着契约关系的不断发展，这种作用也会像契约一样不断发生分化。

总而言之，仅仅有契约是不够的，还必须有来源于社会的契约规定。之所以如此,首先是因为契约的作用不在于创立某些新的规范,而在于把预先规定的规范转变为各种特殊的情形;其次,契约没有,而且也不能有约束当事人双方的能力,除非某种特定的条件得到确定。从原则上讲,社会所以为契约赋予一种强制力量,因为它是双方个人意志的妥协,除去上述那些特殊情形之外,它足以使各种分散的社会功能协调一致起来。但是,如果它反向而行,如果它扰乱了社会机构的正常运行,就会显得不合时宜,这样一来,它就丧失掉了自己的社会价值,被剥夺掉了自己的所有权威。因此,在任何情况下,社会的作用不仅在于这些契约表面上的执行,还在于确定这些契约得以实行的条件,如果有必要的话,就应该把它们恢复为原来的正常状态。如果契约本身是不公平的,即使当事人双方意见一致,也不能使它变得公平。同样,公正的法规必须避免社会公正受到侵害,即使与此相关的当事人双方已经达成共识。

因此,某些规定是社会所必需的,但其范围是无法预先限定的。斯宾塞就曾说过,契约的目的在于为工人所付出的劳动提供等价补偿。[21] 如果这真的是契约的作用所在,那么除非我们对契约作出更为详细的规定,否则今天的契约也实现不了它的特定作用。如果我们说契约完全有能力保证提供这种等价物,这简直是不可思议的事情。事实上,有时候收入大于支出,有时候支出大于收入,两者之间往往有着惊人的差异。然而,根据整个学院派的说法,如果收入太少,人们就会丢弃这一职务而另谋高就;如果收入太多,人们就会对这一职务趋之若鹜,相互间争得鱼死网破,从而最终使收入不断减少。实际上他们忘了这一点:全体从业者不能这样放弃他们的职务,因为除他们之外没有其他人能够胜任这种职务了。即使

---

[21] 斯宾塞:出处不明。

对那些已经获得活动自由的人来说,也不能即刻享用这些自由,这类变革必须要经历一个漫长的时期才能最终实现。其间,有许多不公平的契约,严格说来是非社会的契约,都在社会协作的过程中得到了执行,再者说,社会即使就某一方面达成了平衡,也并不意味着其他方面的平衡遭到了破坏。

毋庸赘述,这种干预作用有着各种不同形式,并且明显带有一种积极的性质,因为它确定了我们共同协作的方式。固然,协作的各种职能并不是由干预作用发起的,但是协作一经产生,干预本身就起了一种支配作用。一旦我们迈出了协作的第一步,我们之间就达成了协定,社会的规定行为也强加在了我们身上。斯宾塞之所以把这种作用称为是消极的,是因为在他看来,契约只存在于交换之中,但即使就这一点来说,他的表述也是不准确的。诚然,在我已经授受货物或服务以后,如果我拒绝支付双方协商规定的等价物,侵占了应为他人所属的财物,社会就会强迫我履行承诺,避免某些偏差行为和间接的侵害行为的产生。但是,即使我只允诺为他人提供某种服务,事先并未收取任何报酬,我也必须去执行这项约定。在这种情况下,我并没有损人利己,我只是不想被他人所用罢了。再者,如上所说,交换不能等同于整个契约;此外,各种职能之间还存在着一种和谐的合作关系。这不仅是人们之间物品的暂时流通所结成的关系,而是由此必然产生的更为广泛的关系,这些关系所形成的团结是不容混淆的。

斯宾塞试图通过生物学类比来论证自由契约理论,然而这种类比与其说是一个证据,还不如说是一个反证。他也像我们一样,将各种经济职能与单个肌体的内脏活动做以比较,认为内脏活动并不直接依赖于脑脊系统,而是依赖于一种特殊机制,构成这种机制的主要部分是大交感神经系统和迷走神经。通过这种比较,我们似乎可以合理地推断出各种经济职能并没有直接受到社会"大脑"的控制，但我们绝不能就此得出经济职能可以摆脱所有社会支配的结论。尽管交感神经系统在某种程度上可以摆脱大脑控制而独立发挥作用，然而它对内脏的控制作用与大脑对肌肉的控制作用是一样的。因此，如果社会中存在一种与此相似的机制，那么它对各种器官的作用也势必是相同的。

斯宾塞认为，与此相应的是一种信息交换，它不断反映市场供求的变化状况，以此决定生产的增减趋势。[22]但是，这里并不存在任何与支配作用相类似的地方，信息传递本身并不是一种命令。它显然是输入神经的功能，而与我们所说的行使支配作用的神经节毫无共通之处。神经节驻留在感觉的整个过程中，所有感觉只有以此为媒介才能形成反射和运动。如果此项研究有了一定的进展，我们就会发现不管神经节是否处于中心位置，它的主要作用乃在于保证它所支配的各种功能相互和谐地进行合作。假如它时刻随着刺激印象的变化而变化，那么这些合作就会陷入杂乱无序的状态。由此看来，社会的交感神经系统不仅包括各种信息传递系统，还包括各种能够真正起到支配作用的器官，就像大脑的神经节能够组合各种外部活动一样，这些器官的任务就是要把各种肌体内部活动组合起来，并根据需要而发挥制止、扩大和调整刺激的能力。

通过这种比较我们甚至可以推断，支配现代经济生活的活动还不能算是一种正常活动。当然正如我们上文所说，这种活动也不是完全不存在的，它如果不是以一种涣散的方式存在，就是直接由国家形成的。在现代社会里，我们已经很难找到类似于大交感神经系统的神经节这一类支配中心了。当然，这种不确定性的基础就在于

---

[22] 斯宾塞：出处不明。

个人和社会已经不再相称，已经不足以引起我们的关注。然而我们一定不要忘记，有些中介机构直到晚近时期还存在着，这就是同业公会。这里，我们毋需讨论同业公会的优劣，因为这样的讨论很难是客观的，我们要想解决这些现实的利益问题，不能不掺杂某些个人的感情。但是，既然长期以来这种制度都是许多社会所必需的，社会在刹那间就肯定少不了它。固然，社会在不断发生着变化，但我们完全可以合理地预先假定这种变化本身只是一种转换，而不是根本上的破坏。总之，正因为上述条件所引致的社会变化历时短暂，所以我们还不能确定这种是正常和确定的，还是偶然和病态的。即使当前社会生活领域里的混乱状态，也不能给我们提供一个满意的答案。在以下考察中，我们将会找到能够论证这种假设的其他事实。[23]

三

最后，我们还要讨论到行政法。所谓行政法，指的就是一系列规范：它首先确定了中央机构的各种职能及其关系，其次确定了直接隶属于中央机构的各种机构职能及其关系，以及与中央机构和各种社会分散职能的关系。如果我们还想借用一下生物学术语的话——尽管这是一种比喻的形式，但还是很方便的——那么我们就可以说这些规范相当于支配社会有机体各种职能的脑脊系统。一般而言，这个系统就是国家本身。

以此形式表现出来的社会作用无疑具有一种积极性。实际上，它的目的就在于确定各种专门职能相互合作的方式。从某种角度来

---

[23] 参见第三卷，第一章，特别是在序言里，我对这一点阐述得加更明确。

说，它甚至还强迫人们进行合作，因为要想使这些机构得以正常运行，就不能不以税收作为手段，而这正是每个公民应尽的义务。但是，依照斯宾塞的说法，自从工业社会从军事社会中脱胎而出后，这种支配机构日趋没落，到了最后，整个国家也只剩下了司法机关。

然而，这一论点所依据的理由是很不充分的，斯宾塞只是把英国和法国稍加比较一下，把昔日的英国与今日的英国稍加比较一下，就似乎得出了历史发展的普遍规律。[24]但是，这些证据在社会学领域或者其他科学领域所需要的条件实际上大同小异。要证明一个假设，不在于随手找些事实来填凑这个假设，而在于建立一套实验方法。既然我们要把一些现象联系起来考察，就应该证明这些现象是普遍一致、缺一不可的，或者至少是在同一方向和同一关系中发生变化的。胡乱地举些例子，并不能算作证据。

再者，这些事实本身也证明不了什么，因为它们所能证明的只是个人地位在不断提高，政府权力**不再显得绝对**。但是，在个人活动范围不断扩大的同时，国家的活动范围也在不断扩大，这两个事实并无矛盾之处；在中央支配机构不断扩充的同时，不直接隶属于中央机构的职能也在不断扩充，这两个事实亦无冲突之处。不仅如此，权力同样既可以是绝对的，又可以是简略的。最简略的权力，莫过于野蛮酋长的专制政府，他所行使的职能最粗陋狭窄不过了。这是因为，支配机构完全可以把社会生活直接吸纳进来，换句话说，如果社会生活本身还不太发达的话，这种机构也不会很发达。当然，这种机构对于其他机构而言则有着非同寻常的无上权威，因为后者不具备任何包含和弱化它的能力。当其他机构逐步得到确立

---

[24] 斯宾塞：《社会学原理》第2卷，第710—718页。

并形成一种对抗力量的时候，支配机构就会膨胀起来，这正是整个有机体不断发展壮大的结果。毫无疑问，在这些条件下，它的作用在性质上已经与以往迥然不同，它的作用点在数量上也开始急剧增加。它虽然不再像以前那样乖张暴戾，但它仍旧像以往那样正式实行着强制作用。尽管违背政府命令的行为已经不再被看作是亵渎神圣，不再遭到严厉的惩罚，但这并不意味着宽赦，政府命令变得更加名目繁多，门类齐全。现在的问题不在于支配机关所实行的强制力是强是弱，而在于这种机制在规模上是大是小。

一旦我们以上述方式提出了问题，其答案也就不言而喻了。事实上，历史已经告诉我们，社会越是属于高等类型，行政法也就越加发达。反过来说，我们越回溯历史，行政法就越显得粗陋。斯宾塞理想中的国家，其实就是国家的原始形式。实际上，根据这位英国哲学家所言，国家的特别职能只局限于正义和战争，至少是在需要战争的时候如此。在低级社会里，国家除此之外不再具有别的什么职能。当然，过去的国家职能并不能按现在来理解，但归根结底它们在性质上却没有什么不同。斯宾塞所说的专制形式的干涉作用只是国家所行使的一种司法权力。那时候国家禁止侵犯宗教、礼仪和传统与今天法官保护个人生命和财产的安全实际上同出一辙。换句话说，社会越是高级，其国家职能就会越加显得五花八门。仲裁机构起初还是很简单的，直到后来才逐渐产生了分化。各种不同的法庭得到了确立，各种不同的法官职位得到了设置，法庭和法官的各自职能和相互关系也得到了确定。许多以前比较分散的职能，如今也集中起来了。监督青年教育、保护公共健康、主持公共救济事业以及管理交通运输都逐渐划归到中央机构的管辖范围之中，这种机构因此也得到了发展。与此同时，它渐渐遍及其领土的整个区域，各个分支机构越来越密集，组成了复杂的网络，代替或同化了以前存在着的地方机构。有机体内部所发生的一切事情,都由统计部门直接上报中央机构。至于国际关系机构本身,即外交机构也比以前大大加强了。正因为许多社会制度,如规模不断地扩大信托机构,它们与公共利益的相关职能为数众多,所以它们一经确立,就要受到国家的调控。最后,依照斯宾塞的说法,军事机关只能日趋衰败下去,但事实却恰恰相反,这种机关不但得到了发展,而且还呈现出集中化的趋势。

这种进化的趋势在历史上是非常明显的,我们似乎用不着搜罗更为详细的证据。如果我们先把那些不存在中央集权的部落同存在集权的部落比较一下,再把后者与城邦、城邦与封建社会、封建社会与当今社会逐一比较一下,我们就会逐步追踪到人类发展的主要阶段,即我们上文所述的普遍过程。因此,倘若我们把政府机构的现存状况说成是一种病态的事实,说成是某种环境的偶然产物,这就不是一种科学方法了。从任何角度来看,它都是一种内在于高等社会结构的正常现象,因为社会在逐渐向高等社会演化的过程中,这种现象是有规则地、持续地发生的。

而且,我们还可以大致证明,这种现象是分工发展和社会改造的产物,它的最终结果,就是使环节社会变成了组织社会。

只要每个环节拥有自己独特的生活,它就会在大社会里形成一种小社会,同时它也会像大社会一样形成自己独特的支配机构。但是,这些机构的活力总归与这一地区的活动强度互成比例,因此,当地方生活不断衰败下去的时候,它们势必也会衰败下去;当环节组织逐渐消亡的时候,它们也行将灭亡。正因为阻碍中央机构的势力已经逐步衰弱下去,所以中央机构才可以长驱直入,不断发展,把各种职能吸纳进来;这些职能与它已经行使的职能十分相似,而以前掌管这些职能的实体已经丧失了自己的支配作用。地方机构无法再维持自己的个性和分散性,都融进了中央机构之中,中央机构由此不断扩大,社会也不断得到拓展,它的包容性也更加完全彻底。这说明,中央机构的规模越大,社会也就越属于高等类型。

这种现象是为迎合机械需要而产生的,因而也是有用的,它完全与新的事态相吻合。如果社会不再由许多相似的环节叠合而成,那么支配机关本身也一定不再由许多自治的环节机构叠合而成。这里,我并不是说,在通常情况下国家可以把所有社会支配机构吸纳在自己的门下,我只是说,他所吸纳的仅仅是那些与其性质相同的机构,即那些支配一般生活的机构。至于那些控制专门职能,如经济职能的机构,则属于吸纳范围之外。在这些机构之间,尽可以存在同样一种关系,但这些机构与国家本身是不相干的,或者至少可以说,它们虽然受高层中央机构的支配,但与这类中央机构是相互有别的。尽管脊椎动物的脑脊神经非常发达,并且对交感神经系统产生一定的作用,但它还是为交感神经系统留下了很大的自主余地。

其次,只要社会还是由环节组成的,某个环节所发生的事情还不能对其他环节产生影响,那么就说明这种环节组织是非常牢固的。蜂窝系统自然会使社会现象及其影响产生局部化倾向。因此在珊瑚集群里,如果一个环节染上疾病,其他环节则丝毫没有感觉,但社会作为由各种机构组成的系统,则不会产生此类情形。因为这些机构是相互依赖的,其中一个机构感染上疾病,其他机构就在所难免,任何比较严重的变化都会波及整体的利益。

此外,还有两种环境更容易产生上述普遍化倾向。劳动越加分化,每个社会机构所包含的不同成分就越少。每当大工业逐步替代了小工业的时候,不同业务的数目也在逐渐缩小。与此同时,每一种业务都显得更加重要,因为它在整体中代表了更大的份额,所以它所产生的社会影响也越来越大。如果一个小工厂关了门，它所带来的混乱一定是极其有限的，只局限在很小的范围里。相反，如果一个大型工业公司倒闭了，它足以带来整个社会的动荡。再者，劳动分工的进步决定了社会大众不断集中的趋势，使同一组织、器官和机体的不同部分产生了更为密切的联系，更加容易相互感染。某一部分产生的运动很快就会波及其他部分。我们试看如今同一行业的罢工如何迅速蔓延的现象，便会一目了然。而且，一旦某些具有普遍意义的部分发生了骚乱，势必会影响到高层中央机构。既然这些机构受到了损害，它们就不得不出面干涉，而且社会越是属于高等类型，这样的干涉也就越加频繁。而这种干涉又进一步促进中央机构增强其组织性：各种分支机构伸展到四面八方，与有机体的不同领域保持着紧密的联系，继而把那些足以产生非常影响的机构直接划归到自己的门下。总而言之，它们的职能变得更加纷繁复杂，服务于这一基础的各种机构获得了发展，确定这些职能的法律机关也相应地发展起来。

人们往往责怪斯宾塞理论的自相矛盾之处，认为他所说的高层中央机构在社会和有机体中的发展方向是完全相反的。斯宾塞则回答说，机构的不同变化完全取决于其相应职能的不同变化。脑脊系统的主要作用在于规定个体与外部世界的联系，在于协调各种行动，以便去捕获猎物和逃脱外来之敌。[25] 这个系统作为一种攻防机制，在最高等级的有机体里自然会显得非常庞大，因为外在关系本身就已经非常发达了。军事社会也莫过于此，因为它总是与邻近社会处于长期的敌对状态。相反，在工业社会里，人们之间如果发生战争，那纯属是个例外。社会利害关系总是有着内在的秩序，任

---

[25] 斯宾塞：出处不明。

何外在支配机制都已经不再具有存在的理由，它们势必会走向穷途末路。

但是，上述解释存在着双重的谬误。

首先，任何生存在一定环境下的有机体，不论是否具有破坏倾向，它越是复杂，则与环境所发生的联系就越多。因此，一旦各个社会能够和平相处，它们彼此之间的敌对关系就会不断减少，并为其他关系所替代。不管工业社会如何好战，它们之间的相互联系总归与低等部落大相径庭。在这里，我们所说的不是个人之间的直接关系，而是社会团体的相互联系。每个社会都有自己谨防他人侵犯的普遍利益，虽说用不着借助武力，但至少还需要协商、媾和和缔约等保护手段。

其次，如果有人认为大脑仅仅支配着各种外在关系，这绝对是荒谬至极的。有时候，大脑不但能够完全通过内部渠道调整某些器官的状态，而且能够通过支配外在行为而对内在活动发生作用。实际上，就连内脏器官也需要外界物质才能发挥其功能；大脑既然能够对这些物质实施绝对命令，它就会在每时每刻对整个有机体产生影响。有人说肠胃功能是不受大脑控制的，只要有了养分，就足以刺激肠胃运动了。不过，这些充备的食物是受大脑的意愿决定的，它的数量和质量都是受大脑决定的。心脏的跳动虽说不是由大脑控制的，但是它的跳动快慢都是由大脑调节的。此外，任何一种肌体组织也都是受大脑命令支配的，而且动物越是属于高等类型，大脑的控制作用就越显得博大精深。实际上，大脑不但控制着所有外在关系，还控制着整个生命。因此，生命越是丰富而集中，大脑的作用就越显得复杂。社会也是如此。政府机构是否重要，并不取决于人们和平相处还是相互敌视。随着劳动分工的不断发展，社会所包含的不同机构在不断增加，它们的彼此联系也日益密切。

四

以下命题是对本书第一卷的总结。

社会生活有两个来源：一是个人意识的相似性，二是社会劳动分工。在第一种情况下，个人是社会化的，他不具备自身固有的特性，与其同类共同混杂在集体类型里。在第二种情况下，他自身具有了与众不同的特征和活动，但他在与他人互有差异的同时，还在很大程度上依赖他人、依赖社会，因为社会是所有个人联合而成的。

意识相似性所产生的法规是受压制手段辖制的，它强迫人们去执行一致的信仰和实践。意识相似性越是显明，社会生活就越会与宗教生活完全混同，经济制度就越接近于共产主义制度。

劳动分工所产生的法规确定了已经产生分化的各种职能的性质及其相互关系，但是对这种法规的触犯只能受到恢复性的制裁，而不是抵偿性的制裁。

不仅如此，每一种法规体系都还伴随着一种纯粹的道德规范体系。在刑法名目繁多的地方，公共道德所支配的范围就越广。这意味着，绝大多数的集体实践都受到了公意的保护。在恢复法日臻完备的地方，每一种职业都具有自己的职业道德。在同一工人群体中，公意总是在这一特定范围内广泛传播，尽管不存在任何与之相应的法律惩罚，但它还是得到了人们的遵从。在同一职员群体中，存在着共同的风俗习惯，谁要是违反了这些风俗习惯，就遭到整个法人团体的一致指责。[26] 然而，这种道德与上述道德迥然不同，两

---

[26] 这种指责，就像所有道德惩罚一样，会转换成外部行为，如纪律处分、辞退和绝交等。

者的差别与两种法律体系的差别大体相当。事实上,这样的道德总是局限在社会的某一特殊领域的。而且,有了这种道德,压制性制裁也不再像以前那样严厉了。职业过失所招致的责备远比公共道德所带来的惩罚轻微得多。

但是,职业道德规范和法律也像其他法律一样具有权威性。它迫使个人不按自己的目的行事,如作出让步、达成妥协或专注于那些高于自己的利益。甚至对于那些完全建立在分工基础上的社会而言,也不至于化解成为许多并列的原子,这些原子之间只是有些外在的和短暂的接触。实际上,尽管社会成员完成交换的时间非常短暂,但他们之间的联系却远远超出了这段时间之外。他们在执行每一项职能的过程中,都必须依赖他人,继而最终形成了一个牢固的关系系统。因此,我们所选定的工作属性实际上来源于某些常久的责任。因为,一旦我们执行了某种家庭职务或社会职务,我们就会陷入到义务之网中而不能自拔。特别有一种机构,我们对它的依赖总是有增无减,这就是国家。我们与国家的连接点真是举不胜举,它同时也不失时机地唤起我们对公共团结的感情。

因此,斯宾塞的愿望最终还是破碎了,利他主义注定不会成为我们社会生活的一种装饰,相反,它恰恰是社会生活的根本基础。在现实生活中,我们怎能离得开利他主义呢?人类如果不能谋求一致,就无法共同生活,人类如果不能相互作出牺牲,就无法求得一致,他们之间必须结成稳固而又持久的关系。每个社会都是道德社会。在特定情况下,这种特性在组织社会里表现得更加明显。严格说来,任何个人都不能自给自足,他所需要的一切都来自于社会,他也必须为社会而劳动。因此,他对自己维系于社会的状态更是有着强烈的感觉:他已经习惯于估算自己的真实价值,换言之,他已经习惯于把自己看作是整体的一部分,看作是有机体的一个器官。

这种感情不但会激发人们作出日常的牺牲,以保证日常社会生活的稳定发展,而且有时候会带来义无反顾的克己献身之举。就社会而言,社会已经不再把它的组成成员看作是可以任意摆布的物品,而是把他们看作是必不可少的合作伙伴,并对其负有一定的责任。有人总喜欢把以共同信仰为基础的社会与以合作作为基础的社会对立起来看,认为前者具有一种道德特征,而后者只是一种经济群体,这是大错特错的。实际上,任何合作都有其固有的道德。我们完全有理由相信,在现代社会里,这种道德还没有发展到我们所需要的程度。对于此,我在下文将予以详细说明。

但是,此时的道德与彼时的道德在性质上还有所不同。后者只有在个人衰微的时候才会变得强盛。它是由千篇一律的规范组成的,并在这些规范普遍的和一致的实施过程中树立起一种超人般的权威,它是不容任何微词的。反之,前者只有在个人人格逐渐完善的时候才会发达起来,不管我们对一种职能规定到什么样的地步,它总会为个人留下可以自由伸展的余地,甚至有好些惩戒义务也都由人们自愿选择。我们的职业,甚至某些家务都是这种选择的结果。当然,一旦我们的决定不再出自内心,外在地产生了许多社会后果,我们就系属在了社会身上:许多强令我们执行的责任并不符合我们的初衷。但是,这些责任还是从一些自愿行为里产生出来的。最后,由于这些行为规范不再与普通生活条件相应,而只与不同的职业行为相应,所以它们带有更多的世俗性质。也就是说,尽管它们还留存着各种强制力量,但与人类行为更加贴近。

由此看来,社会生活有着两种潮流,与之相应的结构类型是大不相同的。

在这两种潮流中,首先流出的是以社会相似性为源头的潮流,它没有任何竞争对手。当时,它是与社会生活本身相互混同的。后来，第一个潮流渐渐分流和搁浅了，第二个潮流不断涌出。同样，环节结构也逐渐被另一种结构替代掉，当然它本身也不会消失得无影无踪。

我们在上文已经描述了这两种反向变化的关系，下文将着重探讨产生这种变化的原因。

第二卷

原因和条件

第一章

分工的进步与幸福的进步

分工的形成有哪些原因呢？

当然，倘若我们想把所有可能存在的分工形式都涵盖在一个公式中，这是不可能的。每一种特殊事实都有自己的特殊原因，都需要通过特殊的考察加以确定。然而，我们所提出的问题却没有这么宽泛。如果我们撇开由时间和空间条件决定的各种分工形式不谈，还会看到一个普遍事实：随着历史的不断进步，分工也相应地发展起来。当然，这个事实有着一以贯之的原因，接下来我们就来考察一下。

分工的作用在于维持社会的平衡，但这种预先料到的结果绝对不是分工产生的原因。分工带来的副作用还离我们太远，以至于我们无法理解和意识到这些副作用的存在。无论如何，只有在分工得到充分发展以后，这种副作用才会显现出来。

通常的理论认为，分工的来源就是人类持续不断地追求幸福的愿望。实际上我们也知道，工作越是分化，生产出来的产品就越多。分工为我们提供的资源更丰富，更优质。科学发展突飞猛进，日臻完备；艺术作品不仅品种繁多，而且做工精美；工业产品更是数量丰富，质量上乘。在现代，人类需要所有这些资源。因此，人们似乎在占有更多的财富的时候，才觉得更加幸福，才会自然而然地去追求财富。

根据这种假定，人们就不难解释分工增长的规律性了。我们很容易想象，环境可以经常提醒人们分工所带来的各种利益，人们当然也会想办法去尽可能扩大分工的范围，努力去获得最大的利益。由此说来，分工的进步完全受到了个人和心理原因的影响。要想创建这样一个理论，根本不需要去考察社会及其结构：人们内心中最简单、最基本的本能就足以作出解答了。因此，正是对幸福的需要才驱使个人日益走上专业化的道路。毫无疑问，既然每种专门职业都需要几个人同时进行，相互协作，那么这些职业如果缺少了社会的存在，肯定是行不通的。但社会并不是形成分工的决定性原因，它可能仅仅是实现专业化分工的手段，是将劳动分工组织起来的必要物质条件。这与其说是分工的原因，不如说是分工现象所产生的结果。人们不总是不厌其烦地认为协作需要促进了社会的发展吗？如果说构建社会的目的就是分工，我们还能认为分工的根源就是社会吗？

这就是政治经济学的经典解释。它看上去似乎简单明了，许多思想家也亦步亦趋，不知不觉地接受了这种论断。因此，这也是我们最先要检验这种观点的原因所在。

一

这种解释所依据的公理并没有得到证实。人们对劳动生产力也没有合理的限制。毫无疑问，劳动生产力是建立在技术和可用资本等基础上的。但是这些障碍只不过是些暂时的障碍，许多经验已经证明了这一点，而且每一代人都可以把上一代人所停滞下来的界限移得更远些，即使有一天生产力达到了最高限度而止步不前——当然这种假定是毫无根据的——至少我们可以断定，目前在它的面前还有一片非常广阔的发展天地。因此，如果像人们期望的那样，幸福有规律地与生产力同步增长，那么它的增长也将是无限的增长，或者至少对它来说，合理的发展阶段是与生产力的发展阶段成正比的。如果当对快乐的刺激越来越频繁，越来越加强的同时，幸福也随之不断增加，那么人类生产更多，从而享受更多的努力追求是完全自然的。但是，我们追求幸福的能力事实上却受到了很大的限制。

　　实际上，快乐并没有伴随着太强或太弱的意识状态，这已经是人们今天所公认的道理。人们不仅会在感官活动不足的时候感受到痛苦，也会在感官活动过多的时候感受到痛苦。[1] 某些生理学家甚至还认为，痛苦与过于强烈的神经刺激有关。[2] 快乐就处于这种情况的两端之间。这个命题正是韦伯（Weber）和费希奈（Fechner）得出的结论。如果说这些实验者所给出的数学公式在精确性方面还值得推敲，但其中至少有一点是确切无疑的：感觉是在两个极限之间产生强度变化的。如果刺激太弱，则不会产生感觉；如果刺激超过了一定程度，它的增量也会产生越来越少的效果，直到人们完全感觉不到它。人们所说的快乐也是一种感觉，当然也符合这个规律。甚至人们还没有把这个规律运用在其他感觉之前，就已经用它来衡量快乐和痛苦了。贝努里（Bernoulli）就曾直接把它运用在许多最复杂的感情之中，拉普拉斯（Laplace）也进行了同样的解释，并且把它当成了物质财富和精神财富之关系的形式。[3] 由此看来，

---

[1] 斯宾塞：《心理学原理》（伦敦1855年版）第1卷，第281—282页。参见冯特：《心理生理学》第1卷，第10章，第1节。
[2] 参见里歇在《医学科学百科全书》中所写的词条"痛苦（Douleur）"。
[3] 拉普拉斯：《概率论分析》（巴黎1847年版），第187，432页；费希奈：《心物学》第1卷，第236页。

纯粹快乐的强度能够产生变化的范围也是有限的。

而且，如果说意识强度在不强不弱的时候往往会带来快乐，那么这种状态并不能代表能够产生快乐的所有条件。在意识强度较弱的情况下，惬意的活动所经历的强度变化在绝对价值上往往显得过小，还不足以形成强烈的快乐情感。相反，当这种活动在接近极点，或者说接近极限的时候，它的变化范围在相对价值上也就显得微不足道了。如果某人所占有的资本不多，他就很难相应地增加自己的资本，也难以在很大程度上改变自己的境遇。这就是最初的经济活动并没有给他带来享乐的原因。资本太少了，根本改善不了他的地位。这些资本所带来的利益也是微不足道的，根本补偿不了他的成本。同样，如果某人所占有的财富太多，那么他在额外利润里也不会发现快乐，因为他总是根据已有的财产来衡量这些利润的重要性。但是，对那些拥有不多不少的财产的人们来说，情况就完全不同了。在这里，绝对的和相对的变化都能成为产生快乐的最佳条件，这些变化显然是非常重要的，但我们还没有必要用财产来确定它的价值。衡量其价值的标准也没有定得很高，还不至于给价值本身带来很大的损害。由此看来，除非两者的界限要比我们开始讨论过的界限狭窄得多，否则，快乐刺激的强度就不能得到**有效地**加强，因为只有在与快乐活动的平均程度比较接近的范围内，它才会产生全面的影响。如果达不到这个要求或超出这个要求，虽说快乐还能够不断产生，但它与其成因却是不成比例的，然而，在相对比较平和的区域里，最细微的变化也会引起人们的回味和体会。刺激力量完全能够转化成为快乐，不会有一点儿遗漏。[4]

从数量上，我们也可以对上文所说的每种刺激强度加以说明。

---

[4] 参见冯特：《心理生理学》，第1卷，第10章，第1节。

就像刺激超过或不及某种特定的强度一样，刺激过多或刺激过少都不会带来快乐。根据人类的经验，只有千金难买的中庸（aurea mediocritas）才能算是幸福的条件。

因此，假使劳动分工在现实中为了增加我们的幸福而不断进步，那么它本应该也会像它所形成的文明一样，早就到了黔驴技穷的地步了，也就是说，两者早就会止步不前了。既然平庸的生活最容易得到快乐，那么要想使人类获得这种生活，就不必去毫无止境地寻求所有刺激。刺激的适度发展使个人达到他们能够获得的一切享乐。这样，人类就会史无前例地进入到一种停滞状态之中。动物就是这种情形：正因为它们已经达到了平衡状态，所以千百年来绝大多数的动物都没有产生丝毫变化。

其他形式的考察也可谓殊途同归。

我们既不敢断言所有的快乐状态都是有用的，也不敢断言这种快乐和用途都常常在同一个方向上和同一种关系中产生变化。但从根本上说，如果有机体的快乐是在有害的事物中获得的，那么它自己就肯定无法维持下去。这样，我们就会接受一个非常普遍的事实：快乐与有害状态无关。总体而言，快乐是与健康状态相伴相随的。只有那些在生理和心理上受到反常状态侵袭的人们，才会在病态之中感受到快乐。健康只有在不温不火的活动中才会存在。其实，人们要想得到健康，就需要所有功能和谐一致地进行发展，但若要做到这些，就需要相互节制，在特定限度之内相互包容，倘若超出了这个限度，疾病就会产生，快乐就会消失。至于说到所有能力同时得到发展，它对许多特定的动物来说也是不太可能的，但对个人先天状态所决定的有限范围来说，它却是很有可能的。

由此，我们了解到是什么限制了人类的幸福：那就是每个历史瞬间所构成的人类自身。就人类的气质，即他们在肉体和精神的发展程度而言，始终存在着幸福的最高限度，它就像活动本身所具有的最高限度一样，是不可逾越的。只要我们仅从有机体出发，这就是个不容置疑的命题：任何人都承认，人体的需要是有限的，肉体的快乐不能毫无限制地发展下去。但是，人们却常常认为，精神作用是个例外。"没有需要戒除和抑止的痛苦……不管是像忠诚和仁慈这样最强烈的冲动，还是对真和美的最迫切的渴望。一定数量的食物可以去填补人们的饥肠，但一定数量的学识却无法满足人们的理性。"[5]

这种说法没有注意到意识也像有机体那样是一个彼此平衡的功能系统，而且意识也能够切入到它所依赖的有机基础之中。有人说，倘若光线强到了一定的程度，人们的眼睛就无法承受，然而理性却能够承受无限的光明。但是，只有在高级神经中枢非常发达的时候，才能获得广博的学识，与此同时，痛苦的纷扰也会随之而来。因此，总有一个**最高**限度是不能随便逾越的，而且它是随着大脑的平均容量的变化而变化的，所以在人类之初，它还处在非常低的水平上。人类本来就应该很快达到这个最高极限。再者，知性只是我们的一种能力，所以知性的增加也不能超出一定限度，否则它就会通过瓦解我们的感情、信仰和习惯，来殃及其他某些实际能力，一旦失去了平衡，我们就会陷入某种迷乱之中。信奉初始宗教的人们在创世学说和哲学里还能找到些快乐，但倘若我们突然把某种现代科学理论灌输在他们的脑袋里，无论这种理论高超到什么地步，都会剥夺他们的快乐，不会给他们提供一点儿补偿。在每个历史时期和每个人的意识里，对明确的观念和深刻的洞见而言，总之对科学而言，都存在着人们无法逾越的明确界限。

---

[5] 拉比埃：《哲学教程》第1卷，第479页。

道德也是如此。每个民族的道德准则都是受他们的生活条件决定的。倘若我们把另一种道德反复灌输给他们，不管这种道德高尚到什么地步，这个民族都会土崩瓦解，所有个人也会痛苦地感受到这种混乱的状况。但是，每个社会的道德本身所提出的品德是不是有无限发展的可能性呢？这是不可能的。遵守道德就意味着履行责任，任何责任都是有限的，都会受到其他责任的限定。如果我们为他人所做的牺牲太多，就不免要自暴自弃，如果我们过分地发展自己的人格，就不免会自私自利。再有，我们的所有责任也是受我们的其他自然需要限制的。一方面，某些行为方式需要服从绝对命令这种道德特征，另一方面，我们很难自然而然地去更改某些其他形式，因为这些形式是最根本的形式。假使道德过度干预了工商业等职能，这些职能就会陷于瘫痪状态，而这些职能却是极其重要的职能。因此，不管我们把财富看作是不道德的，还是把财富看作是很善良的，都同样是一种有害的错误。毫无节制的道德和道德所产生的毫无节制的倾向，常常会使道德本身最先受到损害。这是因为，既然道德的直接目的在于规定世俗生活，那么它一旦扰乱了它所规定的生活，就会把我们抛弃在生活之外。

其实，由于审美活动和道德活动没有得到规定，因而它们看上去好像总能脱离一切约束或限制。但在现实社会中，它们却受到了纯粹道德活动的严格限定。这是因为，它们一旦超过了某种限度，就会对道德产生负面影响。如果我们对多余的事物投入太多的关注，就会无视我们所需要的事物。如果我们过于关心道德的幻象，就肯定会忽视带有义务性的工作。如果人们置所有规范于不顾，自己另立一套规范并随意行事，那么世上所有的标准就变成了累赘。唯心主义的味道太浓，或者把道德抬得太高，都会使人们不再去履行日常的责任。

对审美活动来说，通常也是如此；如果它没有节制，就会陷入不健康的状态。如果我们只想游戏，只想不带目的、只图快乐地进行活动，如果这种需要不断膨胀，超出了一定的程度，那么我们便会脱离严肃的生活。太多的艺术感觉其实是一种病态的征兆，一旦这种病态通行起来，就会给社会带来危险。再说，我们开始超过的这种界线也是随着不同的民族和社会环境的变化而变化的。社会越是落后，这个界线的范围就越是狭窄，社会环境就越不开通。比方说，农夫总是而且必须与他的生活条件相互吻合，他不该得到文人通常所能享受得到的审美快乐，如果我们把野蛮人和文明人比较一番，情况也是一样的。

精神的奢靡既是如此，物质的奢靡则更为严重。我们心智的、道德的以及肉体的需要都有一种不可超越的一般强度。在任何一个历史时期里，对科学、艺术和物质财富的渴求，就像我们的食欲一样是有限度的，任何超过了这个限度，都会给我们带来冷漠或痛苦。我们在把自己的快乐和祖先的快乐相互比较的时候，常常忘记了这一点。我们总是理所当然地认为，我们的所有快乐都不过是我们祖先曾经有过的快乐，因此我们一旦想到我们所享有的所有先进文明他们都未曾享受得到，就会对他们产生怜悯之情。不过，我们忘记了一点：他们根本没有能力来享受这些文明。虽然他们经过了艰苦的努力使劳动生产力不断得到增加，但他们并不想获得那些他们认为是毫无价值的财富。他们要想体会到这些价值，首先得具备他们不曾有过的品味和习惯，必须去改变自己的本性。

实际上他们确实这样做了，人类所经历的各个历史转型时期都可以对此作出证明。因为对更大幸福的需要形成了劳动分工的发展，这种需要必然成为人类本性不断产生变化的原因，而人类也必然是为了追求更多的幸福而发生改变。

然而，即使我们假定这些转变最终产生了上述结果，我们也很难说变化的基础就是这个目的，它一定还会有另外一种原因。

其实，人类生活所经历的任何一次变化，不管是突然的变化还是可以预料的变化，都常常会形成一次痛苦的危机，只要是原来的本能还在顽固抵抗，就不可避免会产生一次暴烈的冲突。即使在面对一片最明亮的天地的时候，过去的时光还挽留着我们。时间已经把习惯固定在我们身上，要彻底铲除这些习惯，简直是一项异常艰难的工作。也许，定居生活要比游牧生活更容易获得快乐。但是，如果人们长年累月地过着游牧生活，就很难放弃原来的生活习惯。因而，这种转变本身具有非常深远的意义，它是单个人所无法企及的。一代人也很难把几代人的生活彻底地抛弃掉，很难完成除旧布新的工作。在现实社会里，这种工作不仅是有用的，而且是必要的；事实上，很久以来人们就已经感觉到了它的必要性。然而，那些能够在这种一板一眼的工作中发现快乐的人还非常少见，对绝大多数人来说，工作还是一件让人难以忍受的苦役。相反，原始时期那种优哉游哉的生活，倒是对他们充满了诱惑力。所以说，这些变化花了这么长的时间，付了这么大的代价，还是没有得到解答。世世代代的变化也没有产生多少效果，即使产生了某些效果，也为时已晚了。他们付出的只是千辛万苦。因此，我们绝对不能说他们是为了追求更大的幸福而投入这项事业的。

但是，人类的幸福是否能够随着人类的不断进步而成比例地增长起来呢？这是最令人怀疑的事情。

二

当然，我们今天的许多快乐是那些头脑简单的人们所无法意识到的。但是反过来说，我们也感受到了他们所感受不到的痛苦，我们决不能认为它最终是对我们有利的。无疑，思想是快乐的源泉，它可以表现得非常强烈。但与此同时，思想又搅乱了多少欢乐啊！为了解决一个问题，又连带出了多少无法解决的问题啊！为了揭开一个谜底，我们所觉察到的多少神秘还在搅得我们坐立不安啊！同样，尽管野蛮人感受不到富有生气的生活所提供给我们的快乐，但是，他们却没有遭到痛苦的侵扰，只有文明的心灵才会遭受这样的苦难。他们只想让自己的生活平平淡淡地流逝而过，而不必用繁杂而又仓促的活动去填补稍纵即逝的生活瞬间。我们千万不要忘了，对大多数人来说，工作也只是一种痛苦、一种负担而已。

人们可以反驳说，文明人的生活是丰富多彩的，这是获得快乐的必要条件。然而，在生活的流动性不断增加的同时，文明也带来了更多的一致性，它强迫人类去从事单调而又冗长的劳动。各种环境和各种需要可以促使野蛮人从事不同的劳作，但文明人则委身于一种工作，而且永远是同一种工作，是一种灵活性更小，限制更多的工作。社会组织必须在习惯的基础上确立一套绝对规则，否则单个器官的功能模式一旦发生变化，整个有机体就不得不作出反应。就这个意义来说，我们的生活不会给我们带来意外之喜，相反，它会变得越来越不稳固，并从欢乐中剥夺某种必要的安全感。

我们的神经系统变得越来越细致，越来越能感受到更微弱的刺激，我们的祖先却感受不到这些，他们的神经系统是非常粗糙的。然而，如果我们感受到的快乐刺激太强烈了，同样会变成痛苦。我们感受到的快乐越多，痛苦也就越多。从另一个角度来说，在同等条件下，如果有机体对痛苦的反应要比对快乐的反应强烈[6]，如果不

---

〔6〕 参见哈特曼：《无意识哲学》第2卷。

快乐的刺激所产生的痛苦比快乐刺激所带来的快乐更加强烈，那么我们就会获得与幸福完全相反的感受。事实上，最紧张的神经系统不仅存在于痛苦之中，而且也以痛苦告终。那些最文明的宗教在根本上所崇拜的不正是人类的痛苦吗？毫无疑问，在生命从古到今的延续过程中，就一般情况而言，快乐要比痛苦多一些。但我们不能断定这种多出的快乐，其数量究竟是不是很大。

最后，我们也无法证明这种多出的快乐是否能够提供一种衡量幸福的标准。当然，还没有人好好研究过这类模糊不清的问题，也没有人能够提出某些比较确切的说法。但是，我们似乎觉得幸福完全是另一回事，它并不是各种快乐的总和。幸福是一种持久的和普遍的状态，是与我们生理功能和心理功能的规律活动相辅相成的。像呼吸作用和循环作用这样的持续活动，并不能给我们带来实实在在的快乐。但是，它们却是我们获得良好心境和生命活力的基础所在。每一种快乐都是一种危机；它产生之后，持续了一段时间，终究会烟消云散。然而生命却是绵延不绝的，生命里最基本的乐趣也会像生命本身一样绵延不绝。快乐总是局部的；它只是在有机体和意识之中非常有限的感觉。然而生命则既不在这里，也不在那里，而是广布在整个世界之中的。我们之所以执着于生命，是因为它是人类普遍的本性。总之，幸福表明的并不是某个个别官能的暂时状态，而是整个肉体和精神生活的健康状态。快乐是伴随着瞬间官能的正常作用而产生的，它确实是幸福的一个因素，这些官能在生命中的地位越高，它们就越显得重要。但快乐毕竟不是幸福。快乐不能改变幸福的水平，即便可以改变，也只能局限在一定的范围内。这是因为，只有某些暂时的原因才能带来快乐，而幸福则是人们永久的姿态。局部事件如果想要对我们的感觉基础产生深刻的影响，就要以一种令人意想不到的步骤不断进行重复，并且还能够产生令人意想不到的结果。相反,快乐常常是以幸福为基础的:在我们幸福的时候,任何事物都会向我们微笑,在我们不幸福的时候,任何事物都会使我们感到沮丧。人们常说,我们是与幸福相伴相随的,这话不无道理。

倘若事情真的如此,我们就没有必要去追问幸福是否与文明共同发展的问题了。幸福就是健康状态的表征。但是,某类动物不能因为它本身属于高等类型就更健康一些。健康的哺乳动物并不一定比同样健康的原生动物有更好的感觉。幸福也同样如此。人们的活力越多,并不意味着幸福就越多,只要是健康的,所有幸福都是一样的。如果最简单的生物和最复杂的生物同样实现了自己的本性,它们就会体会到同样的幸福。普通的野蛮人和正常的文明人同样都会感受到幸福所在。

野蛮人可以自得其满,我们也可以自得其满。这种心满意足的状态甚至就是他们的个性特征。除了现有的事物,他们别无所求,他们根本不想改变现有的条件:

> (瓦茨说)北方的居民并不想迁移到南方,以此来改变他们的生活境遇,在炎热龌龊的国家里居住的居民也不想迁移到气候条件更好的地方去。譬如,达尔福尔地区(Darfour)[7]的居民虽然面临着无数的疾病和各种灾荒,还是爱恋着他们的祖国,他们不仅不想迁移,而且漂泊异乡的人们也总想着回到自己的家园……一般而言,一个人不管生活在怎样窘迫的物质环境里,都会把祖国看成是世界上最好的地方,把这种生活看成是最富快乐的生活,而且往往把自己的民族当成世界上最出类

---

[7]　达尔福尔地区(Darfour):指苏丹西部某地区。——译注

拔萃的民族。这种信念在黑人那里是非常普遍的。[8]美洲的许多地区被欧洲人开发了以后,土著人坚信白种人背井离乡,无非是来美洲寻求幸福罢了。有人也往往举些例子,说几个年轻的野蛮人曾经受着疾病的折磨,离家出走去寻找幸福。但是这些都只不过是极其罕见的例外情况罢了。

当然,有时考察者笔下的低级社会的生活完全是另外一种景象。这是因为,他们把自己的印象当成了土著人的印象。也许某种生活在我们看来是不可忍受的,但对具有不同的身体和精神构造的人来说,倒有可能是一种快乐的生活。比如说,某个人从小就喜欢每时每刻拿自己的生命去冒险,在他看来生命算不上什么,何况去死呢?我们慨叹原始人的命运,单靠证明他们不遵从卫生法规,或者是管理混乱是不够的。只有个人本身才会体会到自己的幸福;只有他感受到了幸福,才算是幸福的。"对从火地岛(Tierra delFuego)到霍屯督(Hottentot)的居民来说,处于自然状态里的人们不仅对自身感到满意,而且对自己的命运也感到很满意。"[9]我们在欧洲恐怕会很少见到这种满足吧!正是由于这些事实,在这个问题上很有经验的考帕·罗斯(Cowper Rose)说:在某种特定的情况下,一旦有思想的人认为自己比习与性成的人更加低下,他就会反问自己:最坚定的信念与那些自得其乐的狭隘偏见相比,究竟谁会更有价值。[10]

这里,还有一个更加客观的证据。

根据实验所得的基本事实,我们可以证明,在普通人看来生命

---

[8] 瓦茨:《原始民族的人类学》第1卷,第346页。
[9] 瓦茨:《原始民族的人类学》第1卷,第347页。
[10] 考帕·罗斯:《南美的四年》(1829年版),第173页。

是美好的，换句话说，绝大多数的人更加喜欢生而不是死。之所以如此，是因为在普通人的生命里，幸福总是多于不幸的。如果情况恰恰相反，那么我们就搞不清楚人们为什么会热爱生命了，也搞不清楚这种心情为什么会遭受各种事实的打击，还会源源不断地存在下去。悲观主义者认为，这种持续不断的现象实际上是对希望的幻想。对他们来说，我们之所以经历过种种失望还执着于生命，是因为他们幻想着用将来去补偿过去。即使我们承认希望可以解释对生命的执着，但它对自己还是无从解释。希望并没有奇迹般地从天堂坠入我们的内心里，而像所有情感一样，是在各种事实的影响下形成的。因此，如果在人们学会了希望，又遭遇了不幸的时候，他们习惯于把眼光转向将来，希望将来会有幸福来补偿现在的痛苦，他们常常发现这种补偿是存在的，因为人类有机体既具有柔韧性，又具有抵抗力，它是很难受到损害的，所有的祸患时期都只是例外情况，一般而言，祸患总会结束，新的生活也就此重新建立起来。因此，不管希望在人类自我持存的本能里究竟扮演了怎样的角色，这种本能总归是人类获得相对意义上的美满生活的明证。同理，如果本能丧失了自己的力量和普遍性，我们就可以断言生命本身也失去了吸引力，而不幸却会蔓延开来，这种情况之所以会产生，或者是由于引起痛苦的原因在不断增加，或者是由于个人的抵抗力在不断减少。因此，如果我们掌握了一种可以测量不同社会的情感强度变量的客观标准和定量标准，我们同时就可以测量在同样环境下不幸的平均强度的变化。这个标准就是自杀的数量。在原始社会里，甘心寻死的情况是非常罕见的，这恰好可以证明这种本能所具有的力量和普遍性，但是，目前自杀数量逐渐增加的事实，也完全可以说明我们正在丧失这种本能得以存在的基础。

在文明产生之前，很少发生自杀现象。我们至少可以说，我们在病态的低等社会里所观察到的自杀现象具有某些与众不同的特征，这些特征又构成了一种与众不同的类型，它的病征与文明社会具有不同的涵义。这种自杀现象的根源不是绝望，而是牺牲。在丹麦人（Danes）、凯尔特人（Celt）和色雷斯人（Thracian）那里，老人活到了一定年龄就会结束自己的生命，他的责任就在于避免让他的同伴继续为一个多余的人糊口。在印度，寡妇在丈夫死后就不愿再活下去了，高卢人在族长死后也要自杀，佛教徒甘心情愿地在偶像的车轮下粉身碎骨，所有这一切都不过是因为各种宗教律条和道德律条强迫他们如此罢了。人们之所以去自杀，并不是因为他们命运多舛，而是他们所坚信的理想要求他们做出牺牲。因此，这种甘心寻死与士兵和医生为尽心尽职而甘愿冒险的行为是一致的，它并不是通常意义上的自杀现象。

相反，真正意义上的自杀，即悲愤的自杀则是文明民族的病态。甚至这种现象的地理分布都是与不同的文明程度相呼应的。在自杀分布图上，在北纬47度至57度、东经20度至40度之间的欧洲中心地带，有一片厚密的自杀分布区域。这是一个特别喜欢自杀的区域。按照莫塞里（Morselli）的说法，这是欧洲的"自杀区"。正是在这个地区里，特别是法国和德国，科学、艺术和经济的发展都达到了最高水平。但相比而言，西班牙、葡萄牙、俄罗斯以及南斯拉夫等民族都没有受到自杀的侵害。意大利刚刚开始起步的时候，还没有感染上这种病症，但随着它的不断发展，它也越来越难以幸免了。尽管英格兰算是个例外，但是我们对有关自杀的精确取向等问题还了解甚少。

在每个国家内部，上述比例关系也大致相同。无论何地，城市的自杀现象总要比农村普及。文明主要集中在各大城市，自杀也主要集中在各大城市。有时候我们甚至会看到，某些传染病的策源地竟然是国家的首都和重要的城市，疾病从这里逐渐会蔓延到整个国家。最后，除了挪威以外，自一个世纪以来整个欧洲国家自杀数量的增长也具有一定的规律。[11]统计表明，在1821至1880年间自杀数量竟然增加了两倍。[12]尽管我们无法准确地测量文明进步的速度，但我们至少很了解当时的速度是很快的。

我们还可以找到更多的证据。人类的各个阶层的自杀数量也是与文明程度成正比的。无论何地，自杀现象在上层社会总是最多，在田野乡村总是最少。两性之间的比例也是如此，女人不像男人那样会更多地卷入到文明进程之中，她们既不想过多地牵扯进去，也不想从中捞到什么好处，她们比较容易保留人类原有的某些本性。[13]所以，女人的自杀率要比男人少80%。但是有人却反驳说，如果自杀数量直线上升趋势证明了不幸在某些方面也增加到了一定程度，那么我们是否可以说幸福在其他方面也相应地增加了呢？在这种情况下，利益的增加也许可以抵偿在其他方面所蒙受的损失。因此，在一个特定的社会里，穷人数量在不断增加的同时，公众财富却没有减少，他只不过集中在极少数人的手里罢了。

但是，这种假设对我们的文明来说总是显得有些不合时宜。因为如果我们假定这种补偿是存在的话，那么我们就只能得出这样的结论：幸福的平均水平始终没有发生多大的变化。即使说幸福增加了，那么它的数量也会很少，它与文明发展的力度是不成正比的，因而也就不能代表文明本身。不过，这个假设本身是缺乏根据的。

事实上，当我们说一个社会比另一个社会更加幸福的时候，是针对幸福的平均程度而言的，即社会普通成员所享有的幸福。他

---

〔11〕 参见莫塞里的图表。
〔12〕 于廷根：《道德统计学》（爱尔兰根1882年版），第742页。
〔13〕 塔尔德：《比较犯罪学》，第48页。

们既然具有比较相似的生活条件,就要受到相同的生理环境和社会环境的影响,必然会形成某种生活方式,继而形成某种共同的享受方式。如果我们把所有个人因素或局部因素从个人的幸福中抽离出来,只保留某些普遍因素和共同因素,那么剩下的便是我们所说的平均幸福。它的规模既是抽象的,又是绝对的,它不可能同时在两个相反的方向上发生变化。它要么不断增加,要么不断减少,但不可能同时进行增减。它的一致性和真实性大体相当于社会平均类型概念,或奎特莱(Quételet)[14]所说的平均人概念,它所展现的幸福正是人们在理想中所享有的幸福。既然人类不能同时既会变大又会变小,不能同时既讲道德又不讲道德,因而,他们也不能同时既变得非常幸福又非常不幸。

毋庸置疑,在文明人那里,自杀不断增加的趋势具有一种普遍的原因。实际上,自杀现象不是断断续续地发生的,也不只是发生在社会的某些领域里:我们随时随地都可以看到自杀现象。在不同的地区里,自杀的增长尽管有缓有急,但总的趋势却是一致的,并无多少例外情况。虽然农业领域比工业领域较少受到自杀的影响,但自杀数量也呈现出一种不断增长的趋势。因此,我们看到的现象并非取决于各种特殊的局部环境,而是取决于社会环境的普遍氛围。当然,这种条件也会对各种特殊环境(如省份、职业以及宗教教义等)产生不同的反应。再就是虽然它的作用强度不同,但在性质上并无多大变化的原因所在。

这意味着,自杀数量的增长趋势证明了人类的幸福正在不断减少,而这种幸福指的正是平均幸福。自我戕害的狂潮不但证明有更多的个人深感不幸,不愿再活下去——其他绝大多数的人还是愿意

---

[14] 奎特莱(Quételet):1796—1874,比利时统计学家。——译注

活下去的——而且证明社会的普遍幸福在日渐衰微。因此，既然幸福不能同时增多而又减少，那么在任何时候，只要是自杀现象不断增加，幸福就肯定不会同时增加。换言之，自杀数量所呈现出来的越来越多的不幸遭遇是没有什么可以抵偿的。自杀原因的作用范围不仅限于自杀形式这个方面，事实上，它的影响已经超出了自杀范围。即使它没有逼迫人们去自杀，没有使人们完全放弃幸福，至少它在各种情况下把快乐超过痛苦的比例减低了。诚然，它在各种特殊条件相互交错的情况下，可以产生某些中性的影响，可能会使幸福有所增加。但是，这些个人和私人的偶然变化对**社会幸福**并没有产生多大的影响。在特定的社会里，一旦统计学家看到了死亡率不断上升的普遍趋势，难道他们还无法断言公共健康不断恶化的明显症候吗？

　　与此同时，我们是否应该把这些悲惨的结果归罪于进步本身，归罪于劳动分工这一必要条件呢？这个让人难堪的结论并不一定是从上述事实中产生出来的。相反，这两类事实倒有可能是并行出现的。它们的共时状态足以证明，我们的幸福并没有伴随着文明的进步而得到增长，在劳动分工前所未有地得到了有效而又迅速的发展的时候，幸福反倒以惊人的比例在不断锐减。如果我们没有理由去假定我们的享乐能力确实已经被削弱了，那么我们便无法相信它在很大程度上增加了人类的幸福。

　　总之，我们刚才所说的一切都只不过是对普遍真理的一种特殊运用，快乐与痛苦在本质上只不过是一种相对状态。世界上并不存在某种既具有客观确定性，又能够在进化过程中不断接近的绝对幸福。根据帕斯卡的说法，男人的幸福不同于女人的幸福，低等社会的幸福也不同于我们的幸福，反之亦如此。同样，一个人的幸福也并不比另一个人的幸福大出多少。除了把我们维系于普遍生活以及特殊生活方式的力量之外，我们是无法测量幸福的相对强度的。原始人对其生命，或者说是特殊的生命的眷恋与我们是一致的。他们甚至更加不愿意舍弃自己的生命。[15]因此，幸福的变化与分工的进步是没有联系的。

这是一个非常重要的前提。要想解释社会转型的事实，不在于考察社会转型对人类幸福所产生的影响，因为它们并不是从这种影响中产生出来的。社会科学往往喜欢带有功利主义色彩的比较，我们必须放弃这样的观念。而且，这种看法毕竟是先入为主的，我们每一次把各种快乐或利益拿来比较的时候，都缺乏某种客观的标准，我们不得不把自己的观念和偏好摆在天平上，把个人意见看成是科学真理。这就是孔德所确立的旗帜鲜明的原则。他说："本质而言，精神是相对的，因而，我们肯定会把它们理解成为各种实证观念，它们也会使我们摆脱某些单调的、无用的和粗俗的形而上学难题：如在各个文明时期人类的幸福是否在不断地增长等等……既然个人的幸福需要与他各种能力的全面发展，以及与支配其生活的各种局部环境相互协调一致，既然这种平衡常常自然而然地趋向于某种程度，我们就无法借用直接感觉或理性手段来对个人幸福和社会状况加以肯定的比较，当然，要想通盘彻底地加以比较，是绝对不可能的事情。"[16]

然而，幸福的欲望总归是个人的唯一动机，只有借此人们才能够理解进步问题。撇开了这种动机，便没有其他可说的了。对个人而言，如果变化本身经常会带来某些麻烦，带来不了更多的幸福，人们何苦还要不断变化呢？由此看来，决定社会演进的原因是存在

---

[15] 在宗教情感和爱国情感使自我持存的本能变得非常模糊的时候，这种本能本身还没有受到削弱，这只是一种例外情况。
[16] 孔德：《实证哲学教程》（第二版）第4卷，第273页。

于个人之外的，换句话说，存在于个人生活的环境之中。社会之所以发生变化，个人之所以发生变化，是因为环境发生了变化。而且，物质环境既然是相对稳定的，那么它就无法解释持续不断的变化。因此，我们应该在社会环境中去寻找变化的最初条件。总而言之，社会和个人所经历的各种变化是社会环境不断变化的结果。稍后，我将在比较合适的地方对这个方法论准则加以具体的运用和论证。

三

但是，我们也许会提出这样一个问题：在快乐不断延续的过程中，它所经历的某些变化是否会很自然地使人类发生变化？我们真的不能通过这种方式来解释劳动分工的发展吗？好的，我现在就来说明人们是怎样得出这样的解释的。

即使快乐本身不是幸福，但它至少还是幸福的一个因素。如果快乐不断重复下去，它的强度也会逐渐减弱。实际上，如果快乐肆无忌惮地延续下去的话，就会彻彻底底地消失掉。时间足以打乱原来的平衡状态，创造出新的生存条件，人们必须改变自身来适应这些条件。当我们逐渐习惯了某种幸福的时候，幸福却在我们的双手中溜掉了，我们迫不得已，只好投身新的事业来重新获得幸福。快乐已经烟消云散了，我们只有通过更加强烈的刺激使它重新燃烧起来，也就是说，把我们能够利用的刺激变得更多一些，强烈一些。然而，要想做到这一点，我们的所有劳动就必须更有效率、更加分化。只有这样，艺术、科学和工业的每一次进步才能使我们不断进步，而我们的目的只在于不丢掉我们已经获得的成果。因此，人们常常完全根据个人动机来解释分工的发展，根本不考虑任何社会因素。当然，人们可以说，我们日趋专门化的目的不在于获得新的快乐，而在于弥补时间对我们现有快乐所产生的破坏作用。

快乐虽然真正产生了某些变化，但这些变化却没有起到多大的作用。实际上，凡是有快乐的地方，就会有变化，凡是有人的地方，就会有变化。在任何社会里，这种心理学规律都是起作用的，即使某些社会的劳动分工并不很发达。其实，大多数原始人都生活在比较稳定的状态中，他们根本没有想到要脱离这种状态。尽管他们并不渴求什么新鲜事物，但他们的快乐是符合普遍规律的。就居住在乡村的文明人来说，情况也差不了许多。在那里，分工的发展是非常缓慢的，人们很难感受到变化的趋向。最后，在同一个社会里，分工在不同时期的发展速度也是不同的，但时间对分工的影响却往往是一致的。因此，时间并没有决定发展本身。

事实上，我们既无法看到上述影响是怎样产生这种结果的，也无法重新恢复被时间破坏掉的平衡，无法把幸福维持在平稳的水平线上，我们越是努力地接近这个水平，就会越来越接近快乐的最高限度。因为在临近极点的时候，随着刺激的不断增加，与之相应的快乐就会相对不断减少。因此，人们必须付出更多的努力才能获得相同的结果。有人有得，有人就会有失，若要避免损失，就必须要付出更多的代价。所以说，要想得到更多的利益，至少要遭受很大的损失，而且我们会强烈地感受到补救这些损失的需要。

实际上，这种需要是不疼不痒地被感觉到的，因为纯粹的重复并不能把快乐的本质要素抽离掉。我们切不可将追求变化的乐趣与追求新奇的乐趣混为一谈，前者是快乐的必要条件，持续不断的欢乐总归会平息下去，甚至会转变成痛苦。然而，时间本身并不能消除变化，除非它具备了持续性的条件。如果某种状态经常断断续续地重复着，它还是快乐的，但如果我们没有意识到这种快乐，或者所有功能在发挥效用的过程中需要某种力量——它如果不受阻碍地延续下去，最终会转变成为痛苦和疲惫——持续性本身对快乐产生一种破坏作用。因此，如果这些活动变成了习惯，并且延搁了很长的时间，那么我们还会感受到快乐，我们耗费掉的精力也会得到很好的恢复。所以说，健康的成年人天天喝酒，天天吃饭，天天睡觉，也还会感受到同样的快乐。人类的精神需要也是如此，如果与精神相应的心理功能是周期性的，那么精神也就是周期性的。就此而言，我们可以完全享有音乐、美术和科学所带来的快乐，只要这些快乐是轮流产生的。

即使持续性能够产生重复性无法产生的作用，但它也不能引发我们寻求新奇刺激和意外刺激的需要。如果持续性完全取消了对快乐状态的意识，那么我们就无法知道与之相应的快乐是不是同时也消失掉了。而且，它很有可能被某种比较舒适的普遍感觉替代掉，这种感觉常常伴随着某些正常的、持续的和比较有规律的功能作用，实际上并没有多少价值可言。

所以说，我们并没有什么可懊悔的。我们中有谁从没有想去感受一下心脏的跳动和肺部的呼吸作用呢？换句话说，如果真的觉得痛苦的话，只要去想想与这种倦怠状态截然不同的一种状态就足够了。要想解脱这种痛苦，也用不着求助我们的大脑。如果我们把平常不太关心的东西同我们非常讨厌的东西对照起来，它倒是会给我们带来很大的快乐。由此看来，时间虽然能够影响到快乐的基本元素，但它并不能为我们带来任何进步。新奇的刺激却不同，它的吸引力是不连续的。但是，即使它能够给快乐带来更多的新鲜之处，却不能构成快乐本身，它只是快乐的次要性质和附属性质，没有它，快乐也会存在，尽管快乐面临着不断减少的危险。当任何事物不再新鲜的时候，剩下来的空虚并不太容易被人们感受得到，因而，填补这种空虚的愿望也就显得不那么强烈了。

在我们的内心里，存在一种更强烈、更深刻的相反的感情，它能够进一步瓦解和削弱快乐的强度。这就是在享受中寻求稳定、在快乐中寻求恒常的取向。我们虽然喜欢变化，但我们也舍弃不掉、放弃不了我们所喜爱的东西。再说，这也是我们维持生活的必要条件。虽然生命必须要有变化，虽然生命变得越来越灵活、越来越复杂，但它总归是一个稳定的恒定的功能系统。固然，对某些人来说，对新奇事物的强烈需要已经达到了一个非常水平，但现存的一切并不能够满足这些需要；他们渴望那么不可求的事物，他们希望用一种完全不同的现实去替代强加给他们的现实。然而，这些牢骚满腹的人实际上是些病人，从他们身上反映出来的病征恰恰可以证实我们的上述论断。

最后，我们还应该注意到这样一个事实：对新奇事物的需要就其本性而言是非常不确定的。我们与这种需要的联系并不是明确的，因为我们所渴求的恰恰是一些子虚乌有的事物。这种需要实际上只不过是全部需要的一半，完整的需要包括两个部分：一是意志的张力，二是明确的对象。如果对象不是外在存在的，那么它只能算是一种想象的实在。这个过程也只能算是半个"表象"。它只能存在于意象的组合里，或者存在于内在的诗意里，而不是意志实实在在的活动里。它不可能使我们走出自身之外，它实际上是一种内心的迷乱，它搜寻着通往外在世界的途径，却一无所获。我们对全新感受的梦想只是一种渺茫的希望，未等它变成现实，一切就都已经灰飞烟灭了。因此，它即使在最为急切的时候，也不曾拥有切合这种需要的十分明确的力量。相反，如果这种需要非常明确，它就会把意志引向已经设定好了的相同方向上去，进一步用命令的方式去激发意志的力量，因为它没有给任何探索、疏漏或考察留有一点儿余地。

总而言之,我们不能假定进步只是厌倦的唯一结果。[17] 对人类本性时断时续的改进——在某种意义上可以说是持续不断的改进——只是人类历尽千辛万苦,在痛苦中所谋得的成果。人类如此心甘情愿地饱受摧残,恐怕并不是为了稍稍改变一下快乐的样式,保存一些原有的新鲜感吧!

---

[17] 这是乔治·勒鲁瓦(Geroges Leroy)的理论,我们只能在孔德的《实证哲学教程》第4卷,第449页里看到这种观点。

第二章

原　因

一

　　因此，我们只有在社会环境的某些变化里，才能找到解释分工发展的真正原因。我们从本书以上部分所得出的结论里，可以直接推断出构成这些变化的主要因素。

　　如上所述，随着环节结构逐渐消亡，组织结构渐渐产生了，继而劳动分工也合乎规律地发展起来。因此，如果环节结构的消失不是组织结构产生的原因，那么后者就是前者的原因。但后一种假设是说不通的，因为我们已经认识到环节安排是劳动分工不可逾越的障碍，只有在这种安排完全消失，至少是部分消失以后，劳动分工才有可能出现。也就是说，只有在没有环节结构的地方，分工才会存在。当然，分工一经产生，就很快会使环节结构瓦解，不过，只有在环节安排预先存在的情况下，分工才会出现。尽管结果对原因会产生某种反作用，但其本身还得是一种结果。这样，反作用本身也就成了次要作用。由此看来，分工不断发展的原因，就在于社会环节丧失了自己的个性，分割各个环节的壁垒被打破了。总之，各个环节连接起来，使社会实体变得自由了，进入到全新的组合关系之中。

　　但是，这种社会类型的消失还必须加上一个连带的原因，才能产生上述结果。这是因为，原来相互分离的个人终于结合在了一起，至少可以说比以前更加亲密了。这样，社会大众的各个部分之间形成了各种运动，在此之前它们根本不会相互产生影响。蜂窝系统越发达，每个人的关系就越会局限在本人所属的蜂窝里，各个环节之间也会出现道德真空。反之，当系统被逐渐夷平的时候，这些真空就会被填满。社会生活不再集中为相互有别而又相互类似的小核心，而是变得越来越普遍了。社会关系——确切地说，是社会内部关系——变得越来越多了，它们超出了原来的界线，扩展到了各个方面。因而，能够进行相互联系、相互作用的人数越多，分工就越发达。如果我们把人们的相互结合及其所产生的非常活跃的交换关系说成是动力密度或道德密度的话，那么分工的发展直接与这种密度成正比例关系。

无论如何，只要个人之间的真正距离不断减小，道德结合才能把自己的作用发挥出来。不仅如此，如果物质密度没有增加，那么道德密度也得不到相应的增加，我们本来是可以用物质密度来测量道德密度的。而且，我们用不着考察两种密度的相互影响，我们只要证明两者是不能分离的就够了。

在历史发展进程中，社会密度的不断增加主要表现在以下三个方面：

（1）对构成低级社会的个人数量而言，低级社会所占据的范围是比较广阔的，而对更先进的民族来说，人口则表现出了越来越密集的趋势。斯宾塞说："如果我们把野蛮部落的居住人口与欧洲同一面积的居住人口进行比较，或者把七头政治时期（Heptarchy）[1]

---

〔1〕 七头政治时期：指英国历史中公元7世纪初至9世纪初的七国并立时代。——译注

英格兰的人口密度与英国今天的人口密度进行比较,就会看到群体集团的增长是与间隔距离的增长相呼应的。"[2]

各国的工业生活所陆续发生的变化也已证明,这种转变已经具有了普遍意义。事实上,不管是猎人还是牧人,游牧部落的活动总是不集中的,总是尽可能地分散开去。既然农业需要一种固定的生活,它就已经假定了某种社会组织的结合方式了,但它是很不完整的,在每个家族之间还存在着许多中间地带。[3]在城邦中,尽管人口要密集得多,各家房屋也非近在咫尺,因为罗马法并没有制定有关共同居住的法律。[4]一旦在我们自己的土地上出现了此类法律,就说明社会纽带变得更加紧密了。[5]而且有史以来,欧洲的社会密度就呈现出了不断增长的趋势,尽管有时候会出现某种暂时的倒退。[6]

(2)城镇的形成和发展是同样现象的另一个征兆,甚至是更明显的征兆。平均密度的增加纯粹是出生率的自然增加所带来的结果,它既与微弱的人口集中趋势相一致,又明显是一种环节社会形态的维持力量。但是,城镇常常是从人们彼此持续保持密切关系的需要中发展起来的。在许多地区,社会群众比别的地方团结得更加紧密。然而,如果道德密度没有增加的话,城镇绝对不能扩充和壮大起来。而且,我们稍后便会看到,城镇是通过大量的移民而兴起

---

[2] 斯宾塞:《心理学原理》(伦敦1855年版)第1卷,第487页。
[3] 塔西伦说:"各种各样的人都在从事耕种,都用空地将自己的房屋围起来。(Colunt diversi ac discreti suam quisque domum spatio circumdat.)"(《日耳曼记》第16卷)
[4] 参见阿卡莱斯:《罗马法概要》第1卷,第640页的《城市抵押表》。以及古朗治:《古代城邦》,第65页。
[5] 我们的这个推论,并不意味着密度的增加是经济变迁的结果。这两个事实是互为条件的,只要其中的一个事实是确凿的,就足以证明另一个事实的存在。
[6] 参见拉瓦瑟尔:《法国人口》,散见各处。

的，倘若各个社会环节之间的相互融合没有极大程度的进展，这种迁移恐怕是不大可能发生的。

只要社会组织在根本上还是环节的，城镇就不会存在。比如说，在低级社会里就没有城镇，在易洛魁人和日耳曼人的原始部落那里也是如此。[7]在原始意大利也根本找不到城镇。马奎特说："原始意大利人并不居住在城镇，只居住在家族共同体或村庄共同体（pagi）里，许多农庄（vici）散布其间。"[8]但在不久以后，城镇就出现了。在雅典和罗马已经变成城镇，或正在变成城镇的时候，整个意大利已经全部完成了这个转变过程。在基督教社会里，一开始就有了城镇，因为在罗马帝国灭亡以后，城镇并没有随之消亡。相反从那以后，城镇始终是有增无减，不断发展壮大。在文明世界里，乡下人涌进城市的潮流一直是很普遍的[9]，这正是上述运动所带来的后果。这种现象并不是在今天产生的：自17世纪以来，政治家们就开始关心这个问题了。[10]

一般说来，正因为农业是社会的开端，所以我们有时候会把城市中心的发展看成是衰老的征兆。[11]但是我们绝对不能忽视这样一个事实：社会越是属于更高等级，它所经历的农业时代就越短。在日耳曼人、美洲印第安人以及所有原始人那里，农业时代与他们的生命一样长久，而在罗马和雅典，农业时代很早就已灭绝掉了，在法国，我们可以说始终没有存在过比较纯粹的农业时代。反过来说，城市生活则开始得比较早，扩展得也比较快。这种有规律的高

---

[7] 塔西佗：《日耳曼记》第16卷；佐姆：《城市的兴起》。
[8] 马奎特：《罗马国家法》第4卷，第3页。
[9] 关于这一点，参见迪蒙：《人口减少与文明》（巴黎1890年版）第8章；于廷根：《道德统计学》，第273—274页。
[10] 参见拉瓦瑟尔：《法国人口》，第200页。
[11] 这似乎是塔尔德在《模仿的规律》一书中的见解。

速发展现象恰恰可以说明，它不是一种病态现象，而是产生于高等社会物种的特殊本性。因此，假如这种潮流对今天我们的社会构成了巨大的威胁，而社会可能并不具备充分的弹性适应它，那么这种潮流就会在此间或此后不断涌现出来，而我们身后的社会类型很有可能迅速而又彻底地退回到农业社会去。

（3）最后，还有沟通手段和传播手段的数量和速度等问题。消除或削弱各个社会环节之间的隔绝状态，意味着社会密度的增加。毋庸多说，社会越是属于高等类型，这些手段就会越来越多，越来越完善。

既然这些可见的和可测的符号能够反映我们所说的道德密度的各种变化[12]，那么我们就可以用这种符号来代替上文曾经提到过的准则。这正是我们不仅要反复重申，而且要预先声明的一点。如果社会在不断集中的过程中决定了分工的发展，那么分工反过来会进一步加强社会的集中化趋势。当然，这种作用本身并不是一种结果，因为分工总归是一种衍生出来的事实，分工不断进步的前提是社会密度的不断增加，不论它究竟有什么样的形成原因。这就是我们所要证明的问题。

当然，这其中不只有一种原因。

如果社会的集中趋势确实产生了这种结果，那是因为社会内部关系已经大大增加了。而且随着社会成员总数的不断增加，这种社会内部关系也会越来越多。如果社会所包含的个人逐渐增加，那么他们之间的联系也会越来越密切，其影响也必然会越来越大。所以，社会容量同社会密度一样，都对劳动分工产生了影响。

---

[12] 但是，还有某些比较特殊和例外的情况，即物质密度与道德密度并不是完全相应的。参见第244页注33。

一般而言，社会越是进步，它的容量就越大，劳动分工也越来越发达。斯宾塞认为："社会就像活的机体一样，起源于细胞，产生于物质，这些物质起初都是些极其微小的颗粒，后来则变成了比较大的积团。在最低等的种族里，开始不过是些比较小的游牧部族，直到后来才形成了非常庞大的社会，这一点是不容置疑的。"[13]

我们上文所述的环节组织就足以证明这一结论。实际上，我们已经了解到这种社会是由规模不等而又相互包含的若干环节构成的。特别是在最初阶段，它们也不是人工构筑而成的，甚至在已经变成了常规形式以后，它们还尽可能地模仿和重演以前的自然安排模式。许多古代社会都一直维持着这种形式，在这些次级群体中间，规模最大的群体即使能够把其他群体包括其中，也只不过相当于邻近的低等社会类型。同样，在那些构成社会的各个环节中间，规模最大的几个环节也直接保留着原来的社会类型，其余环节也不过如此。总之，在最发达的民族里，我们发现了最原始的社会组织的痕迹。[14] 所以说，部落是由各个部族或氏族聚集而成的；民族（如犹太民族）和城邦是由各个部落聚集而成的；直到后来，城邦连同它所管辖的村庄一起，变成了最复杂社会的要素。正因为每个族类都是由以前各种族类所直接构成的社会复合而成的，因此，它的规模也就不可避免地扩展开来了。

但是，也有些例外情况。征战之前的犹太民族就比4世纪的罗马城邦具有更大的规模，尽管它当时还属于比较下等的种族。中国和俄国也比欧洲最为文明的民族拥有更多的人口。然而在这些民族里，劳动分工并没有随着社会容量的增大而得到发展。这是因

---

[13] 斯宾塞：《心理学原理》（伦敦1855年版）第1卷，第481页。
[14] 原始村庄只不过是一些定居下来的氏族而已。

为，如果社会密度没有在同一时间按照同样的比例增长，容量的增长也不能成为进入高等社会的标志。因此，一个社会如果包含了大量的环节，不论这些环节的性质如何，它都会形成比较大的规模。如果其中的最大环节还保留着低等社会类型，那么它的环节结构就会非常突出，它的社会组织也会滞步不前。一个具有很大规模的氏族群落甚至在社会等级方面还比不上一个规模最小的组织社会，因为后者已经超越了群落尚未达到的进化阶段。同理，如果社会单位的数量能够对劳动分工产生某种影响，那不是其自身的必然性，而是因为随着个人数量的增加，社会关系的数量也增加了。当然，要想达到这一点，光靠个人数量的增加是不够的，他们必须结成非常亲密的关系，从而彼此发生作用。反过来说，如果他们受到了无法通透的环境的阻隔，就很难建立联系，就像人口数量很少的情况一样。因此，只有社会密度在同样的时间、同样的程度上不断增加的时候，社会容量的增加才能促进劳动分工的发展。所以我们说它只是一个附加因素。只有加上第一个因素，它才会产生自己特定的影响，因此我们必须把这两种原因区分清楚。

借此，我们就可以对以下前提作出预设：

社会容量和社会密度是分工变化的直接原因，在社会发展的过程中，分工之所以能够不断进步，是因为社会密度的恒定增加和社会容量的普遍扩大。

任何时候，人们都可以对这两类事实的关系作出明确的解释。这是因为，社会职能越是趋于专门化，就越是需要某些附加因素：人们必须紧密地结合在一起，以便进行共同合作。但是在这些社会条件下，人们往往只能看到分工的发展手段，看不到分工的发展原因。于是就把分工的发展归于个人对幸福安康的渴望，认为社会的容量和密度越大，人们就越容易得到满足。然而，我们所确定的规律却与这种看法大相径庭。我们认为，社会的扩大和密集并没有**允许**分工不断发展，而是**需要**分工不断发展。它并不是实现分工的工具，而是实现分工的决定性原因。[15]

但我们怎样能够说明，上述的双重原因究竟以何种方式才会产生这样的结果呢？

二

根据斯宾塞的说法，社会容量的增加之所以能够影响到分工的发展，并不是因为它决定了分工的发展；而是因为它促进了分工的发展。它只是产生上述现象的补充条件而已。任何同质性的物质本来就没有什么固定性质，但它总归要变成异质性的物质，而不管它的范围有多大。不过，物质所占有的范围越大，它的分化就越迅速，越彻底。事实上，只有在物质的各个部分扩展成各种不同力量的情况下，才会产生异质状态，只有在各个部分分守着不同领域的情况下，才会产生更强的异质性。社会也是如此。斯宾塞说：

随着共同体人口逐渐增多，它会分散到更大的范围中去，

---

[15] 就这一点而言，我们还可以参照孔德颇具权威性的说法："我现在只想说明一点，人口密度的不断增加是确定社会变化之有效速度的最重要的普遍因素。首先，我们很容易看到它一开始产生的巨大影响在总体上决定了劳动分工不断专业化的趋势，少数人的协作绝对不可能形成这种分工形式。其次，尽管人口密度的增加显得非常重要，但它越来越隐秘，越来越不为人们所知，从而更加直接、更加有力地敦促社会得到更快的进步与发展。为了使人们从容应对更艰难的生存条件，它促使个人运用更完善的手段去努力保证自己的生活，或者，它使社会本身产生强烈的和持续的反作用，以更合适的方式与日益增强的颠覆作用和分歧作用进行对抗。这两种情况并不在于个人数量在绝对意义上的增加，而在于他们在特殊领域里的竞争更加激烈了。"（孔德：《实证哲学教程》第4卷，第455页。）

共同体成员在相应的区域里生老病死,从而使共同体能够在不同的物质环境中把它的各个部分保存下来;这些部分也不再会产生非常相似的作用。这些人分散而居,有的继续从事着狩猎和耕种;有的则迁移到了海边,开始出海捕鱼;而有些居民却选择了中心地带,定期举行集会,后来这些人就变成了商人,而这个地区则变成了城镇……由于土壤条件和气候条件不同,不同地区的农村居民开始有了一部分专门职业;养牛、养羊以及种植小麦等主要职业之间的区别已经越来越明显了。[16]

总而言之,各种各样的环境使人们形成了对待不同专门职业的不同态度,如果说这种专门职业随着社会规模的扩大已经不断发展起来,是因为这些相互区别在同时增加。

毫无疑问,如果各种外界条件已经在个人身上留下了印记,而且这些条件本身也互有差别的话,那么它势必会产生分化作用。尽管这些差别与分工之间存在着某种联系,但我们还是要弄清楚它是不是产生分工制度的充分条件。当然,根据土壤条件和气候条件,我们可以解释某个地区的居民为什么会从事种植或养牛、养羊等职业,但是,有些功能方面的差别并不像上面两个例子那样只有某些细微的差异。这些差别有时候是非常明显的,以至于互有分工的个人之间不仅产生了许多差异,甚至相互对立起来。可以说,他们总是想方设法地把彼此之间的距离拉大。用于思考的大脑和用于消化的肠胃两者之间有什么相似之处呢?同样,如果诗人们完全沉湎于幻想,学者们只埋头于研究,工人们一辈子弯着别针,农民们只肯推着犁把,店主始终守着柜台,这些人又有什么共同之处呢?不管外界

---

[16] 斯宾塞:《第一原理》(伦敦1862年版),第382页。

条件有多么大的不同，他们所表现出来的差异也并非如此悬殊，同时也无法对这些差异作出解释。即使我们不想把差别较大的各种职能进行比较，只想比较同一职能的各个部分，我们也很难说它们之间的相互分隔来源于什么样的外界差异。科学研究工作也渐渐分化了。究竟有哪些气候条件、地理条件甚至是社会条件，使数学家、化学家、自然科学家以及心理学家在智识方面表现出迥然不同的性质呢？

即使外界条件在很大程度上促使个人向非常明确的专业化方向发展，它们也不足以决定专业本身的性质。正因为女人的身体构造与男人不同，所以女人的生活也注定与男人不同。但是在社会中，两性也会起到非常一致的作用。出于年龄以及维持儿孙们的血缘关系等原因，父亲显然应该在家庭里行使支配职能，这些职能构成了整个父权。但是在母系家庭中，父亲就不再会拥有上述权威了。不同的家庭成员各尽其责，即各自根据自己所属的亲属关系发挥不同的职能，这似乎是非常自然的事情，父亲和叔伯之间、亲兄弟和表兄弟之间所具有的权利或责任总归是不同的。然而，在某些家庭类型里，所有成年人不管具有怎样的亲属关系，都扮演着同样的角色，享受着同样的待遇。战俘在获胜的部落里只能占有比较低下的地位，即使他可以苟且残存下来，也只能承担最低等的社会功能。但我们也往往会看到，战俘也经常会被他们的征服者同化掉，占有着与征服者完全相同的地位。

这是因为，即使这些差异可以使分工成为可能，也不能把它们强加给分工。这些差异是既定的差异，很难说是非常适用的。总之，人们之间还一直存在着某些相似性，相比而言，他们之间的差异也不会起到多大的作用。这种细微的差别只不过是个萌芽而已。要想达到专业化水平，这些差异必须进一步得到组织和发展，它显然不仅仅依赖于外界条件的变化而另有原因。但是斯宾塞却认为，这种发展自然而然就形成了，因为它不仅没有遇到阻碍，而且自然的一切力量都势不可当地推动它朝着这个方向发展。当然，**倘若人类产生了专业化倾向**，他们也会被引到自然差异所指定的道路上去，因为这种做法可以取得事半功倍的效果。但为什么会产生专业化的倾向呢？究竟是哪一种因素决定了他们之间所具有的相互差别？斯宾塞对此似乎作出了完满的解答：他说明了进化如何产生的问题，但没有说明它的动机究竟是什么。在他看来，这算不上什么问题。实际上，斯宾塞假定了幸福是随着劳动生产力的发展而发展的前提，任何时候，只有一种新的生产方式能够使劳动产生进一步的分化，我们就必须掌握这种生产方式。然而我们知道，事实远非如此。实际上，只有在我们有所需要的时候，这种工具才会有价值，原始人并不需要文明人的所有产品，相反，这些产品不仅是文明人乐不可求的，而且是更为复杂的劳动组织提供给他们的成果。因此，除非我们了解这些新的需要是如何产生的，否则我们就无法理解专业化发展的根源究竟是什么。

三

如果说，随着社会容量和社会密度的增加劳动逐渐产生了分化，这并不是因为外界环境发生了更多的变化，而是因为人类的生存竞争变得更加残酷了。

达尔文说得不错：两个有机体越是相似，就越容易产生激烈的竞争。正因为它们有着同样的需要，追求着同样的目标，所以他们每时每刻都陷入一种相互敌视的状态中。如果他们所占有的资源超出了他们的需要，他们就会相安无事；但如果个人需要的数量大幅度增长，他们的所有欲望无法得到充分的满足，那么战争就要爆发了。换言之，竞争的人数越多，对匮乏资源的欲望越强，战争就会越激烈。当然，如果共同生活在一起的人们分属于不同的种族，产生了不同的变化，他们所面临的情况也会完全不同。如果他们的生存方式不同，或者生活方式不同，他们就会互不妨碍。某些人赖以发迹之物，对其他人而言却显得一文不值。这样说来，相互遭遇的机会越少，相互冲突的机会也就越少，人们越是属于不同的种族，产生不同的变化，这种冲突也就越加容易避免。达尔文说道：

> 在一个范围很小的地区，特别是准许自由移民的地区，人们之间的竞争一定是非常激烈的，我们往往发现各种居民之间存在着很大的差异。我曾经发现，在一块四英尺见方的地块上，覆盖着三英尺的草皮，经过了长时间的日晒雨淋，虽然它们的生存条件完全相同，但这块草皮还是长出了分别属于十八个属和八个目的二十种植物，由此可见，这些植物之间存在着多么大的不同。[17]

而且，每个人都会注意到，在同一块稻田的两旁经常会长满许多杂草。对动物来说也一样，它们之间的差别越大，就越不容易发生争斗。在一棵橡树上，我们甚至可以找得到两百种昆虫，它们好像结成了邻里关系，彼此和睦相处。它们有的靠橡树汁为生，有的靠橡树叶为生，有的只吃橡树皮和橡树根。海克尔（Haeckel）[18] 说过："如果它们都属于同一物种，都只以树皮或树叶为生，那么这些昆

---

[17] 达尔文：《物种起源》（伦敦1891年版），第82—83页。
[18] 海克尔（Haeckel, E.H.）：1834—1919，德国动物学家，达尔文主义的支持者，曾经提出生物发生律，为进化论提供了有力的证据，主要著作有《人类发展史》《生命的奇迹》等。——译注

虫是绝对不可能生活在一棵大树上的。"[19]同样，在有机体内，不同组织之间的竞争就比较弱，因为它们是靠不同的物质来维持生存的。

人类也是如此。在同一个城镇里，各种不同的职业可以同时存在，互不侵害，因为它们追求的目标是不同的。士兵追求的是赫赫战功，牧师追求的是道德权威，政治家追求的是权力，资本家追求的是财富，科学家追求的是学术声誉。每个人可以在不妨碍他人实现目标的同时达到自己的目的。即使人们在职能方面差别不是很大的时候，情况也是如此。眼科医生与精神病医生之间就不存在什么竞争，鞋商与帽商之间、石匠与木匠之间、物理学家与化学家之间也没有竞争关系。他们不仅能够提供不同的服务，而且也能够和谐一致地进行服务。

但是，各种职能越是比较相近，接触点越多，它们就越容易产生冲突。在这种情况下，它们既然要通过不同的手段来满足相同的需要，就会或多或少地相互进行侵犯。虽然法官与资本家之间构成不了竞争，但是啤酒酿造商与葡萄酒酿造商、呢绒制造商与丝绸制造商、诗人与音乐家却往往容易产生相互争夺的情况。对那些具有同一职能的人们来说，如果不去损人，就很难利己。打个比方，如果我们把这些不同的职能说成是从一个树根里生长出来的许多树枝，那么各个树梢之间的争斗是比较微弱的，而各个树枝越是靠近主干，它们之间的争斗就越发激烈。不仅每个城镇都有类似的情况，甚至整个社会也是如此。不同地界上的同种职能往往会产生竞争，而且这些职能越是相近，它们的竞争就越激烈，当然，它们的活动范围不能受到各种交通运输问题的限制。

---

[19] 海克尔：《自然创造史》，第240页。

如果这一点很明确了，我们就很容易理解为什么任何社会群众不断集中的趋势，特别是人口增长的趋势最终决定了劳动分工的发展。

事实上，我们可以设想一下，能够为某一地区提供专门产品的工业中心应该是个什么样子。它的发展有着双重局限：一是它应该满足的需求范围，或者是我们所说的市场规模；二是生产方式所能提供的生产能力。一般而言，它的生产既不能超过需求，也不能超过自己的生产能力。然而，尽管它不可能超出这个界限，它至少要努力达到这个界限；任何一种力量，如果没有受到阻碍，就应该把自己的能力充分地发挥出来，这是一条自然规律。一旦它达到了这个水平，它就已经适应了自己的生存条件；它发现自己已经处在平衡状态之中，如果其他事物没有发生变化，它自己也不会产生变化。

不过，也有某些地区原来是独立于中心地区的，只是后来借助交通手段相对缩短了两地距离以后，它才与中心地区发生了联系。同时，限制其发展的障碍也被祛除了，或至少说是减少了。市场开始渐渐扩大起来，也必须满足更多的需要。毫无疑问，如果市场所包含的所有单个企业都达到了生产的最高限度，那么它们就只能停滞不前，无法发展了。但是，这完全是一种理想状况。其实，总归有一部分企业还没有达到这个限度，也就是说，它们完全还可以发展得更快一些。正因为它们有着广阔的发展空间，所以它们也始终努力去覆盖和填补这些空间。如果它们遭到了同类企业的抗衡和牵制，它们就会提出双方的相互界限，从而使现有的相互关系得以维持不变。尽管竞争对手多了，但它们共同占有的市场也变大了，如果综合了这两种因素，它们的处境还是与原来一样。然而，如果有些企业的地位比较低，那么它们就会把原来占有的地盘出让出来，它们在相互竞争中已经难以适应新的条件。它们要么被人淘汰，要么进行改革，除此之外没有任何选择的余地，改革本身意味着必须确立一个新的专门领域。如果它不能马上开辟出这个领域，也必须开展另外一项不同的业务，如果这项业务是现有的业务，它们还得与那些已经开展这项业务的企业进行竞争。这些竞争从来没有停止过，只是它们改换了门庭，在其他地方也产生了种种结果。到了最后，它们必定还得被淘汰，或者产生新的分化。毋庸赘述，社会的成员越多，这些成员的关系就会更加密切，他们的竞争就越残酷，各种专门领域也会迅速而又完备地产生出来。

　　换句话说，对环节社会而言，每个环节都有自己的器官，它不仅能够凭借不同环节之间的界限对这些器官加以保护，而且还能够把它们同与其相类似的器官分隔开来。但如果这个界限消失了，这些类似的器官就不免会开始相互接触、相互竞争和相互替代。然而，不管这种替代作用采用何种形式，它们在专业化道路上总归会有一定的发展。用我们的话说，一方面，如果占有优势的环节器官不借助更发达的分工形式，就无法胜任更加艰巨的任务。另一方面，如果占有劣势的环节器官没有集中精力发展它们以前所承担的全部职能中的部分职能，就会难以维持自己的生存。譬如，小老板变成了领班，小店主变成了职员等等。再者说，这种影响的大小是依据这些人地位的卑微程度而定的。原始意义上的功能可以简单地分为两个同样重要的部分。它们并没有展开竞争，而是以共同承担责任的方式获得了某种平衡状态：它们只采取了共同合作的姿态，没有互相成为对方的附庸。然而在任何情况下，各种新的专门领域都会产生出来。

　　尽管这些例子都来源于经济生活，但它却能够对所有社会功能进行不一而同的解释。科学、艺术以及其他领域的分工都采用了同样的形式,基于同样的理由。因此,中央统治机构也以此为根据收编了地方统治机构,并把它们划归为专业化的附属机构。

借助这些变化,我们是否能够提高幸福的平均水平呢?我们很难确定它的真正原因。竞争越激烈,人们就要付出更多、更辛苦的努力,这不是使人类更加幸福的途径。任何事情都在循规蹈矩地进行着。一旦整个社会的平衡状态被打破了,各种冲突就会爆发出来,只有依靠更加先进的分工形式才能解决这些问题:分工就是进步的动力所在。就外界环境以及各种传统的结合方式来说,它们就像地貌决定了,而不是形成了江河的流向一样,指明了各种专业所需的发展方向,而不是对它的所有责任作出规定。如果不是为了解决各种新的难题,不是出于迫不得已,我们就无法把个人之间的差别突显出来,揭示出来,那么这些差别还仍然会处在蛰伏状态之中。

由此看来,劳动分工是物竞天择的结果:这也是一种比较平心静气的解决方式。幸亏有了分工,不然竞争对手就会把对方置于死地,不能共同生存下去。在某些同质性较强的社会里,绝大多数的个人都是注定要被淘汰掉的,然而正因为有了分工的发展,这些人才能够自保和幸存下来。对许多低等民族来说,腐坏的有机体总归摆脱不了灭亡的命运,因为它的所有功能都已经失调了。有时候,法律竟然以某种方式怂恿和鼓励根据物竞天择的准则,将体弱多病的婴儿处死,就连亚里士多德本人[20]也觉得这是自然而然的事情。但是在比较先进的社会里,情况就不同了。一个病人完全可以在社会组织的复杂结构里找到一个合适的位置,做些力所能及的事情。如果他的身体比较柔弱,精神却比较健康,那么他就可以从事某种

---

[20] 亚里士多德:《政治学》第4卷(及第7卷),第16章,1335b,第20页以后。

研究工作，把自己的思辨才能发挥出来。如果他的大脑不太健全，"当然就不应该加入知识领域的激烈竞争，但社会的蜂房还会给他提供一个不太重要的巢室，使他幸免于难"。[21] 同样，在原始部落里，被征服的敌人总归是要被处死的，但是在已经把工业功能与军事功能分开的地方，他可以作为征服者的奴隶而幸存下来。

此外，在某些环境里，各种不同的职能也会相互进行竞争。比如在单个有机体中，在很久没有进食以后，神经系统就会通过耗费其他器官的能量来保证自己的给养，在大脑负担过重的情况下，有机体也会产生类似的情况。社会也不过如此。在饥荒时期或经济危机时期，许多重要职能为了谋求生存，不得不在其他不太重要的职能身上榨取养分。奢侈品工业日渐萧条，而人们维持这种产业的部分财产，则被食品工业或者其他主要生活必需品工业掠夺走了。有时候，有机体活动达到一种反常水平，超出了需要的比例，既然它在过度发育的过程中必须耗费掉很多的能量，就需要在别的地方去获得这些能量。例如，在某些社会里，如果公职人员、士兵、经纪人和牧师的人数过多，其他职业就不免会受到这种过度亢奋的损害。然而，所有这些情况毕竟都是病态的；它们的根源在于有机体不能很有规律地获得养分，或者是有机体的平衡功能已经彻底失调。

然而，这又带来了一个难题：

如果一种工业不能适应某些需要，它不会有立足之地。如果一个专业适应了某种社会需要，功能本身也会朝着专业化方向发展。任何一项新的专业都会带来生产的改良和发展，即使这些益处不是分工存在的根源，也至少是分工带来的必然结果。因此，要想使社

---

[21] 博尔迪埃：《社会生活》，第45页。

会持续不断地得到发展,个人就必须真正感觉到对更充足、更精致的产品的需要。在运输工业还没有形成的时候,每个人都只能通过现有的各种方式往返奔波,也渐渐习惯了这种生活。但是,当运输工业成为一种专门工业以后,人们就不再满足于他们以前曾经心满意足的生活了,进而产生了更多的需要。这些需要又是从哪里来的呢?

实际上,它们同样是决定劳动分工得以不断发展的原因所带来的结果。如上所述,日趋白热化的竞争导致了分工的发展。但是倘若没有更强的势力,进而没有更多的劳苦,也就不会有更加激烈的竞争。若要使生活能够不断得到回报,就必须付出同样多的努力;因此,原来足以维持有机体平衡的养分在今天已经显得很不充足了,我们需要更多而且更好的食物。比如说,农民所从事的劳动总归比不上城市工人辛苦,即使他吃的是粗茶淡饭,也一样能够保证自己的养分。但对于城市工人来说,只吃青菜是不行的,他们整天从事着漫长而又繁重的劳动,消耗了机体内的大量能量,要想及时补养自己比较亏弱的身体,是一件比较困难的事情。[22]

而且,特别是中枢神经系统承担了所有这些消耗。[23]这是因为,如果要想去寻找竞争手段,去创建新的专门领域,使这些领域尽人皆知,就必须靠大脑来筹划不可。一般而言,环境越是容易发生变化,则智慧在生活中所占的比重就越大。在人们不断丧失某种平衡状态的时候,只有通过发现某些新的条件来进行补救。所以说,在竞争日益激烈的时候,人们的大脑就越容易得到发育。不仅社会精英可以证明这种同步发展的趋势,社会各个阶级也都深有体会。在

---

[22] 博尔迪埃:《社会生活》,第166页以后。
[23] 费雷(Féré):《退化与犯罪》,第88页。

这一点上，我们只要把工业工人与农业工人做个比较，就会承认前者确实要比后者聪明一些，尽管他们所从事的劳动常常带有某些机械的性质。另外，我们也有理由认为，人类精神方面的疾病也是与文明同步而行的，因此，它们常常在城镇而不是农村、大城市而不是小城镇流行。[24]众所周知，聪慧敏锐的大脑总是与粗浅愚笨的大脑有着不同的需要。有些困顿和窘迫是后者感觉不到的，而对前者来说，却会造成非常强烈的痛苦。同样，随着大脑的不断发育，它的构造就会变得更加精细，同时也会产生越来越多的需要，因此，只有更加复杂的刺激才能给这个器官带来快感。总而言之，特殊智力的需要总是要比其他各种需要增长得更快一些。[25]老到的心灵是粗浅的解释所解决不了的。科学总是在寻求新的启蒙，或者说在满足求知渴望的同时，又激发出了新的渴望。

由此看来，所有的变化都是从这些必然因素中自然而然地产生出来的。如果说我们的理解力和感受力已经变得更深刻、更敏锐，那也是我们不断运用的结果。之所以如此，是因为我们在更加激烈的竞争中必须维持自己的生存。因此，人类在不知不觉中发现，他们已经做好准备去接受更深厚、更丰富的文化。

然而，如果我们不涉及其他因素的话，这个前提还是不能够带来各种满足手段，只能带来享乐的态度。用拜恩的话说："如果只是一味地追求快乐，就无法把人们的欲望激发出来；我们天生就可以在音乐、图画和科学里找到快乐，但倘若我们对它们没有一点儿体会的话，欲望也不会产生。"[26]甚至我们对某件物品有一种非常强烈的攫取冲动的时候，我们也得先有了联系，才能生出欲望来。青

---

[24] 参见《医学百科全书》里的"精神错乱（aliénation mentale）"一条。
[25] 纯粹精神生活和科学生活的发展还有其他原因，我将在下一章里进行讨论。
[26] 拜恩：《情感与意志》，第433页。

年人如果没有听到过性关系及其所带来的快乐之事,那么他们就会产生一种模糊不定、忐忑不安的感觉。他们总好像觉得缺点儿什么似的,但又不知道到底缺点儿什么,所以他们很难说清楚自己有没有性的欲望。因此,这种模糊的期望很容易使他们的自然目的和正常过程发生扭曲。但是,恰恰在人们能够体会这种新奇的享乐,能够不知不觉地把它们唤发出来的时候,他们才会发觉这完全是他们力所能及的事情,因为劳动分工的不断发展足以把这些享乐提供给他们。这两件事情真可以说得上是不期而遇、不谋而合,不过是因为它们同根同源罢了。

这就是我们对这件事情的看法。各种各样的新鲜事物,就已经足以引导人们去体会其中的快乐了。而这些更丰富、更复杂的刺激,更加使人们觉得以前已经令他们非常满足的事物变得索然无味。再者,任何事物在未经尝试之前,人们在头脑里就已经接受它们了。实际上,这些刺激与人类身体的各种变化是一致的,所以人们事先就能够感受到它们是可以带来快乐的,而且后来的经验也验证了这种感受。于是,各种沉寂着的需要被唤醒了,它们不仅变得非常明确,而且也认清了自己,开始把自己组织起来。这并不是说,任何适应都是非常完备的,任何分工发展所带来的新产品都是与人类的自然需要相一致的。相反,任何需要的产生都往往是由于人们对需要对象已经习以为常。它们既不是必需的,也不是有用的。但既然人们已经进行了许多尝试,养成了习惯,就再也离不开它们了。如果某种和谐完全是靠自原因产生的,那么它永远只是不完善和不正宗的,但它已经完全可以胜任维护秩序的职责。这就是劳动分工带来的结果。一般来说——并非在任何情况下——分工的进步是与人类的变化和谐一致的,正因如此,它才会不断发展下去。

然而我还要再次重申,人类并不因此而觉得更加幸福。毫无疑间，一旦我们的需要被激发出来，如果我们不经历痛苦，就永远满足不了这些需要。再者说，也并不是因为受到了刺激，我们才拥有了更多的幸福。从前我们衡量快乐之相对强度的参照标准已经发生了变化。因此，判断整个享乐的尺度都变得模糊不清了。即使我们要重新确立快乐的标准，也不是指快乐的增长幅度。因为环境已经不再是以前的环境了，我们也不得不进行变化，当然，这些变化也改变了幸福的存在方式，它指的并不一定是进步本身。

在我们看来，经济学家往往忽视了分工的另一张面孔。他们认为，分工的主要原因在于扩大生产。然而我们却认为，生产力的增加仅仅是分工的必然结果，或者说是分工现象的副作用。我们之所以朝着专业化方向发展，不是因为我们要扩大生产，只是因为它为我们创造了新的生存条件。

四

现在，我把上述观点概括如下：只有在各个社会成员之间已经构成联系的前提下，分工制度才能得以实行。

事实上，如果个人之间互不联系、互不了解，而只是相互竞争、相互对抗，那么他们仍然会陷入分割状态之中。如果他们拥有足够的发展空间，就会从别人那里解脱出来。如果他们不越出界限，就会开始产生分化，相互之间具有越来越多的独立性。在任何情况下，如果不介入其他某些因素，所有公然对抗的关系都不会转变成社会关系。个人之间，或者是同种动物和同种植物的个体之间，一般来说是不存在什么联系的。所以，它们在每次争斗之后只能变得更加分化，变得更加千姿百态，互不相干。达尔文就曾把这种不断分离的倾向称为性征趋异律。然而，分工却能使互有差异的人们结合起来，使相互分化的人们聚集起来，使相互分离的人们亲密起来。既然竞争本身并不能形成团结，那么团结必定在竞争之前就已经存在了。也就是说，人们在竞争之前就已经结合成了和感觉到了这种关系，他们属于同一个社会。因此，如果人们之间的团结感太弱，就很难抵挡竞争带来的离心力，竞争与分工所产生的作用总是截然相反的。由于有些国家的人口密度过高，生活比较艰难，居民们非但没有形成专业分工，反倒暂时或永久地离开了自己的故土，辗转他乡。

倘若我们能够把分工的性质充分地揭示出来，我们就不难理解它是事物发展的必然规律。所谓分工，就是去分担以前的共同职能，但是这种分配并没有任何预定计划。一旦各种工作分离开来，我们事先也并不知道它们的界限究竟是什么。就其本性而言，任何事物的界限都不是自明的，都需要依照环境而定。由此看来，分工本身一定会发展起来的，而且是渐渐地发展起来的。在这种条件下，如果按照分工性质的要求，把一种职能划分成两个相互补足的部分，那么这两个专门部分就必须在整个分离过程中不断保持某种交往关系。任何一个部分都不能替代其他部分的整个运作过程，它们是彼此适应的。同动物集群一样，各个成员的组织作为连续体，构成了个体，这样，所有个体在持续发生联系的过程中所形成的群落，就构成了社会。因此，劳动分工也只能在现有的社会框架内产生出来。就此而言，个人之间不仅有着物质上的联系，也有着道德上的联系。首先，只有物质连续性才能形成这种联系，才能使其不断存在下去。而且，这些关系具有一种直接的必然性。假如在比较模糊的时期里，这些关系一开始没有受到任何规范的约束，它们之间的利益纷争没有受到任何权力的辖制，它们就会陷入一种混沌的状态，新的秩序也不可能产生。我们也许可以假定，任何事物都产生于自由的磋商和私下的协定，根本牵涉不到任何社会行为。但是在这里，我们似乎忘记了一点，如果没有法律的规定，如果没有社会的存在，人们还能达成各种契约吗？

如果有人认为，在分工里可以看到全部社会生活的基本事实，这是不对的。如果有人认为，已经分化的独立个体，为了把彼此之间不同的能力结合起来而共同分担一种工作，这也是不对的。既然他们之间的差异只是在偶然条件下产生的，如果他们能够结合成为和谐一致的整体，岂不是一个奇迹了么？然而，他们并不是在集体生活之前就存在着的，而是从集体生活中产生的。如果不是在社会里，不是在各种社会感情和社会需要的压力下，他们是无法存在下去的。换言之，只有在这种条件下，他们才能在根本上形成和谐一致的关系。因此，在劳动分工以外，还存在着社会生活，有了社会生活，分工才会产生。实际上，关于这一点，我们在上文已经说得很清楚了：本质而言，社会凝聚来源于共同的信仰和感情，只有在分工能够确保社会统一的情况下，所有其他事物才能从社会中产生出来。我们在上一卷以及这一卷中所得出的结论恰恰是相辅相成的。在生理学的意义上，分工符合以下规律：只有在多细胞生物群已经形成的某种凝聚里，分工才会存在。

许多学者都认为，所有社会在根本上都是建立在协作基础上的，这是一条不言自明的真理。斯宾塞就曾说过："在社会学意义上，如果没有叠置与协作，社会就不会存在。"[27]相反，奥古斯特·孔德却说："协作并不能产生社会，只有社会自然而然地形成以后，才会产生协作。"[28]只有机械力量和本能力量才能使人们相互

---

[27] 斯宾塞：《社会学原理》第2卷，第244页。
[28] 孔德：《实证哲学教程》第4卷，第421页。

结合起来，如血缘的亲和力、对故土的眷恋、对祖先的崇拜以及共同的习惯等等。只有群体在这些基础上形成以后，协作才能被组织起来。

即便如此，协作刚开始也是时断时续和若隐若现的，因为当时的社会生活缺少其他任何力量和连续性的来源。另外，由分工产生的复杂协作也只是后来才有的派生现象。只有在社会大众聚集起来以后，才会逐渐形成一场内在的运动。协作一经产生，不仅会使社会纽带变得更加牢固，而且也会使社会更加具有完备的个性，从而用另一种整合形式代替了原来的整合形式。要想使各种社会单位不断产生分化，就必须首先使它们呈现出许多相似性特征，使它们相互吸引、相互团结起来。在原始社会，或者是人类演进的各个历史阶段里，我们都可以看到它的形成过程。实际上，高等社会是由同一类型的低等社会结合而成的。这些低等社会先是在纯粹一致的共同意识里融合在一起，然后才能不断地产生分化。因此，更复杂的有机体是由相互类似的更简单的有机体复制而成的，这些简单有机体只有在相互联合的情况下，才会产生分化。总而言之，联合和协作是截然不同的两件事情：即使协作在形成以后，能够对联合产生一定的反作用，使联合形式发生改变，即使人类社会能够渐渐变成协作群体，这两类现象也不会因此而失掉了二元性特征。

功利主义者之所以没有认识到这一非常重要的事实，是因为他们在思考社会形成问题的过程中得出了谬见。他们假定，原始人只是一些孤立或独立的个体，他们要想合作，就必须相互产生联系，除此之外，他们没有任何理由去跨越相互之间的鸿沟而相互联合起来。这种理论虽然非常盛行，却不免流于空谈。

事实上，他们从个人中推断出了社会。但是，我们没有理由相信，社会可能就是这样自然而然地形成的。斯宾塞也承认，如果社会能够在这样的假设下成立,"那么社会单位也(必须)从原来的完全独立状态过渡到相互依赖的状态才行"。[29]然而,这种全面的转换究竟又是由哪些因素决定的呢?是人们事先看到了社会生活所能带来的好处吗?即便如此,这些好处也完全会被丧失独立的害处抵消掉,因为对那些追求自由和独立生活的人们来说,这种牺牲是最让人忍受不了的事情。再者说,在最初的社会类型里,这种牺牲是最彻底的,因为那个时候个人完全被吸纳在群体里。我们设想一下,即使人类原来就是个人主义者,当社会与他们最基本的取向发生激烈对抗的时候,他们会甘心归顺于这种生活吗?与这种逆来顺受的态度相比,那些堆满问题的协作该是何等的凄惨啊!我们也可以想象,在自由自在的个性中,只有个人才会产生出来,至于协作这种社会事实,既然受到了社会规律的支配,怎么还会从个性中产生出来呢?如果某位心理学家照此方式把自己封闭在自我里面,以后他就很难从中重新找到非我了。

集体生活并非产生于个人生活,相反,个人生活是从集体生活里产生出来的。只有在这个条件下,我们才可以解释社会单位里的个性为什么能够得以形成和发展,而不至于对社会产生破坏作用。实际上,既然个性已经在原有的社会环境里发展起来,势必会戴上社会的标记。它既然通过这种形式构建起来,就会与集体秩序确立一种牢固的关系,而不再对集体秩序产生破坏作用。它一方面能够从集体中摆脱出来,另一方面又能与集体本身相适应。它并不具有反社会性,因为它本身就是社会的产物。当然,它也已经不再是游牧时代的那种只专注于自己、置外部世界于不顾的绝对个性了,而是具有自身特定功能的器官或器官的部分,它如果脱离了有机体的

---

[29] 斯宾塞:《社会学原理》第2卷,第244页。

其他器官，就会面临着死亡的危险。在这种情况下，协作不仅具有了可能性，而且具有了必然性。由此看来，功利主义者竟然全盘颠倒了事物的自然秩序，这实在令人吃惊不小！这真是一件值得大书特书的事情，世上还真的有可以先得到认识，后变成事实的普遍真理！正是因为协作只是最近发生的事实，所以我们才会最先发现它。我们只要像往常那样看看它的外观，就会从中发现道德生活和社会生活的基本事实。

然而，尽管协作并非是指全部道德，我们也不能像道德学家那样把它放在道德领域之外。唯心主义者与功利主义者真可谓是同出一辙，他们认为协作纯粹是一系列充满自私自利的经济关系和私下安排。实际上，道德生活渗透进了所有能够促成协作产生的关系之中，因为如果社会情感，抑或道德情感没有为它提供合理证明的话，这些关系就不会产生。

此外，人们对国际分工也持有异议，认为实施分工的个人明显不属于同一社会。但是，我们必须牢记这一点：群体尽管可以具有自己的个性，但它也可以被包含着许多同类群体的更大群体所涵盖。如果我们认为，某种功能——不管是经济功能还是其他功能——可以由两个社会共同分担的话，那么从某种意义上说，这两个社会已经分享了共同的生活，也就是说，它们已经从属于同一种社会。如果我们假定这两种集体意识是无法融合起来的，那么我们也就很难理解两者之间为什么会形成一种持续的必然联系，为什么会把自己的职能交让给对方。如果一个民族允许其他民族介入到自己的事务中来，这说明它已经不再用彻头彻尾的爱国主义来禁锢自己，它必须有一种百川归海的宽阔胸怀。

在国际分工的问题上，历史向我们提供了最为典型的例证，我们从中可以直接发现上述事实的连带关系。其实，只有在现代欧洲国家里，才产生过国际分工的现象。直到上个世纪末和本世纪初，在欧洲社会的整个范围内，才开始形成一种共同意识。索列尔（Sorel）指出：

> 我们必须祛除这样一种偏见：旧制度下的欧洲实际上是一个由各个整齐划一的国家所组成的社会。在这个社会里，每个人的行动都必须符合已经得到公认的原则，都必须遵从能够管理交易、制订合约的既定法律，都必须从良好的信念出发来监督这些合约的实施，都必须在维护君主专制体制下的共同情感和公共秩序的前提下，保证王侯们所缔结的条约的持久性……在欧洲，每个人的权利都来源于所有人的义务，这是旧制度下的政治家们所无法了解的事情。所以，必须掀起一场亘古未有的长达四分之一世纪的战争，他们才能把这种观念强加给他们，把这种观念的必然性揭示给他们。因此，在维也纳会议以及以后的许多会议里，人们开始去建构欧洲社会的基本组织形式，这种尝试应该算是一种进步，而不是退步。[30]

反过来说，所有狭隘民族主义的复兴，都会导致保守主义精神的膨胀，这些民族在经济上和道德上越来越表现出了各自封闭、相互疏离的倾向。

但是，如果在某些情况下，各个民族之间虽然缺少联系、相视如仇，[31] 但还能或多或少地按照某种规范形式交换产品的话，那

---

[30] 索列尔：《法国革命与欧洲》第1卷，第9—10页。
[31] 参见库里歇（Kulicher）：《原始文化阶段的贸易》，载《民族心理学杂志》第5卷（1877年版），第378页；亦参见沙德：《贸易历史的语言学——历史学研究》（耶拿1886年版）。

么我们就会看到,这种"互助主义"的纯粹关系与劳动分工是不可同日而语的。[32]这是因为,即使两种不同的有机体发现自己具有某种可以相互利用的特征,这也不意味着两者可以共同承担某些职能。[33]

---

[32] "互助主义"往往是在不同种族的个体之间产生的,但对同一种族的个体而言,这个现象仍不失某种共通之处。有关"互助主义"问题,可参见埃斯皮纳:《动物社会》以及吉洛(Giraud):《动物群体》。

[33] 最后,我还要提醒读者注意:在这一章里,我只是研究了分工如何持续发展的问题,说明了决定这种发展的原因所在。然而,对任何既定社会而言,即使它们明显具有环节社会的特征,它的分工制度,特别是经济分工制度也可以是很发达的。实际上,英国就是这种情形。同欧洲大陆一样,大工业和大商业在英国也非常发达,其"蜂房"系统也表现得非常明显,英国特有的地方自治生活和传统权威就可以证明这一点(在下一章里,我将具体说明这个事实的病态特征)。

如上所述,正因为分工是一种派生现象和次要现象,所以它只能在社会生活的表层表现出来,经济领域里的分工尤其如此。它是紧紧贴在社会表层上的。正因如此,对整个有机体来说,即使在其内在因素固定不变的情况下,它的表面现象也很容易受到外界因素的影响。这样一来,任何环境都可以使人们产生对物质享受的热切愿望,于是,在社会结构还没有相应地产生变化的时候,经济领域里的劳动分工就发展起来了。模仿精神与更精致的文明都可以产生这种结果。因此,知性,这种最高级的和最表层的人类意识便受到了诸如教育之类的外界影响,而这种影响根本没有触及人类精神生活的基础。人们为了获得成功,创造出了许多智慧,然而所有智慧都缺乏牢固的基础。由此说来,诸如此类的才能恐怕是很难代代相传下去的。

通过这种比较,我们可以理直气壮地认为,我们不能根据文明的状况,尤其是经济文明的状况来判断某个社会的等级地位。因为经济文明只能去模仿、复制或遮蔽低等的社会结构。也许这只是一种例外情况,但它毕竟发生了。

在这种情况下,社会的物质密度很难把道德密度确切地表现出来。因此,我在这里阐明的原则,不仅是千真万确的,而且具有非常普遍的意义,它确实可以算得上是一个非常充分的论据。

第三章

次要因素
——集体意识逐渐形成的非确定性及其原因

本书的前半部分已经说过，随着分工的不断发展，集体意识变得越来越微弱，越来越模糊。甚至可以说，正是因为集体意识逐渐产生了非确定性，分工变成了团结的主导因素。既然这两种现象在此产生了联系，所以，如果我们对集体意识的退化原因加以考察，还是大有裨益的。毫无疑问，假如我们能够把这一规律揭示出来，我们也就直接确定了它所依赖的某些社会进化的基本条件。有了这些条件，人们就更难以反驳本书上卷所得出的结论了。

再者说，这个问题与我们正在讨论的问题之间有着密切的关联。我刚才就已经提到过，分工进步的原因在于各个社会单位相互施加的压力增强了，这迫使分工变得越来越分散。但是，这种压力每时每刻却被施加在个人意识之上的集体意识抵消掉了。当一种压力促使我们去创造自己的鲜明个性的时候，另一种压力却反其道行之，使我们变得更加等齐划一。当一种压力促使我们去遵循自己个人取向的时候，另一种压力却牢牢地把我们控制在集体类型之中。换言之，分工的产生和发展，既不在于个人本身具备了某些特殊能力，也不在于受到刺激以后开始倾向于这些能力，而在于个人必须具有变化的可能性。当然，一旦某种明确而又强烈的集体意识产生了相反作用，这些变化也就不会出现了。因为这些意识越强烈，就越会对削弱它的任何事物产生强烈抵抗作用，这些意识越明确，就越会不给任何变化留有余地。所以,我们可以预料到,分工的发展越艰难、越缓慢,集体意识就越明确、越有活力。相反,分工的发展越迅速,个人就越容易与自己的环境和睦相处。但仅仅有了这种环境还不行,人们还应该比较自由地适应这种环境,也就是说,即使整个群体与个人的活动既不是同步的,也不是同向的,那么个人也能够在这种环境中独立活动。然而我们也很清楚,机械团结越发达,个人的特殊活动就越罕见。

我们可以直接看到的共同意识对劳动分工所产生的负面影响,简直是举不胜举。只要法律和道德还严格地禁止转让和分配不动产,劳动分工就不会具备存在的条件。每个家庭都组成了个非常亲密的群体,所有家庭成员都在从事着同样的职业,都在继承着祖先留下的遗产。对斯拉夫人来说,一旦氏族(Zadruga)大量增加起来,他们的生活也会变得非常窘迫。尽管如此,他们的家族观念还是非常强烈,他们还是共同生活在一起,从来不考虑去从事像渔民或商人这样的专门职业。在其他某些社会里,即使劳动分工已经很发达了,各个阶层还都保留着一些没有变化、没有创新的职业。其他许多地方,也正式禁止公民从事某些职业。在希腊[1]和罗马[2],工业和商业是遭人鄙视的职业;在卡比尔(Kabyle)[3]部落里,诸如屠夫、鞋匠等行业都受到了公众舆论的轻蔑。[4]因此,专门职业是不能朝着这些方向发展的。最后,即使有些民族的经济生活已经发展

---

[1] 参见比森舒茨:《财产与收益》。
[2] 据哈卡马修斯的丹尼斯所说(第9卷,第25页),在共和国初期,任何罗马人都不能成为商人和工匠。西塞罗也把一切唯利是图的工作说成是卑鄙的职业(《论职业》第1卷,第42页)。
[3] 卡比尔人(Kabyle):指居住在阿尔及利亚、摩洛哥和突尼斯等地的柏柏尔人。——译注
[4] 阿诺多和勒图尔纳:《卡比尔人及其风俗》第2卷,第23页。

到了某种特定的阶段，如我们曾经经历过的古老的法人团体阶段，各种职能都还有着严格的规定，还谈不上分工的发展。凡是每个人都在以同样的方式来制造产品的地方，所谓个人的变化也是件绝对不可能的事情。[5]

在社会表现出来的生活里，也有同样的现象出现。宗教就是最明显的共同意识形式，它一开始就容纳了所有的表现功能和实践功能，直到哲学产生以后，表现功能才与实践功能分离开来。也就是说，只有在宗教丧失了某些权威以后，哲学才能产生出来。这种新的表现事物的形式动摇和对抗着集体意见，因此有人有时候会认为，自由的探索可以使宗教信仰不断衰落下去。然而，在人们能够进行自由的探索之前，宗教信仰实际上已经趋于衰落了，如果没有获得共同信仰的许诺，我们还能去进行自由的探索吗？

每当一门新的学问破土而生，就会发生一次这样的冲突。相比其他宗教而言，虽然基督教给个人思考留出了很大的空间，但也还是逃脱不了一番争斗。当然，如果学者们把自己的研究仅仅限制在物质领域，这种冲突还显得不那么激烈，因为物质问题在原则上是任人争辩的。即便如此，宗教并没有完全放弃对这个问题的讨论，因为基督教的上帝与芸芸众生并不是毫无关系的，因而我们经常发现，信仰在许多方面都成了自然科学发展的障碍。特别是在人类本身成为自然科学的研究对象以后，这种反抗就越发显得激烈了。实际上，当某个信徒突然想到，在与其他事物进行相互类比的过程中，人类竟然被当成了自然事物来研究，道德事实竟然被当成了自然事实来研究，那么他肯定会奋起反抗这种做法。由此我们可以看到，那些集体情感是如何在各种不同的装扮下，阻碍着社会学和心

---

[5] 参见拉瓦瑟尔：《大革命前的法国工人阶级》各处。

理学的发展啊！

我们仅仅根据社会环境所产生的变化，还不能完全说明分工进步的必要原因。因为这种进步还取决于某些次要因素，这些因素既可能会促进分工的发展，也可能会妨碍或者全面阻止分工的发展。其实，我们千万不要忘记，专门职业并不是解决生存竞争问题的唯一手段：此外，同化、殖民、脱离更加险恶和激烈的生存竞争以及通过自杀等手段来杜绝软弱无力的状态等等，也都是解决这个问题的办法。既然最终的结果在某种程度上是以环境而定的，既然竞争者不一定非得选择唯一一种解决方案而放弃其他方案，那么他们最后肯定会选择一条自己感到力所能及的途径。当然，如果没有任何力量去阻碍分工发展的话，他们之间就逐渐会产生分化。但是，如果环境本身不可能或者很难保证这种解决方案得以顺利实现的话，那么他们就必须另谋出路了。

在各种次要因素中，首先是个人相对于群体而言，逐渐具有了自己的独立地位，群体允许他们自由地产生变化。同样，生理分工也是受这些条件支配的。皮埃尔认为："即使躯体各个部分之间的联系非常紧密，它们也具有自己完整的个性。不管在最高等的有机体里，还是在最低等的有机体里，不管他们的数量究竟有多少，它们都在自我哺育着，成长着和再生着，从来不管邻近的部分如何。所有这些，构成了**解剖学要素的独立性规律**，生理学家们就充分运用了这个规律。人们常常认为，这种独立性就是生物质体在某种外界条件或者是细胞质所固有的某种力量的作用下，能够自由地运用自己的普遍能力，能够产生各种变化的必要条件。正因为这些要素既是可以变化的，又是相互独立的，所以即使它们最初是相互生成和相互类似的，它们也仍然可以朝着不同的方向变化，获得不同的存在形式，以及各种新的功能和特征。"[6]

与有机体相反，这种独立性在社会里却不能算是一种原始事实，因为个人从一开始就已经被群体吞噬掉了。上文说过，这种独立性在后来是随着劳动分工的不断发展而产生的，与此同时，集体意识也慢慢地衰落下去了。现在的问题是，在这些条件逐渐变成必要条件的时候，它们是怎样促使社会分工最终得以实现的。无疑，这是因为它们所依赖的原因决定了专门职业的发展。但是，为什么社会容量和社会密度的增加，就一定会带来这样的结果呢？

一

在较小的社会里，每个人所面临的生存条件都大致相同，本质而言，他们的集体环境也是比较具体的。各种各样的人都聚集在社会范围里，他们的意识状态也表现出了同样的特征。最初，人们只能同某些确切的对象形成一定的联系，比如说，一只很特别的动物、一棵树、一根草或者一种自然力量等。既然每个人都与这些事物结成了同样的关系，那么这些事物对个人意识也会产生相同的影响。如果整个部落的范围不大，那么他们就会在晴雨之中、寒暑之中、一条河流或一泓泉水之中，同甘共苦，共同体会自然所带来的吉祥和灾祸。所有个人的印象融汇起来，就形成了集体的印象，如果集体印象有了固定的形式和固定的对象，那么集体意识便具有了确切的特征。但是随着社会的不断扩大，共同意识的性质也会产生变化。因为一旦社会覆盖了非常大的范围，共同意识就不得不被迫超越所有地方差异，驾驭更大的空间，从而变得更抽象一些。在各

---

[6] 皮埃尔：《集群动物》，第702页。

种不同的环境里，只有普通事物才会具有某种共性，共同意识的对象已经不再是某种动物，而是某一类的动物，已经不再是一泓泉水，而是泉水本身，不再是一片森林，而是**抽象的森林**。

再者说，人们的生活环境也不是处处相同的，不管他们的对象具有什么样的共性，他们的情感也不再是完全一致的了。这样一来，生活的集体属性便不像原来那样鲜明了，而且它的构成因素越不相似，集体本身也就越加模糊。个人的形象越是五花八门，他们所构成的集体形象就越会含混不清。当然，地方上的集体意识可以在普遍的集体意识中将自己的个性保存下来，因为它们的范围不大，意识本身也就显得比较具体。然而，我们也很清楚，当与之相应的社会环节渐渐消失以后，它们也就在集体意识里渐渐消失了。

有一个事实也许最能说明共同意识的发展趋向，即共同意识的所有因素中最重要的组成因素——我指的是神的观念——同样成为超验存在。起初，神是和宇宙融为一体的，甚至可以说没有神的存在，只有一些神圣事物的存在，它们的神圣属性并不表现为类似于本原这样的外在实体。某一类的动物和植物完全可以成为某个氏族的图腾，成为人们崇拜的对象，这并不是因为某种外在原则能够把神性本身传递给他们，而是因为这种神性是他们所固有的。他们本来就是神圣的。各种宗教力量起初只不过是事物的特征，后来他们远离了这些事物，逐渐被物化掉了。这样，神的概念或灵的概念就产生了，不管这些神灵栖居何处，最终还是摆脱了原来它所依托的特殊对象，变成了外在的存在。[7] 就此而言，神灵不再是具体的了。但是，无论这些神灵是多元的还是一元的，它们仍然是世上的永恒存在。尽管它们在某些方面已经与事物本身分离开来，但它们还仍

---

[7] 参见雷维尔：《野蛮人的宗教》第1卷，第67页以后；第2卷，第230页以后。

然生活在空间中。因此，它们与我们还是比较亲近的，它们还会不断融入我们的生活里来。希腊-罗马的多神论就是一种更高级、更有组织的泛灵论，它在超验存在的道路上又迈进了一步。因此，神的居所与人的居所相比，显然有着天壤之别。那时候，诸神们退回到神秘的奥林匹亚顶峰，或者是地下的深渊，只能断断续续地以个人的名义来干预人类事务了。基督教产生以后，上帝永远站在了时空之外，它的领地也不再是这个世俗世界。自然与神圣之间已然是黑白分明，甚至形成了势不两立的局面。与此同时，神的概念变得越来越普遍和抽象了，它不再像刚开始那样发源于某种情感，而是某些观念。充满人性的上帝观念也不再像城邦社会或氏族社会里的神的观念那样容易理解了。

更有甚者，在宗教普遍化的同时，法律和道德也普遍化了。最初，法律和道德还是与地方环境、种族特性或气候特征相适应的，后来，它们逐渐摆脱了这些条件，变得更普遍了。在形式主义日趋衰落的情况下，这种普遍性就会越来越突显出来。在低级社会里，行为方式，甚至是它的外在方式都是被预先决定好的，以至于各种细枝末节也未能放过。人们在各种场合里的吃饭穿衣、举手投足和说话腔调，都有着明确的规定。但反过来说，人们越是离开了这段时期，各种道德和法律上的规定也就越加显得模糊不清。它们用最普遍的形式规定了最普遍的行为方式，只说明了人们应该做些什么，而没有说明人们应该怎样去做。任何明确的事物都是以明确的形式表现出来的。如果集体感情仍然可以像以前那样明白无误的话，它的表现形式也会像以前那样非常确定。如果行为和思想的各种细节也像以前那样千篇一律的话，那么人们也就不得不遵守这些规定。

文明正在逐步朝着理性化和逻辑化方向发展的趋势已经成了非

常明显的事实,今天,我们终于可以看到它得以产生的根源了。世上唯有普遍的东西才能是理性的,唯有特殊的和具体的东西才能使知性误入歧途。或者说,我们只能对普遍的东西进行有效的思考。因此,共同意识与各种特殊事物离得越近,它就越会留有特殊事物的痕迹,也就越加难以理解。原始文明之所以带给我们这些结果,其根源就在于此。既然我们很难把它们还原成一种逻辑原则,我们就只能看到各种异质性因素相互胡乱地、奇特地和偶然地组合在了一起。实际上,虽然这些组合不带一点儿人为的痕迹,但我们也只能在充满感性的感觉和冲动里,而不是在概念里找到它的决定性原因。之所以如此,是因为当时的社会环境还比较狭窄的缘故。反过来说,如果文明传播到了更广的范围,与更多的人与物发生了联系,普遍观念就必然会出现,并且占有优势地位。例如,罗马人在法律、道德和宗教上的具体观念,就被更加令人难以理解的人的概念代替掉了。因此,社会容量和社会密度的增加是可以解释这种巨变过程的。

共同意识越是普遍,就越会给个人的变化留出地盘。当上帝远离了人与物的时候,它也不会随时随地、事无巨细地发生作用了。抽象规则一旦被确立下来,就可以以各种不同的方式随意加以利用,它也不再像以前那样耀武扬威了。实际上,如果各种常规惯习是明确无误的,它们就会通过一种类似于反思的方式决定思想和行动取向,反之,这些普遍原则只有得到了理智的保证,才会转化成各种事实。然而,一旦反思被激发出来,它就会势不可当地向前发展。当它把所有力量聚集起来的时候,就会自然而然地超出人们原来规定的范围。起初,在人们讨论问题的过程中,某些信条还高高在上,但是后来随着讨论范围的不断扩大,这些信条也逐渐被湮没掉了。在人们迫切地思考和追问这些信条的存在根据的时候,不管它们经受了怎样的考验，都不免会丧失自己的好些力量。反思观念绝对不会像本能那样具有某种强制力量，因此，经过思考的行动也不像未经思考的行动那样过于直接，过于短暂。既然集体意识朝着更理性的方向发展，它的强制性色彩也就会越来越少，也不再阻碍个人的自由变化和自由发展了。

二

但是，这种原因还不是最能导致上述结果的原因。

集体意识状态之所以能够产生这种力量，不仅在于它在这一代人的心目中是完全一致的，更在于它的绝大多数都是前几代人的遗产。事实上，共同意识的形成和完善过程是非常缓慢的。要想形成普遍化和结晶化的行为模式或信仰，就必须经历一个漫长的时期，要想失去这些行为模式和信仰，也不是一朝一夕的事情。因此，共同意识几乎完全是过去时代的产物。然而一般而言，过去遗留下来的东西往往会倍受人们的尊重，人们普遍遵循的常规也无疑具有很高的声誉。反过来说，一旦这些常规得到了祖先们的普遍认可而变得强大起来，那么人们就越发不敢不遵守它了。由此看来，集体意识的权威绝大多数都是由传统权威造成的。我们稍后就会看到，当环节社会逐渐消亡的时候，这种权威也必定会日益没落下去。

实际上，当这种权威非常明显的时候，各个环节就形成了许多相互割裂的小社会。它们建立在家族的基础上，改变它们就像改变家族一样困难。当它们仅仅以地域为基础而存在的时候，尽管它们相互之间的地界并不是不可逾越的，但地界还总是存在着。直到中世纪，人们还很难离开自己的城市去其他城市寻找工作。[8]内部关税具有了一定的权威，为各个社会部分设立了保护地带，避免外界因素的侵入。在这种条件下，个人被牢牢地维系在了本土范围之内，一则是因为他必须依附于这种关系，二则是因为他不能到别的地方去。沟通手段和传播手段的匮乏，就是各个环节闭关自守状态的证明。这样，那些把人们维系在本土环境里的种种因素，也同样把人们拘禁在家族环境里。起初，这两种因素是扭结在一起的。后来，即使这两种因素产生了差别，如果人们很难离开自己的本土环境，他也无法远离自己的家族环境。因此，血缘关系产生了最强烈的吸引力，每个人都得围绕着这种力量之源，了此一生。实际上，这确实是一条普遍规律：社会结构的环节特征越明显，就越会形成庞大的、密集的、不可分割的和与世隔绝的家族。[9]

反过来说，当能够把不同环节分割开来的各种界限消失以后，原来的平衡状态也就不可避免地被打乱了。既然人们不再局限在他们的故土，眼前的自由天地在时刻吸引着他们，他们就会毫不退缩，一往无前。儿女们也不再留恋他们的故乡和父母，而是撒向四面八方，追寻自己的命运去了。人口呈现出相互融合的趋势，它们之间的原有差异最终消失了。可惜的是，统计学家并没有帮助我们寻找到这种人口内部迁移的历史过程，但至少有一个事实足以证明这个过程越来越具有的重要意义：它使城镇得以产生并发展起来。城镇并不是自然而然地发展起来的，而是由移民形成的。城镇的产生和发展并非是由于出生率超过死亡率的缘故；实际情况却完全相反，城镇的出生率往往是低于死亡率的。由此看来，只有某些外来

---

[8]　拉瓦瑟尔：《大革命前的法国工人阶级》第1卷，第39页。
[9]　读者可以找到许多事实来证明这条规律，我在这里并不想进行非常明确的论证。我曾经仔细研究过家族问题，并希望与此有关的专著能够尽快发表。

因素才能使她的人口一天天地增长起来。根据迪蒙（Dumont）的统计材料[10]，欧洲31个大城市的全部人口平均每年增加78.4%，其主要原因就是移民。在法国，根据1881年的调查，当时的居民比1876年增加了766000人。塞纳省（Seine）以及居民在30000人以上的45个城镇"在这五年里已经接纳了多达661000人，其余105000人遍布于各个中小城镇和乡村"。[11]这批移民大潮不仅流向了大城市，而且也散布在城市的附近地区。贝蒂隆（Bertillon）的统计数据表明，在1886年间，平均100个法国居民中，只有11.25人是外省人，而就塞纳省而言，这个比例高达34.67%。而且省内人口越多，从外地迁移来的人口就越多。其中，这一人口比例在其他省份分布如下：罗讷省（Rhône）为31.47%，罗讷河口省（Bouches-du-Rhône）为26.29%，塞纳瓦兹省（Seine-et-Oise）为26.41%，[12]诺尔省（Nord）为19.46%，纪龙德省（Gironde）为17.62%。[13]当然，这种现象并不是大城市所特有的现象，它在小城镇和"小村镇"（bourg）[14]也存在，只不过没有大城市那样明显罢了。"城市人口的不断增加都是以损害更小的共同体为代价的，因此，每次调查都表明，在各种类型的城市不断增加的同时，社会单位的数量也增加了。"[15]

移民现象的根源在于社会单位在更大程度上的流动，因为它削弱了所有传统力量。

实际上，传统之所以具有某种力量，是因为上一代人把传统传

---

[10] 引自拉耶（Layet）：《人类卫生学》，最后一章。
[11] 迪蒙：《人口减少与文明》，第175页。
[12] 这么高的比例已经非常接近于巴黎了。
[13] 见《医学百科全书》"移民"一条。
[14] 小村镇（bourgs）：特指中世纪靠近城堡的村庄，亦指法国的市镇。——译注
[15] 迪蒙：《人口减少与文明》。

承和灌输给了我们。只有他们才能亲眼目睹祖先们的经历,并且能够把它活生生地表现出来。只有他们才是过去和现在之间的中介。因此,他们在他们所监护和养育的这一代人中间,享有着不可比拟的威望。倘若孩子天天围在老人的身边,他就会意识到自身的卑微和对老人的依赖,会对长者的每言每行都怀有一种敬仰之情,也很自然地会对长者流传下来的各种物品非常尊重。这样一来,年龄上的权威就变成了传统权威。不仅如此,能够把上述影响扩大到童年以后的任何力量,也都会进一步加强这种传统信仰和传统习俗。正因如此,人们便会在生他养他的环境里继续生活下去,他还像自己的童年时代那样,天天见到同样的人,天天受到他们的影响。他对他们的感情也依旧存在着,也依旧产生同样的作用,换句话说,他们束缚了变革的力量。因为若想使社会生活进行一场变革,仅凭新的一代对未来充满憧憬是不够的,他们必须不再亦步亦趋地追随祖先的足迹。祖先的影响越深入,也就越持久,越会对各种变化产生阻碍作用。奥古斯特·孔德说得好,假如人类生命周期延长了许多,但各个年龄段并不因此发生变化,那么"我们社会的发展就必然会放慢了脚步,尽管这是不可测量的"。[16]

但是,如果人们度过了青春期,进入到了一个新的环境里,就会出现与此相反的情况。即便他遇到了比他年龄更大的人,他也没有在童年时代受到过这些人的影响。他对这些人的崇敬心理减弱了,其中的传统色彩也减少了,因为不论过去和现在,这些因素都显得不那么实实在在了。他不仅现在不依赖于他们,而且过去也不依赖于他们,他之所以尊敬他们,只不过是出于一种类似的经历。显而易见,随着文明的不断发展,这种建立在年龄基础上的崇拜也

---

[16] 孔德:《实证哲学教程》第4卷,第451页。

慢慢地衰落了。一旦文明高度发达起来，这种崇拜就变成了一些出于某种怜悯的礼貌而已。今天，与其说人们惧怕老人，不如说人们在怜悯老人。年龄的界限被拉平了。人们一旦迈入了成熟时期，就开始平等相待。年龄的界限消失以后，祖先定下来的各种习俗也就失去了威严，因为很少有人去表现这种权威了。对这些传统而言，人们已经变得更加自由，因为对那些体现传统的人来说，人们已经是很自由的了。人们不再能够感觉得到时间所带来的团结性，因为代际之间的持续联系也不再需要物质表现。当然，人们还能感受到早期教育的影响，但它的力度却大大地降低了，因为维持它的基础已经不存在了。

再者，整个青年时期是人们最不受束缚、最渴望变化的时期。他们之间所流行的生活不仅来不及凝固成一种比较确定的方式，而且这种紧张的生活也不允许他们循规蹈矩。这种动力越是不受外界条件的限制，就越容易得到满足，从而越容易牺牲掉传统。对传统而言，它越是丧失了自己的力量，就越会落荒而逃。这种羸弱的本性一经形成，就会世世代代地继承下去，人们一旦觉得这些准则的权威摇摇欲坠，就不再愿意把它们传递下去了。

一种典型经验，正说明了年龄对传统力量的影响。

既然移民是大城市人口增长的主要因素，那么本质而言，城市人口便是由那些步入而立之年以后离家出走，而且已经摆脱前人影响的人们构成的。这样，城市中的老人数量就很小了，而年轻力壮的人数却得到了大量的增加。谢松（Cheysson）指出，在巴黎和外省以年龄段为标志的人口曲线中，只有15—20岁曲线和50—55岁曲线是可以汇合的。在20至50岁之间，巴黎曲线的走势非常之高，而在其他年龄段里,这条曲线呈现出一种下落的趋势。[17]在1881年,如果巴黎有1118个20—25岁的居民,那么其他地区则仅有874个居民。[18]就整个塞纳省而言,千人之中共有731人是15—60岁的,未满15岁的只有76人,但对其他省份来说,15—60岁之间的为618人,未满15岁的为106人。依据雅克·贝蒂隆的统计数据,1000个居民的人口分布如下:

年龄	城镇	乡村
15—30	278	239
30—45	205	183
45—60	110	120
其他	59	87

由此看来,在大城市里,年龄的调节作用已经降到了最低的限度。同时值得注意的是,人们也已经不再把传统放在心上了。毋庸置疑,大城市就是进步的中心。城市总是孕育着各种新的观念、时尚、道德和需要,然后流传到其他地区。所谓社会变化,就是对城市的追随和效仿。城市总是带有一种起伏不定的气氛,人们不免对过去留下来的一切产生些许怀疑。相反,任何新奇的事物,不管它的成分如何,都具有一种与先辈制定的习俗相类似的声望。人类的心灵自然而然地指向了未来。城市生活变化得如此之快,以至于各种信仰、品味和情绪都在不断地演变着。没有任何一块土壤可以像这里一样适于各种变化。这是因为,各个社会单位形成了不同的等级,既然这些等级是可以相互替代的,它们就不能是持续不变的,这样,集体生活本身也就没有容身之地了。

---

[17] 参见《人口问题》,载1884年《卫生年鉴》。
[18] 参见《巴黎城市年鉴》。

塔尔德发现，与老年阶段相比，在社会的年轻阶段，特别是成熟阶段里，人们对传统的崇拜表现得有过之而无不及，因为他认为，今天传统衰微的状况只是所有社会进化的一个短暂的阶段，一次暂时的危机。他宣称："人们只是为了重新回到习俗，才去逃脱习俗的羁绊，换言之，人们正是通过重新回到习俗中去，才加强和巩固了这种征服力量，并把它说成是暂时的解放所带来的结果。"[19] 我们认为，塔尔德的纰漏在于他所使用的比较方法是很不妥当的，我们在上文已经屡次谈到了这一点。毫无疑问，如果我们把某个社会的终点与另一个社会的起点相比较，当然可以感觉到传统的复兴。任何社会类型的起步阶段总归不会像以前的社会类型那样产生天翻地覆的变化。我们也不会像罗马人那样，把古老习俗当成自己顶礼膜拜的对象。罗马制度也不会像雅典法律强调既往的规程（γραψή παρανόμων）那样去反对一切革新。[20] 即使是在亚里士多德时代，是否需要更改现行法律从而使法律变得更加完善，对希腊人来说还是一个悬而未决的问题，亚里士多德本人也拐弯抹角地肯定了这种做法。[21] 最后，对犹太人来说，违反传统规范就是对神的不敬，人们只能恪守常规。因此，要想对社会事件的变化过程进行判断，绝对不能去比较两个社会首尾衔接的部分，而应该去比较两种社会生活彼此相应的阶段。任何社会都会固化成一种形式，都会培养出一种习俗，但这种形式总归会失掉某些抵抗力，产生某些变化。换句话说，习俗的权威总是要渐渐衰落下去的。这种趋势毕竟是不可避免的，因为决定历史发展的条件同时也是它日趋没落的条件。

---

[19] 塔尔德：《模仿的规律》，第271页。
[20] 有关规程（γραφή）的讨论，可参见迈尔和勋曼：《阿提卡的历史进程》。
[21] 亚里士多德：《政治学》第2卷，第8章，1268b，第26页。

此外，既然共同信仰和共同习惯绝大多数都是从传统的力量里获得的，它们显然也越来越无法阻止个人的自由变化和发展了。

三

总之，在社会逐渐扩大、逐渐密集起来的时候，它也很难牢牢地控制个人了，也无法制止个人不断分化的倾向了。

我们只需对大小城市进行一番比较，就完全可以证实这种情况。在小城镇里，任何人要想脱离已经得到普遍认可的习俗，有时便会遇到非常大的阻力。如果有人胆敢公开表明渴望独立的立场，必然会受到公众的鞭挞，他就像那些勇敢的模仿者一样，时刻会受到群众的侮辱。相反在大城市里，个人很容易摆脱集体的束缚；这是一个不容否认的经验事实。之所以如此，是因为人们与公众舆论联系得越紧，就越容易受到它的监视。当所有人的注意力都集中在每个人的一举一动的时候，如果有人稍有一点儿闪失，就会引起人们的注意，并立即遭到制裁。相反，人们越是能够任意行事，就越容易摆脱这种监控。古语说得好：人海之中，最易藏身。群体的范围越大，越密集，集体的注意力就会越分散，越难以窥察到每个人的行踪，随着个人的数量不断增加，人们的精力就很难集中到一起。它如果同时要照顾许多方面，就无法专注于一人。由于它所要监视的人和事太多了，就难免会有些不大仔细。

其次，这种关注本身并没有什么很强的动机，如利益动机等。只有在某人的形象唤起了我们的回忆和感情的时候，我们才会愿意去了解他的行为举止。只有通过这种方式我们的意识被频繁和强烈地唤发出来的时候,我们才会产生更加热切的欲望。[22]反过来说,假如我们远远地目送着一个人渐渐离去,那么与之相关的任何事情都不会在我们的心里产生反应,我们对此会漠然置之。因此,我们既不想了解他的任何遭遇,也不想观察他的任何举动。由此看来,个人之间的联系越来越频繁,越来越密切,集体就越会表现出强烈的好奇心;反之,如果每个独立的个人与很多人发生了关系,那么这些关系就会越来越疏远,越来越简单。

这就是在大的人口中心人们反而觉得舆论压力比较小的缘故。正因为每个人的取向太多了,所以每个人的注意力都显得比较分散。再者说,人们相互之间也不甚了解。即使对邻居和同一家庭的各个成员而言,他们也不一定会很频繁、很规律地发生联系,反而时刻会被一些琐事和夹杂进来的外人分割开来。当然,在人口数量比较多,但又不太集中的情况下,生活便会分散在很广的范围里,每个地方就不再显得那么稠密了。一旦大城市被分为若干个小城镇,上述的几个特征在这里就不那么明显了。[23]然而,在聚居密度和人口数量互成正比的地方,个人之间的纽带不仅比较匮乏,而且比较脆弱。在这种情况下,我们很容易忽视其他人的存在,甚至那些与我们距离很近的人,我们根本没有什么兴趣去了解他们。这种相互冷漠的状况恰恰削弱了集体的监控能力,增加了个人在现实生活中的自由度,紧接着又逐渐把这种现实状况变成了法律。因此,共同意识要想留住自己的力量,就必须遏制反对它的力量。但是,

---

[22] 其实,外乡人或陌生人在小城镇里也会像当地人一样受到监视。但他只能算是个外人,他之所以引起了人们的注意,是因为他的形象与当地人是截然不同的。大城市的情况就不同了,他反倒成了常例,换言之,大城市里的每个人都是陌生人。
[23] 这里,还有一个尚待解决的问题。我相信,我们刚才提到的人口众多却很不密集的几个城市里,集体意见还是十分有力的。

当它的社会控制力量日渐削弱以后，侵犯它的行为却与日俱增，它根本奈何不得。这样一来，如果某些行为反反复复地不断出现，势必会触犯和削弱集体情感。当一种规范不再受人们尊重的时候，这种规范本身也不再是令人尊重的了，它的威严也就会荡然无存。当一种信条受到了重创的时候，它也就不再像从前那样明白无误了。而且，一旦我们享受到了自由，就越想得到这些自由。对我们来说，这种自由也会像其他自由那样显得必要而又神圣。我们一旦不再习惯于受人控制，就会觉得控制本身是令人无法容忍的事情。我们一旦获得了更大程度的自主权，就非得去享用这种权利不可。因此，当个人人格不再受外界因素控制，不再接受习俗的神圣地位以后，个人的僭权行为最终会被承认是正当的。

尽管上述事实在大城市里非常明显，但却不是大城市所专门具有的特征。这种特征在其他地方也会产生，而且要根据它的重要程度而定。随着环节社会的消失，中心城市得到了迅猛的发展，这是上述现象变得越来越普遍的根源所在。除此之外，随着社会道德密度的不断增加，它也像一座大城市一样，把所有人都围在了界墙之内。

事实上，如果不同地区的物质距离和道德距离逐渐消失了，那么它们之间的地位关系就与同一城市不同区域之间的关系非常相似。因此，在大城市里能够导致共同意识日趋衰落的原因，也会给整个社会带来同样的结果。只要各个环节还保留着自己的个性，还是老死不相往来，那么个人就会被限制在非常狭小的社会范围之中。那些难以逾越的障碍把我们同社会的其他部分割开了，没有什么东西可以使我们摆脱这种仅仅局限于邻里关系的生活，我们必须把所有精力都投入到这种生活中去。相反，到了各个环节都完全混同起来的时候，人们的视野扩大了——所有这些都是由于社会本身扩大了的缘故。从此以后，小城镇里的居民也不再把自己的生活局限在与其直接相关的小群体内，人口越是集中，他们与其他地方的联系就越多。一旦他可以频繁地外出远行，积极地同他人进行交往，在外地经营自己的业务，他的视线就会从身边的各种事物中间转移开来。他所关注的生活中心已经不再局限在生他养他的地方了，他对他的邻里也失去了兴趣，这些人在他的生活里只占了很小的比重。而且，小城镇对他的影响也越来越少了，他的生活已经超出了这个狭窄的范围，他的利益和情感也不再局限在这个范围里。正是由于这些原因，地方舆论的压力也不像以前那么沉重了，社会的普遍舆论也不会替它产生原来的作用，既然它无法严密地监视所有公民的行为举止，集体控制就不可避免地会松弛下来，共同意识也失去了它的权威，个人便逐渐产生了变化。总而言之，在社会控制非常严密、共同意识得以维持的情况下，社会一定会分割成许多非常小的部分，从而使它们完全遮蔽了个人存在。反之，在社会控制和共同意识日趋衰落的情况下，这些部分便会渐渐地消失掉。[24]

有人却会反驳说，既然有组织的惩罚对各种犯罪和违法行为都有规定，制裁机关对这些行为是不会袖手旁观的。不管城市是大是小，不管社会是密是疏，法官肯定会将各种罪犯绳之以法。所以人们总好像觉得，我们上文所说的那种衰败过程只是针对部分集体意识而言的，这部分集体意识只能产生一些比较分散的反作用，并且无法扩展到更大的范围里去。实际上，所谓的特殊部分是不太可能存在的，因为集体意识的这两个部分之间有着非常密切的联系，倘若一方受到了损害，另一方不能不受到影响。道德压制的行为和法

---

[24] 除了这一根本原因，还有大城市对小城镇、小城镇对农村地区传染般的影响。当然，这种影响只是一种次要因素，它只有在社会密度不断增加的情况下，才会起到重要的作用。

律惩罚的行为在本质上并没有什么不同；只是前者没有那么严重罢了。因此，如果某种行为显得不很重要了，那么与之相应的其他行为的重要程度同时也就被打乱了。它的严重性也或多或少地降低了，人们不再觉得它像以前那样可怕。如果我们已经感觉不到某些比较小的过失，那么那些比较大的过失也就变得不太严重了。当我们不再认为宗教仪式中的细微疏漏是一种非常严重的罪过的时候，那些诽谤和亵渎神圣的行为也不再像以前那样遭人忌恨了；当我们已经习惯于漠视那些自由结合的行为的时候，通奸也不再像以前那样遭人唾骂了。既然强烈的情感同脆弱的情感具有相同的类型和相同的目的，那么脆弱的情感也很难保全自己的力量。这样一来，这种混乱状态就渐渐地溜到整个共同意识里来了。

四

在上一卷里，我曾经指出机械团结是与环节社会类型的存在有联系的，现在我将对此作出解释。正因为这种特殊结构能够使社会把个人牢固地维系起来，使个人紧紧依附于家庭环境，继而依附于传统，所以结构不仅为社会范围划定了界限，而且也使这种界限变得更加具体和明确。[25] 因此，这些纯粹的机械原因把个人人格吸纳进了集体人格，假如个人人格有一天脱离了集体人格，其原因也莫过如此。毫无疑问，这种解放总归是有利的，或者至少说是可以利用的。它不仅能够使分工有可能会不断发展起来，而且使社会有机体普遍具有了更多的韧性和弹性。当然，这并不是因为它有用所以

---

[25] 这里所产生的第三种结果部分是由于上述结构具有一种环节性质。其主要原因在于，社会的容量增大了。但为什么随着社会密度的增加，社会容量也会普遍增大呢？这正是我们所要谈论的问题。

才会发生,而是因为它没有其他选择可言。它一经形成,就会发挥很大的效用,同时也巩固了自己的基础。

然而我们也可以提出这样一个问题:在组织社会里,社会器官本身是不是具有与环节相同的作用,合作精神和职业精神是不是可能会替代地方狭隘主义倾向,是不是还会对个人产生同样的压力。如果是这样的话,个人在变化过程中真的是一无所获了。这种怀疑是合理的,因为阶级气质就会导致这种结果,而且阶级本身就是一个社会器官。我们也知道,长期以来同业工会组织就一直制约着个人的变化和发展。关于这一点,我们在上文已经给出好些例子了。

因此,只有在每个器官功能事先已经具备了发达的规范系统的情况下,组织社会才能得以存在。在劳动分工的同时,应该制定好许多职业道德和法律规定。[26] 不过,这些规定还是可以使个人活动的范围不断扩大的。

首先,职业精神只能在职业生活里产生影响。在这个范围以外,个人可以享有更大程度的自由,有关于此我在上文已经说得很清楚了。社会阶级的活动范围就很广,只不过它还不能算是一个纯粹的器官。它只是一个环节所变成的一个器官,[27] 具有环节和器官的双重性质。与此同时,它还具备某些特殊的功能,能够在整个集团内部建构出一个迥然有别的社会来。它是一种"社会/器官",与我们在某些有机体里所看到的"个人/器官"是比较相似的。[28] 这样一来,同普通的法人团体相比,阶级本身就容易把所有个人包含在内了。

其次,既然这种规律只扎根于少数人的意识,不适用于整个社

---

[26] 参见本书第一卷,第五章,特别是第七章第175页以后。
[27] 参见本书第143—144页。
[28] 参见皮埃尔:《集群动物》,第764页。

会，那么它的普遍性就比较少，权威也很小。正因如此，它对变化也很少产生抵制作用，职业意义上的纯粹过失也不像其他过失那样严重了。

　　反过来说，能够减轻集体束缚的各种原因，在法人团体内部所产生的作用就像在法人团体外部所产生的作用一样，具有一种解放的意义。从某种意义上说，在环节器官相互混淆的时候，每个社会器官的体积反而会变得越来越大，因为原则上说，整个社会的容量也自然而然地变得更大了。这样，职业群体的共同习惯就变得更加普遍、更加抽象了，整个社会的共同习惯也是如此，进而为个人之间的分道扬镳提供了更多的余地。同样，新一代人比老一代人享有了更多的自主权，它大大削弱了职业传统，从而促使个人能够更加自由地进行变革。

　　因此，正因为职业规定的性质非常特殊，所以相对其他规定而言，它不仅不会阻碍个人自由的变化和发展，而且越来越不会阻碍这种变化和发展。

第四章

次要因素（续）
——遗传性

我在上文已经证明，只有社会因素才能导致分工的产生。但是，分工与各种有机条件以及心理条件也是有关系的。个人出生伊始，就已经具有了某些嗜好和禀赋，这使他具有某些别人不及的长处，并借此预先对分配工作产生了影响。人们普遍认为，在这种人类的自然差异里，我们甚至可以发现劳动分工的先决条件，换言之，劳动分工的主要依据就是根据每个人的能力来分配工作。[1] 如果我们能够明确指出这个因素所能起到的作用，倒是件很有意思的事情。这是因为，这种因素还是另一种阻碍个人变化的因素，阻碍分工发展的因素。

实际上，这些天生的禀赋都是祖先留传给我们的，它并不是针对个人的现实生活条件而言的，而是针对他们祖先的生活条件而言的。因此，它们把我们同种族结合起来，就像集体意识把我们同群体结合起来一样，而且，它们限制着我们的自由活动。我们自身的这部分禀赋是伸向过去的，伸向那个完全不属于我们的时代，它使我们偏离了我们所固有的利益范围，使在这个范围里的所有变化都受到了阻碍。它越发达，就越会限制我们的活动。种族和个人是两种截然相反的力量，它们总是朝着两个相反的方向变化。如果我们

---

[1] 穆勒：《政治经济学原理》（伦敦1852年版），第159页。

只是跟在祖先的后面亦步亦趋，我们就会像他们那样生活，而拒绝任何变化。如果某人从祖先那里继承了一种博大而又沉重的传统，那么他就很难改变自己。动物也不过如此，它们的进化速度是极其缓慢的。

进步在这个方面所遇到的障碍往往比共同信仰和共同习惯所产生的障碍还要难以超越。后者只是通过某种道德行为施加给个人的外部力量，而遗传倾向则是与生俱来的，它有自己的解剖学基础。在工作分配的过程中，如果遗传性的作用越大，那么这种分配就越是固定不变，分工的发展也越来越艰难，即使在这种发展有很多好处的情况下，也是如此。对有机体来说，也存在同样的情况。每个细胞的功能一开始就被确定了。斯宾塞认为：

> 对一只活着的动物来说……它的机体组织的发育，不仅在于由各个不同部分组成的单位各就其位，也在于它的后代必须留在原位。胆细胞在发生作用的时候，同时会不断长大并繁殖出许多新的胆细胞；当这些细胞开始解体和死亡的时候，新的细胞就会替代它们；这些从胆细胞中繁殖出来的细胞并不会移到肾脏、肌肉或神经中枢中去，并不能发生这些器官所特有的作用。[2]

正因如此，生理学意义上的劳动组织只能产生很少的、很有限的和很缓慢的变化。

所以说，许多事实都可以证明，原发性的遗传作用对社会功能的分配确实产生了很大的影响。

---

[2] 斯宾塞：《生物学原理》（伦敦1855年版）第2卷，第257—258页。

当然，就这一点而言，遗传性在最原始的人类那里并没有产生多大的作用。起初，并没有多少专门的功能是选择而成的，它们还没有被完整地构建出来。首领或首领们同他们领导的群众之间还没有多大的区别，他们的权力是暂时的和有限的，群体成员也是相互平等的。但是，当劳动分工明显产生以后，他们就获得了一种固定的形式，可以由遗传性传递下去了。种姓制度就是这样产生的。印度社会为我们提供了一种最完整的劳动组织形式，当然在别的地方也可以发现这种形式。在犹太人那里，只有司铎才与其他职务具有明显的区别，而这种职务就是通过严格的遗传制度而来的。罗马的情况也是如此，所有公共职能都是伴随着宗教职能来执行的，只有贵族才拥有这项特权。在亚述（Assyria）、波斯和埃及，社会也以同样的方式产生分化。种姓制度后来被社会阶级取代了，即使它们不再像以前那样闭关自守，但它们所依据的原则仍然是相同的。

当然，这种制度不仅仅是遗传事实所带来的结果，它还有很多其他的原因。**一般而言**，如果这种制度不能把每个人安置在他最适合的位置上，那么它就不会传播得如此普遍，也不会延续得如此持久。如果种姓制度是与个人愿望和社会利益完全相反的，那么任何权宜之计恐怕都维持不了它。就一般情况而言，如果个人生来不是为法律或习俗所指定的职能服务的，那么这种划分公民的传统原则早就被推翻了。事实上，这种失调状态一经产生，冲突也在所难免，这足以证实我们的上述论断。因此，这种非常坚固的社会框架只能呈现出当时固定不变的能力分配形式，而且这种固定性本身也只能在遗传法则所建构的行动中产生出来。我们在上文曾经说过，当时的教育完全是在家庭内部进行的，而且这种教育制度延续了很长的时间，这无疑进一步强化了遗传作用。然而，这并不是教育本身所带来的结果，因为教育活动只有在符合遗传法则的前提下，才能行之有效。简言之,遗传性只有在发挥有效的社会作用的时候,才能变成一种社会制度。实际上,古代民族都能深切体会到这些遗传作用。我们不仅可以在我们刚才所说的各种习俗以及与之相似的所有事物中发现遗传的痕迹,也可以直接在许多文献记录中发现这些痕迹。[3]这些普遍事实,绝对不可能是一种谬误和幻觉,也不可能是一些虚假的东西。利鲍[4]认为:"所有民族对遗传至少都有一种模模糊糊的信仰。这种信仰在原始时期要比在文明时期显得更加强烈。制度性的遗传就是从这种自然信仰中产生出来的。当然,各种社会原因和政治原因,甚至各种偏见都会在强化这种信仰的同时,使它不断得到发展,但如果有人说信仰纯粹是一种发明,那么这就是无稽之谈了。"[5]

不仅如此,职业遗传也是一种比较常见的规则,即使法律本身没有对此作出规定。希腊的医学最早是由几个家族开掘出来的。"阿斯克勒匹亚斯(Asclepiads)或者是埃斯克拉庇俄斯(Aesculapius)[6]的祭司们,自称是医神的后裔……希波克拉底是这个家族的第十七代传人。像占卜术、预言术这样的被希腊人尊崇的、受诸神庇护的神迹,通常都是父子相传的。"[7]赫尔曼(Hermann)指出:"在希腊,职业遗传只有在某些特定条件下才能受到法律规定,而且这些职业本身都是与宗教生活密切相关的,比如斯巴达的厨师和笛师就属于这类职业。但是与技艺有关的各种

---

[3] 利鲍:《遗传》(第二版),第360页。
[4] 利鲍(Ribot, Theodule Armand):1839—1916,法国心理学家。——译注
[5] 利鲍:《遗传》,第345页。
[6] 阿斯克勒匹亚斯(Asclepiads)和埃斯克拉庇俄斯(Aesculapius):分别指希腊和罗马的医神。——译注
[7] 利鲍:《遗传》,第365页。参见赫尔曼:《希腊文物》第4卷,第353页,注3。

职业都普遍受到了习俗的规定,这是我们在平常所无法相信的事情。"[8] 即使在今天,许多低级社会的职业也是按照种族来分配的。在绝大多数非洲部落里,铁匠与其他人都属于不同的种族。对于扫罗时期(Saul)[9]的犹太民族来说,情况也是如此:

> 在阿比西尼亚(Abyssinia)[10],所有工匠几乎都是外来种族,石匠都是犹太人,鞣皮匠和织布匠都是穆斯林人,军械匠和金匠都是希腊人和科普特人(Copts)[11]。在印度,许多种姓之间的差别实际上就是职业之间的差别,甚至在今天,这些差别还是与种族差别相应的。在所有人口混杂的国家里,同一家族的后裔往往从事某些特定的职业。因此在德国东部,几个世纪以来渔民都是斯拉夫人。[12]

这些事实证实了卢卡斯的见解。卢卡斯认为:"对以道德本性的遗传原则为基础的所有制度来说,职业遗传是它们的原始类型和基本形式。"

不过,我们也知道,这些社会的发展是极其缓慢、极其艰难的。几个世纪以来,劳动的组织形式还是老样子,人们从来没有想

---

[8] 赫尔曼:《希腊文物》第4卷,第395页,注2;第1章,第33页。与此相关的许多事实,特别参见柏拉图:《尤昔弗罗篇》,11C;《阿克拜德篇》,121A;《理想国》第4卷,421D;尤其是《普罗泰哥拉篇》,328A;普罗塔克:《讲学论辩诸篇》(Apopth. Lacon.),208B。
[9] 扫罗(Saul):基督教《圣经》中的人物,指以色列第一个国王。——译注
[10] 阿比西尼亚(Abyssinia):埃塞俄比亚的旧称。——译注
[11] 科普特人(Copt):七世纪伊斯兰教传入埃及后,古埃及人中仍然保持科普特教信仰者的后裔。——译注
[12] 施穆勒:《从历史的角度考察劳动分工》,载《政治经济学评论》(1888年),第590页。

到去改变它们。这里,"遗传向我们展现了它的两个比较常见的特征:保守性和稳定性"。[13]因此,要想劳动分工真正得到发展,人们就应该逐渐摆脱遗传的桎梏,彻底打碎种姓制度和阶级制度。其实,这些制度的渐渐消失,恰恰证实了解放的实现,这是因为,倘若遗传并没有失去凌驾在个人之上的力量,那么我们就很难理解这种制度是如何消亡的。如果统计学可以一直追溯到遥远的过去,尤其能够对此提供非常精确的数据,那么我们就很有可能推断出职业遗传逐渐衰落的趋势。我们可以确信,即使遗传曾经蕴涵着一种强烈的信仰,但今天它却被一种截然相反的信仰代替掉了。我们也倾向于认为,个人的存在大部分是由它的工作所赋予的,我们甚至很难搞清楚他与他的种族之间的联系,以及他依赖于种族的原因所在。这种观点至少是很普遍的,它使遗传心理学家怨声不断。奇怪的是,遗传只有在几乎完全脱离了信仰领域的情况下,才能进入到科学研究的领域。然而,这里并没有什么矛盾之处。因为共同意识最终认定,并不是不存在遗传性,而是它的重要性大大降低了,不仅如此,我们稍后将会看到,科学本身与这种观点之间也并没有什么矛盾之处。

然而最最重要的是,我们必须直截了当地证明这个事实,尤其是要说明它的根源所在。

一

首先,遗传性之所以在进化过程中逐渐失去了自己的力量,是因为当时有许多新的行为方式已经形成了,而且这些方式已经不再

---

[13] 利鲍:《遗传》,第360页。

受它的影响了。

　　能够证实遗传性的这种停滞状态的第一个论据就是：人类的许多主要种族都已经陷入了停滞状态。自从远古以来，就不曾产生过新种族。如果我们像科特勒法格（de Quatrefages）[14]那样，把源自于三个或四个基本类型的许多不同类型都说成种族，那么我们还必须补充一点：这些类型与它们的原初形态相距越远，它们就越缺少种族的特征。实际上，每个人都承认种族的特征就是遗传的相似性。因此，人类学家常常把体质特征当作区分种族的基础，因为体质是最具有遗传性的。然而，人类学类型限定得越清楚，我们就越难把它们确定为有机体所特有的功能，因为这些特征既不是很多，也不太明显。人们借助语言学、考古学和比较法学所确立的道德相似性虽然表现得非常明显，尽管我们没有理由认为它们就是遗传的结果。这些特征可以区分文明，却很难区分种族。随着历史的不断推进，人类在变化过程中所表现出来的遗传性越来越少，他们的种族特征也渐渐地消失了。人类已经没有能力去创建新的种族了，而动物却恰恰相反，它们的生命力还非常旺盛。如果这不是意味着，随着人类文化的发展，它越加能够迅速地摆脱这种传授作用的话，那又能意味什么呢？千百年来，原始的基础已经牢牢地固定在了最初的种族结构中，人类每时每刻都在这个基础上填加了许多新的内容，于是，他们与遗传作用本身离得越来越远了。如果文明发展的主流是这样的，那么构成这条主流的各个支脉——不仅是指它的功能作用，而且也指它的最终产物——就更是如此了。

　　以下事实就可以证实我们的上述推论。

　　心理事实的简单程度是衡量可传授性的标准，这已经是一个公

---

[14] 参见科特勒法格：《人类》。

认的真理。事实上，这些条件越复杂，它们也就越容易瓦解掉，因为这种更加复杂的状态更容易使它们陷入不稳定的平衡状态。这就像是一座很别致的建筑，尽管它的构造非常精巧，但轻微的晃动就可以破坏它的结构，使高楼大厦顷刻之间崩塌下来，暴露出它的地基。在完全陷于瘫痪状态的情况下，自我将会慢慢地瓦解掉，只剩下它的有机基础。一般来说，只有在疾病的困扰下，才会形成这种破坏作用。在授精过程中，我们也会看到类似的情形。其实，在繁殖过程中，严格的个别性质常常表现出一种相互削弱的倾向。这是因为，对父母双方而言，如果一方把自己的特性传授给了子女，那么另一方的传授过程就会受到损害。这样，双方之间就必然会产生冲突，最后不免两败俱伤。但是，如果人们的意识状态越复杂，他们的个性化色彩就越浓，越会把他们非常特殊的生活环境表现出来，比如说性别、气质等等。我们在基础的层次和比较浅的层次上所表现出来的相似性，往往要比更深层次的相似性多得多，换言之，只有从更深层次上看，我们之间才互有差别。即使这些差别在遗传过程中还没有完全消失，那么它也只能苟延残喘了。

  人的能力越特殊，也就越复杂。如果有人认为工作越明确，我们的活动就越简单，那就大错特错了。相反，只有当工作分散在许多对象上的时候，我们的活动才是简单的。既然它忽略了事物的个性和差异，只专注于事物的共性，那么它就会简化为几个非常普通的动作，适应于各种不同的环境。但是，如果我们想要适应各种个别的和特殊的对象，就要找到它们之间的细微差异，就只能把大量的意识状态组合起来，并通过每种意识状态与每个特殊事物的形象之间的相互呼应，而最终获得成功。一切安排妥当以后，这些系统就会很方便、很迅速地运作起来，然而系统本身还是很复杂的。我们不妨看看，印刷工人编排一张版面，数学家为了推算一条新定理而把一大堆散乱的定理组合起来,医生不仅能立刻看出肉眼所看不到的病症,而且能够预料到以后的病情,他们能够把各种观念、意象和习惯结合起来,真是令人叹为观止!如果我们把古代的哲人和贤人同今天的学者进行一番比较,就会发现:前者借助一种绝对的思想力量去解释整个世界,这是多么初级的机巧啊!而今天的学者要想解决一个特殊问题,就必须费尽心机地把各种观察和实验结合起来,还得阅读许多种语言的著作,与别人进行许多次的通信和讨论,等等。只有那些半吊子行家才会固守着原始的单一性,他的复杂性也纯粹是表面上的。他把自己的工作兴趣纠缠在所有事物里,好像有着数不清的不同嗜好和能力。这纯粹是一种幻想!如果你仔细揣摩一下事物本身,你就会发现,任何事物都可以简化为为数不多的几种普通的和简单的能力,而不失其原有的不定状态,所以它们为了抓住其他对象,很容易放弃它们原来所维系的对象。从外表上看,我们只觉得各种事件总是在持续不断,但它最终还是万变不离其宗。它们虽然在表面上显得五彩缤纷、绚丽多姿,但实际上却非常单调乏味。这些半吊子行家虽然可以更随意、更考究地发挥自己的才能,但他们从来没有想换个花样,用另一种方式把这些才能组织起来,铸造出一种更奇特、更精致的产品。他们并没有在自然恩赐的园地里培育出什么特别的和恒久的东西。

因此,这种能力越是特殊,就越加难以传授。即使它们可以顺利地从上一代传授给了下一代,也肯定会失掉不少实力和精艺。它们不再像以前那样锋芒毕露了,倒是变得更加温顺起来。正是由于它们具有不确定性,因而它们越来越容易受到家庭环境、财富和教育的影响而产生变化。总之,活动方式越是变得很特别,它们就越容易摆脱遗传作用的影响。

然而,人们还是能够引用一些事例,来说明有些职业能力似乎还是遗传而来的。加尔通所列的图表似乎可以说明,在特殊情况下,学者、诗人和音乐家是有世代相传的关系的。康多尔个人认为,学者的后代"往往还会继续从事学术职业"。[15]其实,这些观察并不能作为证据。当然,我们并没有坚持认为特殊能力的传授是绝对不可能的事情。我们只是在说,这个过程并不具有普遍意义,除非出现某种奇迹般的平衡状态,否则这种情况的确是不常见的。因此,我们没有必要引用那些曾经发生过或者似乎曾经发生过的,或者这样或者那样的特殊事实。然而,我们还是应该看看这些事实在所有学术职业中究竟占有多么大的比重。只有这样,我们才能够判断它们是否证明了遗传对社会职能的分配产生了非常大的影响。

尽管我们还没有确立这种比较方法,但康多尔提出的事实倒可以证明遗传对这些职业所产生的作用是十分有限的。康多尔的谱系研究表明,在巴黎研究院100位外籍院士之中,有14位是新教牧师的后裔,只有5位是内科医生、外科医生和药剂师的后裔。在1829年英国皇家学会的48位会员之中,有8位是牧师的儿子,只有4位从事着与他的父亲完全相同的(学术)工作。然而,

> 在不包括法国的国家里,它应该比新教牧师的总数多得多。实际上,如果我们分开来看,在新教人口中,从事内科医生、外科医生、药剂师以及兽医等职业的人数与牧师的总数大致是相等的。如果再加上法国以外的专门信仰天主教的教徒,那么医生的总数就大大超过了新教神父或牧师的总数。因此,在学术研究领域里,医学工作者所获得的研究成果以及他们平日所从事的职业工作,要比新教牧师所从事的研究工作多得

---

[15] 康多尔:《学者和学术史》(第二版),第293页。

多。如果科学上的成功只是遗传的结果,那么在我们列出的图表里,医生和药剂师的儿子应该比牧师的儿子更多。[16]

因此,我们根本无法确定学者的后代所从事的学术事业就是遗传的结果。要想证实这种遗传作用,仅仅说明父子之间具有同样的学术天分是不够的。只有当这些孩子的童年时代是在家庭以外的环境里度过的,是在与任何学术文化全然无关的环境里成长起来的时候,如果在这种环境里他们具备了这些能力,才可以证明遗传作用的影响。实际上,我们所看到的学者的后代,都是在家庭环境里成长起来的,他们所受到的智力训练和熏陶当然要比他们的父辈好得多。此外,父亲的谆谆教诲和以身作则也非常重要,他们总想像父亲那样,去阅读书籍、搜集资料,从事研究,甚至进行实验:所有这些都会给那些心胸宽阔、思想敏锐的孩子造成强烈的刺激。最后,他们在教育机构里不仅可以继续完善他们的研究工作,而且能够与那些品质高尚、可以造就的学生相互交流。这种新的环境所产生的影响恰好是对家庭环境的补充。当然,如果某些社会要求子从父业,那么我们就不能用外在环境的偶然因素来解释这种现象了,如果它们在任何情况下都能够与外在环境相互适应,这岂不成了奇迹了吗?从目前的情况来看,父子的职业继承绝对不是一种孤立的和例外的环境巧合。

加尔通本人曾经考察过的几位英国学者[17]都坚持认为,他们在童年时代就已经感觉到对自己日后所要从事的学术工作具有特殊的和天生的能力。但是,按照加尔通的说法,我们很难了解这些能力

---

[16] 康多尔:《学者和学术史》,第294页。
[17] 加尔通:《英国学者》(1874年版),第144页以后。

是与生俱来的,还是由青春冲动或者是外界影响所激发和导致出来的结果。而且,他们的偏好总是在发生变化,但他们对某类职业的主要兴趣却一直未变。在这种情况下,个人常常借助学科本身来区分自己,或者把自己不断产生的学术乐趣说成是一种先天的偏好。恰恰相反,那些在童年时代就已经具有某种特殊偏好的人们,从来就没有考虑过这类问题,也从来没有谈起过这类问题。我们看到,许许多多的孩子从小就喜欢捕捉蝴蝶、制作贝壳和昆虫标本,但他们长大以后并没有成为自然科学家。我也认识很多学者,他们在年轻的时候非常喜欢诗歌和戏剧,但后来他们却从事了完全不同的职业。[18]

加尔通的另一种考察也可以说明,社会环境往往会对能力的生成产生巨大的影响。如果我们把它归因于遗传作用,那么这种作用对各个国家应该产生同样的影响。在同一类型的所有民族里,学者产生学者的现象应该具有同样的比例。

然而,这里的事实却截然相反。在瑞士,两个世纪以来,以家庭形式出现的学者要比单独的学者多得多。但法国和意大利的情况却恰恰相反,每个家庭只出现一个学者的现象占绝大多数。然而对所有人来说,心理学规律都是适用的。在青年学者选择特殊职业的过程中,在家庭教育中,父亲的表率作用和指导作用要比遗传作用具有更大的影响。根据这一点,我们可以很容易解释为什么瑞士比许多其他国家更加受到了这种作用的影响。在瑞士的每个城市里,教育都要一直

---

[18] 康多尔:《学者和学术史》,第320页。

持续到十八岁到二十岁，学生常常同父亲共同住在家里。在上个世纪和本世纪上半叶，这种情况尤其在日内瓦和巴塞尔非常普遍，在这两个城市里，绝大多数的学者都是与家庭纽带紧紧联系在一起的。在其他地区，尤其是法国和意大利，孩子们常常是在家庭以外的学校里共同成长起来的，因此他们很少受到家庭的影响。[19]

所以说，我们没有理由认为"存在一种朝向某个特定目标的与生俱来的天性和冲动"。[20]我们至少可以说，即使存在这种天性，它也并不是一种规律。拜恩也说过："在学校里，大语言学家的儿子可能会发不出一个简单的音节，大旅行家的儿子在地理方面可能比矿工的儿子还要逊色。"[21]这并不是说遗传没有影响，而是说他所传授的只是极其普遍的天资，不是某种学科的特殊能力。孩子们从父母那里得到的只是某些方面的注意力，某种程度的忍耐力，或者是比较出色的判断力和想象力等等。但是，在这些天资当中，每一种天资都适用于各种不同的专业，而且可以保证他最终获得成功。比方说，某个孩子有着非常丰富的想象力，如果他很早就结识了艺术家，那么他将来就很有可能成为诗人或画家；如果他的生活是在工厂环境里度过的，那么他就有可能成为一名心灵手巧的工程师；如果命运把他安排在商业社会里，那么他也许有一天会成为一位有胆有识的金融家。无论何时何地，他都会很自然地把自己的天性、创造和想象的欲望以及勇于革新的热情发挥出来。当然，有许多职业足以使他把自己的才智发挥出来，使他的爱好得到满足。关于这个

---

[19] 康多尔：《学者和学术史》，第296页。
[20] 康多尔：《学者和学术史》，第299页。
[21] 拜恩：《情感与意志》，第53页。

问题，康多尔也直接进行了考察。他把父亲从祖父那里获得的有利于学术事业的各种品质逐一列举出来，如权力意志、秩序感、敏锐的判断力、注意力、对抽象形而上学的反感以及独立思考的能力，等等。当然，这是一份非常完美的遗产，但有了这份遗产，人们可以像康多尔所说的那样，同样成为行政官员、政治家、史学家、经济学家、大企业家或者是自然科学家。因此，在人们选择职业的过程中，环境本身明显起了非常大的作用，其实，我们从他儿子的身上也会看到这一点。[22] 也许，只有数学的思维能力和音乐的感受能力才是与生俱来的禀赋，是从父母那里直接继承下来的。如果我们回想起来，发现这两种禀赋是在人类历史早期产生的，那么我们就见怪不怪了。对人类来说，最初的艺术就是音乐，最初的科学就是数学。这两种能力要比想象当中普通得多、简单得多，所以它的可传授性是可以解释的。

此外，我们同样也可以谈谈另外一种天性，即犯罪。塔尔德说得不错，虽然各种不同的犯罪和违法行为都是有害的，但它们还与职业有关。它们所使用的技巧有时候是非常复杂的。诈骗犯、伪币制造犯和伪造犯都不得不比许多普通工人掌握更多的科学和技术。人们经常认为，普通的道德变态和特殊的犯罪形式都是遗传带来的结果。人们也往往相信，"天生的罪犯"约占罪犯总数的百分之四十以上。[23] 如果这个比例真的得到了证实，那么我们只能得出以下结论：遗传作用有时候能够对职业分工，甚至是专业分工产生很大的影响。

人们曾经试图采用两种不同的方法来证明这种观点。我们通常

---

[22] 康多尔:《学者和学术史》，第318页。
[23] 龙勃罗梭:《犯罪的人》，第669页。

只满足于举些例子，说明某些家庭有好几代人都有意作恶。但是除此之外，我们并不能说明在所有的犯罪天性里，遗传相对而言究竟占了多大的比重。即使我们做了大量的观察，也很难从经验中得到某些确凿的说明。即使小偷的儿子还是小偷，我们也很难说他的罪恶本身是他的父亲传授给他的。如果我们真的要这样解释事实，就得把遗传作用本身同环境作用和教育作用划分开来。如果某个孩子在有着良好教养的家庭里成长起来后，还是养成了偷盗的秉性，那么我们才有理由认为遗传确确实实产生了影响。然而，我们并不是很有系统地来实施这些观察的。有人说，被拖下水的家庭有时候是很多的，这种看法肯定不会遭到人们的反对。数量不足以说明问题。相反，不管家庭环境（也就是整个家庭）的范围有多大，它们已经完全可以解释这股犯罪潮流的原因了。

假如龙勃罗梭采用的方法能够达到预期的效果，那么就可以证明这种方法本身还是有道理的。龙勃罗梭并没有把各种特殊的案例逐一列举出来，而是从心理学和解剖学两种角度出发，确立了犯罪类型。这是因为，解剖学特征和心理学特征——尤其是前者——都是天生的，都是由遗传决定的。因此，我们只要确定了能够代表这种明确类型的罪犯比例，就可以很确切地测量遗传对这种特殊活动方式的影响了。

依照龙勃罗梭的说法，这个比例还是相当大的。不过，他所引用的数据只能在总体上说明普通犯罪类型的相对频率。因此，我们从中只能得出这样的结论：犯罪的行为取向总体上讲是遗传带来的结果。但是，我们无法借此推断出各种特殊的违法犯罪形式也是遗传带来的结果。而且，目前我们已经很清楚，所谓犯罪类型实际上并没有什么特别之处。在其他地方也有许多构成这种类型的迹象。我们只能看到，这些类型同某些精神变态类型和神经衰弱类型是比较相似的。[24]即使这个事实能够证明许多罪犯都患有神经衰弱症，但我们也无法断定神经衰弱就是犯罪行为的根源。至少可以说，许多神经衰弱的人都是安分守己的，甚至有些还是天才或伟人。

因此，如果说能力越特殊，就越是不可传授的，那么在劳动分工还比较少的时候，遗传在社会劳动组织中的地位就越发显得重要了。在低级社会里，各种职能都是很普通的，它们所需要的能力也同样是很普通的，而且非常容易代代相继下去。每个人出生伊始，就已经有了证明自己人格的一切要素；他通过自己获得的东西当然要比他先天得到的东西少得多。在中世纪，贵族要想恪守职责，并不需要具备什么特别复杂的知识和经验，但首先必须具备血缘赋予他的勇气。教士（Levite）和贵族（Brahmin）[25]要想尽到自己的职责，也不需要具备广博的知识——我们可以根据作品内容来衡量他们的学识——他们只需要一种可以使他们开阔思路的高明的智慧，以及能够与普通群众比较亲近的感情，当然，这些智慧和感情都是与生俱来的。同样，在埃斯克拉庇俄斯（Aesculapius）时代，要想做一名很好的医生，也并不需要太多的学识。人们只需要对观察和具体事物具有某些天生的嗜好，而且这些嗜好本身也是很容易传授的，因此，它们肯定就会永久地保留在某些家族里，医生的职业也就变成遗传的了。

在这些条件下，我们很容易解释遗传是怎样成为一种社会制度的。当然，种姓组织的产生不能完全归于心理因素。如果这种组织

---

〔24〕 参见费雷：《退化与犯罪》。
〔25〕 教士（Levite）和贵族（Brahmin）：Levite原指雅各布之子利未的后裔，负责协助管理圣所，见《圣经·民数记》，这里泛指教士阶层；Brahmin原指出身于新英格兰古老世家经常持有高傲保守之观念的上层人物，这里泛指高贵之士或贵族。——译注

在受到其他因素作用的同时，还能继续维持下来的话，就说明它恰好与个人嗜好和社会利益完全相应。既然职业能力是一个种族的素质，而不是一个人的素质，那么功能也自然会如此。既然功能分配总是千篇一律，那么法律对这种分配原则的规定显然也是大有裨益的。当个人很少修炼自己的精神和品格的时候，他在选择职业的过程中就没有什么多说的，即便他在很大程度上获得了自由，也不知如何是好。如果同样的普通能力能够适合于各种不同的职业，那确实是妙不可言的事情！但是，正因为没有几项工作能够成为专业工作，所以只有极少数的功能能够做到界限分明。因此，如果个人有许多种工作去做，就很难获得成功。这样一来，个人相互结合的余地就小得多了，直到最后，职业继承俨然像财产继承一样。在低级社会里，祖先遗留下来的遗产绝大多数都是地产，这几乎是每个家族的所有遗产。由于当时的经济功能的活力太少，个人也很难为这些遗产添加些什么。因而，占有财产的不是个人，而是家族，即以集体形式存在的实体，它不仅是由现有的所有家族成员组成的，而且是世代相传的。这就是家族财产不可转让的原因。家族单位里的任何临时代表都不能掠夺这些财产，因为这些财产不是他个人的。这些财产属于家族，就像所有职能都隶属于种姓制度一样。甚至在法律逐渐削弱了这个原始禁律以后，世袭财产的转让还是一种罪过。就像贵族眼里门第不当的婚姻一样，每个阶层都把财产转让当成罪过。它是对种族的一种背叛和损害。因此，法律一方面宽赦了这种罪过，另一方面又长期设置了各种障碍。后来，恢复财产权就是从这里来的。

随着社会规模的扩大和劳动的分化，这种情况不断发生了改变。各种职能渐渐分开了，同样的能力也可以适用于不同的职业了。譬如，就像士兵需要勇气一样，矿工、气球驾驶员、医生或者是工程师也都需要勇气。同样，善于观察的本事对小说家、戏剧家、化学家、自然科学家以及社会学家来说都是必不可少的。总而言之，个人的行为取向已经不再像以前那样由遗传作用来决定了。

事实上，只有个人分有的财产占有相当大的比重，遗传作用的相对重要性才会大大降低。为了能够利用遗产，人们往往在原有的遗产里添加了更多的财富。实际上，随着各种专门职能的不断产生，普通的能力已经显得很不够用了。这些能力还必须得到积极的发展，必须全盘接受各种观念、行为和习惯，并将其不断进行组合和整理，重新塑造自己的品性，重新赋予自己一种新形式和新面貌。如果我们把——从比较相似的地方着手——17世纪的"正人君子"同这个时代的学者比较一下，就会发现前者虽然常常显得胸襟开阔，但却空洞无物，而后者则拥有学科本身所需要的所有经验和知识；如果我们比较一下以前的贵族和现在的官员，也会觉得前者果敢坚定、气宇轩昂，后者却掌握着许多细致而又复杂的技艺。我们借此可以判断出，在原始基础上渐渐堆砌起来的各种组合，是多么重要且富于变化啊。

然而，正是由于这些精妙的组合太复杂了，所以它们就显得比较脆弱。它们处于不稳定的平衡状态之中，经受不起强烈的震荡。如果这种组合仅就父母双方而言是一致的，那么它们经过历代的动荡，也许会存活下来。然而，这种一致性完全是一种例外情况。首先，这些组合随着性别的不同而不同；其次，随着社会容量和社会密度的增加，它们可以在更加广阔的领域内，把各种具有不同气质的人们组合起来。所以，一旦我们这一代人离开了人世，原来那些繁荣兴旺的意识就渐渐消失了，我们只能把某些比较模糊的意识胚芽留给后人。于是，他们便开始重新培育这只幼芽，而且会在必要情况下，很容易改变它的生长方式。他们已经不再迫不得已地去照抄照搬父辈的模式了。但是，如果我们觉得每一代人都会另起炉灶，重新开始这几个世纪以来的工作，那么所有进步就都会变成不可能的，所以，这种想法纯属无稽之谈。如果过去不再通过血缘来传递，那么也不能因此就说它销声匿迹了：它还存在于文字记载、各种传统以及通过教育所养成的习惯里。但是，传统是一种比遗传脆弱得多的纽带；它不再明确地、严格地控制我们的行为和思想。而且，当社会本身越来越密集的时候，传统也变得越来越容易变通了。它为个人变化留下了很大的余地，而且，随着劳动分工的不断发展，这个余地变得越来越大。

总之，文明总是通过它所依赖的广泛基础固存在有机体中。它越是能够把自己提升起来，就越能够从这个有机体里逃逸出来：它越来越不像有机体了，而是变得越来越像社会。因此，它也不再以身体为中介永远存在下去，遗传作用本身也不再能够保证文明的持续性。遗传之所以丧失了自己的支配地位，并不是因为它不再是我们的自然规律，而是因为它已经不再能够为我们提供生存所需的各种武器了。因此，我们并不是无根无源的，我们赖以生活的物质资料是非常重要的，即使是那些附加的资料实际上也是很重要的。世袭财产仍旧留有很大的价值，只不过它在个人财富中的比例逐渐下降了。据此，我们可以解释遗传作用从社会制度里消失的原因，以及普通群众不再重视原始世袭资本的原因所在，其实，正因为附加资本远远超出了原来的资本，所以人们越来越觉得世袭资本不重要了。

二

不仅如此，遗传的组成部分不仅在相对价值上缩小了，而且在绝对价值上也缩小了。遗传对人类发展的作用之所以越来越显得微不足道，不仅是因为人们获得的越来越多的新鲜事物是不可传递的，而且因为能够传递的各种事物也越来越难以限制个人的变化了。这个假设可以通过以下事实来证明。

我们可以通过本能的数量和强度来衡量所有物种遗传作用的重要程度。也就是说，动物的等级越高，它的生活本能就会变得越来越弱，这已经是一个非常明显的事实。本能实际上是一种比较固定的行为方式，它的目标已经固定在比较狭窄的范围里。它使个人的行为千篇一律，只要具备了各种必要条件，这些行为就不断机械地重复着。换言之，行为本身已经固定在形式之中。当然，在极端情况下，本能是可以从这些行为中脱离出来的。但是，这种状态如果要稳定下来，还得经过漫长的发展时期，而且直到最后它肯定会被另一种本能，即被另一种同样在机械运作的本能替代掉。相反，动物越是属于更高级的物种，它的本能就越是随意。皮埃尔说过："它已经不再是在不知不觉中去形成各种不确定的行为组合的能力，而是一种根据不同环境而采取不同行为的能力。"[26]如果我们说遗传作用变得更普遍、更模糊了，不再具有绝对权威了，是因为这种作用的增长幅度越来越小了。动物已经摆脱了禁锢它们的牢笼，可以自由自在地得到任意发展。皮埃尔还说："随着动物的智能不断增加，遗传条件也在发生深刻的变化。"

————

[26] 皮埃尔：《动物生理学与解剖学》，第201页。参见罗曼尼斯：《动物的智慧》中的《序言》，第23页。

动物的情况如此，对人来说，这些遗传作用的退化则表现得更加明显。"凡是动物能够做到的事情，人也能做到，而且能够做得更多；只有人才会知道自己在做些什么和为什么去做。他对自身行动的单纯意识似乎可以使他从所有的本能中摆脱出来，而不再一定通过本能促使他去如此行动。"[27]与动物相比，要想说人类所失去的遗传活动，真是数也数不清。甚至那些还在起作用的本能，它们的力量也变得越来越小了，人类的意志很容易就能控制住它们。

但是，我们没有理由认为，这种退化过程是从低等动物到高等动物连续不断地展开的，到了人类那里就戛然而止了。难道自人类走进历史的那天起，所有本能就在他的身上统统消失了吗？但是，我们在今天为什么还能感受到本能的束缚呢？正像我们在上文所看到的那样，能够不断带来自由状态的持续原因真的会突然失去自己的力量吗？然而显而易见的是，它们是同那些能够使物种不断得到进化的原因相互混合在一起的，既然这种进化从来没有停止过，那么这些原因也不会消失。这种假设同所有类比都是不同的，它甚至与已经得到证实的各种事实也不相符合。实际上，我们已经证明了智力和本能是呈反比关系的。这里，我们不必考察这种关系的根源，只要了解它确实是存在的就够了。自诞生之日起，人类就从来没有停止过进化；因而，本能也必然经过了一个不断退化的过程。尽管我们目前还不能通过实际观察而得到的事实来证实这一前提，不过我们确实可以相信，随着人类的进化，遗传作用越来越失去了自身存在的基础。

另一个事实也可以证明这一点。有史以来，人类进化不仅没

---

[27] 居约：《英国伦理学》，第330页。

有产生新的种族，甚至古老的种族还在不断退化。事实上，种族总是由一定数量的个人组成的，这些人不仅属于同一种遗传类型，而且他们在很大程度上也是一致的，个人的变化往往被忽略掉。但更重要的是，这些变化不仅在不断增加，各种个人类型也不断呈现出来，从而对种族类型构成了威胁。由于种族类型赖以形成的各种特征分散在各个地方，便很容易同其他特征混淆起来，这些特征变化无穷，很难再组成一个相互类似、相互统一的整体了。这种分散状态和失散状态甚至在不太开化的民族那里就开始出现了。由于爱斯基摩人一直过着离群索居的生活，所以在这种极端特殊的条件下，他们似乎可以维持比较纯粹的种族特性。但是，"他们的变化范围竟然超出了个人的最高限度……在阿拉斯加的霍塔姆湾（HothamInlet），爱斯基摩人长得非常像黑人；在西伯利亚的斯帕斯法耶娃角（Spasfaryev Promontory），爱斯基摩人却很像犹太人（见席曼［Seeman］）。椭圆形的脸庞，再加上罗马人的鼻子，这样的长相并不少见（见金［King］）。他们的脸色有时比较黑，有时则比较白"。[28] 这些比较封闭的社会尚且如此，我们庞大的现代社会也肯定会发生这样的现象，而且非常明显。在中欧，我们可能会发现各种各样的头盖骨和脸形，人们的肤色也是如此。根据维尔和（Virchow）[29] 的观察，在德国各个社会阶层里所抽取的一千万个孩子当中，满头金发（这是日耳曼人的特征）的孩子在北部地区约占孩子总数的33%—43%，在中部地区约占25%—32%，在南部地区约占18%—24%。[30] 这些每况愈下的状况，使人类学家很难勾画出比较清楚的模式。

---

［28］ 托潘纳：《人类学》，第458页。
［29］ 维尔和（Virchow）：1821—1902，德国病理学家。——译注
［30］ 瓦格纳：《人的文化教育》，载《宇宙》（1886年），第27页。

加尔通最近的研究所证实的一些情况,使我们能够对遗传作用逐渐衰弱的原因做一些解释。[31]

加尔通所做的观察和统计似乎是很难被推翻的。根据他的说法,在任何特定的群体里,遗传作用完整而又恒定地带来的纯粹特征共同组成了一个平均类型。身材特别高大的父母所生的孩子,不再会有父母那样的高度,而是与中等身材非常接近。反过来说,如果父母的身材非常矮小,那么孩子长得肯定要更高一些。至少可以说,加尔通近似地测量出了这种现象的偏均差关系。如果我们同意把能够真正代表父母双方的复合平均说成是平均父母(这里,应该把母亲的性征加以转换,使其可以与父亲的性征相互比较,从而使这些性征既可以相互结合,又可以相互区分),那么儿子对这个固定标准的偏离,是父亲的三分之二。[32]

加尔通不仅提出了有关身高的规律,而且还提出了有关瞳孔颜色和艺术天赋等方面的规律。当然,他所关注的只是个人与平均类型相关的定量偏差,而不是定性偏差。不过,人们很难弄清楚这种规律为什么只适用于这个方面,而不适用于其他方面。如果这个规则意味着,遗传作用依据其可以被观察到的发展程度,将构成这种类型的各种特性传递下来,那么它能够传递的也只能是这些可以被观察到的特性。如果它对正常性质的反常程度而言是真实的,那么它对反常性质来说就更应该是真实的。这些性质只能通过一种逐渐弱化的形式代代相继下来,而且呈现出一种不断消亡的态势。

这个规律是不难解释的。一个孩子不仅会受到父母的遗传,

---

[31] 加尔通:《自然遗产》(伦敦1889年)。
[32] 加尔通:《自然遗产》,第101页。

而且还会受到祖先的遗传。毫无疑问，父母的影响总归是最强的，因为这些影响是最直接的。但是，所有先辈的影响也可以按照一个方向积累在孩子身上。幸亏有了这个积累过程，才及时抵消掉了各种偏离作用的影响，可以在某种程度上大大减轻和削弱父母的影响。这种**自然群体**的平均类型是与平均生活条件，即最普通的生活条件相应的。平均类型可以表现出个人适应平均环境的方式，即我们所说的大多数人生活其中的物质环境和社会环境。这些平均条件不仅在过去是很常见的，而且在今天也是最普通的条件。因此，它们也是我们绝大多数的祖先赖以生存的条件。尽管这些条件可以随着时间的变化而不断产生变化，但不管怎么说，这种变化都是极其缓慢的。平均类型可以存在很长时间，在过去每一代人那里，它都会连续不断、始终如一地往复出现，至少比较近的几代人那里，它有效地产生了这种影响。正因为平均类型具有这种连续不变的性质，所以它成了遗传作用的重心。构成这个类型的诸多特性都有很强的抵抗力，都可以通过最有力、最明确的方式传递下去。相反，偏离这个重心的那些特性常常陷于一种不稳定的状态，这种状态越是不稳定，它们的偏离幅度就越大。因此，这种偏离只能以不太完善的形式存在着，而且总是稍瞬即逝，延续不了太长的时间。

即便如此，这种解释已经与加尔通所提出的假设略有不同了，我们由此可以想到，要想使这个定理变得十分确切，是否需要再进行某些微小的修改。实际上，只有在平均生活还没有发生变化的时候，我们祖先的平均类型才不会与我们的类型相互混淆。但是，每两代人之间的细微变化都会成为平均类型的组成部分。加尔通所搜集的事实之所以好像能够证实他所设定的定理，是因为他往往通过某些很难变化的身体特征，如身高和瞳孔颜色来论证自己的说法。

但是，假如我们借用他的方法来观察其他某些特性，如身体和精神等方面的特性，我们在其中肯定会发现一些进化作用。因此确切地说，最可传递的特征并不是某代人平均类型的全部特征，而是世代相继的各种平均类型的平均特征。如果不这样修正，我们就不能说明群体的平均水平不断提高这个事实了。如果我们仔细推敲一下加尔通的前提，就会发现两代人之间即使有所差别，但它们的平均类型也是完全相同的，这样一来，所有社会恐怕都要回到同一水平线上去了。其实，这样的同一性并不构成一种规律；相反，像平均身高和瞳孔的平均颜色这样简单的生理特征，其变化速度是非常缓慢的。[33]事实上，如果环境始终产生某些变化，由此产生的身体上和心理上的修修补补，也会固定在不断进化的平均类型之中。因此，相比那些可以不断再生的要素而言，在进化过程中所形成的各种变化并不具有同样的可传递性。

平均类型是由各种个别类型合并而成的，表现了这些类型的共性。因此，不同个别类型在不断重复的过程中所具有的特征越容易趋于一致，构成平均类型的各种特征就越明确。如果这种一致性比较完整，我们在它们的整体里就会从头到尾发现其所有特征。反过来说，如果个人之间的差别越来越大，一致的地方越来越少，那么他们在平均类型里就只剩下了最普通的特征，而且每当他们的差别越大，这些特征就越普通。我们已经很清楚，个人之间的差异总是在不断地增加，换言之，构成平均类型的要素在不断地进行分化。因此，这种类型本身所包含的明确特征也在逐渐减少，社会越是分化，特征减少得就越多。平均人的外表变得越来越混浊、越来越模

---

[33] 参见阿莱：《有关遗传的最新研究》，载《哲学评论》（1890年4月号），第414页。

糊,他的面容也变得越来越难以辨认。最后,他逐渐变成了一种很难固定,也很难限定的抽象状态。反过来说,社会越是属于高等类型,它的进化速度就越快,正像我们所说过的那样,传统已经变得越来越灵活了,继而平均类型也在代代之间产生了变化。这样,由这些平均类型合并而成的双重组合类型也越来越抽象了,它甚至比每个类型都更加抽象,而且它本身也一天天地变得更加抽象。因此,既然这种类型的遗传作用构成了比较正常的遗传作用,那么按照皮埃尔的说法,正常遗传作用的条件也发生了深刻的变化。当然,我们并不是说,遗传作用所传递的各种特征在绝对意义上减少了。如果个人已经表现出了许多更加不同的特征,他们也就不再会以整体的方式把这些特征表现出来。不过,遗传所传递的变成了越来越不确定的前提,普通的感受方式和思想方式也发生了千变万化。它已经不再像以前那样,成为瞄准某个特定目标的纯粹机械活动,而是感觉到自己对未来捉摸不定。各种遗产尽管还是像以前那样丰富,但有些遗产已经是不可传递的了。构成这些遗产的绝大多数价值都是不可实现的,所有价值都要依据它们用途来定。

　　被继承下来的各种特性之所以表现出了更多的灵活性,并不仅仅是因为它们具有一种很不确定的状态,而且也因为它们在已经经历过的各种变化中发生了动摇。事实上,我们知道,一种类型经历的变化越多,它就越不稳定。科特勒法格认为:"有时候,连某些最细微的因素也会很快使有机体发生转变,换句话说,就是使其陷入不稳定状态。瑞士牛运到伦巴第(Lombardy)以后,经过了两代,就变成了伦巴第牛。勃艮第蜂原来长得比较小,身体呈褐色,但到了布雷斯(Bresse)地区以后,只要经过两代,就变得很大,身体变成了黄色。"因此,遗传作用常常为各种新的组合形式留出了余地。它所无法控制的事物不仅一天天地多起来,而且它所保证的这种持续变化的特征也越来越变得伸缩自如了。个人不再紧紧束缚于他的历史;他更容易适应最新出现的各种环境,分工的发展从而也变得更加便捷、更加迅速了。[34]

---

[34] 韦斯曼(Weismann)的理论是有凭有据的,它可以证实上述观点。尽管韦斯曼还无法证明个人的变化从根本上来说是无法遗传的,但他好像已经证明了遗传类型通常不是一种个人类型,而是一种世系类型的观点,从某种意义上讲,这种类型是由各种再生元素所构成的有机基础。而且,并不如人们有时候想象的那样,这种类型是不太容易受到个人变化的影响的。[参见韦斯曼:《遗传论》(法译本,1892年巴黎版),尤其是第三篇论文;参见鲍尔(W.P.Ball):《有用的影响和无用的影响会遗传吗?》(伦敦1890年版)。]这样,如果这种类型变得越来越不确定,越来越有弹性,那么个人因素的作用就越来越大了。

从另一个角度而言,这些理论也引起了我们的兴趣。在这本书里,有一个非常重要的结论,即社会现象产生的根源是社会因素,而不是心理因素。同样,集体类型也不是普遍化的个人类型,相反,个人类型是从集体类型中产生出来的。韦斯曼举出了另外一些事实,说明种族并不是个人的延续;即使从心理学和解剖学的角度出发,特殊的类型也根本不是个人类型,尽管个人类型一直存在着,但它有自己的进化轨迹。个人类型是从集体类型里产生的,它绝对不是集体类型的本原。韦斯曼的观点与我们的观点是比较接近的,他避免了把复杂性简化为单一性、把整体简化为部分、把社会或种族简化为个人的理论简单化倾向。

第五章

上文的结论

一

在上文里,我们对分工的社会功能已经了解得很多了。

就此而言,社会分工与生理分工是有本质区别的。在有机体中,每个细胞都有自己比较明确的职责,很少发生变化。在社会中,各种工作的分配形式却很容易发生变化。即使对某些刻板的组织结构来说,个人在其所指定的特定范围里也多少有些自由活动的余地。在古代罗马,平民可以自由地承担那些不为贵族所独占的职能。甚至在印度,分配给每个种姓的职务也都具有普遍的和充分的选择余地。[1] 在所有国家里,即使整个国家的心脏——首都被敌人攻陷了,社会生活也不会就此陷入停顿状态。不久以后,就会有另外一个城市担负起原来首都的那些复杂职能,其实,这个城市本来是毫无准备的。

分工越发展,它的灵活性和任意性就越大。同样一个人,既可以做一些最卑贱的工作,也可以做一些最重要的工作。这是一项原则,即所有公民可以平等地担任一切职务。倘若人们没有持之以恒地贯彻这项原则,那么它的影响就不会像今天这样普遍。另外,某

---

[1]《摩奴法典》第1卷,第87—91页。

些工人常常为了得到一种与原来职业差不多的职业，而丢掉原来的职业，这也是屡见不鲜的事实。只要学术活动还没有专业化，学者的研究范围就几乎横跨了整个科学领域，他如果放弃了自己的职业，也就等于放弃了学术本身。然而在今天，学者们完全可以先后从事不同的学术研究，譬如从化学转到生物学，从生理学转到心理学，从心理学转到社会学，等等。在经济社会里，这种可以先后不断适应各种不同工作形式的能力更是随处可见。正因为与这些职能相应的各种品味和需要是最容易变化的，所以商业领域和工业领域为了适应所有需求变化，不得不处于变动不居的状态之中。在此之前，稳定性几乎就是资本的一种自然状态，法律不允许它随随便便地发生变化，但今天的情况就不同了，通过任何形式的质变，它或者被用于这项业务，或者被抽取出来用于那项业务，历行时间之短，变化速度之快，我们几乎赶不上它。因此，工人们必须去追赶这种变化的脚步，承担不同形式的工作。

其实，上述特征完全可以通过形成社会分工的各种原因所具有的性质来解释。如果说所有细胞作用都是固定不变的，那是因为它们生来就如此。它们被束缚在由各种习惯构成的遗传系统里，这些习惯给它们的生活刻下了永远摆脱不掉的痕迹。这些细胞很难在很大程度上改变这些习惯，因为在它们的形成过程中，它们的本质已经受到了深刻的影响，结构已经预先决定了它们的生活。然而，我们已经看到，社会却有所不同。个人一开始就没有固定在某种职业上，他的天性并没有注定他只能从事唯一的工作，而不能从事其他工作，他从遗传作用那里只得到了某些非常普通的秉性，他可以非常灵活地按照不同的方式发展下去。

实际上，个人是通过利用这些方式来决定它们的。既然他必须把自己的能力投入到专门职能中，并使其沿着专业化方向发展，他就不得不集中训练他的职业直接需要的能力，同时使他的其他能力不断萎缩下去。这样，当他的大脑发育超出了一定限度，他就不得不把一部分体力和生殖力丧失掉。他如果过多地刺激了自己的分析能力和思考能力，就肯定会削弱自己的意志力和敏锐的感悟力，他要养成自己的观察习惯，就不得不丢掉自己的思辨修养。本质而言，他的这些能力越是得到强化，他的其他能力越是受到损害，这些能力就会越加局限在一种固定的形式中，逐渐变成这种形式的奴隶。它们常常会受到某些确定的运作惯例和运作方式的约束，而且这些惯例和方式的存在时间越长，就越难以变化。但是，专业化的趋势纯粹是个人努力的结果，它并不像长期存在的遗传作用那样具有一定的稳定性和严密性。既然这些惯例是在最近产生的，那么它还是比较灵活的。个人既可以卷进去，也可以走出来，他可以运用自己的才智去创建一种新的惯例。他甚至可以唤醒那些长期沉睡和僵化着的能力，使它们的活力焕发出来，把它们重新推到前台上去，尽管这种重新复苏的过程并不是很容易就能形成的。

起初，人们往往把这些事实看成是一种退化现象，是某种衰败状态的证据，或者至少说是在发展过程中尚未形成的一种暂时状态。其实，特别是在低等动物那里，整体的不同部分是很容易改变职能和相互替代的。相反，在社会组织变得非常完善的时候，它们倒很难逃离指派给它们的工作了。因此，有人就会提出这样的问题：将来是否会有一天，社会形态会变得更加稳定，每个器官和每个人都具有了某种明确的职能，不再会产生任何变化。孔德就似乎有过这个想法，[2] 而斯宾塞则对这一点坚信不疑。[3] 但是，这个结论

---

[2]　孔德：《实证哲学教程》第6卷，第505页。
[3]　斯宾塞：《社会学原理》第1卷，第508页。

显然有些草率，因为这种替代现象并不是简单生物所特有的，在最高等的生物那里，特别是在高等有机体的高等器官那里，我们也可以看到同样的现象。因此，

> 在大脑皮层的某些部分被切除以后，大脑会陷入一种极其混乱的状态，然而，经过了一段相当长的时间，这种状态会慢慢地消失掉。对于这种现象，我只能给予以下解释：那些被切除部分的功能已经被其他部分代替了。换言之，替代部分已经受到了训练，行使起了一种新的功能。……比如，在普通的传递关系中，某种元素只具有一些视觉功能，但是由于上述条件发生了变化，它便在肉体感受的过程中，或者是在神经运动分配的过程中，具有了触觉功能。而且我们不得不承认：如果神经中枢系统有能力把各种不同的现象传送到相同的元素中去，这种元素就有能力在其内部完成各种不同的功能。[4]

这样，运动神经就变成向心的，感觉神经则变成离心的了。[5] 依据冯特的说法，如果传送条件发生了变化，那么所有这些功能就会得到重新分配，"甚至在正常状态里，各种起伏和变化也会发生，它们必须以个人的变化发展为基础"。[6]

实际上，呆板僵化的专业化并不一定是高等状态的标志。专业化并非在所有环境里都是最好的，在器官里，那些常常不固守于同一角色的分配方法倒是具有更大的优势。毫无疑问，在环境

---

[4] 冯特：《生理心理学》（法译本）第1卷，第234页。
[5] 参见库恩（Khune）和伯特（Paul Bert）所做的实验，转引自冯特：《生理心理学》第1卷，第233页。
[6] 冯特：《生理心理学》第1卷，第239页。

本身固定不变的情况下，稳定性在很大程度上都是有效的。比如，单个有机体吸收养分的功能就是这种情形。对同样的有机类型来说，它们不会产生多大的变化。在这种明确而又固定的形式中，它们非但没有劣势，反而尽是优势。因此，珊瑚总是能够非常容易把内部组织和外部组织相互替换，尽管它不像高等动物那样拥有某些竞争手段，但高等动物也不可能或不完全拥有像它这样的替代作用。然而，当器官所依赖的各种环境不断产生变化的时候，情况就有所不同了。它要么改弦更张，要么死路一条。这种比较复杂的功能可以使动物适应比较复杂的环境。实际上，恰恰因为这种环境比较复杂，所以从根本上说它是很不稳定的。原来的平衡状态常常被打断，新的环境也不断会产生。要想适应新的环境，职能本身也要做好变化的准备。在各种环境中，最复杂的莫过于社会环境。社会的专门功能当然不像生物功能那样非常明确，而且，随着劳动分工的发展，它们的复杂性就越大，弹性也越大。尽管它们还局限在特定的界限之内，但这些界限毕竟在一步步地向后退缩。

在最后的分析中，这种不断增加的相对灵活性，验证了功能越来越脱离器官而独立存在的事实。实际上，如果功能紧紧维系在非常确定的结构上，那么它很容易陷入一种僵化状态，因为任何形式的安排都不可能比结构更稳定、更不易变化。结构不仅是一种特定的活动方式，而且也是这种方式所必须依赖的存在方式。结构不仅是分子所特有的运动形式，而且也是分子本身的分布形态，有了它，就不可能存在任何其他形式的分子运动。因此，如果说功能本身变得更加灵活的话，那是因为它与器官形式的联系不再那么密切了，两者之间的纽带也变得更加松弛了。

我们可以很清楚地看到，当各种社会职能变得越来越复杂的时候，这条纽带也会逐渐松弛下来。在低级社会里，任何工作都是普遍的和简单的，确定这些职能的不同范畴也是靠其形态特征来区分的；换句话说，器官之间可以自动地产生相互区别。就像每个种姓、每个等级都有自己的吃饭穿衣的习惯一样，这些生存方式之间的差别构成了生理差别：

> 我们曾经听说过，斐济人（Fijian）的"酋长强壮剽悍，仪表堂堂，而底层的群众由于工作辛苦、营养不足，常常显得瘦小枯干"。桑威奇群岛（Sandwich Islands）[7]的酋长"长得人高马大，他们的相貌自然也比普通人好得多，竟然有人把他们当成完全不同的种族"。埃利斯（Ellis）曾经证实了库克（Cook）的说法，认为塔希提人（Tahitian）的酋长几乎无一例外地"在身高、地位和境遇等方面都比农民更好"；埃里凯恩（Erikine）也曾经记载过，汤加人（Tangan）的情况也差不多如此。[8]

相反，在高等社会里，这种情况几乎销声匿迹了。许多事实表明，执行不同社会职能的人们在体态、相貌和体格等方面不再像以前那样具有很大的差别。甚至人们的气质也不是通过职业表现出来的。如果正如塔尔德所希望的那样，统计学和人体测量学能够精确地确定各种职业类型的构成特征，那么我们就很可能发现它们之间的差别不再像以前那样明显了，特别是在我们了解到各种职能不断分化的情况下，这样的特点就更突出了。

---

[7] 桑威奇群岛：美国夏威夷群岛的旧称。——译注
[8] 斯宾塞：《社会学原理》第2卷，第301页。

有一个事实可以证明这种假设：人们越来越不遵守职业习惯了。其实，尽管各种穿着方式可以把不同的职业表现出来，但这并不是它存在的唯一理由，因为它会随着社会功能的逐渐分化而消失。因此，它的变化也总是与不同的社会功能相互适应的。而且，如果在养成这种穿着习惯之前，不同阶级的人们在身体上还没有表现出明显的不同，我们就很难弄清楚他们是怎样通过这种方式进行相互区分的。因此，这种约定俗成的外部标志来源于对外在自然标志的模仿。穿着只是职业的标志，是人们在穿衣戴帽中表现出来的，它总是使人们显得千变万化，形态各异。换言之，它本身就是职业的扩展。更重要的是，还有一些其他方式也可以起到穿着所起的明显作用，譬如，把胡须蓄成某种特殊的样式，或者全部剃掉，把头发剃光，或者留得很长，等等。这些职业类型的特殊表征起初只是自然而然地产生和形成的，后来则变成了模仿或人工的形式。因此，不同的穿着首先代表着不同的身体形象，如果这些衣着逐渐消失了，那么它意味着人们这些身体形象的差别也在消失。如果分属于不同职业的成员觉得不再有必要通过明显的标志进行相互区分，那是因为这些区分已经不再符合现实情况了。但是，各种功能之间的差别还仍然在增加，而且越来越突显出来。这样，身体形象上的类型划分就被夷平了。不过，这并不意味着每个人的大脑都可以毫无差别地适合于任何功能，他们之间的功能差别尽管是有限的，但毕竟还是逐渐加大了。

这种功能的解放并不是一种粗俗的标志，它只能说明功能本身已经变得更加复杂了。如果说功能组织的各种构成要素很难形成协调一致的状态，使功能本身产生有效的作用，相反，它一直阻碍和限制着功能，这是因为，它们所构成的各种机制太复杂、太精细了。由此，我们可以提出这样一个问题：当这种复杂性超出了一定限度之后，功能本身是否可以在使器官产生饱和状态，再也无法吸纳功能的情况下，将这些要素一劳永逸地摆脱掉。实际上，自然主义者很早就已经证明，功能是独立于基质形式的。但是，在功能本身显得很普通、很简单的时候，它也很难长久地处于自由状态之中，因为器官很容易对它产生同化作用，同时把它束缚起来。不过，我们没有理由认为这种同化力量是不确定的。相反，任何事物都有个前提，到了一定程度以后，分子安排的简单性和功能安排的复杂性之间就会逐渐产生一道裂痕，两者之间的关系也会慢慢地松弛下来。当然，这并不是说功能可以独立于一切器官而存在，也不是说两者之间的联系是可有可无的，我们只是说这种联系已经不再那么直接了。

因此，人类的进步过程就是功能不断脱离器官的过程——但又不完全脱离开——和生活不断脱离物质的过程，换言之，就是在生活变得更加复杂的同时，逐渐使生活"精神化"，使生活变得更灵活、更自由。这是因为，只有"唯灵论"才能产生这样的感受，而这种感受正是高等生活的特征所在，它始终不肯把精神生活当成是大脑的分子构成所产生的简单结果。实际上，我们知道在大脑皮层的各个区域里，各种功能之间并没有多大的区别，即使在绝对情况下不是这种情况，那么在绝大多数情况下也差不多如此。只有这样，大脑功能到了最后才会形成恒久不变的特性。大脑比别的功能具有更多的弹性，而且它越是复杂，它的弹性就越大。因此，一个学者的大脑要比一个没有受过教育的大脑进化得多。各种社会功能之所以更明显地表现出了这种特性，并不是因为它们是前所未有的例外情况，而是因为它们是人性发展的更高阶段。

二

我们在确定分工发展之主要原因的同时，已经确定了构成文明的根本要素。

文明是社会容量和社会密度不断发生变化的必然结果。科学、艺术和经济活动的发展，是人类成长的必然结果。因为人类要想生存下去，就必须具备新的发展条件。只要个人之间的社会关系广泛地建立起来，他们要想维持他们的地位，就必须沿着专业化的道路发展，他们需要更加勤奋，不断把自己的能力激发出来。一旦这些活动得到了普遍发展，人们的文化水平就必然会得到提高。就此而言，文明并不是一种能够借助诱惑手段来牵制人们的目标，也不是人们事先隐约感到和渴望得到，并尽可能地采用各种手段去努力追求的某种财富。相反，它只是某种原因的结果，是某种现存状态的必然归宿。它不是历史发展所指向的，人类为了追求更加幸福美满的生活所努力接近的终极目标，因为幸福和道德并不一定随着生活密度的增加而增加。人类之所以要不断进步，只是因为他们必须进步，而决定这种进步速度的是人们相互之间形成的压力是大是小，或者是多是少。

我们并不是说文明是没有目的的，我们只是说进步的原因并不在于这个目的。它之所以要发展，是因为它除了发展以外，别无选择。文明一旦得以实现，我们通常就会发现，文明是有用的，或者至少说是可用的。文明总是同与它同时产生的需要相对应，因为需要与文明同出一源。当然，这只是事后的调整。我们甚至可以补充说，文明以此方式所带来的利益不是一种积极的致富过程，一种幸福的积累过程，而只是对自己所酿成的损失的补偿。这是因为，在社会生活普遍进入一种亢奋状态的时候，人们的神经系统会变得越来越紧张、越来越脆弱，它们的消耗迫切需要得到相应的补偿，需要更多样、更复杂的满足。从这里我们可以更清楚地看到，把文明当作分工的功能究竟有多么荒谬了。其实，文明只不过是分工的副产品而已。文明不能解释分工的存在和进步，因为它本身没有固有或绝对的价值；相反，只有在分工本身成为一种必然存在的时候，文明才有自身存在的理由。

如果我们注意到数量因素在有机体的发展史中具有非常重要的作用，就不会对我们的上述说法感到大惊小怪了。事实上，任何能够存活的生命都具有两个特征，即觅食和繁衍，当然后者本身就是前者的结果。因此，在同等条件下，有机体生活的强度是与人们的觅食活动成正比的，换句话说，是与有机体能够吸收的营养数量成正比的。在某些特定的情况下，比较简单的有机体相互结合起来，成为规模比较大的团体，从而使比较复杂的有机体不仅可能，而且必然会产生出来。由于动物的组成成分增加了，它们的相互关系也不同于以前了，于是，社会生活条件发生了变化，并且依次使分工和多样性产生出来，使生命活力得到了集中和加强。有机体的成长带来了动物学意义上的发展，社会发展也是遵循这条规律的，这是不足为怪的事情。

再者，即使我们不用类比的方法进行说明，这个因素的基本作用也是很容易得到解释的。所有社会生活都是由一系列事实构成的，这些事实来源于许多个人之间结成的持久而又积极的关系。因此，社会生活所构成单位之间的互动越多，它的强度越大，这种现象发生得就越频繁、越有力。但是，这种情况又是如何产生的呢？它与现有要素的各种性质有关吗？它与这些要素的活跃程度有关吗？我们在本章结尾将会看到，与其说个人决定了共同生活，还不如说个人是共同生活的产物。如果我们从每个人那里抽离了社会作用所形成的部分,那么实际上几乎剩下不了什么东西了,它们也很难产生比较大的变化。如果没有个人所依赖的多样化的社会条件,那么个人之间的差异也就无法解释了。因此,如果我们去寻找社会发展不均衡的原因,就不能只盯着个人能力的不均衡状态。但是,我们是否可以从这些关系存在时间的长短中去寻找原因呢?时间本身是不能说明任何问题的。当然,潜在力量的出现必须以时间为前提。因此,除了结成关系的个人数量以及精神和肉体上的近似性,即社会容量和社会密度以外,就不用考虑其他变项了。个人的数量越多,联系越紧密,他们之间的相互作用就会越强烈、越迅速,继而社会生活本身也变得越来越强烈了。正是这种强化作用构成了文明。[9]

但是,尽管文明是某些必然因素的结果,它也可以成为一个目的,成为人们所追求的对象——简言之,就是一种理想。实际上,在任何历史时代里,在社会单位具有某些特定的数量和分配方式的情况下,集体生活的强度都是比较正常的。如果所有事物都按部就班地进行着,那么这种状态也就自然而然地产生了。然而,这

---

[9] 这里,我们用不着去追究这样的问题:社会容量和社会密度的增加是否是决定分工进步和文明进步的最终事实。其实,这个问题是自明的;同样,我们也没有必要去设问:它究竟是各种原因的必然产物,还是人们为追求某一目的,即隐隐约约感觉到的更大幸福的过程中,所想象出来的手段。我想,我们只要设定一种社会世界的万有引力定律就足够了,我们没有必要去瞻前顾后。任何时候,在根本上都不存在一种目的论的解释。社会各个不同部分之间打破壁垒、相互沟通的事实,不仅是事物本性所导致的结果,也是自然损耗所导致的结果,后者可以借助暴力作用来加强其作用效果。一旦人口流动的数量越多、速度越快,人口迁移的路线也越容易被开拓出来,交通网也形成了。在这些路线的交叉点上,所有社会运动都变得更加活跃,这就是我们所说的城镇。这样一来,社会的密度也增加了。同样,社会容量的增加,也可以归结为上述原因。将各个民族隔离开来的障碍,非常类似于将同一社会隔离开来的蜂房结构,同理,这些障碍也以同样的方式消失了。

并不意味着任何人都可以依照这种正常形式行事。健康是一种自然状态，疾病也是一种自然状态。无论在社会里，还是在单个有机体里，健康都是一种纯粹的理想类型，都不能得到完全实现。每个健康的个人也或多或少地表现出了这种类型的某些特点，但任何人都不可能具备所有这些特点。因此，尽可能地使社会步入日臻完善之境，正是我们不懈追求的目标。

而且，我们通向这个目标的道路是可以缩短的。如果我们不让这些因素随随便便地产生作用，而是依据推动这些因素的力量，借助自己的反思去介入和引导它们，就会省去好些辛苦。个人的发展总归不能经历人类所经历的所有阶段，只能以缩略的形式来重复人类的发展。其中，有些阶段被省略掉了，有些阶段很快地过去了，因为人类经历过的所有经验都会使个人很快获得自己的经验。然而，人类的反思也会达到同样的效果，因为人类要想很容易地获得未来的经验，就必须经常利用自己过去的经验。再者，反思并不仅仅是理解目的和手段的科学知识。就现有的阶段而言，社会学不可能有效地引导我们去解决这些现实问题。但是，在学者们所提出的明确观念以外，还有某些比较隐晦的其他观念是与这种倾向有关的。因为我们在激发自己意志的过程中，并不需要对此进行科学的说明。某些不太明确的尝试和失误足以使人们发现自己的欠缺之处，唤起人们的期望，同时使他们感受到自己努力的方向。

因此，机械论意义上的社会概念并不排斥理想；如果说这个概念把人类看作是对自己历史麻木不仁的看客，那可就错怪了它。实际上，如果我们所期盼的结果没有事先被表现出来，那么什么才能算是理想呢？换言之，这个结果如果不求助于上述方式，它是很难得到实现的。如果说任何事物都遵循着一定的规律，那么也不意味着我们无事可做。也许上述目标是可以被忽略的，因为它的目的只在于帮助我们生活在健康状态之中。但这种说法本身却忽略了一个问题：对受过教育的人来说，健康状态不仅是指满足人类的最高需要，而且也指满足人类的其他需要，这些需要都是人类根深蒂固的本性。当然，这种理想只不过是一种眼前的理想，因为我们的视野并不是没有边界的。在任何情况下，这种理想都不可能毫无限制地确立各种社会力量，它只能使这些力量在特定的社会环境所划定的界限内得到发展。任何对特定环境的超越既是有害的，也是不充分的。难道我们还能提出某些其他理想吗？如果我们在现有环境所要求的文明之外力求实现一种更高的文明，就等于想要在我们所属的社会里引发一场疾病。这是因为，如果我们越过了社会有机体的固有状态以外，而亟欲把集体活力激发出来的话，就会损害我们的健康。事实上，每当文明发展到了一定的程度，就会伴随着焦躁不安的状态，表现出一种不健康的特征。但是，这种病态并不是我们所希望的。

如果说理想始终被确定了，那么它从来就不是确定的。既然人类的进步是社会环境的种种变化所带来的结果，那么我们就没有理由认为它有一个终点。如果它在某个特定时刻停下了脚步，那么社会环境也会陷于固定不变的状态。但是，这种假设并不符合最合理的归纳方法。只要社会还存在着差别，每个社会单位就必然会发生变化。即使我们假定出生人数始终保持在一个比较稳定的水平，那么在武力征服或缓慢平静的人口渗透的情况下，国家之间也常常会产生人口流动。实际上，强大的民族总会想着要把弱小的民族吞噬掉，就像比较密集的人口总要流向比较稀疏的国家一样。这是社会平衡的机械规律，它同液体平衡规律一样是一种必然规律。否则，所有人类社会都只会有同样的活力和密度——这是不可想象的，因为他们的栖居之地本来就是不同的。

假如整个人类共同组成了唯一而又同一的社会，那么所有变化的源泉就会枯竭了。我们不仅不知道这样的理想是否可以实现，而且，如果社会单位之间的关系拒绝任何变化，那么巨大的社会就会陷入停滞不前的状态。它们被千篇一律地分派下去，整个团体，甚至每个组成这个团体的初级团体，都会被局限在同样的维度里。但是，这种一致性是不可能产生的，因为所有次级群体都分别属于不同的领域，具有不同的活力。人口也不可能在所有情况下都通过同一种方式集中起来。毫无疑问，对生活最紧张、规模最大的城市中心来说，它对其他地区的吸引力与它的重要程度总是相辅相成的。由此而形成的移民过程不仅会使社会单位更加集中在某些特定地区，而且会由源发地区向其他地区逐渐扩散开来，从而形成进一步的发展。不仅如此，这些变化还会把其他变化带进交通运输网中，继而又带来了新一轮的变化，我们真的无法预言这种变化何时会停止下来。实际上，在社会不断发展的过程中，它们不仅不会陷入停滞状态，反倒会变得更加灵活易变，游刃有余。

斯宾塞之所以会认为社会进化总有一个无法逾越的界限，[10]是因为按照他的说法，人类的进步只有一个缘由，即个人对他周围环境的适应。这位哲学家认为，人类的完善在于个人生命的增长，在于他的生理条件与有机体之间完满的和谐状态。社会只是一种达成这种和谐状态的手段，而不是一种作为特殊和谐状态的目的。个人在这个世界上并不是孤立的，他时刻处在竞争者的包围之中，在生存方式上与这些人争执不休，但是，他只有在自己和同类之间建立联系，才能获得各种利益，这种联系非但不会阻碍他，反而会为他提供很多帮助。这样，社会就产生了，社会的所有进步都在于使

---

[10] 斯宾塞：《第一原理》（伦敦1862年版），第465—471页。

这些关系不断得到改善，使它们尽可能实现人类所期望的结果。因此，尽管斯宾塞坚持使用生物学的类比方法，但他并没有把社会看成是一个真正的实体，即借助某些特有的和必然的因素而形成的自成一体的存在，他也没有认为社会把它特有的属性强加给了人们，让人们在谋求生存的过程中被迫去适应这些属性，就像他们必须要适应物质环境一样。对斯宾塞而言，社会是一种人类创建的安排，是人类拓展生活跨度和生活空间的方式。[11] 人类生活完全是建立在协作基础上的，不管是积极的协作还是消极的协作，其目的就是使个人能够适应他的物质环境。在这个意义上，它实际上就是适应作用的辅助条件。由于社会的组织形式不同，它既可以使人们接近于完善的平衡状态，又可以使人们脱离这种状态。但是，它本身并不能构成决定这种平衡性质的因素。再者，既然整个环境经常保持着一种相对的持久性，变化本身要么是长久的，要么是短暂的，那么以我们与环境相互适应为目的的发展就需要在一定范围内受到限制。总归会有那么一天，与内在关系相应的外在关系会寿终正寝，社会的进步也会陷入停滞不前的局面，因为它已经达到了它所一直追求的目标，而这一目标正是它存在的理由：它已经自得其满。

　　然而，在这些条件下，个人自身的进步却很难得到解释了。

　　事实上，为什么进步的目标要与物质环境获得更完满的和谐呢？是为了获得更多的幸福吗？有关这一点，我的立场已经很清楚了。我们不能仅仅通过这种和谐状态变得愈加复杂这一事实，就认为它比其他状态更加完满。我们说有机体具有一种平衡状态，并不是因为它与所有外在力量是相互适应的，而是因为它与对它能够产生一定作用的外在力量是相互适应的。如果某些力量没有产生作

---

〔11〕斯宾塞：出处不明。

用，那么对有机体来说，它们就是不存在的，也用不着去适应这些力量。无论它们在物质上如何接近，这些力量都存在于它所适应的范围之外，因为有机体本来就不在这些力量的作用范围之内。由此看来，如果对象本身是简单的和同质的，那么只有很少的外在环境会引起它的注意，它完全有能力应付这一切，换言之，它只要付出比较小的代价，就能实现比较完善的平衡状态。反之，如果对象本身是很复杂的，那么它的适应条件就会变得非常烦琐和复杂，但适应本身却不会因此而变得更加完善。以前，人类的神经系统是比较粗糙的，根本感受不到许多刺激在我们身上所产生的影响，为了适应这种情况，我们不得不谋求更大程度的发展。但是，这种发展的结果，即我们后来所具备的适应能力，并不比在别的情况下更完善。之所以会出现不同的情况，仅仅是因为互相适应的有机体相互之间也产生了差别。野蛮人的皮肤对温度的变化并不十分敏感，而文明人则是靠衣着来保护身体的，两者对环境的适应并没有多大的差别。

因此，如果人类所依赖的环境没有什么变化，那么我们就看不出为什么他们需要变化。社会并不是人类进化的次要条件，相反，它是人类进化的决定因素。社会是一个实在，它不是从我们的手中锻造出来的，而是一个外部世界，我们要想生存下去就必须屈尊于它。正是因为社会在变化，所以我们也必须变化。如果我们停步不前，就必须要求某个时期的社会环境也不再发生变化，但是，我们在上文已经指出，这种假设违背了所有的科学前提。

进步机械论不仅剥夺不了我们的理想，同时也使我们产生了不能没有理想的信念。正因为理想是以社会环境为基础的，而社会环境又是在不断变化的，所以理想时常处于变动不居的状态中。我们没有理由担心我们会永远受到限制，我们只能因循守旧，我们已经不再有发展的余地。尽管我们所追求的目标总是有限的和确定的，但是在我们所能达到的极限和我们所追求的目的之间，还经常有一片广阔的天地等待我们去努力。

三

在社会变化的同时，个人也在发生着转变，因为社会单位的数量和相互之间的关系已经产生变化了。

首先，个人逐渐摆脱了有机体的支配力量。对动物来说，它们几乎不可避免地受到了物质环境的约束；它们的生物学构成已经预先决定了它们的生存境遇。相比而言，人类则受到了社会因素的支配。当然，动物也可以形成社会，但是由于动物社会是非常有限的，它的集体生活也就显得十分简单。这种生活是固定不变的，因为这种小社会的平衡状态必须是固定不变的。基于以上两点原因，集体生活便很容易根植在有机体里：它不仅在这里扎下了根，而且把自身完全融入其中，失去了所有的特点。它的功能完全建立在本能系统和反射系统的基础上，而它们与有机生命赖以发生作用的那些本能也没有什么本质差别。当然，这些本能也具有一个非常独特的特征：它促使个人去适应社会环境而不是物质环境，而且这些原因是在共同生活里偶然产生的。但是在性质上，它们与某些其他本能也没有多大的差别，这些本能不经过预先训练就可以在一定情况下形成行走或飞行所必需的一些基本动作。对人类来说，情况就完全不同了，他们所形成的社会范围很大；即使是那些范围最小的社会也要比绝大多数的动物社会大出许多。人类社会不仅非常复杂，而且也很容易发生变化，这两个因素结合起来，便使人类社会不再拘泥于生物学形式了。即使最简单的人类社会，也有着自己的个性。人们之间经常具有共同的信仰和规则，而所有这些并不是他们与生俱来的。而且，随着社会元素和社会密度的增加，这些特征会变得越来越明显。相互结合的人数越多，人们之间就越容易产生相互作用，而这些相互作用的结果势必会超出有机体的范围。这样一来，虽说人类受到了固有原因的支配，但是这些原因在人性构成中所占的相对份额却显得越来越重要了。

我们还要补充一点：这个因素的影响不仅在相对意义上增加了，而且在绝对意义上也增加了。同样的原因既可以使集体环境变得更加重要，也可以通过这种方式打乱有机体环境，使它逐渐受到社会因素的作用，并服从于这些因素。这是因为，当越来越多的个人生活在一起的时候，共同生活就会变得更加丰富多彩。然而，要想产生这些变化，有机体类型就不能过于明确，只有这样它才能变得更加多样化。实际上，由遗传作用带来的各种取向和能力已经变得更普通、更不确定了，我们很难再把它们看成是各种本能形式。这个现象与我们在进化初期所看到的现象是完全相反的。动物在有机体同化社会事实的过程中剥夺了自己的特质，把这些事实转化成了生物学事实。社会生活体现出了物质形式。人类却有所不同，特别是在高级社会里，社会因素逐渐替代了有机体因素，即有机体体现出了"精神"形式。

只要这个基础发生了变化，个人也就跟着会发生转变。能够把社会因素的特殊作用激发出来的活力并没有固守在有机体内，相反，一种崭新的内在生活却添加在了身体之上。这种生活越是变得复杂和自由，器官本身也就会变得越来越独立，于是，在它不断进步和不断巩固的过程中，越来越鲜明地展现出了与众不同的特征。这里，我们看到了精神生活的本质特征。当然，尽管我们不能说，精神生活只有在社会形成以后才会产生出来，但我们至少可以说，只有在社会不断发展的情况下，精神生活的范围才能逐步扩大。因此，人们往往会注意到，意识的进步与本能的进步是呈反比关系的。无论如何，两者都很难彼此通融。本能是无数代人经验积累的产物，它具有强大的抗拒力，决不会因为变成了意识就统统消失掉了。其实，意识已经侵入了本能再也无法安身立命的地盘，但它本身并没有使本能产生退化。意识只是填充了不归本能所有的空间而已。再者，随着普遍生活的扩展，本能之所以呈现出了衰败的态势，是因为社会因素起了越来越重要的作用。因此，人类与动物的最大差别就在于人类的精神生活更加发达，即人类的社会性更强。要想搞清楚为什么人类产生伊始，他们的精神功能就已经达到了动物所无法比拟的非常完善的程度，我们首先就要了解人类为什么不去过一种孤孤单单的生活，或者局限在一个小圈子里面，而是形成了一个范围很大的社会。按照经典的说法，人是一种理智的动物，但他之所以如此，是因为他是一种社会动物，或者至少说比动物更加具有社会性。[12]

不仅如此，只要社会还没有形成一定的规模，还没有集中到一定的程度，那么精神生活的发展乃是所有群体成员所共有的，也就是说，每个人的精神都是完全相同的。但是，随着社会的不断扩大，人口的不断集中，各种崭新的精神生活就开始出现了。以前，个人之间的差异还淹没在社会相似的汪洋大海之中，后来，这些差异开始慢慢地出现、形成和增加起来了。许多事物由于不对集体产生影响，常常被排斥在个人意识之外，现在它们却变成了意识的对象。以前，个人行为除了受到物质需要的决定以外，相互之间常常

---

[12] 根据科特勒法格的定义，使人成为宗教动物的原因，只是我们上述定义的一种特殊情形，因为人的宗教性明显是社会性带来的结果。参见本书第130页以后。

产生牵制作用，而今天，每个人都成了活力自发源泉。个人的人格已经形成了，人们开始有了自我意识。然而，个人精神生活的发展并没有削弱社会的精神生活，只是使这种生活发生了转变。社会变得更自由、更博大了，既然它的基础已经变成了个人意识，那么随着个人意识的发展，社会也会变得越来越复杂，越来越灵活。

因此，人与动物相互区别的真正原因就是人类能够强迫自己去超越自己。野蛮人与文明人之间的差别之所以会越来越大，也并没有什么其他原因。在原始时期，人类的感觉是混乱一团的，直到后来，人类才渐渐产生了观念。如果人类学会去设定某些概念和法则，他们的心灵就会在时间和空间上进一步得到扩展。如果他们不再满足于过去，他们就会将精力越来越多地投注在未来之中，由于社会环境在不断发生变化，他们原来的那些简单而又匮乏的情感和偏好，如今已经变得越来越丰富、越来越多样化了。实际上，这些变化并没有什么其他来源，它是与环境的变化同步而行的。人类只依赖三种环境：有机体环境、外部世界环境以及社会环境。如果我们不算遗传组合所带来的偶然变化——它在人类进步的过程中并没有起到多大的作用——那么有机体不会自然而然地发生变化的，它肯定受到了某些外界环境的制约。对物质世界来说，有史以来它并没有发生过多大变化，如果我们不算社会所带来的革新因素的话。[13]因此，只有社会的变化才能够解释同时产生的个人本性的变化。

所以我敢断言，心理生理学领域里的任何进步都只能代表心理学的一小部分，因为有许多心理现象都是与有机体原因无关的。这就是唯灵论哲学家的观点，他们对科学的最大贡献就在于：向所有

---

[13] 例如土壤和河流通过农民和工程师的双手所产生的变化等。

把精神生命仅仅还原成肉体生命之繁盛时期的学说开战。这些哲学家很清楚，精神生命的最高表现往往是自由的和复杂的，它绝不仅仅是肉体生命的延续。不过，即使精神生命部分地独立于有机体，我们也不能因此就说它与任何自然因素无关，或者独立于自然界以外。如果所有事实不能在物质构成的过程中得到解释，那么它就应该在社会环境的各种特征里得到解释。从上文来看，我们至少可以说这个假说是非常有道理的。社会领域与有机体领域一样，都是自然的。因此，大量的意识及其基础是生理心理学所无法解释的，但是我们也不能因此推断说它可以自臻其境、独立发展，可以不需要科学的考察。其实，它是以一种被称作社会心理学的实证科学为基础的。实际上，构成这一学科主题的现象具有某些比较混杂的性质。它们的主要征候与其他心理学事实基本相同，前者只不过是从社会因素中产生出来的罢了。

所以说，我们不能像斯宾塞那样，认为社会生活仅仅是个人本性所带来的结果，相反，后者恰恰是前者的结果。社会事实不仅仅是心理事实的发展，实际上，绝大部分的心理事实是社会事实在个人意识里的延伸。这个前提是非常重要的，因为相反的结论时刻会使社会学家把因果关系前后颠倒过来。例如，我们在家族组织中经常会看到内在于每个意识里的人类情感合乎逻辑和必然地展现出来，然而，这种情况与真正的事实秩序恰恰是相反的。相反的情况才是真实的：亲属关系的社会组织相应地决定了父母和子女之间的情感。假如社会结构是不同的，那么这些情感也完全有可能是不同的。之所以这样说，是因为在许多社会里根本不存在什么父母之爱。[14]有关这类误解，我们还可以举出好些例子。[15]显然，个人意识在社会生活里是无处不在的，但是这些意识里的一切都是从社会中来的。在离群索居的情况下，人们现有的绝大多数意识都不会产生，在人们以不同的形式结合起来的时候，他们会具有一种截然不同的意识状态。一般而言，意识并非来源于人们的心理特性，而是依据人数多寡和远近程度，从人们相互结合、相互作用的方式中产生出来的。它是群体生活的产物，只有群体性质才能解释这种意识状态。如果个人的构成形式与群体性质是不相适应的，那么意识就很难自然而然地产生出来。当然，这种构成形式只不过是一种不太重要的条件，并不是决定因素。斯宾塞[16]有时候把社会学家的工作与数学家的计算相比较，认为他们可以推算若干球体通过何种方式结合才能保持一种平衡状态。这种比较是不准确的，它不符合社会事实。实际上，社会的部分形式往往是受整体形式决定的。社会并不能在个人意识里找到其现成的基础，这些基础是它自己创造出来的。[17]

---

[14] 这种情况在母系家族社会里表现得很明显。
[15] 这里，我们仅举一例。人们经常把宗教解释为个人的感受活动，其实，这种活动只是个人的社会状态的扩展，而宗教本身则是从社会状态中产生的。我曾经在一篇题为《社会科学研究》的文章里进一步说明了这一点。这篇文章载《哲学评论》（1886年6月号），亦可参见《社会学年鉴》第2卷，第1—28页。
[16] 斯宾塞：出处不明。
[17] 有些人认为自己已经证明，所有社会生活都是个人的，因为社会本身就是由个人构成的。我想，我们的上述说法已经足以答复这种见解了。这里，并没有什么其他的基础存在。如果个人形成了社会，那么就会有一些新的现象产生，这些现象的根源在于人们之间的相互联合；它不仅会对个人意识产生反作用，而且会生成绝大多数的个人意识。因此，尽管社会离不开个人，但与其说个人是社会的创造者，还不如说他是社会的产物。

第三卷

反常形式

第一章

失范的分工

到目前为止,我们还在把分工当作一种正常现象来研究。但是,分工就像所有社会事实一样,或者像更加普遍的生物事实一样,表现出了很多病态的形式,这也是需要我们去分析的。就正常状况而言,分工可以带来社会的团结,但是在某些时候,分工也会带来截然不同甚至是完全相反的结果。因此,我们必须考察究竟是什么因素使分工偏离了它的自然发展方向,只要我们无法证明这些现象是一种例外情况,我们就有理由怀疑分工是否会合乎逻辑地产生这样的结果。再者说,对这些偏离形式的研究,可以使我们更好地确定形成正常状态的各种条件。当我们知道分工在什么情况下不再会产生社会团结的时候,我们就更容易了解它行之有效的必要条件了。在任何时候,病理学都是生理学的出色助手。

我们可以试图把犯罪职业以及其他有害的职业划归到不规则的分工形式中去。这些职业不仅会对社会团结产生消极作用,而且是由许多非常特殊的活动组成的。但是,准确地说,这些活动绝对不是分工本身,它们只是某些纯粹而又简单的分化,这两个概念绝对不能混为一谈。尽管癌症和结核会使机体组织产生更多的偏向,但我们不能把它看成是一种新的特殊的生物功能。[1]在这些情况下，并不存在共同功能的分配，然而，在这个有机体内——不管是个人还是社会——却形成了另一种有机体，它为了谋求生存必须损害前者。这绝对不是一种功能，因为只有它在协同其他功能共同维持普遍生活的前提下，这种活动方式才能被称作功能。由此看来，这个问题并不在我们的研究范围之内。

接下来，我们把我们所研究的例外现象划分成三类。这么做，并不是因为在此之外不存在其他形式，只是因为我们所要讨论的形式是最普通和最重要的。

一

第一个例子就是工商业的危机和破产，它们足以使有机团结发生断裂。实际上，它们已经证明，在有机体的某些方面，某些社会功能相互之间是无法调和的。换言之，随着劳动分工的逐步发展，这些现象出现得越来越频繁，至少在某些特定的情况下如此。从1845年到1869年，破产现象就增加了70%。[2]但是，我们不能把这种现象归咎于经济生活的发达，因为商业企业的密集程度要比它在数量上的增加幅度大得多。

同一现象的另一个比较显著的例子就是劳资冲突。工业职能越是朝着专业化的方向发展，劳动和资本的对抗就越激烈，远远超出了社会团结的发展水平。在中世纪，工人还通常与雇主相邻而居，

---

[1] 斯宾塞并没有区分这两种情况，他似乎把它们看成是同义的。其实，分化所带来的消解作用（如癌症、细菌和犯罪）与分化对生命力的凝聚作用（如分工）是截然不同的。

[2] 参见布洛克：《法国统计学》。

在"同一家店铺和同一条椅子上"分担工作。[3]他们共同组成了同一个企业,共同过着同一种生活。"双方几乎是平等的;至少对某些业务来说,任何人只要完成了学徒任务,并且拥有足够的资金,就可以另立门户。"[4]因此,双方的冲突完全是一种例外情况。自15世纪以后,情况便开始发生了变化。"同业公会已经不再是一个共同的避难所,它变成了雇主个人的财产,雇主本人可以决断任何事情……自此以后,雇主和雇工之间就形成了一条很深的鸿沟,也就是说,雇工们开始自成一类,开始有了自己的习惯、规范和独立的联合会。"[5]一旦双方产生了这种分离,冲突也就越来越频繁了。"当雇工们牢骚满腹的时候,他们就宣布罢工,或者联合起来抵制一个城市或一个资本家,所有人都必须遵从这个命令……联合会的权力就是使工人们掌握可以与资本家对等抗衡的各种手段。"[6]但是,这种情况"与我们现在所见到的情况还相差很远。雇工们造反的目的是要获得更多的工钱,或者是要改善工作条件,他们还没有意识到使他们忍辱负重的老板永远是他们的仇敌。他们努力抗争的目的就是让老板在某一点上作出让步,因此这种斗争也就很难一以贯之下去。车间里还没有存在势不两立的仇人,社会主义学说还没有为人所知"。[7]到了17世纪,工人阶级的历史进入到了第三阶段:大工业时代到来了。工人与老板之间的裂痕变得更加明显了。"从某种意义上说,工人们受到了严格的控制。他们人尽其责,分工体系也随之完善起来。在旺罗贝(Van Robais)一家雇有1692名工人的工

---

[3]　拉瓦瑟尔:《大革命前的法国工人阶级》第1卷,第311、315页。
[4]　拉瓦瑟尔:《大革命前的法国工人阶级》第1卷,第496页。
[5]　拉瓦瑟尔:《大革命前的法国工人阶级》第1卷,第496页。
[6]　拉瓦瑟尔:《大革命前的法国工人阶级》第1卷,第504页。
[7]　瓦尔罗:《技艺和手艺行业》,第49页。

厂里，分别设有卡特怀特织机，以及刀具、漂洗、染色、织布和缩绒等专业车间，每个车间的工人也分成许多门类，各自的工作完全不同。"[8]与此同时，随着专业化的不断发展，工人们的反抗也越来越频繁。"他们稍有不满，就坚决抵制资本家，谁要是不遵从共同的决定，谁就会倒霉。"[9]我们就此可以看到，从此以后，工人的斗争变得越来越残酷了。

在下一章里我们会发现，这些社会关系的紧张状态的部分根源在于工人阶级对现实地位的不满，由于他们不具备任何谋求其他地位的手段，所以只能接受这种控制和压迫。然而，仅凭这种压迫形式还不能完全解释此类现象。实际上，所有继承遗产的人们也同样受到了沉重的压迫，这种永无休止的敌对状态正是工业社会的显著特征。在这个社会里，所有工人都无一例外地具有同样的遭遇。在小工业社会，劳动分工还很不发达，我们还能够看到雇主和雇工相对和谐的景象；[10]但是在大工业社会，整个世界全都颠倒过来了。因此，这类现象的产生肯定还会有其他某种原因。

在科学发展史上，人们常常对同样的现象作出其他的解释。直到最近一段时期，科学还几乎没有被划分开来，一个人或者是同一个人还可以去研究所有的科学问题。因此，人们往往会强烈地感受到科学的一致性。构成科学的许多特殊真理数量还不多，异质性也不强，人们就很容易发现能够把它们连接成为唯一而又同一的体系。由于科学方法具有一种普遍性，相互之间的差别也不是很大，人们还能感受到各种方法在不知不觉地产生分歧之前所具有的共同脉络。但是，当科学逐渐朝着专业化方向发展的时候，每个科学家

---

[8]　拉瓦瑟尔：《大革命前的法国工人阶级》第2卷，第315页。
[9]　拉瓦瑟尔：《大革命前的法国工人阶级》第2卷，第319页。
[10]　参见索韦：《政治经济学概要》第2卷，第39页。

就开始把自己封闭起来，不仅局限于特殊的学科，同时也局限于某类特殊的问题。在孔德时代，孔德就曾抱怨说，在科学世界里，"几乎没有人具有能够把整个科学包容在一起的才智，其实，科学本身也不过是整个世界的一部分而已"。他认为，"大多数学者只知道孤立地思考问题，把自己局限在既定科学或大或小的领域里，他们已经顾及不到自己特殊的研究和普遍的实证知识体系之间的关系了"。[11] 由此，科学被分割成为许多狭窄的研究领域，彼此毫无联系，已经不再是一个统一的整体了。这恰好可以证明，一旦这种缺乏和谐性和统一性的理论普及开来，每一种专门科学都会具有一种绝对价值，每个科学家也会致力于专门学科的研究，根本不考虑它服务于什么目的，发展到什么方向的问题。沙夫勒说道："知识分工是很令人担忧的，我们害怕新的亚历山大哲学卷土重来，使所有的科学再次破产。"[12]

二

只要分工的发展超出了某个特定阶段，有时就必然会带来这些后果和严峻的事实。有人曾经说过，在这种情况下，个人常常埋头工作，在自己的特殊活动中把自己孤立起来。他不再会意识到在他身边从事着同样工作的同事，他甚至已经完全想不起来还有什么共同的工作。因此，如果分工进一步发展下去，它真的会成为社会瓦解的根源所在吗？奥古斯特·孔德指出：

---

[11] 孔德：《实证哲学教程》第2卷，第39页。
[12] 沙夫勒：《社会机体的构造与生活》第4卷，第113页。

每一种分解作用都必然会带来相应的分散作用,人类的劳动分工不可避免地会引起个人之间的分歧,同时智力和道德也会以同样的比例产生分歧,它们要想共同产生影响,就必须通过同等的和永久的原则来不断提防和阻止不协调的情况发生。从某种角度来说,社会功能的分离能够使探微发幽的精神得到良性发展,否则,人们便很难形成这样的精神。但就另一方面来说,社会分化会很自然地使顾全大局的精神产生窒息,或者至少可以说会对这种精神产生深刻的阻碍作用。从道德的角度来看,每个人既可以紧密地依附于大众,也可以自然而然地转移到自身的个别活动中去,与此同时,这些活动也常常会使人们意识到自己的私人利益,模糊地感觉到私人利益和公共利益之间的关系⋯⋯因此,同一种原则既可以使社会普遍得到发展和扩大,同时也可以把社会分割成为互不关联的团体,这些团体看上去,或者根本上已经不再是同类事物了。[13]

埃斯皮纳也差不多持有同样的看法:"分工就是分散"。[14]

劳动分工凭借自己的特性可以产生一种分解作用,特别是它的专业化功能越强,这种作用就越充分。但是,孔德并没有在他的原理中得出这样的结论:我们应该让社会返回到他所说的普遍性时代,即社会形成时期同质的和无差别的状态。功能的分化是有用的和必需的,但统一性也同样是必不可少的。不过,统一性并不会自然而然地从分化过程中产生出来,因此,要想实现和维持这种分化过程,社会有机体就必须形成一种特殊的功能,并且要由一个独立

---

[13] 孔德:《实证哲学教程》第4卷,第429页。
[14] 埃斯皮纳:《动物社会》第4卷,结论。

的器官来代表它。这个器官就是国家或政府。孔德认为:

> 在我看来,政府的社会目的就在于尽可能地限制和预防人类在观念、情感和利益上的分散倾向,这种倾向既是基本的,又是有害的,它是人类进步原则所带来的不可避免的结果。假如这种分散作用能够毫无阻碍地向它本来的方向发展,那么它就会在所有重要方面对社会进步产生阻碍作用,必然会给自己带来毁灭的命运。我个人认为,这种观念构成了与政府相应的基本理论和抽象理论的最初实在的和合理的基础。在这里,政府是由最高贵、最完整的科学推论构想出来的,换言之,它是以整体对部分必然产生的普遍反应为特征的,这些反应刚开始还是自发而成的,后来便逐渐受到了规定。实际上,显而易见的是,防止这种分散状态的唯一可行的手段就是把这种必然反应转变成一种新的特殊功能,使它适当地介入到所有社会管理职能的正常运作过程之中,之所以如此,就是要使人们不断回想起整体的概念以及共同团结所带来的情感。[15]

政府对社会产生的作用完全是哲学对科学所产生的作用。科学的多样性本身就是对科学的统一性的破坏,每到这时,一种新的科学就担负起重建科学统一性的使命。既然细致入微的研究会使我们忽视人类知识的统一性,那么我们就要确立一种特殊的研究体系,去重新发现这种知识,使它凸现出来。换句话说:

> 我们应该把对科学普遍性的研究作为一门最重要的专业。

---

[15] 孔德:《实证哲学教程》第4卷,第430—431页。

应该号召一批新的受过良好教育的学者，不要去从事自然哲学某个分支的专门研究工作，而应该去考察各种实证科学的现状，专心致志地确证每门科学的精神，发现它们之间的联系和连带特征，尽可能地把所有科学的特定原理概括成少数的共同原理……这样，科学分工就可以继续发展下去，而且不存在任何危险，不管各种知识秩序在发展过程中有什么样的要求。[16]

当然，我们也曾经说过，[17]政府机构是随着分工的发展而发展起来的，尽管两者不是对等的，但至少是一种机械的必然性。在社会功能得到了普遍分化的地方，各种机构之间产生了紧密的联系，相互发生着作用，从而使社会事件更容易得到普遍的关注。与此同时，随着环节类型的消失，它们更容易分散在同样的组织机构的整个领域。根据以上两种理由，控制机构越是受到这些事件的影响，这些事件越多，它的功能作用就越会频繁地运作和增加起来。然而，它作用的范围却没有随之扩大。

因此，在普遍的和表层的生活之下，还有一种内在的生活。这是个机构的世界，它们并不完全独立于控制机构，但如果后者不指手画脚的话，它就会不知不觉地，或者至少说是正常地产生作用。这些机构摆脱了政府的支配，它们总是对政府敬而远之。任何时候，政府都很难规定各种经济市场的条件，指定商品和服务的价格，根据消费需要来确定生产规模，等等。所有这些具体问题都会带来各种纷繁复杂的情况，都必须参照许多特定的环境，只有熟悉

---

[16] 在孔德的眼里，政府与哲学的比较研究并不是什么值得大惊小怪的事情，这两者是相辅相成的。他认为，只有在实证哲学全面确立以后，政府才有可能存在。
[17] 参见本书第一卷，第七章，第三节。

这些环境的人才能认识到它们的特性。本质而言，如果这些功能已经陷入了不和谐的状态之中，那么政府则很难使它们相互适应、相互协调起来。因此，如果分工真正起到了人们所说的分散作用，那么这种影响就会畅通无阻地传遍整个社会，没有任何力量可以阻止它。但是，能够为组织社会和有机体产生统一性特征的只能是各个部分之间自发而成的共意状态，这种内在团结不仅像社会上层核心那样是必不可少的，实际上也是一个必要条件，因为这里所说的核心只不过换了个花样，好叫人们去膜拜它。因此，大脑并不是有机体统一性的创建者，只是它的表现者，它可以使有机体产生有效的作用。有人常常提到整体必须对各个部分作出反应，但是整体必须首先存在才行。也就是说，只有各个部分已经形成了固定的联系，整体才会意识到自己的存在，并相应地作出反应。由此，我们可以看到，随着劳动分工的不断发展，在社会的整个范围，而不是几个特殊的领域内会不断产生分解作用，但人们在现实社会中所看到的只是不断集中的趋势。

  但是有人却说，我们不必纠缠于这些细枝末节。我们只要在必要的时候想起"整个社会的精神和共同团结所带来的情感"就足够了，只有政府才有资格发挥这种作用。话虽然不错，但如果各种社会功能之间不能自发地进行合作，那么政府的作用就显得太普通了，它根本保证不了这种合作。那么问题究竟出在哪里呢？是因为每个人觉得自己的力量不够用，才把自己当成自己所属的整体的一部分吗？然而，这种说法真是太抽象、太模糊了，它总是像那些烦琐的说明一样时断时续、若隐若现，根本无法与那些生动具体的印象相比，我们每个人在职业活动的过程中常常会产生这样的印象。因此，假如这些活动真的产生了我们提到过的效果，假如我们每天所繁忙的这些职业真的能够把我们从我们所属的群体里抽离出来,那么这种我们很难想起来、在意识里又没占多大分量的观念就没有能力牵制我们。要想真正感受到我们的依赖状态是很实在的,它首先就必须是连续不断的,除非它与每项特殊功能的运作不发生关系。倘若真的如此,专业化的发展就不会导致这些令人非难的结果了。政府行为的目的难道就是要保证各种职业之间的道德一致性,要"避免社会取向渐渐集中于从事同种职业的个人,使这些人越来越脱离其他阶级,从而使自己的共同习惯和共同思想越来越少吗"?[18]但是,这种统一性并不是借助强力就能取得的,也不是靠违反事物的本性就能取得的。功能的分化不可避免会带来道德的分化,两者是同时形成的。而且,我们也很清楚这两种现象共同出现的缘由是什么。集体感情已经没有能力去限制分工所导致的离心倾向了;一方面,这种倾向随着劳动分工的发展而逐渐显露出来,另一方面,集体感情本身也日趋没落了。

同理,哲学本身也越来越难以维护科学的统一性。只要某个人能够同时钻研所有不同的科学,我们或许还有能力去挽救科学的统一性。但是,随着科学专业化的发展,大规模的科学综合最后只能变成不成熟的普遍化思想,因为综合本身所要确认的现象、规律和假设已经多得举不胜举,人类的智力对此已经越来越难以获得足够的精确知识了。利鲍说得不错:"我们可以提出一个很有趣的问题——尽管哲学是整个世界的普遍概念,但是假如有一天,个别科学变得非常复杂,哲学很难摸进它们的枝节中去,那么哲学家们就只能应对那些有关最普通的结果的知识,哲学本身也不免会流于肤浅。到了那个时候,哲学究竟会变成什么样子呢?"[19]

---

[18] 孔德:《实证哲学教程》第4卷,第42页。
[19] 利鲍:《德意志心理学》中的《导言》,第27页。

当然，人们有理由去评说一位潜心从事专业研究、拒绝认识外部事物的学者趾高气扬的劲头。但是，我们要想准确地认识某种科学观念，就必须设身处地地实践这种观念，换言之，就是要将这些观念注入生命。这是因为，即使有那么几个前提得到了明确界定，也构成不了科学的全部。在我们已经获得的现有科学以外，还有一种具体的、活生生的科学还未被认识到，还有待人们去探索：除了人们已经得到的结果外，还隐隐约约地存在着某些希望、习惯、本能、需要和预感是无法用语言来表达的，但它们是那样的强烈有力，有时候甚至会决定学者的整个生活。所有这些都是科学：甚至是最好的科学，或者是科学的绝大部分，因为已经发现的真理总归比未经发现的真理少得多，而且，在我们掌握已经发现的真理的全部意义以前，在理解这些真理的基本内涵以前，趁着它们还没有结晶成明确前提的时候，必须仔仔细细地观察仍然拥有自由状态的科学生活。否则，我们所掌握的只能是些字面含义，而不是它们的精神。换言之，所有科学的灵魂只能存在于学者的意识之中，并且只有一部分灵魂才可能表现为实体和可感形式，而它得以表现的公式既具有普遍性，又非常容易发生转变。至于那些无法转换成外在符号的科学，情况就不同了：任何事情都是个人的，都是通过个人体验获得的。我们要想参与其中，就必须去从事工作，去亲身经历各种事实。按照孔德的说法，若要确保科学的统一性，只要使各种方法获得统一性就够了。[20] 但显而易见的是，各种方法是很难统一起来的。由于它们是科学本身所固有的，所以我们无法把它们从既定的真理体制中完全抽取出来，并分别加以确定，如果人们不去亲身经历它们，就谈不上认识它们。然而，一个人是不可能从事大量的

---

[20] 孔德：《实证哲学教程》第1卷，第45页。

科学研究的。空泛的普遍化只能了解事物的粗枝大叶。而且，如果我们想一想科学家们在发现真理，特别是那些最特殊的真理的过程中是如何保持着谨小慎微、专心致志的状态的，我们就可以明白那些唾手可得的学科对科学家们来说简直是无足轻重的。

但是，不管这些普遍化哲学有什么价值，科学绝对不可能在这里找到它所需要的统一性。这种哲学尽管可以展现科学的共性、规律以及特殊方法，但除了这些相似性以外，毕竟还有许多差异有待综合。人们常说，普遍性潜在地包含了它所概括的各种特殊事实，但这种说法是不确切的。它只包含了这些事实的共同之处。在这个世界上，任何两种现象都是不同的，哪怕它们是非常简单的现象。因此，任何普遍前提想要掌握事物的主要内容，都不免会遗漏其中的一部分。要想在客观的和同质的单个公式中把事物的具体特征和固有属性表现出来，实在是不可能的事情。但是，当相似性超出了差异性的时候，人们就很容易通过这种方式把这种共同的表现结合起来。在总体的和谐中，个别的分歧渐渐消失掉了。反之，当各种差异逐渐增多的时候，这种凝聚就不那么牢固了，我们需要采取其他手段才能把它们团结起来。我们可以想象，当各种专门科学连同它们的公理、定理、原理、公设、步骤和方法变得越来越多样的时候，我们就会理解一个简短的公式，例如进化律并不足以综合各种纷繁复杂的现象。即使这些概论是符合实际情况的，它们所能解释的部分与它们无法解释的部分相比，也不值一提。因此，这种办法并不能改变实证科学的孤立无助的状态。它们所支持的各种个别研究与综合研究之间还存在着一条很大的鸿沟。连接两类知识秩序的纽带真是太纤细、太松弛了；如果专门科学只能在它们所依赖的哲学里意识到相互间的依赖关系，那么这种感觉本身就是模棱两可、行之无效的。

换句话说，哲学就是科学的集体意识，当劳动分工逐渐产生以后，集体意识就会日趋衰落，这是同样的道理。

三

尽管奥古斯特·孔德认为分工是团结的根源，但他似乎没有看到这种团结不仅是固有的，而且会逐渐代替社会相似性所带来的团结。因此，他注意到了在社会功能逐渐向专业化方向发展的过程中社会相似性不断衰落的事实，并把这个事实说成是病态现象，认为专业化的过度泛滥会对社会凝聚构成威胁。他觉得，分工的发展有时会带来协作的匮乏。然而，既然我在上文里已经说明集体意识的削弱完全是一种正常现象，那么我们就很难说我们现在所研究的是一种反常现象。在某些情况下，有机团结并不是必需的，这不是因为机械团结已经失去了自己的基础，而是因为有机团结应该具备的各种条件还没有完全实现。

其实，不管在什么地方，我们都会同时发现一种非常完善的规则体系，它可以确定各种功能的相互关系。[21] 有机团结的存在，单靠各个机构在相辅相成的过程中组成一个系统，并以此方式感受到了团结的存在是不够的；即使不在它们的每次相遇中，但至少也在最常见的情况下，它们必须预先确立相互协作的方式。否则，它们要想彼此获得一种平衡状态，每次都必须进行一场新的争斗，因为它们要想获得达到这种平衡的条件，都要经历一个辗转曲折的过程，在这个过程中，它们彼此之间与其说是个帮手，还不如说是个敌手。如果这种冲突不间断地发展下去，而且双方的责任在每一种

---

[21] 参见本书第一卷，第七章。

特殊情况下都需要重新调整，那么所谓团结也只能是一个空洞的事实。继而，它们会对契约产生一种阻碍作用。但是我们必须清楚，首先，并不是所有社会关系都能够确立这种法律形式的；其次，契约本身也是不充分的，我们必须确定一套规则体系，它可以像契约生活那样，范围变得越来越大，性质变得越来越复杂。再有，任何以此方式建立的纽带持续的时间往往也不是很长。契约只是一种很不牢靠的协定，它只能暂时对敌对双方起到安抚作用。毫无疑问，无论这种规则体系规定得如何明确，都不免要给各种争执留下很多的余地。要想使整个社会生活不发生争斗，这的确是件不必要而且也不可能的事情。团结的作用并不在于彻底根除竞争，而是在于调节竞争。

而且，在正常的状况下，这些规范是从分工过程中自然而然地产生的；换言之，它们是分工的延伸。如果分工只能使个人为了交换自己的劳动暂时结合在一起，那么它就不会产生任何规定作用。相反，分工带来的是各种功能，即在特定环境中固定重复着的各种明确的行为方式，这些功能是与社会生活普遍而且恒常的条件有关的。因此，这些功能之间确立的关系便在稳定性和规范性方面达到了同一水平。它们不仅以确定的方式相互作用，而且也与事物的性质相互吻合，并在不断重复的过程中变成了习惯。当这些习惯变得十分有力的时候，就会转变成为行为规范。过去预先决定着未来。换句话说，当它们确立了各种权利和责任的分配方式以后，它就变成强制性的了。因此，规范本身并没有确立具有固定联系的机构之间的相互依赖状态，它作为在特定情况下的功能，通过一种可感的和确定的形式把这种状态表现出来。同样，神经系统也并不像有人所说的那样决定了有机体的进化[22],相反,它只是有机体进化的结果。神经是不同器官交换波动和交换刺激的途径,是生命为自己开掘的一条始终通往同一个方向的通道,而神经节则是这些通道的交叉路口。[23] 有些道德家还没有认清这种现象,就责备分工不能产生真正的团结。他们只看到了个别的交换和暂时的组合,在个体放任自流的过程中,他们既没有看到过去,也没有看到将来。换言之,他们不仅对社会团结的缓慢过程没有任何感受,也忽视了社会关系在渐渐编织成自己的网络的同时,永久地确立了有机团结。

在上述所有情况下,这种规定既不存在,也与劳动分工的发展程度无关。今天,任何规则都已经不再规定经济领域里的企业数量,不再规定能够与消费水平完全持平的工业产量。而且,我们也不指望从这些事实中得出很实在的结论。我并不认为限制性规定是绝对必要的,在这里我也不想去评判它们的是非优劣。我只想说明一点,倘若没有规定,各种功能就不能合理地和和谐地发挥作用。尽管经济学家说得不错:因为根据需求的多少物价有高有低,生产也有缓有急,所以和谐状态总归会重新产生的。但是,如果我们想通过这种方式获得和谐状态,就必须经历一个打乱平衡、陷入混沌的阶段。再者,各种功能越是朝着专业化的方向发展,这种混沌状态自然也就会越来越频繁地出现,因为在组织越来越复杂的时候,就越觉得有必要扩大规定的范围。

直到目前为止,劳资关系还是一种不太确定的法律状态。雇佣契约在法规中所占的比重还很小,特别在我们考虑到各种复杂而又歧异的关系的时候,我们不得不对它们加以规定。而且我们毋庸多

---

[22] 参见皮埃尔:《集群动物》,第746页。
[23] 参见斯宾塞:《生物学原理》(伦敦1884年版),第1卷。

说，所有人在今天都意识到了这种缺欠，并且在竭力做出补救。[24]

方法论的规则与科学之间的关系，类似于法律和道德规范与行为之间的关系，它直接指导着学者的思想，就像后者直接约束人们的行动一样。如果每一种科学都具有自己的方法，那么他所确立的秩序就完全是内在的秩序。这种方法与专门从事同一门科学研究的学者所采用的步骤是可以相互协作的，但与这种学科以外的学者却没有什么关系。因此，我们很难找到一种原则可以使各种不同的科学协调起来，达到一个共同的目标。道德科学和社会科学尤其如此，因为数学、物理学、化学甚至生物学还没有割裂到这种程度。但是，法学家、心理学家、人类学家、经济学家、统计学家、语言学家以及史学家则各守一摊，好像他们所研究的各类事实属于许多独立的世界似的。但是在现实中，这些事实却无时无刻地发生着联系，相关的学科也同样如此。所以有人说，科学领域普遍存在着混乱无序的状况，这话虽说有点夸张，但对那些专门科学而言，却是字真句实的。其实，这些科学就像是几个互不关联的部分所组成的集合体，但这些部分根本不可能相互进行协作。因此，这个整体是缺乏统一性的，这并不是因为它们没有充分地感觉到彼此之间的相似性，而是因为它们没有被有效地组织起来。

不同的例子就是不同的门类；在任何情况下，如果分工不能产生团结，那是因为各个机构间的关系还没有得到规定，它们已经陷入了**失范状态**。

然而，这种状态又是如何产生的呢？

既然规范体系是各种社会功能自发形成的关系所构成的一个确

---

[24] 这段文字是在1983年写成的。从那时起，工业法规在我们的法律里占据了越来越重要的地位。这足以说明，这中间的裂痕是多么地大，人们还远没有把它填平。

定形式，那么我们就可以说，只要这些机构能够得到充分的接触，并形成牢固的关系，失范状态就不可能产生。实际上，它们在相互贴近的时候，很容易在任何情况下都会感受到相互的需要，都会强烈而持久地产生相互依赖的感觉。同理，它们也很容易进行相互有序的和频繁的交换；正因为所有这些活动都有了规律，所以很容易随着时间的流逝逐渐结合起来。最后，在双方可以感觉到最细微的影响的时候，规范就形成了，而且带上了这种影响的痕迹。换言之，这些规范预先确定了各种平衡条件的细节。但是，反过来说，如果双方产生了某种隔膜，只有具有一定强度的刺激作用才会使它们进行沟通。如果它们之间的联系很少，就很难经常重复，也产生不了确定的形式。所以，这些步骤总要不断经历一个辗转曲折的过程。如果各种波动只能时断时续地产生，那么它们所经由的途径也就不再会变成一条固定不变的通道。我们至少可以说，尽管有些规范能够持续不断地被继承下来，但由于它们本身是普通的和模糊的，它们只能确定各种现象最普通的轮廓。即使双方近来有了比较充分的接触，这种接触也持续不了多长时间，最终的结果还是一样的。[25]

一般而言，连续性条件是从事物本性之中产生出来的。有机体之中两个以上的部分如果要共同分担一种功能，它们首先必须要产生一定的关系。而且，在分工形成以后，它们彼此之间就会产生需要，并且会自然而然地把它们的距离缩短。这就是斯宾塞所说的动物越高等，它的各个器官之间就越接近，就容易弥补彼此间的裂痕的道理。但是，如果这时候产生了某些例外情况，情况就不一样了。

---

[25] 不过，还有另外一种情形：尽管这些连续性是比较充分的，还是会产生失范现象。即使我们要通过变革来建立一套必要的规范，但社会结构本身却没有能力来实行变革，因为它的可塑性并不是无限的。一旦它达到了极限，任何必要的变化就都成了不可能的。

我们目前所要研究的就是这种情况。当环节社会占主导地位的时候，不同的环节就会有不同的经济市场。因此，每个市场也都是十分有限的。生产者与消费者的距离很近，非常容易估算出他们所要满足的需求幅度。他们不费多大力气就会达成平衡，生产也可以自行规定。但是，随着组织社会不断发展起来，各个环节就需要把许多市场融合起来形成一个市场，把整个社会都包括进来。这个市场甚至超出了原有的界限之外，变成了普遍市场，因为在各个环节之间的界限被打破以后，民族之间的界限也被打破了。这样一来，每一类工业生产所满足的对象，即消费者遍及了整个国家，甚至整个世界。它们彼此间的联系也不像原来那样充分了。生产者不仅看不到整个市场是什么样子，甚至无法想象整个市场的样子。他已经弄不清楚自己的界限了，因为他已经毫无界限可言。从此以后，生产没有了任何一种限制和规定。它只是在胡乱地发展着，在这个过程中，它不可避免地会偏离自己的轨道。这样，经济危机就周期性地扰乱了经济功能。地方和局部的危机皆以破产为代表，破产和危机大体上都出于同样的根源。

随着市场的不断扩大，大工业出现了，雇主和雇工的关系也跟着发生了改变。神经系统的过度疲劳，再加上大城市的迅速蔓延，使社会对工人的需求增加了。机器工作代替了手工工作，大工厂代替了小工场。工人被集结起来，成天到晚离开自己的家。他们的住所与它们的雇主相距很远。这些新的工业生活条件自然需要一种新的组织形式。但是，由于变化速度非常之快，各种利益仍在不断发生冲突，我们还没有足够的时间使它们达到一种平衡状态。[26]

---

[26] 我们必须记住一点，我在下一章也会提到这个问题：这种敌对状态不能完全归因于变化的速度，它在很大程度上是由于竞争的各种外部条件是不均衡的。时间对这个因素并不会产生什么影响。

最后，道德科学和社会科学之所以会产生上述状态，是因为它们最终被纳入了实证科学的范围。实际上，近百年来，新的现象领域已经为科学研究敞开了大门。学者们根据自己的自然取向，在这个领域里或这或那地选择了各自方向。尽管他们所涉及的范围非常之广，但直到现在他们还彼此疏远，意识不到把他们维系在一起的纽带。只有各种科学研究之间建立了联系，并意识到相互之间的团结状态，才能彻底摆脱它们离开起点越来越远的事实。科学的统一性就这样自然而然地形成了，它不是某个公式范围狭窄、内容空泛的抽象统一性，而是整个有机体活生生的统一性。我们要想把科学融为一体，并不需要把眼光死盯在纯粹的意识领域——这是不可能的——我们只要看到所有从事科学研究的人们觉得自己在齐心协力地完成同一个目标就足够了。

上述说法推翻了所有对分工最严厉的责难。

人们常常责备分工使个人变成了机器，失去了个性。其实，如果他没有弄清楚社会需要他工作的目的是什么，没有把工作和目的结合起来，他就只能去循规蹈矩地进行工作了。他每天都在重复着同样的活动，过着单调机械的生活，没有一点儿乐趣，也不明白为什么要去工作。他已经不再是活的有机体中的活的细胞，因为真正的细胞不仅能够与其邻近的细胞持续不断地发生关系，而且邻近的细胞也可以对它产生影响或适应它的影响，从而根据环境和需要的变化不断扩张、收缩、弯曲和变形。这样，他就成了一种毫无生机的零部件，只有外界力量迫使他朝着同一个方向，按照同一种方式不断运动。当然，不管人们具有怎样的道德理想，倘若他们见到了人类本性如此败落的景象，是不能无动于衷的。如果道德的目的在于个人的完善，那么它绝不会允许个人沦丧到如此地步，如果社会也是道德的目的，那么它绝不会允许社会的源泉最终枯竭。这样的灾祸不仅会危害经济功能，甚至会危害所有社会功能，不管它们是否具有很高的地位。孔德认为："在物质世界里，我们常常去慨叹工人一辈子去做刀柄和别针这个事实，这是很有道理的；但对健全的哲学而言，在精神世界里，我们也应该对人的大脑不断被用来专门解决几个等式，对几个昆虫进行分类的事实感到遗憾——这两类事实，在精神上的不幸是极为相似的。"[27]

　　针对工人们的这种情况，人们有时候也会提出某种补救方案，譬如，在掌握技术知识和专业知识的同时，让他们接受普通教育等等。但是，人们毕竟认为这样的负面影响是分工所导致的，上述方案并不能杜绝这种情况的发生。分工并不会因为接受了自由教育就改变了自己的性质。如果工人们对艺术和文学发生了兴趣，这当然是件好事情，但他们每天每夜都被当成个机器，这毕竟是件坏事情。而且，我们看到这两种生活方式简直是太不一致了，根本无法调和在同一个人身上！如果一个人已经习惯去思考广阔的领域、完备的观念和精致的普遍化问题，那么他就会无法忍受把自己限制在专门研究的狭窄界限里。因此，这样一种补救方案即使可以使专业本身变得无害，但终究是不可忍受的，也是不会有什么结果的。

　　不过，有一个事实与我们前面的说法刚好相反，也许可以解决这个矛盾：分工之所以会导致这种结果，并不是它的本性使然，这只是一种例外的和反常的情况。分工要想得到发展，同时又不在人类意识里产生这种灾难性的影响，并不需要用一种相反的力量加以调整。它只要依靠自己就足够了，它并不需要外界力量来改变它的性质。一般而言，每一种特殊功能的运作都不需要把个人专门限制在这一领域里，只需要与邻近的各种功能持续地发生关系，意识到

---

[27] 孔德：《实证哲学教程》第4卷，第430页。

这些功能的需要和变化等。分工不需要工人们埋头苦干,而是需要他们意识到能够影响到他,又能受他影响的协作过程。因此,他并不是毫无感觉和意识、只知道循规蹈矩的机器,他应该对自己的工作取向有所了解,对自己的工作目的或多或少有一个清醒的认识。他应该感觉到自己是有用的,所以,他用不着在社会领域中占据很大的部分,他只要感觉到它,弄清楚他的活动目标就足够了。这样,不管他的活动达到了什么样的专业化水平,获得了什么样的统一性,他作为一个有意识的人,都会懂得他的活动的意义所在。如果经济学家认清了分工的本质属性,不再毫无保留地公开责难分工,如果他们不再把分工仅仅看作是增加社会生产力的有效手段,他们就会看到分工首先是社会团结的源泉。

第二章

强制的分工

一

然而，有了规范还不够，因为规范有时候也会成为弊害的根源。阶级斗争就是这种情形。阶级制度或种姓制度构成了分工组织，而且也具有非常严密的规定，它往往会带来分歧。当下等阶级不满足于或不再满足于习俗或法律赋予他们的角色，他们就会对自己无法得到的功能垂涎三尺，并试图把它从它的所有者那里掠夺过来。这样，在劳动分配的过程中，内战就爆发出来了。

在有机体里，我们并不会看到同样的情形。无疑，在爆发危机的时候，各种不同的要素常常在损人利己的过程中相互发生争斗。但是，有机体却从来没有发生这样的情况：某个细胞或某个器官在自己的角色以外去篡夺其他角色。这是因为，有机体的每个结构要素都是机械地趋向自己的目的的。它的构成形式及其在有机体中的地位已经决定了它的工作；它的作用只是其本性所带来的结果。它尽可以不称其职，但却不可以侵占别人的职务，除非别人已经放弃了自己的职务，当然，我们上文所说的这种替代情况是比较罕见的。社会则不然，它的偶然因素更大一些。在社会里，个人的遗传倾向与他所应尽的社会功能之间的差别是很大的，遗传倾向并没有直接和必然地引发出功能。这个领域允许人们去摸索和争论，其中也有许多因素会随意地使个人的性质偏离他的正常发展方向，陷入一种病态。既然这种组织更有弹性，它就会显得更加脆弱，更加容易产生变化。当然，我们并不是在生命伊始就能胜任某种特殊职务的，但是我们所具有的嗜好和能力却限制了我们的选择。如果这些嗜好和能力没有得到重视，在日常事务中常常受挫，那么我们就会遭受某些痛苦，并且会求助某种方法来消除这种痛苦。然而，除了把既成的秩序打乱，重新确立一种秩序以外，我们别无其他解决办法。既然分工可以产生团结，那么光靠人们各行其责还不够，这些责任还必须相互适应。

在我们正在考察的事例里，这种条件还并没有得到实现。实际上，由于社会功能的分配基础不与、或者说不再与自然能力的分配相互适应，阶级制度或种姓制度不仅不能带来团结，反而会产生令人烦恼的纷争。无论人们怎样说，[1]下层阶级对上层生活的渴望都不是单纯依靠模仿精神来实现的。实际上，模仿本身并不能解释任何问题，因为它在自身以外假定了其他事物的存在。模仿只能在彼此相似的两人之间存在，依据不同的相似程度，模仿也具有不同的程度。在不同的种类和变量之间，模仿根本不会产生。精神感染也像肉体感染一样：必须在可以感染的领域里才会产生。要想使各种需要在两个阶级之间相互传播，就应该消除或削弱能够使两者相互分离的原有差别。因此，只有在社会发生变化的情况下，某个群体才能有能力承担它们曾经不可企及的功能，另一个群体才有可能丧失其原有的优越地位。当平民开始与贵族争夺行使宗教职能和管理职能的荣誉的时候，不仅仅是因为他们在模仿贵族，而是因为他们变得更睿智、更富有、人数更多了，他们的嗜好和志向已经发生了变

---

[1] 塔尔德:《模仿的规律》。

化。通过这种转变，社会整体在个人能力及其被限定的活动方式之间的和谐状态被打乱了。只有一种强制力量还能把这些功能维系起来，不管它的强度如何，是不是很直接。在这种情况下，团结本身也就成了既很不完善、又常遭侵扰的形式了。

由此看来，这并不是分工所带来的必然结果，而是一种非常特殊的情况，即外部强制力量所带来的结果。如果它完全通过纯粹内在的和自发的行动确立起来，不阻挠任何个人的进取精神，那么情况就大不一样了。在这种情况下，或者至少在平均情况下，个人本性和社会功能之间就会产生一种和谐状态。在竞争者们在争夺工作的过程中，如果不存在任何妨碍因素和辅助因素，那么谁有能力胜任哪种工作，谁就肯定会得到它。决定分工形式的唯一因素就是人们的能力差异。本质而言，工作的分配是根据能力而定的，否则就没有什么道理可言了。只有这样，个人的构成与个人的条件之间才会自然而然地产生一种和谐。但是人们会觉得，这种情况始终是不会令人满意的，因为有些人的欲望常常会超出他的能力。话虽如此，这毕竟也是一种例外情况，或者说是一种病态。一般来说，人们在实现自己天性的过程中会觉得自己很幸福，他的需要与他的手段是成正比的。因此，在有机体中，每个器官都只需要与其地位相应的一定数量的养分。

所以说，强制的分工是我们所要区分的第二种病态类型。但是，我们千万不要误解了这个术语的含义。任何规定都不会导致强制作用，相反，正如我们在上文所说的那样，分工是离不开这种规定的。甚至在各种功能依据规则来分配的时候，它也绝对不是强制作用的结果。只要它建立在社会本性的基础上，它就会在种姓体制中产生出来。其实，种姓制度并不是随时随地都是专制的。当它在社会中能够很有规律地产生作用，并且没有遭到反抗的时候，那么大体说来，它至少表现出了固定不变的职业能力的社会分配形式。因此，虽然各种工作在某种程度上是由法律分配的，但每种工作还是在自然而然地发挥作用。只有在这些规定不再与事物的真实状态相呼应，不再具有自身的道德基础的时候，人们便只有依靠这种强力来维护强制作用了。

反过来说，如果分工是自发产生的，并且在一定程度上是自发产生的，它就会形成团结。然而，自发性不仅意味着不存在明显的和正式的暴力形式，而且也意味着每个人所固有的社会力量不会遇到任何阻力，甚至是间接阻力而获得自由的发展。社会不仅没有强迫个人从事某种特定的职务，而且也没有对个人获得与其能力相适应的地位设置任何障碍。总而言之，社会的构成只有在社会不平等能够明确表现出自然不平等的情况下，劳动分工才能自然而然地产生出来。这是一个充分必要条件：不平等并非依据某些外在因素得到强调和确定。因此，完美的自发性只是另一个事实和另一种形式，即外部斗争条件是绝对平等的。它不是一种混乱的状态，也不会使人们自由自在地满足或好或坏的各种偏好，它是一个构造完备的组织，任何外部力量都不能这样或那样地扰乱它们的社会价值，每一种价值都会得到正确的评价。有人或许会反驳说，斗争在这些条件下还是会发生的，因为从来都有征服者和被征服者，被征服者只有在强制作用下，才会接受失败。但是，这种强制作用与另外一种强制作用不同，它们除了称谓相仿以外，没有任何共同之处。真正的强制作用是不允许争斗发生的，甚至连争执也不行。

其实，这种完备的自发性在任何时候都没有得到真正实现，它在任何社会里都是混杂的。如果说种姓制度与能力的自然分配形式是相应的，那也只能算是一种近似——总之，是一种粗略和现成的形式。实际上，即使遗传遇到了最有利于自己发挥作用的条件，它也达不到如此精确的程度，子女是很难完全重复父母的行为的。在规则之外，总会有些例外的情况发生，因此，个人与分配给他的那些职能往往是不和谐的。随着社会的发展，这种情况也会逐渐增多，直到它们收缩得太紧，以至于使原有的界限被冲破为止。当种姓制度被法律废除以后，它在道德中存活了下来。幸亏有许多成见保存了下来，一些人受到了偏袒，另一些人则相反，他们与价值没有多大联系。最后，即使我们抹平了过去的所有痕迹，财产继承关系也还会构成很不平等的外部竞争条件，它会把各种利益赋予某人，而这些利益是与他的个人价值不相符的。即便在今天，在那些最开化的民族中，还有许多职业是完全封闭的，是那些无法继承遗产的人们很难获得的。因此，倘若我们没有看到社会的发展水平越高，环节社会就越容易被组织社会吞噬掉，社会不平等也越容易被夷平这样一种趋势，我们似乎就没有理由认为，纯粹分工所表现出来的性质是正常的。

实际上，在分工制度得到确立以后，种姓制度就逐渐趋于衰落了，这是一条历史规律。既然种姓制度与政治家族组织之间具有一定的联系，那么它也会随着这种组织的消亡而消亡。这种组织所导致的偏见尽管还会遗留下来，但它毕竟不会永久地存在下去，它只能慢慢地消失掉。公共职务逐渐自由地公开化了，任何人都可以不以财富为条件担任这些职务。甚至生来贵贱这种极端不平等的状况也很少发生了，尽管它还没有完全被杜绝。社会通过各种方式把那些身处险境的人们解救出来，尽可能地削弱了这类情况的影响。这说明，它已经感觉到自己必须给那些有能力胜任这些职务的人们留出地盘，它已经认识到个人的屈卑地位是不正当的。然而，信仰本身更能说明这种倾向，今天，人们越来越相信这一事实：所有公民不仅会越来越平等，而且理应如此。尽管普遍情感并不是一种纯粹的幻想，但它却会以一种混沌的形式把现实体现出来。不过，分工的发展却预示了一种截然相反的结果，即不平等的状况越来越频繁地发生了。所以，公众意识所认可的带有必然性的平等就不再是我们所说的那种平等的外在竞争条件。

　　而且，我们很容易搞清楚这种夷平过程的必要条件。实际上，我们刚才已经看到了所有外在不平等对有机团结所产生的危害作用。当然，这种结果对低级社会产生不了多大危害，因为低级社会的团结是靠共同信仰和共同情感来保证的。其实，不管分工所产生的关系紧张到了什么程度，它都不是能够把个人紧紧维系于社会的纽带，社会凝聚也不会受到威胁。尽管人们在愿望受到挫折以后，往往会产生一种不满的情绪，但这并不足以使那些遭受痛苦的人们去反对这个带来痛苦的社会秩序，他们必须不断依附于这种秩序。之所以如此，并不是因为人们在此找到了其职业活动的发展领域，而是因为这种秩序包含了人们能够见到并生活其中的各种信仰和惯例。由于他们的全部内在生活都与这种秩序有关，他们的所有信念都确认了它的存在，他们把它当成了道德秩序和宗教秩序的基础，所以他们必须依附于它，并将其奉若神明。以世俗形式出现的私人阻挠作用简直太轻微了，它根本动摇不了从这个根源里产生的意识状态和特殊力量。而且，即使职业生活没有发展起来，这种阻挠作用也只能断断续续地产生。因此，它们是很难被觉察到的，人们也容易养成一种习惯，觉得这种不平等的状态不仅是可以忍受的，而且是很自然的。

　　当有机团结占据显著地位的时候，情况就截然不同了，所有能够削弱团结的因素甚至会对最有活力的社会关系产生影响。首先，在这些条件下，各种特殊活动几乎都是持续运作的，如果这些活动没有在每时每刻遭到损害，它们也不会产生混乱。其次，随着集体意识的不断衰落，对抗也不会完全消失。共同情感已经不再拥有能够把个人，甚至所有事物维系于群体的力量。自此以后，颠覆的倾向就不再会受到任何阻碍，很容易地产生出来。社会组织逐渐丧失了曾经凌驾于人类利益之上的超验存在，已经不再拥有同样的反抗力量了。与此同时，它本身也遭到了更猛烈的攻击。人类完全用自己的双手搭建起来社会组织，已经不再能有效地对抗人类需要了。汹涌的波涛总归会把阻挡它的堤岸冲垮的。形势已经变得更加危急了。所以说，在组织社会里，分工必然会越来越接近我们刚才所说的理想的自发状态。如果社会能够尽已所能，努力——而且应该努力——去把外在的不平等状态消除掉，这不只是因为这项事业本身是高尚的，而且也因为它解决了岌岌可危的生存问题。社会要想继续维持自身的生存，就必须将其所有的组成部分牢固地联系起来，只有在这种条件下，团结才有可能产生。因此，我们应该预料到，在组织社会不断发展的同时，必须保证这项事业更加具有绝对意义上的公正性。不管我们在这个领域内已经取得了多么大的进步，相比于我们将要获得的成就，这个进步只不过是沧海一粟而已。

二

外在竞争条件中的平等不仅可以确保个人行使自己的职能，而且也可以将这些职能相互联系起来。

实际上，契约关系必然会随着分工的发展而发展，但后者又离不开以契约作为法律形式的交换。换言之，有机团结的一个重要变项就是我们所说的契约团结。当然，如果有人认为所有社会关系都可以归结为一种契约，这是不对的，因为契约假定了其他事物的存在。个人意志中还会产生一种非常特殊的关系。在这个世界上，共意是在契约里表现出来的，而且对高等物种来说，契约可以把普遍共意的重要因素表现出来。因而，在高级社会中，契约团结必须要得到保护，不可受到任何事物的侵犯。如上所述，在不太发达的社会里，契约完全可以采取不很固定的方式存在，也不会出现太多的难题，但是，当它发展成为社会团结的一种主要形式的时候，就不能受到任何危害，否则，社会机体的统一性就会受到危害。契约越有可能形成严重的冲突，它在普通生活里所占的地位就越重要。因此，原始社会并不通过干涉契约本身来平息这些冲突，[2]而在文明社会里，有关契约的法律也渐渐地多起来了。这种法律只有一个目的，就是要保证各种功能进行有规律的协作，并以此方式发生联系。

但是，要想实现这个结果，仅靠公共权威确保人们恪守契约是不够的。至少在一般情况下，人们还得自然而然地去履行契约。如果人们只是迫于强力，或者是迫于对强力的恐惧去遵守契约，那么契约团结必将会陷入一种险恶的处境之中。纯粹的外在秩序绝对不能很好地遮蔽冲突状态，这种冲突太普遍了，人们很难明确地限制住它。有人也许会认为，我们不必害怕这样的危险，人们只要能自由地达成契约就行了。这种看法并没有错，但还是不太容易解决这个难题，自由的共意究竟是怎样形成的呢？口头同意或书面同意并不是其充分的证据——它完全有可能是被迫同意的。所以说，我们必须把所有这些强制作用消除干净。但是，这些强制作用又是从何而来的呢？它不仅仅在于直接使用暴力，因为间接的暴力同样会有效地剥夺自由。如果说，以死要挟别人的做法在法律和道德上都是

---

[2] 参见斯特拉波（Strabonius），第702页。同样，在《摩西五经》里我们并没有发现对契约的任何规定。

无效的，那么我借助某种非我谋得但却货真价实的地位而把他人逼入你死我活的境地，这种做法又是如何有效的呢？

在任何既定的社会里，任何交换对象在任何时候都有一个固定的价值，我们称之为社会价值。社会价值就是对象所包含的有效工作量。它不仅是指对象所消耗的全部劳动，也指那些能够产生与正常需要相应的社会效益的部分工作。虽然工作量不太容易计算，但它至少是实实在在的东西。我们也不难发现它在功能变化的过程中所依赖的主要条件，尤其是它在生产对象的过程中所需要的工作总量，它所要满足的需要强度，以及它所满足的一定范围。其实，正是在这个水平上，平均价值在上下波动。如果它偏离了这个水平，就说明它受到了反常因素的影响。一般而言，公共意识会或多或少地感受到这种偏离状态。人们发现，如果产品的价值与它所消耗的劳动和带来的收益没有联系，所有交换就都是不合理的。

既然有了这个定义，我们就可以断言，要想人们完全赞同契约，双方的服务交换就必须具有同等的社会价值。只有具备了这些条件，每个人才会得其所需，并做以偿还——这两种东西都是有价值的。这样，契约所公布和体现出来的需要的平衡状态才会自然地发展和维持下去。因为它只是各种事物之平衡状态的结果和不同的形式。所有这些完全都是自发产生的。有时候，我们会产生某种得大失小的欲望。这种野心是没有边际的，它只能在相互牵制的过程中得到削弱。然而，那些能够阻止我们随意满足过多奢求的强制作用与不让我们获得适当的劳动报酬的强制作用是不能相互混淆的。对健康的人来说，并不存在前一种情况，而后者正是我们的题中之意：它改变了共意状态。不过，在我们上文所说的那些情形里，这类情况并没有发生。相反，如果价值交换不能达到某种平衡状态，就需要借助某种外部力量的干预作用，使它们获得平衡。当然，这种做法对双方都会产生伤害。若要使各种意志不断达成一致，就得首先对一方采取直接或间接的压制手段，而这种压制本身就构成了一种暴力行为。总而言之，要想对契约进行全面的约束，仅凭它成为一种能够体现共同意见的对象是不行的。它必须还得是公平的，当然，口头上的认同还不足以使它公平。只言片语并不会产生能够使它们同舟共济的力量。共意状态要想拥有这种力量，必须把自己建立在某种客观基础之上。

若要这种等价原则成为决定契约的规范，就必须存在把缔约双方置于同等外部条件之中的充分必要条件。对物质的估价并不能从事物本身出发，它是从交换过程中产生出来的，因此，交换双方在估算自己确切的劳动价值的时候，必须排除社会价值以外的所有力量。这样，对象的价值与它所带来的收益以及它所耗费的劳动就完全相应了。在假设中，我们已经撇除了能够使价值产生变化的其他一切因素。当然，不平等的价值总会给人们带来不平等的社会地位，但这种不平等显然只是外在的，因为它只是从外部世界解释了内在的不平等。因此，在确定价值的过程中，它的影响表现为在各种价值之间建立了一种能够与社会等级体系并行运转的等级体系。如果人们从其他领域里获得了某些其他力量，那么情况就大不相同了。这些力量必然会移动平衡的支点，而且，这种移动过程显然是与事物的社会价值毫不相关的。任何优先地位都可以对缔结契约的方式产生影响。因此，如果它们没有建立在个人人格和社会效益的基础上，它们就会使所有交换的道德条件无效。如果某些阶级为生存所迫不得不为其他阶级服务，而其他阶级由于掌握了一定的资源就不用去服务了，尽管这些资源不一定是靠某些优先地位得来的，但后者也会对前者形成一种支配力量。换句话说，只要人类生来就有贵贱之分，就肯定会有不公平的契约。当社会地位本身还是以遗传的方式来继承的时候，当法律还对各种形式的不平等肆意纵容的时候，上述情形就不能避免。

只要契约关系还很落后，集体意识还非常强烈，人们就很难明确地感受到这种不公。那时候，由于契约是很少见的，各种不公也很少有机会爆发出来，况且共同意识还会削弱它们的影响。所以，社会也很难因此而遭到损害，因为它并没有面临多少危险。但是，随着劳动分工的发展和社会信条的衰落，这些不公渐渐变得不可忍受了，因为环境促使它们频繁出现，它们所焕发出来的情感已经无法完全靠相反的情感来调和了。就此而言，我们可以在契约发展的历史里找到证据，当事人双方以前所缔结的不平等契约已经逐渐被宣布无效。

起初，不管契约是如何达成的，它只要有了确定的形式，也就有了一种强制力量。共意在那时并不是契约的主导因素。意志在共意状态并不能使双方结合起来，双方的关系也不是从这种共意状态里直接产生出来的。契约存在的充分必要条件是：必须履行某种仪式，作出某些保证，决定和约性质的并不是当事人双方的意向，而是履行和约的方式。[3]共意契约是在相对比较晚的时期里出现的。[4]这是人类在通向公正的道路上迈出的第一步，但是在很长的一段时期里，共意虽然可以使和约生效，然而它的自身发展却很不完善，常常遭到强权和诡计的勒索。到了罗马后期，执政官才准许受到欺

---

[3] 参见《罗马法》中的文词（verbis）和文字与事实（litters et re）等契约。参见厄斯曼（Esmein）:《法兰西古代法中的契约研究》（巴黎1883年版）。
[4] 乌尔比安把共意契约看作是万民法（juris gentium）（第5部分，第7篇，第1节,《论协约》第2卷，第14页）。然而，所有万民法都肯定是在民法以后出现的。参见弗格特:《万民法》。

诈（de dolo）或强暴（quod metus causa）的人们申诉。[5] 不过，除了以死要挟和肉体伤害以外，对暴力的其他申诉都还没有纳入法律范围以内。[6] 对于这一点，现代法律要求得就更严了。同时，一旦契约遭到了损害并得到了确证，那么这种损害将等同于那些在某种情况下能够使契约无效的因素。[7] 难道所有拒绝承认高利贷契约的文明人都是出于这种理由吗？实际上，这种契约之所以能够得到确立，完全是以当事人一方牺牲另一方的利益为基础的。而且，共同道德也可以更加严厉地惩罚这种契约：当事人一方获得了最多的利益，而另一方由于自己弱小无能受到了欺凌，他的劳苦根本得不到公平的补偿。公众意识越是迫切要求人们在相互交换的过程中遵守相互之间的义务，承认这些和约无法满足所有公正之基本条件的非常简化的强制作用形式，它的惩罚就越会比法律对违法者的惩罚显得更加严厉。

经济学家的功绩在于，他们最先指出了社会生活的自发性质，说明了强制作用可以迫使社会生活偏离其自然发展的轨道，通常来说，社会生活并非来源于外界的强制安排，相反，它来源于自由的内在属性。就此而言，他们对道德科学的建设做出了重大的贡献，但是他们也误解了自由的属性。既然他们把自由当成了人的组成部分，并且在逻辑上断定自由是个人概念的本质属性，他们就似乎认

---

[5] 强暴要比欺诈产生得稍早一些，但却晚于苏拉（Sulla，公元前138—78，古罗马统帅、独裁官，他在当政期间，加强了元老院的权力，实行军事独裁统治，自己却退隐到普托里庄园。——译注）统治时期。
[6] 参见乌尔比安，第3部分，第1节和第7部分，第1节。
[7] 戴克里先（Diocletian，243？—316？，罗马皇帝，曾由禁卫军部属拥戴称帝，开创四帝分治局面，改革内政，加强军队，整顿税制与币制，迫害基督徒。——译注）曾经宣布，凡是售价低于真正价格一半的契约统统作废。我们的法律只在变卖"不动"产的情况下，才允许将不公正的契约取消。

为它是自然状态所固有的,与任何社会都毫无关联。在他们看来,社会对自由产生不了什么作用;社会能够做,而且应该做的是对自由的外在功能进行规定,避免各种同等的自由相互产生伤害。但是,如果社会作用不被严格地限定在固定的范围内,它就会侵占甚至缩小自由的活动领域。

那些认为任何规定形式都来源于强制作用的看法是错误的,事实上,自由本身却是规定的结果。自由不但不与社会作用发生冲突,反而是从社会作用中产生出来的。它并不是自然状态的固有属性,相反,它是社会征服自然的结果。人类在体力上本来就是不平等的,各人的外在条件也有优劣之分。对于家庭生活而言,财产继承也会带来种种不平等的现象,因此,在社会生活的所有形式中,家庭最紧密地依赖在自然基础之上。上文说过,任何不平等都是对自由的极端否定。但最终而言,自由之所以能够被构成,是因为所有外在因素都服从了社会力量,只有在这种条件下,社会力量才可以得到自由发展。但是,这种服从与自然秩序是截然相反的。[8] 它只能逐步得到实现,只有到了人类本身凌驾于事物之上的时候,才能随心所欲地规定这些事物,才能把它们的偶然性、荒诞性和反常性剔除掉,换句话说,就是在某种程度上使它们变成一种社会存在。人类是摆脱不掉自然的,他只能为自己创造出另一个可以支配的世界。这个世界就是社会。[9]

因此,最发达的社会的根本任务就是去完成建立公正的使命。

---

[8] 我当然不是在说社会是外在于自然的,如果自然是指受因果规律支配的总体现象的话。通过自然秩序,我们可以理解所谓的自然状态究竟会产生何种现象,换言之,就是在生理和机体生理的影响下究竟会产生何种现象。

[9] 参见本书第二卷,第五章。我们再次看到,单靠自由契约本身是不够用的,只有在复杂的社会组织产生以后,契约才有可能存在。

实际上，社会已经感到必须向我们所指明的方向前进，这也得到了日常经验的证实。低级社会的最高理想就是尽可能地去创造一种非常紧密的集体生活，把个人完整地吞噬掉，我们的最高理想则在于建立一种更加平等的社会关系，保证所有具有社会效用的力量得到自由发展。但是，每当我们想到，几个世纪以来人们一直满足于那些很不完善的公正，我们就会扪心自问：我们的最终愿望是不是一种缺乏理性的焦躁行为，这些行为在对正常状态的期盼中是不是已经偏离了正常状态——总之，我们在彻底医治这种已经发作出来的病症的时候，究竟是要纵容它，还是要克服它？在本书的上一卷里，我们已经对纠缠我们的问题给予了确切的答复。目前我们最需要的就是这种倾向，因为它们是社会结构变化所带来的必然结果。既然环节社会正在消失，组织社会正在发展起来，既然有机团结正在逐渐替代相似性所形成的团结，那么外在条件就肯定会变得更加平等。既然已经付出了如此的代价，各种功能之间就会产生和谐状态，生活本身也同样会被纳入和谐状态。就像古代民族没有共同信仰就无法生存一样，我们现在所需要的就是公正。如果像所有事物所昭示的那样，决定社会进化的条件还是原来的那些条件，那么我们就可以断言，这种需要将一天比一天变得强烈。

第三章

另一种反常形式

现在，只剩下最后一种反常形式需要讨论了。

人们在商业、工业以及其他企业形式里经常会看到，各种功能的分配形式并不能使个人活力得到充分的发挥。显然，这种浪费是很令人惋惜的，不过，我们也可以暂时不从经济角度来考察这个现象。其实，真正使我们感兴趣的是另一个事实：伴随着这种浪费，各种功能之间还或多或少地缺少共同协作。我们知道，在任何一项业务里，如果每个雇员都无法把自己的活力充分地发挥出来，这说明他们的协作很不成功，各种工作都无法集中起来；简言之，如果团结的纽带松弛下来，松散和混乱的状态就产生了。在东罗马帝国时期，尽管社会的功能划分得非常细致，但最后却真正产生了紊乱状态。从这里可以看出，分工过于发达也产生不了完善的整合作用。这究竟是为什么呢？人们很容易回答说，社会缺少了某种支配机构或管理体制。但这样的回答是很难令人满意的，因为这种病态往往是由控制结构造成的。所以说，要想彻底消除这一弊端，仅仅靠某种支配手段是不够的，它还得找到一种确定的运作方式。因此，我们必须了解它是怎样运作的。精明老到的领导要做的第一件事情，就是取消那些没有多大用处的工作，同时在分配工作的过程中，能够使每个人都充分地保持一种忙碌状态，只有这样，才能提高每个工人的功能作用。只有在各项工作被节省地安排好以后，才能自然而然地恢复原来的秩序。如何才能做到这些呢？乍眼看来，这是难以想象的事情。不过，如果每个操作者都有一份确定的工作，并且要明确地完成这份工作，他就必须同邻近的操作相互协作，也不能不感觉到彼此之间的固定联系。只要工作是专门的，何必在乎是大是小呢？何必在乎它是否能够占满自己的时间和能力呢？

恰恰相反，这些因素都是比较重要的。一般而言，团结是紧紧依附在各个专门部分的功能作用上的。这两个概念是可以相互转化的。当功能受阻的时候，不管它们的分化程度有多高，都是徒劳无功的，因为它们的相互协作并不和谐，它们也不能充分地感觉到彼此之间的依赖关系。有几个例子或许可以把这个事实说得更明确些。在人体里，窒息可以阻碍毛细血管中的血液流动，紧接着就会产生瘀血现象，并使心脏停止跳动；几秒钟过后，整个有机体便会在很大程度上陷入紊乱，再过一二分钟，所有的生命机能就都会消失。[1] 由此看来，整个生命都是紧紧依赖于呼吸作用的。不过，在青蛙体内，呼吸可以停顿很长时间却不会产生紊乱，这不仅是因为空气足以透过它的皮肤供给血液，甚至因为它可以完全不用呼吸空气，它在机体组织里已经蓄积了氧气。青蛙的呼吸功能对于其机体内的其他功能而言，具有一种比较大的独立性，它不靠后者的帮助也能存活下来，因此，它的团结是很不完善的。这说明，青蛙机体组织的功能作用不如人类的强，所以它不太需要更新氧气，排掉消耗下来的灰碳。同样，哺乳动物也需要很有规律地摄取养料；它在正常的呼吸过程中也一直保持着同样的节奏；它的休眠时间也不是很长。换言之，它的呼吸功能、消化功能以及与其相关的功能不仅

---

[1] 斯宾塞：《生物学原理》（伦敦1884年版）第1卷。

相互之间不断产生了需要,而且对有机体来说也是必需的。因此,倘若有些功能长时间陷入一种停顿状态,就必然会危及其他功能甚至普通生活。不过,蛇却可以隔了很长一段时间再去觅食。它的活动期和休眠期相隔得很远,它的呼吸作用在某段时期里是比较明显的,但有时却几乎没有了,也就是说,倘若各种功能之间的联系并不是很紧密,即使把它们隔离起来,也无伤大局。所以,蛇的功能作用也不如哺乳动物的强。既然蛇机体组织的损耗比较小,也就需要不了太多的氧气。既然它分解的速度比较慢,也就不必进行频繁的呼吸,甚至在它追捕猎物的时候也是如此。斯宾塞在无机世界里也发现了许多非常类似的例子。他说道,我们倒可以看看各个部件绞合得不是太好或是磨损松动得比较厉害,但构造却比较复杂的机器,看看它快要报废的时候是个什么样子,或者是在它将要停下来的时候,观察一下它不太规则地进行运转的情况:有的部件虽然停了下来,但由于别的部件还在运转,所以又重新运转起来,后来,别的部件停止以后,它又成了能够使其他部件重新运转的原因。换言之,当机器的运转节奏变化得很快的时候,相互之间可以有规则地产生作用与反作用,所有运动也结合得比较美妙。但当它的速度降下来以后,不规则的情况就产生了,各种运动也逐渐松散开来。[2]

　　功能作用的所有发展都决定了团结的发展,不仅如此,只有在各种功能的持续性有所增加的条件下,机体功能才会更加充满活力。还是让我们来特别考察一下某个功能吧。任何一种功能如果缺少了其他功能的协作,都是很难得到实现的;如果其他功能的功效不大,它的功效也不会增加;如果其他功能支出得比较多,它也

---

〔2〕　斯宾塞:《生物学原理》第1卷。

会受到影响使自己的支出多起来。对某种功能来说，只要它的活力有所增加，那些与其有着牢固联系的功能作用也会得到相应的增加，继而，这种功能的活力又会重新增加起来。倘若这种活力的持续性进一步得到加强，那么上述情况就更容易发生了。当然，功能间的相互反映并不是没有止境的，到了一定程度，就会重新确立一种平衡状态。如果肌肉和神经的工作量很大，它们就会需要更多的养分，肠胃要想能够及时地供应这些养分，就必须有更强的功能。但是，若要增加肠胃的活力，就要首先使它们获得更多的养分，而要想得到这些养分，就得进一步耗费神经和肌肉的能量。大工业生产必须以机器的形式积累大批资本，反过来说，这些资本为了能够维持生存、弥补损失或者说是支付租金，就需要更大规模的工业生产。倘若机器的所有部件都飞速地运转起来，它是不能停顿下来的，因为所有部件在不断地相互传动。也就是说，它们相互牵引了起来。与其说单独某个功能变得更加活跃起来，还不如说所有功能都变得活跃起来，在这种情况下，每个功能的持续性也就增加了。

这样，各种功能之间的联系就更加牢固了。实际上，如果它们的关系持续性更强，它们就会更频繁地产生联系，更持续地产生相互需要，更明确地意识到彼此间的依赖关系。因此，在大工业体制下，如果工人们能够和谐一致地进行工作，那么企业就会越来越依赖工人，倘若罢工风潮一起，生产就会陷于停顿状态，资本也无法继续维持下去了。不过，工人们也不太会容易消极怠工，因为随着他们的工作增加，他们的需求也跟着增加了。反过来说，当他们还没有太多的活力的时候，他们的需求也总是时断时续的，功能之间的关系也同样如此。他们偶尔能够感受到他们之间的团结，因为团结本身就是很松散的。

由此看来，在工作量不大，甚至工作量不足的情况下，我们自然得不到很完善的团结，甚至可以说根本得不到团结。在有些企业里，各种工作划分得过于细致，以至于每个工人的活力达不到他的正常水平。这样一来，各种不同的功能被割断了，它们无法明确地相互适应、相互协调起来，采取一致行动。彼此分散的状态就这样突显出来了。

不过，这类形式的分工常常是由某些异常环境造成的。通常来说，在分工发展起来的时候，功能作用同时也会相应地发展起来。实际上，能够使我们向专业化方向发展的原因也是提高我们劳动强度的原因。一般而言，如果整个社会的竞争人数增加了，那么个别职业里的竞争人数也会随之增加。一旦他们之间的竞争更加激烈，就需要更多的力量来维持这种竞争。再者，分工本身也倾向于把这些功能变得更加活跃、更加稳定。长期以来，经济学家们就在探讨这些现象的缘由，以下便是他们的主要看法：

（1）当工作还没有被分开的时候，它只能在各种不同的职业之间相互传递，不断陷入一种混乱状态。分工产生以后，我们就可以节约很多时间；按照卡尔·马克思的说法，分工可以使工作日缩短。

（2）随着分工的发展，工人的技术，即工作能力会跟着发展，功能作用也会得到相应的增加。我们再也不用把时间花在起伏不定和错漏不断的过程中去了。

美国社会学家卡莱（Caley）曾经非常明确地总结出分工的这个特点。他说，最早的定居者并没有一贯的做法，他要想维持自己的生存，就不得不遍游四面八方，甚至常常会遇到食不果腹的危险。即使他得到了食物，也不得不放下工作，仔细考虑如何带着他的财产、陋室和自己顺利地搬到别的地方去住。一旦他搬到了其他地方，又不得不去做厨子、裁缝等工作。由于当时还没有人工照明设施，整个夜晚总显得空寂无聊，即使在白天，他也不能把自己的能力充分地发挥出来，因为所有工作都要完全依照天气状况而定。最后，他终于发现他还有个邻居，[3] 于是，他们之间就有了交换。既然他们在岛上占据着不同的地方，他们就得互相靠近一些，就像人们要想碾磨玉米，就不得不去搬块石头一样。再者，一旦他们遇在一起并要进行交换的时候，却突然发现了许多困难，因为他们想要交换的食物并不能得到稳定的供应。譬如说，渔人的运气好，捕到了很多鱼，猎人偶然间也捕到了些鱼，不过这时候，猎人只需要些果子，而渔人却没有。我们知道，任何事物只有在互有差别的情况下，才能相互提供帮助，但如果缺少这些条件，就会给相互帮助带来一定的阻碍，问题也就不容易解决了。

卡莱紧接着说，随着时间的推移，财富和人口都有了增长，社会活动也增加了。从此以后，父母之间、父母和子女之间以及子女之间也有了交换。有的人拿来了鱼，有的人拿来了肉，有的人拿来了玉米，有的人却能纺纱织布。在每一次进步中，当我们感觉到交换有了迅速发展的时候，人类的力量也增强了。[4]

不仅如此，我们还看到，人们的劳动也越来越有了持续性，越来越分开了。动物和野蛮人的劳动总是变幻无常的，他们只有在必须去满足某些比较紧迫的需要的时候，才被迫去从事劳动。在农业社会或游牧社会里，一旦遇到了恶劣的天气，所有劳动几乎都得停顿下来。在罗马，大量的节日和忌日都会使劳动陷入停滞状态。[5]

---

[3] 当然，这只是描述事实的一种形式。在历史中，事情总归不是这样发生的。一个人总归不会在偶然的一天发现一个邻居。
[4] 卡莱：《社会科学的准则》。
[5] 参见马奎特：《罗马国家法》第3卷，第545页以后。

在中世纪，休耕的时间也很长。[6] 但是，随着时间的流逝，劳动逐渐变成了永久的职业，变成了一种习惯，如果这种习惯得到了充分的确立，那么劳动甚至会成为一种需要。反过来说，如果劳动还是像原来那样时断时续的，那么这些习惯就不会被充分地确立起来，与之相应的需要也不会产生。

因此，我们必须承认，还有另一种因素使分工变成了社会凝聚的来源。恰如上文所说，分工不仅通过限制每个人的活力使个人之间确立了牢固的关系，而且也增加了个人的活力。它不仅加强了有机体的统一性，也助长了有机体的生命。至少在正常状态下，这两者是相伴而生的。

---

[6] 参见拉瓦瑟尔：《大革命前的法国工人阶级》第1卷，第474和475页。

结 论

一

现在，我们可以解决本书开篇所提出来的实际问题了。

如果真的存在一种行为规范，而且它具有不容置疑的道德性质，那么其标准就在于：我们应该在自己身上把集体类型的所有本质特征都体现出来。在低等民族里，这个标准是坚不可摧的。人们的首要责任就是去模仿所有人，无论在信仰还是在实践中都不容许有任何个人的东西存在。在比较进步的社会里，人们所需要的相似性却少了许多。但是，正如上文所说，有些标准是必须遵守的，否则就会给我们带来道德缺失。固然，刑法所包含的各种犯罪类型已经不像以前那样多了，但是，正由于罪犯与我们是不相类似的，所以他们变成了社会谴责的对象，就此而言，古今毫无差别。同理，在低级社会里，那些不道德并受到严禁的行为虽然在性质上显得很严重，但它所表现出来的差异性却不是很深刻。当共同道德要求人们在所有意义上成为真正的人的时候，要求他们拥有构成人类意识的所有观念和情感的时候，它借助不同语言所表达的难道不是这种规范吗？当然，如果我们单从字面上理解，它规定我们去做的只是普通人，而不是这样或那样的社会种群。然而，在现实里，我们在自己身上必须体现出来的全部人类意识，也只不过是我们所属群体的集体意识。这些意识如果不是由我们最贴近的观念和情感组成的,那么它究竟又是由什么组成的呢?如果我们不从我们自身和周围去寻找我们的模式特征,那么究竟到哪儿才能找到它呢?如果说我们相信这种集体理想是人类的整个理想,那也是因为它非常抽象、非常普遍,毫无差别地适用于所有人。事实上,每一民族对这个所谓的人类模式都有着自己独特的观念,观念本身是从民族自身的精神气质中产生出来的。每个民族都可以依照自己的想象来表现这个人类模式。道德家们坚信自己可以借助自己的思想力量摆脱周围观念的影响,其实,这是他们根本做不到的事情。由于周围观念完全渗透进了他们的思想,所以他们在推导出结论之时,还会重新发现这些观念。因此,每个民族都有与自己的个性遥相呼应的道德哲学学派。

就另一方面而言,我们已经说明,这种规范的功能在于防止共同意识以及社会团结发生任何动摇。但是要想实现这一功能,它就应该具有某种道德属性。当最基本的集体情感遭到侵犯的时候,假如人们对此忍气吞声,那么社会就会瓦解掉。人们要想抵抗这些侵犯,就必须依靠那些能够与道德规范联系起来的特别强大的反抗力量。

不过,还存在着一种相反的规范,它不仅能够使我们朝着专业化的方向发展,而且也具备了同样的功能。我们至少可以说,当社会进化到了特定阶段以后,这些规范也成了社会凝聚的必要条件。固然,它所带来的团结不同于前一种团结,但如果这种团结确实是一种不同的团结,那也是必不可少的。高等社会若要维持自身的平衡,就必须实行分工。人们之间的相互吸引已经越来越难以产生这种结果了。如果第一种规范在具体实施的过程中必须具备某种道德属性,那么第二种规范也同样需要这种属性。两种规范所要满足的是同一种社会需要，但它们满足的方式却有所不同，这是因为，它们在社会里的生存条件是不同的。所以，我们用不着去深究这些规范首要的伦理基础，就能从一种规范的道德价值中推断出另一种规范的道德价值。如果从某种角度来说，两者之间确有冲突之处，那也不是因为它们的目的不同。相反，正因为它们共同指向同一个目的，才走上截然相反的道路。因此，我们没有必要一劳永逸地选择其中的一种价值，也不能以这种价值的名义来贬低另一种价值。我们应该做的只是：在每个历史时期，为这两种价值分别赋予与之相应的地位。

我或许应该更为概括地说明一下我们的想法。

其实，由于研究主题的需要，我们不得不对道德规范进行划分，不得不重新审视一下它们的主要门类。因此，我们此时比在开篇更容易感受到，或者至少说是猜测到它们的外部特征和内在属性，这些属性既是它们所共有的，又可用来定义它们本身。故而，我把规范划分为两种类型：一种是与压制性制裁有关的规范，包括分散类型和组织类型；另一种是与恢复性制裁有关的规范。我们已经看到，前者表现出来的是从相似性中产生的团结条件，我们已经将它称作是机械团结；后者表现出来的是一种否定的团结，[1]我们称之为有机团结。一般而言，我们认为道德规范的特性在于它阐明了社会团结的基本条件。法律和道德就是能够把我们自身和我们与社会联系起来的所有纽带，它能够将一群乌合之众变成一个具有凝聚力的团体。任何社会团结的根源，任何促使人们去体谅他人的动力，任何对自身行为不带私心的规定，都可以称作道德，这些纽带的数量越多、力量越强，道德本身也就越牢固。因此，人们经常通

---

[1] 参见本书第一卷，第三章，第二节。

过自由来解释道德的做法是很不合适的。与其说道德的基础是一种自由状态，不如说道德是建立在依赖关系之上的。道德非但不会使个人获得解放，不会使个人从周遭环境中摆脱出来，相反，它的主要作用就在于把个人变成社会整体的整合因素，从而剥夺了个人的部分行动自由。平心而论，我们有时候也会遇到一些高贵的人，他们也曾觉得这种依赖状态是无法忍受的。这是因为，他们还没有感受到自身道德的来源所在，这些来源是高深莫测的。就人的深层状态而言，良知并不是一种很好的评断方式，它很难洞察到这种状态。

人们往往认为社会与道德是毫不相关的，或者说它只能对道德产生次要的影响。其实不然，社会并不是个人叠加而成的，个人也不是带着固有的道德走进社会的。正因为人生活在社会里，他才会成为一种道德存在，而道德是由群体团结构成的，也伴随着群体团结的变化而变化。假如所有社会生活都荡然无存了，那么道德生活也会跟着一同消失，因为它再也没有依托的对象了。18世纪哲学家们所说的自然状态即使不是不道德的，至少也是**反道德的**，卢梭本人也承认这个事实。正因如此，我们就不能回到把道德展现为一种社会利益功能的程式中去。毋庸置疑，如果社会的各个部分不能牢固地联结在一起，社会也就无法存在下去，但团结仅仅是社会存在的一个条件。尽管还有许多条件是与道德无关的，但我们不能不说它们也是必要的。再者，在构成道德的这些关系中，有些关系本身并没有多大的用处，或者说它们的力度和效度是不相称的。所以说，效用概念并不是我们用来定义道德的根本因素。

如果所谓的个人道德指的只是个人的所有责任，即同时作为主体和客体的个人在独立存在的时候，还可以自我维系并且存在下去，那么个人道德也只能是一种抽象概念，并没有自己的现实基础。任何层次的道德都只能存在于社会状态之中，都只能随着社会条件的变化而变化。因此，像"如果社会消失了，道德会变成什么样子？"这样的问题，都是不符合事实的，都是一种毫无根据的假设和无法证实的幻想。实际上，个人对自己的责任就是对社会的责任，它们与某种集体情感是相互对应的，不管迫害者和受害者是同一个人，还是两个人，这种情感都不容侵犯。比如说在今天，所有健全的意识都具有尊重个人尊严的强烈感情，我们的行为必须符合我们自身的关系以及我们与他人之间的关系——实际上，这就是所谓个人道德的本质所在。任何行为只要是触犯了这种关系，就必须受到谴责，即使迫害者和受害者是同一个人，也是如此。这就是康德的准则：任何时候，我们都必须尊重人的人格，我们对己对人皆该如此。因为在这两种情况下，以道德为对象的情感都受到了伤害。

  分工不仅能够展现出我们所确定的道德特征，也可以逐渐成为社会团结的本质条件。随着社会的不断进步，个人与家庭之间、个人与祖国之间、个人与历史留传给他的传统之间以及个人与群体的共同习俗之间的纽带都渐渐地松弛了。个人的活动能力越强，他就越容易改变环境，越容易离开自己的亲人远走他乡、独立生活，逐渐确立了自己的情感与观念。当然，所有共同意识的痕迹并不因此就消失了，至少，我们刚才所说的尊重人格和尊重个人尊严还遗留了下来，甚至在今天变成了万众瞩目的焦点。不过，当我们想到随着社会生活不断扩展个人意识也在不断扩展的事实，我们也就不再把它当成一回事了！既然个人的意识越来越多，个人的智慧越来越丰富，个人的活动越来越多样，而道德本身却毫无变化，个人还像原来那样牢固地维系在群体之内，那么我们就应该增加和加强联结个人的纽带。因此，如果这些纽带仍旧建立在相似性的基础上,那么当环节社会逐渐消亡的时候,道德也会跟着衰落下去。这样一来,人们不再像以前那样受到很强的牵制了,也不再能感受到围绕着和凌驾于他并能够使他得到好处的社会压力了,尽管这些压力可以节制他的私心杂念,使他成为一种道德动物。由此,分工便产生了道德价值,个人再次意识到了自身对社会的依赖关系,社会也产生了牵制和压制个人无法脱离自身限度的力量。总而言之,分工不仅变成了社会团结的主要源泉,同时也变成了道德秩序的基础。

所以我们可以说,在高等社会里,我们的责任不在于扩大我们的活动范围,而在于使它们不断集中,使它们朝着专业化的方向发展。我们必须划定我们的范围,选择一项确定的工作,全心全力地投入进去,而不是把我们塑造成一件完整的艺术品——艺术品的价值只能来源于自身,不能来源于它所做的贡献。总之,社会发展的等级越高,它的专业化水平就越高,也不再有其自身的局限了。[2]无疑,只要集体类型存在,我们就应该将它在我们的身上体现出来,换言之,如果我们缺少了共同的情感和观念,也就不再是一个人了。尽管某些规范规定我们必须朝着专业化的方向发展,但这些规范毕竟是受相反的规范限制的。这并不是说,专业化发展得越快

---

[2] 也许还存在着另一个限度,但我们没有必要多说什么,因为这个限度是与个人的卫生状况有关的。有人会坚持认为,分工是我们的机体构造和心理构造的产物,它如果超出了一定限度,就会陷入混乱状态。我们姑且撇开这个问题不论,不妨先看看下面这个问题:即使生理机能的专业化发展达到了最高限度以后,也不能证实这样的假设。而且,即使在心理机能和社会功能的领域内,随着历史的发展,难道男女分工达到了最高限度了吗?难道女人丧失掉自己的所有能力了吗?男人也如此吗?为什么在同样性别的人们中间,没有发生同样的现象呢?固然,有机体若要适应这些变化,就要以时间作为保证,但是,我们无法理解为什么在将来的某一天,这种适应能力会消失得无影无踪。

就越好,而是说它必须根据需要的发展而发展。至于这两种相反的需要应该有什么样的比重,还要靠经验来决定,它是无法事先算定的。我们只要弄清楚这一点就足够了:后者和前者在性质上并没有什么差别,都是就道德而言的,而且,正因为我们刚才所说的那种普遍性特征越来越难以使个人社会化,所以这种责任也就变得越来越重要、越来越紧迫了。

怪不得公众不断明显地流露出了一种厌恶半吊子行家的情感,他们甚至对那些博采众长之士,那些不肯把全部精力投入在职业组织中的人们也没有好感。实际上,人们已经不再过分地依赖社会了,或者如果他们愿意的话,社会也不再把他们拴得很紧了。他们可以摆脱掉社会,因为他们对社会已经不再有原来那种强烈的和持续的感情,他们再也意识不到自己作为社会存在应该履行的各种义务。如上所说,他们所注重的普遍观念既显得很平常,又有点儿飘忽不定,也不再有那么多的吸引力了。当人们还没有一个确定目标的时候,他们就很难顾及身外事物,而只能或多或少地钻进自己的小圈子里。反过来说,既然他们所从事的固定工作具有无数的职业道德责任,那么他们每时每刻都应该感觉到共同团结情感的存在。[3]

---

[3] 从我们刚才所确立的前提里,我们可以推出许多很实在的结论,它们与教学有很大的关系。在教育过程中,人们往往以为人类道德的基础是由普遍性构成的,但正像我们在上文所说的那样,情况并非如此。人活在社会有机体里,总是去完成一项特殊职能,因此他必须预先学会怎样作为一个器官而发挥作用。因此,教育总是必不可少的,就像他必须学会怎样做人一样。这并不意味着,我们让孩子们过早地去承担某种特殊的职务,相反,我们应该引导孩子们喜欢上确定的工作和范围。这种能力与那些能够捕捉普遍事物的能力截然不同,获得这种能力的方法也不同。

二

然而，分工既然把我们变成了一个不完整的人，不也就削弱了人的人格了吗？人们常常就是这样责备分工的。

首先我们应该注意到：如果有人说人性的发展在表层上比在深层里更合乎逻辑，这是令人难以置信的。为什么说范围较广而且比较分散的活动，要比范围较小而且比较集中的活动更加占有优势呢？为什么说比较平庸却很全面的人，要比过一种专门而又紧凑的生活的人更加令人尊重呢？尤其是在我们通过与人合作，取人之长补己之短，使自己变得更加完善的时候。按照亚里士多德的原理，人必须实现他们作为人的本性（οἰχείου）。但是，在不同的历史时期，人的本性也是不一样的；它总是随着社会的变化而变化。在低等民族里，行为的含义就是去模仿别人，把集体类型的所有属性都体现在自己身上，那时候，集体类型和人类类型更容易混淆在一起。在发达社会里，绝大多数的人类本性都成了社会的一部分；因此，行为就有了人作为一个社会器官并以此发挥作用的含义。

不仅如此，个人的人格非但没有由于专业化的发展而受到损害，反而随着分工的发展一同发展起来了。

做一个人，实际上就是做一个行为自主的人。人要想获得这种状态，就必须拥有真正属于他，甚至只属于他自己的东西，由此，他可以成为个人，而不只是对种族和群体的原始类型的单纯体现。有人常常反驳我说，人一生出来就是有自由意志的，这足以构成他的人格了。不过，不管自由是由什么构成的——这是许多争论的焦点——它绝对不具有这种非个人的、固定不变的和形而上学的性质，也不能作为经验的、易变的和具体的个人人格的基础。倘若非得在这种对立中做出选择的话，那么这种彻头彻尾的抽象能力也形成不了人格。只有在个人行为具有特殊的目的和动机的时候，这种才能方可施展出来。换言之，构成个人意识的材料必须具有一种人格特征。本书第二部分已经说明，随着分工的不断发展，这种现象也会逐渐产生。环节社会的消失必然要求专业化同时得到发展，要求将个人意识从支撑它的有机环境和涵盖它的社会环境中解放出来。这种双重解放使个人行为变得更加独立了。分工也为这个过程助了一臂之力。借助专业化的发展，个人的本性也变得越来越复杂了；其中，部分本性已经脱离了集体作用和遗传影响，后者只能作用和影响到那些很简单、很普通的事物了。

因此，倘若人们有时候认为人格早在分工形成之前就已经是很完整的，那么这确确实实是一种幻想。当然，如果我们站在旁观者的角度，会看到个人所从事的职务是五花八门的，人格也似乎得到了自由而又全面的发展。但是实际上，个人表现出来的活力并不是他自己的。社会和种族时刻作用着他，并通过他将自身表现出来；他只不过是社会和种族赖以实现的中介而已。他的自由只是表面的，他的人格也是假冒的。既然从某种角度来说，社会生活并没有太多的规律而言，人们就会想到各种创造力很容易出头露面，每个人也很容易顺应自己的喜好，社会为人们的自由幻想留下了更广阔的天地。但是，这种观点却有着自己的疏漏之处：那时候，个人情感是非常少见的。当时，如果驾驭行为的各种动机不像今天这样有规律，那么它们就是集体的和非个人的动机。它们所引发的各种行为也同样如此。我们已经谈到过，只有在个人的活力变得更加专业化的时候，它们才会显得更加丰富、更加强烈。[4]

由此看来，个人人格的进步与分工的进步是一脉相承的，我们

---

〔4〕参见本书第233页以后，以及第274—275页。

要想得到前者，就不能不要后者。今天，没有人提出这样的问题：规范的规定性特征在于要求我们应该像人那样生存，而且越来越应该如此。

我们最后所做的考察，就是要说明分工与我们的整个道德生活之间的关联程度。

长期以来，人类始终沉湎于这样的梦想：最终实现人类博爱的理想。大家总是在同声祈盼，战争不再决定着国家之间的关系，社会之间的关系应该像人与人的关系一样得到和平的规定，所有人都能够同心协力、同舟共济地生活在一起。尽管这些期望部分地为我们所在的不同社会的其他期望抵消掉，但是，它们仍旧非常强烈，渐渐地积聚着力量。不过，倘若所有人不归属于同一个社会，不遵循同一种法律，这些期望就永远得不到满足。就像个人之间的冲突只能受到能够涵盖所有人的社会规定作用的约束一样，社会之间的冲突也只能由能够涵盖所有社会的社会规定作用来约束。只有群体的力量才能限制个人的私心杂念；只有涵盖所有群体的另一种群体才能控制这些群体的私心杂念。

其实，只要我们按照这样的方式提出问题，我们就必须承认这个理想是很难即刻实现的。在这个世界上，相生相伴的各种不同社会类型之间在精神和道德上存在着很多分歧，它们很难形成存在于同一社会里的那种博爱精神。不过，同类的社会倒有可能团结起来，实际上，我们的社会就是朝着这个方向发展的。我们已经看到，所有欧洲民族正在自发地形成一个欧洲社会，这个社会已经认识到了自己的同一性，开始组织起来了。[5] 即使我们很难建构出一个纯粹

---

[5] 参见本书第242—244页。

的人类社会——这一点还没有得到证明[6]——但我们至少可以认为，将来肯定会出现某些规模比较大的社会，我们应该逐渐朝向这个目标靠拢。而且，这些事实与我们所确定的道德之间是不会产生矛盾的。我们之所以要紧紧抓住人性并努力去这样做，是因为社会正是以此方式来实现自身的，我们与社会之间有着牢固的联系。[7]

不过，我们也很清楚，要想构建一个更大规模的社会，就必须以分工的发展为前提。如果社会功能没有在更大程度上产生分化，社会就维持不了自己的平衡状态，更大规模的竞争也会不可避免地产生出来。一般来说，如果社会容量伴随着人口密度一同增加，那么这种情况就更有可能发生。因此，我们可以得出以下命题：如果劳动分工没有得到发展，人类博爱的理想就不可能得到实现。我们必须做出选择：如果我们不肯限定个人的活动范围，我们就必须抛弃原来的梦想；要想继续追寻我们的梦想，我们就必须满足上文提及的所有条件。

三

但是，即使分工产生了团结，也不像经济学家所说的那样，仅仅是因为它使每个人都变成了交易代理人。[8]更重要的是，它在人与人之间构建了一个能够永久地把人们联系起来的权利和责任体

---

[6] 我们没有理由认为，社会在精神和道德方面的分歧会继续存在下去。高等社会的范围越大，不发达社会就会逐渐被收编或淘汰，无论如何，这些分歧都会变得越来越少。
[7] 所以说，我们的社会责任并没有超出我们对祖国所负有的责任。祖国是我们目前能够实现的唯一社会形式。至于另一种理想的社会形式，我们还很难说是否会实现。
[8] 这个概念源于德·莫兰纳里：《经济伦理学》，第248页。

系。就像社会相似性产生了法律和道德,并以此来保证这种相似性一样,分工也产生了各种规范,可以保证相互分化的各种功能进行稳定和正常的协作。由于经济学家相信只有个人的和暂时的利益才是最重要的,所以他们确信,分工无论如何都可以产生充分的社会团结,人类社会可以而且应该通过纯粹的经济合作来解决这些问题。因此,要想对这些相互冲突的利益做出评价,对它们获得平衡的方式进行确证,换言之,要想确定它们产生交换的条件,个人就必须具有一定的资格能力。而且,由于这些利益是不断发展的,所以它们没有给永恒的规范体系留下任何余地。但是,无论从哪个角度说,这种看法都是不准确的,都是不符合事实的。分工并没有把个人向他人体现出来,而是把社会功能体现了出来。社会与这些功能的相互作用是有利害关系的:这些功能能否正常地进行协作,直接关系到社会的健康或病害。社会是建立在功能之上的,社会与它们的联系越紧,这些功能划分得就越细。所以说,社会绝对不能让这些功能处于反复无常的状态中;而且,它们也是可以相互确证的。由此看来,规范大概是这样产生的:劳动分工越发展,规范就会变得越多——倘若没有规范,有机团结就是不可能的,或不完善的。

然而,只有规范还不够,还必须要有公平。要想有公平,竞争的各种外部条件就应该是平等的。反过来说,如果我们注意到,当集体意识迅速缩减为个人信仰的时候,组织社会的道德在性质上就要比环节社会显得更加人道,更加合理。它并没有让我们去依赖那些与我们毫无关系的目标,也没有让我们成为某些理想力量的臣仆,这些力量与我们的力量有着质的不同,它们自行其是,并不考虑人类的利益。道德要求我们与人为善、公平待人、忠于职守,各尽其责、按劳取酬。构成这种道德的所有规范都不具有强制力量,以便使它们得到全面监督。从某种意义上讲，正因为这种道德是为我们设立的，所以我们对它就显得比较自由。我们想要了解它，就不怕它会产生什么变化。除此之外，我们也不要以它太世俗、太容易掌握为借口，过于在意它想象中的缺陷。高尚的理想不在于超然物外，而在于能够向我们展示一个更加广阔的视野。这种理想的重要之处不在于超乎尘世、与世无争，而在于它为我们提供了一个更加长久的前景——理想是无法在朝夕之间实现的。我们感到，要想建立一个社会，使每个人获得应有的地位，获得与其付出相应的报酬，使所有人都能自然而然地进行合作，造福社会也造福个人，这是一件异常艰苦的工作。同理，某种道德要想比其他道德更加高尚，不在于以一种更无情、更严厉的方式实行强制，也不在于拒绝任何反思。诚然，它必须把我们维系于外部世界，但它没有必要束缚我们的手脚，让我们寸步难行。

有人说得不错[9]：道德——既是理论意义上的，又是伦理习俗意义上的——正在经历着骇人听闻的危机和磨难。以上说法或许可以帮助我们找到这种疾病的根源和性质。转眼之间，我们的社会结构竟然发生了如此深刻的变化。这些变化超出了环节类型以外，其速度之快、比例之大在历史上也是绝无仅有的。与这种社会类型相适应的道德逐渐丧失了自己的影响力，而新的道德还没有迅速成长起来，我们的意识最终留下了一片空白，我们的信仰也陷入了混乱状态。传统失势了。个人判断从集体判断的羁绊中逃脱出来了。在狂飙突起的时代里，乱作一团的各种功能也不再会有时间去互相磨合了。新的生活刹那之间出现了，还没有能力把自己组织起来，还无法满足我们内心涌起的公平需要。倘若情况真的如此，倘若我们

---

[9] 参见博西勒：《道德原理》中的《导言》。

真的想去治疗这种疾病,我们就不能竭力使那些已经不符合现有社会条件的传统习俗重新得到复活,否则,我们的生活就会变得平庸浅薄、矫揉造作。相反,我们应该制止这种失范状态,找到一种能够使这些相互混战的机构调和起来的方法。我们应该在这些关系里加进更多的公平因素,把不平等的外部条件统统消除掉,把我们的病根统统消除掉。我们的疾病并不像有时候人们所猜测的那样是智力方面的问题,它蕴涵着更深层的原因。如果我们不明白我们有史以来所实践的道德是靠某种理论观念来维持的,那么我们就感觉不到痛苦。这是因为,某些道德因素已经不可补救地被动摇了,而我们所需要的道德却还在襁褓之中。我们所忧虑的,并不是祖先留传给我们的那些对自身责任的传统解释已经遭到了学者们的驳斥和摒弃——我们也不想求助一种新的哲学来打消这种忧虑——而是这些责任已经丧失了自己的现实基础,它们相互之间的纽带已经松弛了,我们只有重新确立一种原则,重新巩固这一基础,才能彻底消除这些现象。总而言之,目前我们的首要任务就是要为我们自己确立一种道德,但这个任务是不能在悄无声息的研究工作中即刻完成的。它只有在内在因素的逼迫和要求下,才能借助自己的力量产生出来。思考所能做到和应该做到的,就是去规定我们应该达到的目标,这正是本书的宗旨所在。

附录一

参考文献

著作：

Accarias, *Précis de droit romain.*

Aristotle, *Nichomachean Ethics.Politics.*

Arréat, "Récents travaux sur l'hérédité", *Revue philosophique* (April 1890).

Ashley, *Histoire des doctrines économiques.*

Bain, A., *The Emotions and the Will* (London 1889).

Ball, W. P., *Are the Effects of Use and Disuse Inherited?* (London 1890).

Beaussire, *Les principes de la morale.*

Beudant, *Le droit individuael et l'Etat.*

Binding, *Die Normen und ihre übertretung* (Leipzig 1872).

Bischoff, *Das Hirngewicht der Menschen. Eine Studie* (Bonn 1880).

Block, *Statistique de la France.*

Boissier, *La religion romaine.*

Borchardt, W., *Die sprichwörtlichen Redensarten* (Leipzig 1888).

Bordier, *Vie des sociétés.*

Bouglé, "Remarques sur le régime des castes", *Année sociologique*, vol.I.

Bouvy, *De l'infamie en droit romain* (Paris 1884).

Bücher, *Die Entstehung der Volkswirtschaft.*

Büsschenschütz, *Besitz und Erwerb.*

Candolle, *Histoire des Sciences et des Savants*, 2nd edn.

Carey, C.H., *The Principles of Social Science.*

Cauwès, *Précis d'économie politique.*

Cicero, *De officiis.*

Clément, *Science sociale.*

Comte, A., *Cours de philosophie positive.*

Coulanges, F., *Histoire des institutions politiques de l'ancienne France.LA Citéantique.*

Dargun, *Mutterrecht und Baubehe im germanischen Rechte* (Breslau 1883) .

Darwin, C., *The Origins of Species* (London 1891) .

Du Boys, *Histoire du droit criminel des peuples modernes.*

Dumont, *Dépopulation et civilisation* (Paris 1890) .

Durkheim, *Le Suicide.*

Ellis, *The Ewe-Speaking* [sic] *Peoples of the Slave Coast* (London 1890) .

Esmein, *Etudes sur les contrats dans le très ancien droit français.*

Espinas, *Sociétés animales* (Alcan, Paris) .

Fechner, *Psychophysik.*

Féré, *Dégénérescence et criminalité.*

Fouillée, *Science sociale.*

Francotte, *L'Industrie dans la Grèce antique.*

Galton, F., *English Men of Science* (1874) . *Natural Inheritance* (London 1889) .

Garofalo, *Cimimologie.*

Gellius, A., *Noctes Atticae.*

Gierke, *Das deutsche Genossenschaftswesen.*

Gilbert, *Handbuch der Griechischen Staatsalterthümer* (Leipzig 1881) .

Giraud, *Les Sociétés chez les animaux.*

Glasson, *Le droit de succession dans les lois barbares.*

Guyau, *Morale anglaise.*

Haeckel, *Histoire de la création naturelle.*

Hale, *Ethnography and Philology of the United States* (Philadelphia 1846) .

Hanoteau & Letourneux, *La Kabylie et les coutumes kabyles.*

Hartmann, *Philosophie de l'Inconscient.*

Hermann, *Lehrbuch der griechischen Antiquitäten*, 3rd edn.

Hesiod, *Travaux et jours* (ed. Didot).

Homer, *Iliad.*

Humboldt, *Neuspanien.*

Janet, *Morale.*

Krauss, *Sitte und Brauch der Südslaven.*

Kulischer, "Der Handel auf den primitiven Kulturstufen", *Zeitschrift für Völkerpsychologie*, vol. X (1877).

Laplace, *Théorie analytique des probabilités* (Paris 1847).

Layet, *Hygiène des peuples.*

Lebon, *L'homme et les sociétiés.*

Lemontey, *Raison ou folie.*

Levasseur, *Les classes ouvrières en France iusqu'àla Révolution.*

  La population Française.

Loiseleur, *Lois de Manou.*

Lombroso, *L'homme criminel.*

Lubbock, J., *The Origin of Civilization* (London 1870).

Maine, H. S., *Ancient Law* (London 1861).

Mainz, "Esquisse historique du droit criminel de l'ancienne Rome", *Nouvelle Revue historique du droit français et étranger* (1882).

Marion, *La Solidarité morale.*

Marquardt, *Römische Staatsverfassung*, 2nd edn.

  Privatleben der Römer.

  Römische Alterthümer.

Masqueray, *Formation des cités chez les populations sédentaires d'Algérie* (Paris 1886).

Maudsley, H., *The Physiology of Mind* (London 1876).

Meier & Schömann, *Der attische Prozess*, 2nd edn (Berlin 1863).

Mill, J. S., *Principles of Political Economy* (London 1852) .

Molinari, *La morale économique.*

Morgan, L. H., *Ancient Society* (London 1870) .

Munck, *Palestine.*

Oettingen, A., *Moralstatistik* (Erlangen 1882) .

Ortolan, *Instituts.*

Perrier, *Le Transformisme.*

 Anatomie et physiologie animales.

 Colonies animales.

Plath, *Gesetz und Recht im alten China* (1865) .

Plato, *Eutyphr.*

 Alcibiades.

 Republic.

 Protag.

Pliny, *Natural History.*

Plutarch, *Numa.*

 Apopth.

Post, *Bausteine für eine allgemeine Rechtswissenschaft.*

 Afrikanische Jurisprudenz.

Quatrefages, *L'espèce humaine.*

Rabier, *Leçons de philosophie.*

Rein, *Kiminalrecht der Römer.*

Réville, *Religions des peuples non-civilisés.*

Ribot, *L'hérédité*, 2nd edn.

 Psychologie allemande.

Rietschel, *Markt und Stadt in ihrem rechtlichen Verhältnis* (Leipzig 1897) .

Romanes, *L'Intelligence des animaux.*

Rose, C., *Four Years in Southern Africa* (1829) .

Say, J.-B., *Traité d'économie politique.*

Schaeffle, *Bau und Leben des sozialen Körpers.*

Schmoller, "La Division du travail étudiée au point de vue historique", *Revue d'économie politique* (1889).

Schrader, *Linguistisch-historische Forschungen zur Handelsgeschichte* (Jena 1886).

Secrétant, *Le principe de la morale.*

Selden, *De Sunedrüs.*

Simmel, *Soziale Differenzierung* (Leipzig).

Smith, W. R., *Marriage and Kinship in Early Arabia* (Cambridge 1885).

Sohm, *Über die Entstehung der Städte.*

Sorel, *L'Europe et la Révolution française.*

Spencer, H., *Essays: Scientific, Political, and Speculative* (London 1858).

    The Principles of Ethics (London 1893).

    The Principles of Psychology (London 1881).

    The Principles of Sociology (London 1876, 1855).

    The Principles of Biology (London 1884).

    The Man versus the State (London 1884).

    First Principles (London 1862).

Tacitus, *Germania.*

Tarde, *Criminalité comparée* (Alcan Paris).

    Lois de l'imitation.

Thonissen, *Etudes sur l'histoire du droit criminel.*

    Droit pénal de la République athénienne.

    Procédure de la loi salique.

Tocqueville, *La démocratie en Amérique.*

Topinard, *Anthropologie.*

Ulpian, *De Pactis.*

Valleroux, *Les corporations d'arts et de métiers.*

Viollet, *Précis de l'histoire du droit français.*

Voigt, *Die XII Tafeln.*

Jus gentium.

Wagner, "Die Kulturzüchtung des Menschen", *Kosmos*（1886）.

Waitz, *Anthropologie der Naturvölker.*

Das alte Recht der Salischen Franken（Kiel 1846）.

Deutsche Verfassungsgeschichte, 2nd edn.

Walter, *Histoire de la procédure civile et du droit criminel chez les Romains.*

Waltzing, *Etude historique sur les corporations professionnelles chez les Romains.*

Weismann, *Essais sur l'hérédité*（Paris 1892）.

Wundt, *Psychologie Physiologique.*

Wyss, *Die Sprichwörter bei den römischen Komikern*（Zurich 1889）.

Zöplf, *Deutsche Rechtsgeschichte.*

期刊、辞典及年鉴：

Annales de la ville de Paris.

Annales d'Hygiéne（1884）.

Année sociologique, vol. I, IV.

Dictionnaire des antiquités.

Encyclopédie des sciences religieuses.

Dictionnaire Encyclopédique des Sviences médicales.

Journal des économiques（November 1884）.

Laws of Manou.

Nouvelle Revue historique du droit français et étranger（1882）.

Revue d'économie politique（1889）.

Revue philosophique.

Zeitschrift für Völkerpsychologie, vol. X（1877）.

附录二

人名对照表

A

Accarias 阿卡莱斯
Aristotle 亚里士多德
Arréat 阿莱
Ashley 阿斯莱

B

Bain, A. 拜恩
Ball, W. P. 鲍尔
Beaussire 博西勒
Bernouilli 贝努里
Bert, P. 伯特
Bertillon 贝蒂隆
Beudant 伯当
Binding 宾丁
Bischoff 毕肖夫
Block 布洛克
Boissier 博西埃
Bonett, C. 查尔斯·波涅
Borchardt, W. 伯夏特
Bordier 博尔迪埃
Bouglé 布格勒
Bouvy 布维
Boys 布瓦兹
Broca, M. 布罗卡
Bücher 布彻尔
Büsschenschütz 比森舒茨

C

Carey, C. H. 卡莱
Cauwès 索韦
De Candolle 康多尔
Cheysson 谢松
Cicero 西塞罗
Clément 克雷芒
Comte, A. 孔德
Condillac 孔狄亚克
Confucius 孔子
Coulanges, Fustel de 古朗治
Cook 库克

D

Dargun 达尔古恩

Darwin, C. 达尔文

Denis（Halcarnassus） 哈卡马修斯的丹尼斯

Didot 迪多

Diocletian 戴克里先

Diodorus 狄奥多罗斯

Dumont 迪蒙

Dunant 蒂南

E

Élien 埃里昂

Ellis 埃利斯

Erikine 埃里凯恩

Esmein 厄斯曼

Espinas 埃斯皮纳

Euripides 欧里庇得斯

F

Fechner 费希奈

Féré 费雷

Festus 菲迪

Fison 菲松

Fouillée 傅立叶

Francotte 弗兰科特

Franks 弗朗克

G

Galton, F. 加尔通

Garofalo 加洛法罗

Gellius, A. 奥鲁斯·格利乌斯

Gierke 吉尔克

Gilbert 吉尔伯特

Giraud 吉洛

Glasson 格拉松

Guyau 居约

H

Haeckel 海克尔

Hale 黑尔

Haller 哈勒

Heraclitus 赫拉克里特

Hanoteau 阿诺多

Hartmann 哈特曼

Hermann 赫尔曼

Hesiod 赫西奥德

Hippocrates 希波克拉底

Howitt 霍维特

Humboldt, A. 洪堡

J

Janet 雅内

K

Kant I. 康德

Khune 库恩

King	金	Meng Tseu	孟子
Krauss	克劳斯	Meier	迈尔
Kulischer	库里歇	Mill, J. S.	穆勒
		Milne-Edwards	麦恩-爱德华
		De Molinari	德·莫兰纳里

L

Labier	拉比埃	Morgan, L. H.	摩尔根
Laplace, P.-S.	拉普拉斯	Morselli	莫塞里
Layet	拉耶	Munck	穆克
Lebon	勒邦		
Leibnitz	莱布尼茨		

N

Lemontey	勒蒙泰	Nale	内尔
Leroy, G.	乔治·勒鲁瓦		

O

Letourneux	勒图尔纳	Oettingen, A.	于廷根
Levasseur	拉瓦瑟尔	Ortolan	奥特兰
Loiseleur	卢瓦瑟莱		
Lombroso	龙勃罗梭		

P

Lubbock, J.	卢伯克	Pascal, B.	帕斯卡
Lucas	卢卡斯	Perrier	皮埃尔
		Plath	普拉斯

M

MacCulloch	麦克库罗赫	Plato	柏拉图
Maimonides	迈蒙尼德	Pliny	普林尼
Maine, H. S.	梅因	Plutarch	普卢塔克
Mainz	梅茵茨	Pocock	波科克
Marion	马里恩	Pompilius, Numa	努马·庞皮利乌斯
Marquardt	马奎特	Post	普斯特
Marx, Karl	卡尔·马克思		

Q

Masqueray	马斯奎利	De Quatrefages	科特勒法格
Maudsley, H.	莫斯黎		

Quételet 奎特莱

R

Rabier 拉比埃
Rein 莱恩
Réville 雷维尔
Ribot 利鲍
Richet 里歇
Rietschel 雷切尔
Romanes 罗曼尼斯
Romulus 罗慕洛
Rose, C. 罗斯
Rousseau, J.-J. 卢梭

S

Say, J.-B. 萨伊
Schaeffle 沙夫勒
Schmoller 施穆勒
Schömann 勋曼
Schrader 沙德
Secrétant 瑟克雷当
Selden 塞尔登
Simmel 齐美尔
Smith, Adam 亚当·斯密
Smith, W. R. 罗布森·史密斯
Sohm 佐姆
Solon 梭伦
Sorel 索列尔
Spencer, H. 斯宾塞

Spinoza 斯宾诺莎
Strabonius 斯特拉波
Sulla 苏拉

T

Tacitus 塔西佗
Tarde 塔尔德
Thonissen 滕尼森
Tocqueville 托克维尔
Topinard 托潘纳
Tullius, Servius 塞维·图里乌
Turgot 杜尔哥

U

Ulpian 乌尔比安

V

Valleroux 瓦尔罗
Viollet 维奥勒
Virchow 维尔和
Voigt 弗格特
von Baer 冯·拜尔

W

Wagner 瓦格纳
Waitz, 瓦茨
Walter 瓦尔特
Waltzing 瓦尔沁
Weber, Max 马克斯·韦伯

Weismann 韦斯曼
Wolff 沃尔夫
Wundt 冯特
Wyss 维斯

Z

Zöplf 屈普尔夫

附录三

涂尔干基本著作

1886a Review. "Herbert Spencer- *Ecclesiastical Institutions*: *Being part VI of the Principles of Sociology*. London, 1885," *RP*, XXII, pp.61-69.

    t. 1975 Review. "Herbert Spencer-*Ecclesiastical Institutions*," *Durkheim on Religion*, London: Routledge & Kegan Paul, 1975, edited by W. S. Pickering.

1887b Review. "Guyue - *L'Irréligion de l'avenir, étude de sociologie*.Alcan, 1887," *RP*, XXIII, pp.299-311.

    t. 1975 in Pickering (1975).

1887c "La Science positive de la morale en Allemagne," *RP*, XXIV, pp.33-58, 113-142, 275-284.

1888a "Cours de science sociale: leçon d'ouverture," *Revue Internatuinale de l'Enseignement*, xv, 23-48.

1893b *De la Division du Travail Social*. Paris: Alcan.

    t. 1933 *The Division of Labour in Society*. Trans. Sarah A, Solovay &John H. Mueller; introduction by George & E. G. Caltin, Chicago: University of Chicago Press (From 2nd ed. 1902b).

    t. 1984 *The Division of Labour in Society*. Trans. W. D. Halls, London: Macmillian (From 2nd ed. 1902b).

1895a *Les Règles de la Méthode Sociologique*. Paris: Alcan.

    t. 1938b *The Rules of Sociological Method*. Trans. Sarah A, Solovay &John H. Mueller; introduction by George E. G. Catlin, Chicago: University of

Chicago Press.

t. 1982 *The Rules of Sociological Method*. Trans. W. D. Halls, London: Macmillian.

1897a *Le Suicide: étude de sociologie*. Paris: Alcan.

   t. 1951a *Suicide: a Study in Sociology*. Trans. John A. Spaulding &George Simpson, introduction by George Simpson, Glencoe: Free Press; London: Routledge & Kegan Paul, 1952.

1898a (ii) "La Prohibition de l'inceste et ses origines, " *AS*, I, pp.1-70.

   t. 1963a *Incest: The Nature and Origin of the Taboo*. Trans. with an introduction by E. Sagarin, New York: Lyle Stuart.

1898a (iii) Review. "Marcel Mauss-La Religion et les origines du droitpenal, deux articles parus dans la *Revue de l'histoire des religions*, 1897," AS, I, pp.353-358.

1898b "Représentations individualles et Représentations collectives, " *RMM*, VI, pp.273-303.

   t. 1953a *in Sociology and Philosophy*.Trans.D.F.Pocock; introduction by J. G. Peristiany, London: Cohen & West; Glencoe: Free Press.

1898c "L'Individualisme et les intellectuals," *RB* 4th series, X, pp. 7-13.

   t. 1969d "Individualism and the Intellectuals, " Trans. S. & J. Lukes, *Political Studies*, xvii, 14-30.

   t. 1973 "Individualism and the Intellectuals", Trans. M. Traugott, in R. N. Bellah (ed.), *Emile Durkheim on Morality and Society*. Chicago: University of Chicago Press.

1899a (i) "Preface," *AS*, II, pp. i-iv.

   t. 1960c *Emile Durkheim 1858-1917: A Collection of Essays*, with Translations and a Bibliography, Trans. and Ed. by K. H. Wolff, Columbus, Ohio: Ohio State University Press, pp.347-353.

1899a (ii) "De la Définition des phénomènes religieux." *AS*, II, pp.1-28.

   t. 1975 "Concerning the definition of religious phenomena." In Pickering(1975).

1899d "Contribution, " Dagan, Henri, *Enquête sur l'antisemitisme*, Paris: P. V.

Stock, 1899, 59-63.

1900a Review. "Ratzel (Friederich) –*Anthropogeographie*, *Erster Teril*: *Grundzüge der Anwendung der Erdkunde auf die Geschichte*, Engelhorn, Stuttgart, 1899," *AS*, III, pp.550-558.

1900b "La Sociologie en France au XIXe siècle, " *Revue Bleue*, 4e serie, xii, 1900, 609-613.

1900c "La Sociologia ed il suo dominio scientifico," *Rivista Italiana di Sociologia*, IV, pp.127-148.

t. 1960c "Sociology and its Scientific Field," in Wolff (1960), 354-375.

1903a (i) "De quelques formes primitives de classification: contribution à l'ètude des représentation collectives," *Année Sociologique*, vol. (1901-1902), Paris 1903, pp.1-72 (With Marcel Mauss) .

t. 1963b *Primitive Classification*. Trans. with an introduction by Rodney Needham, London: Cohen & West; Chicago: University of Chicago Press (with Marcel Mauss) .

1903c "Sociologie et sciences sociales, " *RP*, LV, pp.465-497 (With P. Fauconnet) .

t. 1905d "Sociology and Social Science, " *Sociological Papers*, 1, pp. 258-280.

1905a (i) "Sur l'organisation matrimoniale des sociétés austruliennes, " *AS*, VIII, pp.118-147.

1906a Review. "Howitt (A. W.) -*The Native Tribes of South-East Australia*. Macmillian, Londres, 1904," *AS*, IX, pp.355-368.

1906a Review. "Kovalewsky (Maxime)- 'le Clan chez les tribus indigènes de la Russie.' *Rev. intern. de sociol*. 1905, fev.pp. 81-101," *AS*, IX, pp.369.

1906b "La Détermination du fait moral," *BSFP*, VI, pp.169-212.

t. 1953a in *Sociology and Philosophy*. Trans. D. F. Pocock; introduction by J. G. Peristiany, London: Cohen & West; Glencoe: Free Press.

1907a Review. "Lang, Andew, *The Secret of the Totem*. London, 1905," *AS*, X, pp.400-409.

1909a (i) Contribution to discussion: "Science et religion", *BSFP*, IX, pp. 56-60.

1909a（ⅱ） Contribution to discussion："L'efficacité des doctrines morales", *BSFP*, IX, pp.219-231.

1909c "Examen critique des systèmes classiques sur les origines de lapensée religieuse, " *RP*, LXVII, pp.1-28, 142-162.

1909d "Sociologie religieuse et théorie de la connaissance, " *AS*, XI, pp. 75-76.

1910a（ⅱ） Note. "Systèmes religieux des sociétés inférieures, " *AS*, XI, pp.75-76.

 t. 1975   Note. "Religious systems of primitive societies, " pp.100-101; 167-168. in Pickering（1975）.

1911b "Jugements de valeur et jugements de réalité, " in *Attidel IV Congresso Internationale di Filosofia, Bologna*, 1911, vol. I pp.99-114.

 t. 1953a   "The Judgment of Value and the Judgment of Reality, " in *Sociology and Philosophy*.Trans. D. F. Pocock; introduction by J. G. Peristiany, London：Cohen & West; Glencoe：Free Press.

1912a *Les Formes Elémentaires de la Vie Religieuse*. Paris：Alcan.

 t. 1915d   *The Elementary Forms of the Religious Life：a Study in Religious Sociology*. Trans. Toseph Ward Swain, London：Allen & Unwin.

 t. 1975   London; New York：Macmillian.

1913a（ⅱ） Review. "Lévy-Bruhl-*Les Fonctions mentales dans les sociétés inférieures. Paris*, 1910, " *AS*, XII, pp.33-37.

 t. 1972   *Emile Durkheim：Selected Writings*, C. U. P., pp. 246-249.

1913b Contribution to discussion："Le Probleme religieux et la dualite de la nature humaine, " *BSFP*, XIII, pp.63-75, 90-100, 108-111.

1914a "Le dualisme de la nature humaine et ses conditions sociales, " *Scientica*, XV, pp. 206-211.

 t. 1960c   trans. by C. Blend in Wolff（1960）.

1918b "le 'Contrat social'de Rousseau, " *RMM*, XXV, pp.1-23, 129-161.

 t. 1960b   *Montesquieu and Rousseau：Forerunners of Sociology*. Trans.Ralph Manheim, Foreword by H. Peyre. Ann Ardor：University of Michigan Press.

1922a Education et sociologie. Introduction by Paul Fauconnet, Paris：Alcan.

  t. 1956a *Education and Sociology.* Trans. with an introduction by Sherwood D. Fox; Forword by Talcott Parsons, Glencoe: Free Press.

1924a *Sociologie et Philosophie.* Paris: Alcan.

  t. 1953a *Sociology and Philosophy.* Trans. D. F. Pocock; introduction by J. G. Peristiany, London: Cohen & West; Glencoe: Free Press.

1925a *L'Education Morale.* Paris: Alcan.

  t. 1961a *Moral Education: a Study in the Theory and Application of the Sociology of Education.* Trans. Everett K. Wilson & Herman Schnurer; introduction by Everett K. Wilson, Glencoe: Free Press.

1928a *Le Socialisme. Sa Définition, ses debuts, la doctrine Saint-Simonienne.* Edited by M. Mauss, Paris: Alcan.

  t. 1958b *Socialism and Saint - Simon.* Trans. Charlotte Sattler; introduction by Alvin W. Gouldner, Yellow Springs: Antioch Press; London: Routledge & Kegan Paul, 1959.

1938a *L'Évolution pédagogique en France.* 2 vols, Paris: Alcan.

  t. 1977 *The Evolution of Educational Thought* . Trans. Peter Collins, London: Routledge & Kegan Paul.

1950a *Leçons de sociologie: physique des moeurs et du droit* . Forward by H. N. Kubali. Introduction by G. Davy. L'Université d'Istanbul, Istanbul, Presses Universitaires de France, Paris.

  t. 1957a *Professional Ethics and Civic Morals.* Trans. C. Brookfield, London: Routledge & Kegan Paul.

1955a *Pragmatisme et sociologie. Cours inédit prononcé à la Sorbonne en 1913-1914 et restitué par Armand Cuvillier d'après des notes d'étudiants,* Vrin, Paris.

  t. 1960c "Pragmatism and Sociology" (1913-1914), in Wolff (1960) .

其他英文文献：

1960 *Emile Durkheim,* Kurt Wolff, ed., Columbus: Ohio State University Press, 1960.

1965 "A Durkheim Fragment: The Conjugal Family," *American Journal of Sociology*, 5, lxx, 527-536.

1972 *Emile Durkheim: Selected Writings*, Cambridge: C. U. P. ed. by A. Giddens.

1973 *Emile Durkheim on Morality and Society*. Chicago: University of Chicago Press. Ed. by R. N. Bellah.

1975 *Durkheim on Religion*. London: Routledge & Kegan Paul, ed. by W. S. F. Pickering.

1978 *Emile Durheim on Institutional Analysis*. Chicago: University of Chicago Press, ed. by Mark Traugott.

1979 *Essays on Morals and Education*. Boston: Routledge & Kegan Paul, ed. by W. S. F. Pickering.

1985 *Readings from Emile Durkheim*. London: Ellis Horwood, ed. by M. A. Thompson.

注：

1.本索引基本按照法文原本的出版顺序编写而成，后附英文译本（即缩写字母t.）。

2.除涂尔干的主要作品之外，另附英文文选及其他重要译本，以供参考。

3.1918年后，为涂尔干逝世后发表的作品。

4.期刊名称及其缩写对应如下：

AJS	*American Journal of Sociology*
AS	*L'Année Sociologique*
ASR	*American Sociological Review*
ASRel	*Archives de sociologie des religions*
BJS	*British Journal of Sociology*
BSFP	*Bulletin de la Société Française de Philosophie*
EJS	*European Journal of Sociology*
MF	*Mercure de France*
PR	*Philosophical Review*
RB	*Revue bleue*

RHPR	*Revue d'histoire et de philosophie religieuses*
RIS	*Revue internationale de sociologie*
RMM	*Revue de métaphysique et de morale*
RNS	*Revue néo - scolastique*
RP	*Revue philosophique de la France et de l'étranger*

附录四

涂尔干生平著作年表

1858　4月15日出生于法国埃皮纳勒的一个犹太教教士家庭。年幼丧父。曾立志继承父业做一位拉比。

1864　马克斯·韦伯出生。

1867　马克思《资本论》第一卷出版。

1871　巴黎公社起义,后以失败告终。
　　　就读于当地中学。中学毕业时,在法国中学会考中获得优胜成绩。后转入巴黎路易十四中学,全力以赴准备报考巴黎高等师范学院。

1872　尼采《悲剧的诞生》出版。

1879—1882　进入巴黎高等师范学院深造,师从罗马法学家菲斯特·德·古朗治和布特勒。

1882—1887　在桑斯、圣康坦、特鲁瓦等地的中学任教。

1883　卡尔·马克思逝世。

1885　《资本论》第二卷出版。

1885—1886　利用"年假"在巴黎潜心研究社会科学。后赴德国,受教于实验心理学的创始人冯特,并深受冯特赞赏。

1886—1887　回到法国。在《哲学杂志》上发表《社会科学最新研究状况》《德国道德实证科学》以及《德国大学中的哲学》三篇文章。

1887　被教育部长委任为波尔多大学文学院教育学和社会科学教授,在法国大学首次开设社会学专业课程。与埃斯皮纳、阿姆兰和罗迪埃共事。

1888　发表《自杀与出生率》。

1891　为申请哲学教师资格的应试者开课,专门研讨亚里士多德、孟德斯鸠、孔德以及斯宾塞等人的社会哲学和社会学思想。

被任命为法国首位社会学教授。

1893 提交博士论文《社会分工论》,并通过答辩。《社会分工论》详细阐述了"社会团结"、"功能"和"集体意识"等基本概念,奠定了涂尔干社会学思想的最初基础。论文后附用拉丁文写的文章《孟德斯鸠对社会科学之形成的贡献》。

1894 《资本论》第三卷出版。

1895 《社会学方法的准则》出版,提出了以"社会事实"为核心的普遍的社会学方法论原则。

1896 创办《社会学年鉴》,并在《社会学年鉴》上发表《禁止乱伦及其起源》以及《宗教现象的定义》等重要理论文章。

社会学课程成为极具权威性和影响力的社会学理论阵地,社会学首次获得了学科地位。

1897 发表《自杀论》,进一步确立了社会学主义的理论立场,并提出失范理论及其围绕职业群体而确定的解决方案。

1898 围绕《社会学年鉴》,领导许多年轻学者共同组成了社会学家团体:社会学年鉴学派。

1900 对德雷菲斯事件感触颇深,提出政教分离的政治主张,并开始着重研究宗教问题。

发表《图腾崇拜论》。

发表《社会学及其科学领域》。

1902 出任巴黎大学教育学讲座代理教授。

1903 与外甥莫斯共同发表《分类的某些原始形式》,标志着涂尔干思想的重要转向:越来越强调"分类图式"和"象征仪式"在集体表现中的重要作用。

与福孔奈共同发表《社会学与社会科学》。

1904—1905 韦伯《新教伦理与资本主义精神》出版。

1906 正式出任巴黎大学教育学讲座教授,同时讲授教育学和社会学。在法国哲学学会作题为"道德行为的确定"学术报告,引起轰动。

尼采《权力意志》出版。

1909　在法兰西学院授课,题为《十八世纪以来法国的主要教育学说》,是1938年发表的两卷本《法国教育的演进》(英译本为《教育思想的演进》)的雏形,后者被誉为历史社会学的开山之作。

1911　在博洛尼亚哲学会议上做学术报告,题为"事实判断和价值判断",掀起社会学方法论之争。

1912　《宗教生活的基本形式》问世。

1913　在法国哲学会议上作题为"宗教问题与人性二重性"报告,次年发表。社会学讲座荣获"巴黎大学社会学讲座"称号。

1914　第一次世界大战爆发。

韦伯修订《社会经济学大系》的编辑计划,并将部分计划命名为《经济、各种社会领域及权力》(即《经济与社会》)。

1915　涂尔干的独生子在萨洛尼卡前线阵亡。悲恸的心情促使涂尔干写就《"德意志高于一切",德国的精神状态及战争》和《谁要战争?从外交文件看战争的起因》两部政论性著作。

1916　帕累托《普通社会学》在佛罗伦萨出版。

1917　俄国十月革命。

11月15日于巴黎逝世。

1918　《卢梭的"社会契约"》(英译本题为《孟德斯鸠与卢梭》)发表于《道德形而上学评论》,着重探讨了社会学先辈的思想。

1922　《教育与社会学》出版。

1924　《社会学与哲学》出版,收录了探讨社会哲学的诸多重要文献。

1925　《道德教育》出版。

1928　《论社会主义》出版。该书追溯了社会主义学说,特别是圣西门学说的思想渊源,特别重申了涂尔干本人对社会主义学说及其社会运动的基本看法。

1938　两卷本《法国教育的演进》出版。

1950　《社会学教程》出版,1957年英译本改称为《职业伦理与市民道德》。

1955　《实用主义与社会学》出版。